Sven Keller (Hrsg.)
Kriegstagebuch einer jungen Nationalsozialistin

**Schriftenreihe
der Vierteljahrshefte
für Zeitgeschichte
Band 111**

Im Auftrag des
Instituts für Zeitgeschichte München – Berlin
herausgegeben von
Helmut Altrichter     Horst Möller
Andreas Wirsching

Redaktion:
Johannes Hürter und Thomas Raithel

# Kriegstagebuch einer jungen Nationalsozialistin

Die Aufzeichnungen Wolfhilde von Königs 1939–1946

Herausgegeben von Sven Keller

ISBN 978-3-11-040485-2
e-ISBN (PDF) 978-3-11-040537-8
e-ISBN (EPUB) 978-3-11-040548-4
ISSN 0506-9408

**Bibliografische Information der Deutschen Nationalbibliothek**
Die Deutsche Nationalbibliothek verzeichnet diese Publikation in der Deutschen Nationalbibliografie; detaillierte bibliografische Daten sind im Internet über http://dnb.dnb.de abrufbar.

**Library of Congress Cataloging-in-Publication Data**
A CIP catalog record for this book has been applied for at the Library of Congress.

© 2015 Walter de Gruyter GmbH, Berlin/Boston
Titelbild: Adolf Hitler beim Verlassen des Münchner Hauptbahnhofs vor dem Staatsbesuch Benito Mussolinis, flankiert von jubelnden Mädchen und jungen Frauen. Hinter Hitler v.l.n.r. Reichsstatthalter Ritter von Epp, Reichsleiter Max Amann, Gauleiter Adolf Wagner, 18. Juni 1940; Stadtarchiv München, Fotosammlung, NS-Pressefotografie, NS-01610
Druck und Bindung: Hubert & Co. GmbH & Co. KG, Göttingen
♾ Gedruckt auf säurefreiem Papier
Printed in Germany

www.degruyter.com

# Inhalt

**I. Einleitung** . . . . . . . . . . . . . . . . . . . . . . . . . . . . . . . . . . . . . . . . . . . . 1

    Das Kriegstagebuch Wolfhilde von Königs . . . . . . . . . . . . . . . . . . . . 1

    Wolfhilde von König und ihre Familie . . . . . . . . . . . . . . . . . . . . . . 4

    Der Bund Deutscher Mädel (BDM) . . . . . . . . . . . . . . . . . . . . . . . . . 8

    BDM-Mädel im Krieg: „Ich will meine Pflicht tun für Führer und Volk". . . 12

        Der Krieg als Abenteuer. . . . . . . . . . . . . . . . . . . . . . . . . . . 12

        Im Gesundheitsdienst des BDM. . . . . . . . . . . . . . . . . . . . . 16

        Niederlage und Neuanfang. . . . . . . . . . . . . . . . . . . . . . . . 17

    Gelenkte Autonomie: Emanzipation in die „Volksgemeinschaft" . . . . . . . . 19

    Überlieferung und Edition. . . . . . . . . . . . . . . . . . . . . . . . . . . . 25

**II. Kriegstagebuch** . . . . . . . . . . . . . . . . . . . . . . . . . . . . . . . . . . . . 29

    1939. . . . . . . . . . . . . . . . . . . . . . . . . . . . . . . . . . . . . . . . . . . 29

    1940. . . . . . . . . . . . . . . . . . . . . . . . . . . . . . . . . . . . . . . . . . . 46

    1941. . . . . . . . . . . . . . . . . . . . . . . . . . . . . . . . . . . . . . . . . . . 72

    1942. . . . . . . . . . . . . . . . . . . . . . . . . . . . . . . . . . . . . . . . . . . 102

    1943. . . . . . . . . . . . . . . . . . . . . . . . . . . . . . . . . . . . . . . . . . . 140

    1944. . . . . . . . . . . . . . . . . . . . . . . . . . . . . . . . . . . . . . . . . . . 171

    1945. . . . . . . . . . . . . . . . . . . . . . . . . . . . . . . . . . . . . . . . . . . 199

    1946. . . . . . . . . . . . . . . . . . . . . . . . . . . . . . . . . . . . . . . . . . . 222

Abkürzungen. . . . . . . . . . . . . . . . . . . . . . . . . . . . . . . . . . . . . . . 229

Abbildungen . . . . . . . . . . . . . . . . . . . . . . . . . . . . . . . . . . . . . . . 231

Bildquellen. . . . . . . . . . . . . . . . . . . . . . . . . . . . . . . . . . . . . . . . 232

Quellen und Literatur . . . . . . . . . . . . . . . . . . . . . . . . . . . . . . . . . 233

Personenregister . . . . . . . . . . . . . . . . . . . . . . . . . . . . . . . . . . . . 255

*Abbildung 1: Wolfhilde von König und ihr Bruder Emanuel in Jungmädel- bzw. Jungvolk-Uniform, 1938*

# I. Einleitung

## Das Kriegstagebuch Wolfhilde von Königs

Als der Zweite Weltkrieg am 1. September 1939 begann, war Wolfhilde von König 13 Jahre alt. In diesen Tagen begann sie ihr „Kriegstagebuch" zu führen. Als sie unter dem Datum des 22. August 1939 die ersten Zeilen niederschrieb, rechnete sie wohl kaum damit, dass dies der erste von 634 Einträgen sein würde: eine beeindruckende Chronik von sechs Jahren Krieg, der Zerstörung Münchens, der Sorge um Vater und Bruder, der Niederlage, der prekären ersten Nachkriegsmonate und schließlich des Neubeginns als Studentin der Medizin. Die letzten Zeilen schrieb Wolfhilde von König am 8. November 1946 nieder, ihrem 21. Geburtstag. Aus dem Mädchen, das mehr als sieben Jahre zuvor ihre ganz persönliche Kriegschronik begonnen hatte, war in der Zwischenzeit eine junge Frau geworden, die nun, wie man damals sagte, „großjährig" wurde. Das Erreichen der Volljährigkeit symbolisierte für Wolfhilde von König den Übergang in einen neuen Lebensabschnitt – eine biographische Zäsur, die umso tiefer war, als sie mit einer durch die Niederlage erzwungenen Neuorientierung einherging: Denn die Münchnerin blieb bis zuletzt überzeugte Nationalsozialistin. Seit 1936 war sie begeistertes Mitglied des Bundes Deutscher Mädel (BDM), 1943 wurde sie Mitglied der NSDAP, und erst in den letzten Kriegstagen kamen ihr Zweifel an den Durchhalteparolen des Regimes.[1]

Autobiographische Skizzen und Erinnerungen ehemaliger BDM-Mädchen liegen mittlerweile auch publiziert in großer Zahl vor – besonders prominent die Erinnerungen hochrangiger BDM-Funktionärinnen wie Melita Maschmann oder Jutta Rüdiger.[2] Gerade dann, wenn eigene Überzeugungen und Hoffnungen sich im Nachhinein als problematisch erweisen oder in einem veränderten gesellschaftlichen Umfeld angefochten werden, sind solche autobiographischen Retrospektiven jedoch eine heikle Quelle.[3] Der zunehmende zeitliche Abstand, die komplexen Mechanismen von Gedächtnis und Erinnerung, die Erzählerfordernisse und die Rechtfertigungsbedürfnisse der Nachkriegszeit sorgen dafür, dass der autobiographische Gesamtentwurf nachträglich verfertigter Erinnerungserzählungen notwendigerweise weniger nah am zeitgenössischen Erleben und Erfahren ist als die zeitnahe Ereignisrekonstruktion und individuelle Deutung im Tagebuch.[4] Zudem deckt die Mehrzahl der Mädchen- und Frauentagebücher, die während des Krieges entstanden, nicht die gesamte Kriegszeit ab, sondern setzt erst um 1943 ein, als der Bombenkrieg sich intensivierte und der Krieg zunehmend den Alltag in Deutschland beherrschte.

---

[1] Vgl. BArch Berlin, ehem. BDC, NSDAP-Gaukartei, Mitgliedsnr. 9531980.
[2] Zur Erinnerungsgeschichte des BDM und deren Konjunkturen vgl. Miller-Kipp, „Der Führer braucht mich", insb. S. 23–31 sowie die bibliographische Übersicht S. 197–201; Melita Maschmann (1918–2010), seit 1943 Abteilungsleiterin für Presse und Propaganda in der Reichsjugendführung, publizierte ihre mehrmals neu aufgelegten Erinnerungen erstmals 1963: Maschmann, Fazit. Jutta Rüdiger (1910–2001) stand seit 1937 als Reichsreferentin des Bundes Deutscher Mädel in der Reichsjugendführung an der Spitze des BDM: Rüdiger, Ein Leben für die Jugend; Rüdiger, Der Bund Deutscher Mädel.
[3] Vgl. Niethammer, Fragen – Antworten – Fragen, S. 396.
[4] Vgl. zur Nieden, Alltag im Ausnahmezustand, S. 52f.; zu den in unmittelbarer zeitlicher Nähe zum Kriegsende niedergeschriebenen Lebensberichten vgl. auch Miller-Kipp, S. 31, 57–59.

Wie auch für die zahlreichen männlichen Chronisten ist es der Ausnahmezustand, der das Bedürfnis nach schriftlicher Selbstreflexion auslöste: „Während Männer schreiben, wenn sie in den Krieg ziehen, schreiben Frauen, wenn der Krieg zu ihnen kommt".[5]

Deshalb sind die vollständig überlieferten Aufzeichnungen Wolfhilde von Königs ein eindrucksvolles und seltenes Zeitdokument.[6] Sie bieten einen weitgehend unverstellten Blick in das Kriegserleben einer Jugendlichen und jungen Frau, die sich selbst als überzeugte Nationalsozialistin verstand.[7] Ihre Selbstwahrnehmung innerhalb der NS-Gesellschaft und ihr Denken waren stark durch die allgegenwärtige ideologische Indoktrination und propagandistische Manipulation geprägt. Ihren Alltag bestimmte – neben dem Schulbesuch – vor allem der Dienst im BDM, den sie leidenschaftlich und voller Tatendrang wahrnahm.[8] Als Mädelschafts- und Mädelscharführerin erklomm sie die ersten Rangstufen der Führerinnenhierarchie, ehe sie sich im paramedizinischen Gesundheitsdienst der Mädchenorganisation ein ihren Neigungen entsprechendes Betätigungsfeld erschloss. Dort fand sie eine Aufgabe, die sie bald schon als Berufung und als Perspektive für ihr weiteres Leben wahrnahm.

Das Kriegstagebuch der Jahre 1939/40, 1941 und 1942 besteht aus drei großformatigen, selbst gebundenen Kladden. 1943/44 schrieb Wolfhilde von König in ein gekauftes Notizbuch, 1945/46 schließlich auf losen Blättern (Abbildung 2). Die Motivation für ihre Aufzeichnungen thematisierte die Chronistin in ihrer Niederschrift nicht. Anregung und Vorbild waren dem Mädchen jedoch die Aufzeichnungen ihres Vaters Ludwig von König aus dem Ersten Weltkrieg, der während seiner Zeit bei der Bayerischen Armee ein Tagebuch geführt hatte.[9] Auch wenn die Tochter diesen Bezug nie unmittelbar herstellte, lassen die formalen Analogien kaum einen Zweifel zu: So leitete sie die einzelnen Kalenderjahre jeweils mit einem Zitat ein (Abbildung 2) und schrieb Ortsangabe und Eintragsdatum in roter Tinte, während die Texte in Schwarz verfasst waren. Genauso hatte Ludwig von König 1915 seine Aufzeichnungen gestaltet. Dieses Grundprinzip behielt Wolfhilde von König bis Anfang 1945 bei. Danach gingen offenbar ihre Vorräte an roter Tinte zur Neige und konnten nur noch notdürftig ersetzt werden. Das Datum der restlichen Einträge notierte sie jeweils dünn mit Bleistift, für die Einträge bis Mitte Mai konnte sie die Bleistiftziffern später mit roter Tinte nachziehen.

---

[5] Vgl. zur Nieden, Chronistinnen des Krieges, S. 838, Zitat ebd.; zur Nieden, Alltag im Ausnahmezustand, S. 73–98; zur unterschiedlichen Erfahrungswelt von Männern und Frauen im Krieg vgl. Kundrus, Kriegerfrauen; Möding, Kriegsfolgen; Marszolek, „Ich möchte Dich zu gern mal in Uniform sehen".

[6] Unter den 27 auszugsweise in Miller-Kipp, „Der Führer braucht mich", dokumentierten Texten befindet sich lediglich ein Tagebuch: vgl. Hardey, ... damals war ich fünfzehn. Auch unter den zuletzt publizierten Titeln finden sich kaum Tagebücher. Eine Ausnahme ist Eicke, Backfisch im Bombenkrieg. Bei Aull-Fürstenberg, Lebenslüge Hitler-Jugend, handelt es sich trotz des Untertitels („Aus dem Tagebuch eines BDM-Mädchens") nicht um ein Tagebuch, sondern um eine autobiographische Schrift. Kurz vor Abschluss dieses Manuskripts erschien mit Wiborg/Wiborg, Glaube, Führer, Hoffnung ein Band, der anhand eines überlieferten Briefbündels aus den letzten Kriegstagen 1945 dem Schicksal der auf Rügen vermissten BDM-Führerin Clara S. aus Stettin nachspürt.

[7] Zu Frauentagebüchern als historische Quelle vgl. zur Nieden, Alltag im Ausnahmezustand.

[8] Alexander von Plato und Nori Möding haben die Angehörigen von HJ und BDM anhand von Nachkriegsinterviews in drei Gruppen eingeteilt: die begeistert „Zustimmenden", die ambivalente Gruppe der „Durchmogler", die manches positiv, manches negativ sahen, und die genuin „Ablehnenden". Wolfhilde von König ist zweifelsohne zur ersten Gruppe zu zählen. Vgl. Möding/von Plato, Siegernadeln, S. 293; zur zahlenmäßig wohl kleinsten Gruppe der Ablehnenden existiert zahlreiche Literatur: Klönne, Gegen den Strom; Klönne, Jugend im Dritten Reich; Klönne, Jugendprotest und Jugendopposition; Peukert, Die Edelweißpiraten; Breyvogel, Piraten, Swings und Junge Garde.

[9] Ludwig von König (1894–1968); vgl. FAvK, Kriegserinnerungen Ludwig von Königs.

*Abbildung 2: Die Tagebücher*

Jenseits dieser Konstanten waren die Tagebucheinträge im Kriegsverlauf äußeren Veränderungen unterworfen: Bis Ende 1942 war die Gestaltung großzügig: Die einzelnen Tage waren durch Abstände klar voneinander getrennt; Ort und Datum standen jeweils rechtsbündig über dem Text (Abbildung 3). Die fortlaufenden Einträge wurden häufig von Seiten unterbrochen, auf denen Wolfhilde vor allem Pressefotos einklebte. Abweichend vom Tagebuch selbst, das durchgängig in Kurrentschrift geführt ist, waren die knappen Bildunterschriften, die sie diesen Ausschnitten beifügte, in lateinischer Schrift gehalten (Abbildungen 11, 12, 13, 15, 16).

Das änderte sich erstmals Anfang 1943: Wolfhilde von König schrieb nun in ein liniertes Notizbuch; die Abstände zwischen den Einträgen schmolzen zusammen, immerhin blieben Ort und Datum linksbündig in einer eigenen Zeile über dem Eintrag (Abbildung 17). Die Fotoseiten entfielen ganz. Seit Anfang 1944 schließlich wanderte das Datum unmittelbar vor den Text, der also direkt hinter der Jahreszahl begann. Auch der Ort, der bisher konsequent über jeden Eintrag gestellt worden war, entfiel nun in der Regel. Nur bei Ortswechseln wurde er noch angeführt (Abbildung 20). Die kriegsbedingte Materialknappheit und die Notwendigkeit, mit dem verfügbaren Papier hauszuhalten, machten sich deutlich bemerkbar.

Auch das, was Wolfhilde von König in ihrem Tagebuch niederschrieb, veränderte sich im Laufe der Jahre. Ehe jedoch einige inhaltliche Aspekte in den Blick rücken, werden im Folgenden zunächst die Diaristin und ihre Familie vorgestellt. Es folgt zudem ein kurzer Blick auf die Organisationsgeschichte des BDM, seine Strukturen in München und auf den Gesundheitsdienst, soweit sie für die „Verortung" Wolfhilde von Königs und zum Verständnis ihrer Tätigkeit in der nationalsozialistischen Mädchenorganisation nötig sind.

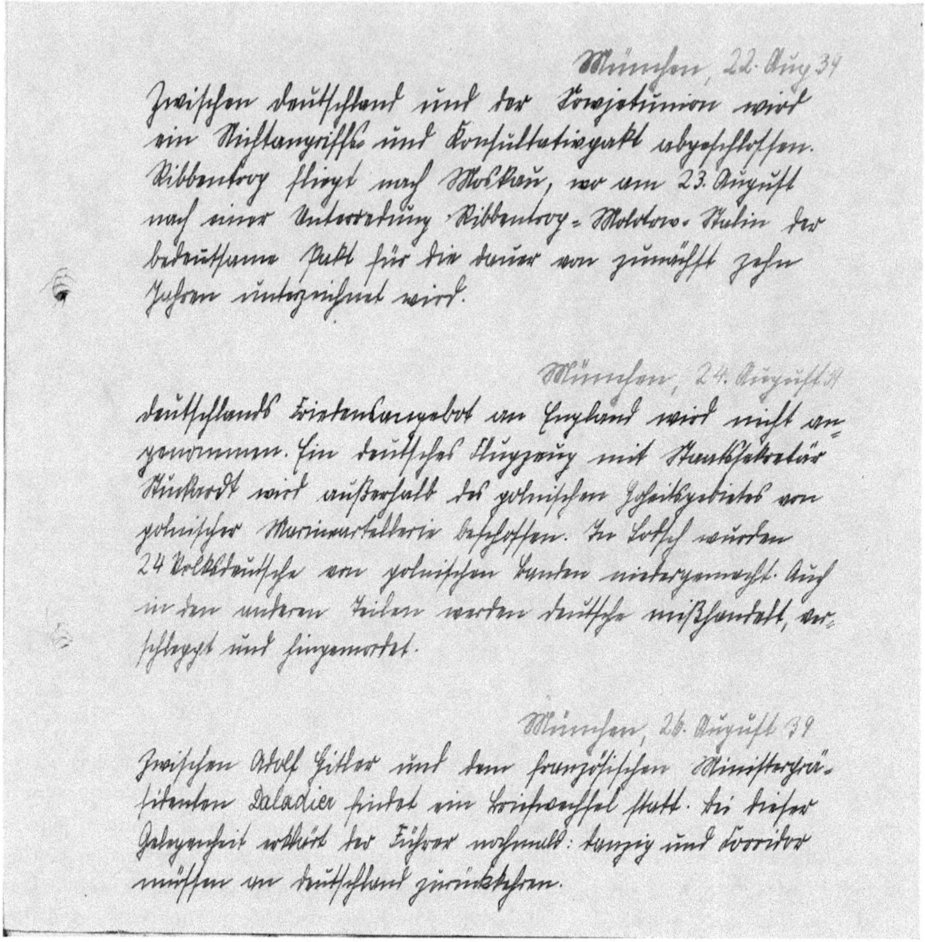
München, 22. Aug 39

Zwischen Deutschland und der Sowjetunion wird ein Nichtangriffs- und Konsultativpakt abgeschlossen. Ribbentrop fliegt nach Moskau, wo am 23. August nach einer Unterredung Ribbentrop-Molotow-Stalin der bedeutsame Pakt für die Dauer von zunächst zehn Jahren unterzeichnet wird.

München, 24. August 39

Deutschlands Friedensangebot an England wird nicht angenommen. Ein deutsches Flugzeug mit Staatssekretär Stuckardt wird außerhalb des polnischen Hoheitsgebietes von polnischer Marineartillerie beschossen. In Lodsch wurden 24 Volksdeutsche von polnischen Banden niedergemacht. Auch in den anderen Teilen werden Deutsche mißhandelt, verschleppt und hingemordet.

München, 26. August 39

Zwischen Adolf Hitler und dem französischen Ministerpräsidenten Daladier findet ein Briefwechsel statt. Bei dieser Gelegenheit erklärt der Führer nochmals: Danzig und Korridor müssen an Deutschland zurückkehren.

*Abbildung 3: Die ersten Tagebucheinträge aus dem August 1939*

Die Einleitung schließt mit einigen Bemerkungen zur Überlieferungsgeschichte des Tagebuchs und zur Anlage der Edition.

## Wolfhilde von König und ihre Familie

Wolfhilde von König wurde am 8. November 1925 in München geboren. Ihr voller Name lautete Wolfhilde Oktavia Emma Elisabeth König von Paumbshausen. Als Nachname verwendete die Familie im Alltag statt des sperrigen „König von Paumbshausen“ die Kurzform „von König“. Einer ihrer Vorfahren, Mathias König, war 1648 für seine Dienste als Kammerherr der römisch-deutschen Kaiserin Maria Leopoldine in Wien geadelt worden.[10] Mi-

[10] Maria Leopoldine von Österreich-Tirol (1632–1649), römisch-deutsche Kaiserin und Königin von Böhmen und Ungarn. Vgl. Hueck, Adelslexikon, Bd. VI, S. 369.

lieu und Lebenswelt der Familie von König war zu Beginn des 20. Jahrhunderts gleichwohl bürgerlich[11]: Der Vater, Ludwig von König, geboren 1894, war Beamter des mittleren Dienstes beim Bayerischen Landesvermessungsamt, zunächst als Verwaltungssekretär, dann als Vermessungsinspektor.[12] Der Großvater väterlicherseits war Großhändler für Töpfe und Pfannen und hatte sich gegen Ende des 19. Jahrhunderts aus Steyr in Oberösterreich kommend in München niedergelassen. 1892 erhielt Felix von König die Staatsangehörigkeit des Königreichs Bayern. Von der schon 1913 gestorbenen Großmutter hatte Wolfhilde den Rufnamen „geerbt", und auch an den Großvater wird sie kaum Erinnerungen gehabt haben – er starb 1927, als sie gerade zwei Jahre alt war.[13]

Die Mutter Elise, geboren 1897, war Belgierin; wie sich die Eltern kennenlernten, ist unklar. Die Großeltern mütterlicherseits sah Wolfhilde bei zwei Besuchen in Belgien. 1935 und 1937 fuhren die von Königs in den Sommermonaten nach Liege, wo sie im Haus einer wohlhabenden Tante an der Meuse und auf deren Landgut bei Jemeppe-sur-Sambre wohnten.[14] „Lulu", so Wolfhildes Kosename in der Familie, hatte außerdem einen Bruder: Emanuel, genannt „Manü", war eineinhalb Jahre jünger.[15]

Die von Königs bewohnten im Münchner Stadtteil Lehel eine Wohnung in einem gründerzeitlichen Mehrparteienhaus, die so geräumig war, dass die Kinder jeweils über ein eigenes Zimmer verfügten. Wolfhilde besuchte nach der Grundschule seit 1936 das nahegelegene Städtische Mädchenlyzeum mit Mädchen-Oberrealschule am St. Annaplatz, das nach der nationalsozialistischen Reform des Höheren Bildungswesens als Oberschule für Mädchen firmierte. Dort legte sie im Januar 1944 ihr Abitur ab. Gute Abschlussnoten erreichte sie vor allem in den naturwissenschaftlichen Fächern Biologie, Chemie und Physik – ihr zu diesem Zeitpunkt bereits erwachtes Interesse an der Medizin sorgte für zusätzliche Motivation. In Mathematik allerdings waren ihre Leistungen ebenso wie in Englisch nur ausreichend, und auch die Prüfung der lateinischen Sprachkenntnisse bestand sie knapp. Überhaupt waren die Sprachen nicht ihre stärkste Seite, in Deutsch und Französisch erreichte sie indes immerhin ein Befriedigend. Eher schon lagen ihr die musisch-künstlerischen Fächer und Handarbeit – das Tagebuch zeigt, dass diese, anders als der Sport, ihren Neigungen entgegenkamen. Immerhin war es ihr gelungen, ihre Noten im Abitur gegenüber den früheren Leistungen in mehreren Fächern zu verbessern.[16]

Die wirtschaftlichen Verhältnisse der Familie waren nicht einfach. Die Besuche in Belgien in den 1930er Jahren finanzierten die Großmutter und die wohlhabende Tante. Emanuel von König berichtet, seine Mutter, die eigentlich nicht berufstätig war, habe mit Handarbeiten geholfen, die Familie über Wasser zu halten, und die Eltern hätten regel-

---

[11] Vgl. zum Folgenden von König, Prelude Years 1927–1938; grundlegende Informationen zur Familiengeschichte sind außerdem der Internetseite http://www.paumbshausen.com zu entnehmen.
[12] Die biographischen Informationen basieren außerdem auf: StA M, Spruchkammer München I, I-2518/48, Ludwig von König; BayHStA-KA, 3. Bayer. Inf.-Reg. (Augsburg), Ers.Batl., 04667-Kriegsstammrolle, Bd. 6, Nr. 3847 und 2. Bayer. Inf.-Reg. (München I), Ers.Batl., 04461-Kriegsstammrolle, Bd. 14, Nr. 1442; Auskunft der Deutschen Dienststelle (WASt) an Sven Keller, 14. 7. 2014.
[13] Felix von König (1850–1927). Wolfhilde von König, geb. Petsch (1853–1913). Vgl. FAvK, Naturalisationsurkunde Nr. 18024 der Königlichen Regierung von Oberbayern, Kammer des Innern, 6. 6. 1892.
[14] Elise von König (1894–1991), geb. Jadoul. Vgl. von König, Prelude Years 1927–1938, S. 33–35.
[15] Emanuel von König (1927–2009).
[16] Vgl. StadtA M, Schulen, St.-Anna-Gymnasium, Karton K, Schülerakt Wolfhilde von König, Abiturzeugnis, 12. 2. 1944; Zeugnis über die Abschlussprüfung in der lateinischen Sprache, 12. 2. 1944; Schulbogen Wolfhilde von König.

Abbildung 4: Weihnachten 1933: „Lulu" und „Manü" vor dem Christbaum

mäßig darüber beraten, wie das verfügbare Budget ausgegeben werden sollte. Allerdings, so von König weiter, seien er und seine Schwester immer sauber gekleidet und gut genährt gewesen; er habe erst bei seiner Einschulung – im Jahr 1933, am Ausgang der Weltwirtschaftskrise – gemerkt, was wirkliche Armut bedeute: „Verglichen mit einigen meiner Klassenkameraden waren wir reich".[17]

Auch die Weihnachtsgeschenke für die Kinder waren in dieser Zeit häufig selbst gemacht. Der Vater hatte einiges handwerkliches Geschick, und Emanuel von König hatte noch Jahrzehnte später eine selbst gebastelte Burg vor Augen. Tatsächlich ist diese Burg auf einem Foto aus dem Jahr 1933 vor dem Christbaum der Familie zu sehen: Auf der Spitze des Burgfrieds weht die Hakenkreuzfahne (Abbildung 4).

Über die politische Haltung der Eltern ist wenig bekannt. Die Familie war katholisch, und Wolfhilde von König feierte 1936 die Erstkommunion im traditionellen weißen Kleid.[18] Ludwig von König war Mitglied im Reichsbund Deutscher Beamter (RDB) und dem Volksbund für das Deutschtum im Ausland (VDA), außerdem seit 1935 in der Nationalsozialistischen Volkswohlfahrt (NSV). Dort war er zwischen 1935 und 1937 als Zellenwalter tätig. Gefestigte nationalsozialistische Gesinnung lässt sich daraus nicht ohne wei-

---

[17] Von König, Prelude Years 1927–1938, S. 27.
[18] Vgl. ebd., S. 36.

teres ableiten: Der Mobilisierungsgrad in der NSV war allgemein hoch, und öffentliche Arbeitgeber übten auf ihre „Gefolgschaften" Druck aus, sich auf diesem Gebiet zu engagieren. Wie der RDB war auch die NSV für diejenigen ein möglicher Ausweg, die nicht der Partei angehören konnten oder wollten. Die Mitgliedschaft im VDA allerdings belegt eine Nähe zu den großdeutschen, nationalistischen und revisionistischen Zielen des Regimes. Parteigenossen aber wurden weder Ludwig von König noch seine Frau Elise, obwohl es auch hier im öffentlichen Dienst eine deutliche Erwartungshaltung gab. Die Entscheidung, der Partei nicht beizutreten, muss bewusst gefallen sein. Für einen überzeugt nationalsozialistischen Beamten hätte der Eintritt in die NSDAP jedenfalls nahegelegen.[19] Emanuel von König erinnerte sich später, irgendwann nach dem „Anschluss" Österreichs an das Deutsche Reich im März 1938 sei er im Jungvolk der HJ aufgefordert worden, zu berichten, falls sich die Eltern kritisch über die nationalsozialistische Politik oder die NS-Führung äußerten. Er erzählte den Eltern davon, und fortan hätten die Eltern alle politischen Diskussionen und Kommentare vor den Kindern unterlassen.[20]

Ludwig von Königs Neffe, Theodor von König, war in seiner Haltung eindeutiger: Wolfhildes älterer Cousin war im Dezember 1931 in die NSDAP und wenige Monate später in die SS eingetreten.[21] 1934 wechselte er von seiner Anstellung beim Wasserwirtschaftsamt im fränkischen Weißenburg in das SS-Personalhauptamt nach Berlin. Dort leitete er zuletzt im Rang eines SS-Sturmbannführers die Abteilung I B 2, die für die Erstellung der SS-Dienstalterliste zuständig war.[22]

Während Theodor von König mit Frau und Kindern in der Reichshauptstadt wohnte, lebten Wolfhilde und ihre Familie in der „Hauptstadt der Bewegung" – ein Titel, den München ihrer zentralen Bedeutung für den Aufstieg des Nationalsozialismus und der NSDAP

---

[19] In der Stadtverwaltung des benachbarten Augsburg etwa waren 99% der Beamten, 79% der Angestellten und 52% der Arbeiter in der NSV organisiert. Von 170 Beamten waren nur 27 nicht Parteimitglied, von 15 liegen keine Angaben vor. Vgl. Gotto, Nationalsozialistische Kommunalpolitik, S. 118-121.
[20] Vgl. von König, Prelude Years 1927-1938, S. 38.
[21] Theodor von König, familiär: Theo (1911-1995). Bis 1939 führte Theodor von König den Nachnamen ohne Adelsprädikat, also Theodor König. Die Gründe dafür sind komplex und liegen im deutschen Ehelichkeitsrecht begründet: Theodor von Königs Vater Maximilian wurde 1888 geboren, als dessen Mutter Wolfhilde Gepfert, geb. Petsch, noch mit ihrem ersten Ehemann verheiratet war. Obwohl dieser bereits seit 1883 in den USA lebte und als leiblicher Vater nicht in Frage kam, galt Maximilian damit gesetzlich als dessen Kind. 1890 wurde diese erste Ehe vom Kammergericht Berlin geschieden. 1892 heiratete Wolfhilde Gepfert den tatsächlichen Vater des Kindes, Felix von König. Gleichwohl führte Maximilian weiterhin den Familiennamen Gepfert, nach dem ersten Ehemann der Mutter. Am 30.7.1911 wurde Maximilian Gepfert Vater eines Sohnes: Theodor kam unehelich zur Welt und führte deshalb den Nachnamen der Mutter Elisabeth Günther. Am 9.11.1911 heirateten Maximilian Gepfert und Elisabeth Günther, 1913 erhielt die Familie die Erlaubnis, den gemeinsamen Nachnamen „König" führen zu dürfen. Ein erster Versuch, Ende der 1920er Jahre den Namen in „von König" bzw. „König von Paumbshausen" ändern zu lassen, blieb erfolglos. 1936 stellte König unter detailliertem Nachweis der „arischen" Abstammung und mit Unterstützung des Rasse- und Siedlungshauptamtes der SS einen neuerlichen Antrag. 1939 bestätigte das Reichsministerium des Innern schließlich, dass Theo und seine Familie nunmehr den Familiennamen „König von Paumbshausen" bzw. „von König" zu führen berechtigt seien. Vgl. die Vorgänge in von Königs RuSHA-Akte, in: BArch, SSO II, VBS 286/6400022779. Vgl. außerdem StA N, Spruchkammer Weißenburg, K-213.
[22] Der Rang eines SS-Sturmbannführers entsprach dem Wehrmachtsrang eines Majors. Vgl. SS-Offiziersakt von Königs in BArch Berlin, ehem. BDC, SSO I, VBS 286/6400022778. Die Dienstalterliste der SS war ein jährlich aktualisiertes Verzeichnis aller SS-Führer und ihrer Dienststellungen, die mindestens den Rang eines SS-Hauptsturmführers bekleideten (Hauptmann).

zu verdanken hatte.[23] Die Wohnung der von Königs in der Thierschstraße 36 befand sich unweit eines prominenten Ortes der nationalsozialistischen Frühgeschichte: 1920 hatte, nicht weit entfernt auf der anderen Straßenseite in der Hausnummer 41, ein gerade aus der Reichswehr entlassener Soldat ein möbliertes Zimmer gemietet. Erst 1929 zog der ehemalige Gefreite Adolf Hitler aus und tauschte seine Unterkunft gegen ein geräumiges Appartement am Prinzregentenplatz. Glaubt man Emanuel von König, der 1929 freilich gerade einmal zwei Jahre alt war, war sich die Familie in den 1920er Jahren dieser Nachbarschaft gar nicht bewusst. Unbekannt war Hitler freilich auch zu diesem Zeitpunkt nicht mehr: Der „Hitler-Putsch" hatte ihn zu einer national bekannten Figur gemacht. Dass er wenig später zum „Führer" des „Dritten Reiches" aufsteigen würde, war freilich auch 1929 noch nicht abzusehen. Ebenfalls in der Thierschstraße, Hausnummern 11–15, befanden sich die Geschäftsräume des Verlags Franz Eher Nachf., der 1920 in den Besitz der NSDAP übergegangen war. Hier wurde zu Anfang das Zentralorgan der NSDAP, der Völkische Beobachter, produziert; später wuchs der kleine Betrieb zum großen Parteiverlagskonzern.

Beide NS-Orte – an Hitlers Unterkunft wurde im „Dritten Reich" eine Gedenktafel angebracht – finden im Tagebuch keine Erwähnung. Sie stehen aber symbolisch für die Frühzeit der Partei, als die bayerische Landeshauptstadt zur Wiege der NSDAP wurde, und die sie zu einem Zentralort nationalsozialistischer Machtausübung, Herrschaftsinszenierung und nicht zuletzt des Führerkultes machte. Hier befand sich die Parteizentrale im „Braunen Haus" am ebenso zentralen wie repräsentativen Königsplatz – die Nationalsozialisten sprachen gerne vom „Königlichen Platz". Hier wurde alljährlich der Ereignisse und der Toten des gescheiterten Putsches von 1923 gedacht, und Hitler empfing hohe Staatsgäste. Seinen privaten Wohnsitz am Prinzregentenplatz behielt er auch als „Führer" bei. Die „Hauptstadt der Bewegung" war die Kulisse, vor der Wolfhilde von König die NS-Zeit erlebte und vor der sie als Mitglied des Bund Deutscher Mädel (BDM) an den zahlreichen Inszenierungen des NS-Regimes teilhatte: Das Titelbild dieses Bandes zeigt ein Spalier begeisterter Mädchen und junger Frauen, die Hitler am 18. Juni 1940 am Münchner Hauptbahnhof begrüßten (außerdem: Abbildungen 8 und 9). Wolfhilde von König ist auf dem Bild nicht zu sehen, doch sie war an diesem Tag Teil des Ehrenspaliers.

### Der Bund Deutscher Mädel (BDM)

Im Alter von zehn Jahren wurde Wolfhilde von König 1936 Mitglied des BDM.[24] Sie war damit der nationalsozialistischen Jugendorganisation noch vor dem Gesetz über die Hitler-Jugend (HJ) vom 1. Dezember 1936 beigetreten, das die Aufnahme aller Zehnjährigen jeweils zum 20. April eines Jahres – Hitlers Geburtstag – verpflichtend vorsah. Die HJ wurde damit zu einer Staatsjugendorganisation.[25] Eine Pflicht zur Mitgliedschaft gab es zuvor nicht, auch wenn seit 1933 der Druck stetig gestiegen war: Zunächst wurde nach der „Machtergreifung" die Konkurrenz der bündischen und konservativen, der sozialistischen

---

[23] Vgl. aktuell den Katalog zur Ausstellung des NS-Dokumentationszentrums München: Nerdinger, München und der Nationalsozialismus; außerdem: Hajak/Zarusky, München und der Nationalsozialismus; Bauer/Hockerts/Schütz, München – Hauptstadt der Bewegung.
[24] Vgl. LMU-A, Immatrikulationskarteikarte Wolfhilde König von Paumbshausen, 12. 3. 1946.
[25] Quellen und Dokumente zum BDM finden sich ediert in Miller-Kipp, „Auch Du gehörst dem Führer", sowie Jahnke, Jugend unter der NS-Diktatur.

und kommunistischen Jugendorganisationen ausgeschaltet; nur die katholischen Vereinigungen konnten unter dem Schutz des Reichskonkordats eine Zeit lang weitermachen. Nach und nach übernahm die HJ Freizeit- und Sportstätten, auch die Jugendherbergen standen nur noch ihren Mitgliedern offen. Im Juni 1934 wurde der Staatsjugendtag eingeführt: Der samstägliche Unterricht entfiel für Mitglieder der HJ, für die Sport, Geländespiele oder Feiern stattfanden. Alle anderen mussten in der Schule nationalsozialistische Indoktrination über sich ergehen lassen. Anstellungen bei staatlichen und kommunalen Arbeitgebern oder in der NSDAP und ihren Organisationen gab es nur für HJ-Mitglieder, und auch für Lehrstellen in privaten Betrieben wurde die Mitgliedschaft in der Jugendorganisation zunehmend zur Voraussetzung. 1935 waren rund 3,35 Mio. Jugendliche und damit 44 Prozent der Zehn- bis 18-Jährigen in der HJ organisiert. Seit 1938 erfolgte die Erfassung nach Schuljahrgängen. Nach dem Aufnahmetermin zum 20. April 1939 hatte die HJ 8,7 Mio. Mitglieder, das entsprach rund 98 Prozent der Kinder und Jugendlichen über 10 Jahren.[26]

Die HJ war 1936 eine Massenorganisation. An ihrer Spitze stand Reichsjugendführer Baldur von Schirach, dem 1940 Artur Axmann nachfolgte. Dem Reichsjugendführer unterstand die Reichsjugendführung, deren Abteilungen – etwa für Sport, Kultur, Propaganda oder Weltanschauung – zentrale Aufgaben wahrnahmen, Richtlinien erarbeiteten und Schulungsmaterial herausgaben. Unterhalb dieser Ebene bestand die Hitler-Jugend als Gesamtorganisation aus vier Gliederungen: die männlichen Jugendlichen im Alter zwischen zehn und 14 Jahren wurden im Deutschen Jungvolk erfasst, ehe sie bis zum 18. Lebensjahr in die eigentliche HJ wechselten. Analog dazu gab es für die jüngeren Mädchen die Jungmädel, für die älteren den Bund Deutscher Mädel. An der Spitze der Mädchenorganisation stand – dem Reichsjugendführer untergeordnet – die BDM-Reichsreferentin in der Reichsjugendführung; seit 1937 hatte Jutta Rüdiger dieses Amt inne.[27]

Die vier Unterorganisationen – HJ, Jungvolk, BDM, Jungmädel – verfügten jeweils über einen regional gegliederten Unterbau, der demjenigen der NSDAP und anderer NS-Organisationen ähnelte (Abbildung 5). Das Reichsgebiet war in BDM-Obergaue unterteilt, die zu sechs Gauverbänden zusammengefasst waren. Der bayerische BDM-Obergau Hochland gehörte zum Gauverband Süd. Er entsprach dem gleichnamigen HJ-Gebiet und deckte das Gebiet des NSDAP-Gaues München-Oberbayern ab. Auf den niedrigeren Gliederungsebenen waren BDM und Jungmädel organisatorisch getrennt, auch wenn in der praktischen Arbeit eng kooperiert wurde: Es folgten der Untergau bzw. Jungmädeluntergau München, die dem HJ- bzw. Jungvolk-Bann München entsprachen. Die Organisation gliederte sich weiter in Mädelringe und Jungmädelringe, Mädelgruppen und Jungmädelgruppen, Mädelscharen und Jungmädelscharen, zuletzt Mädelschaften und Jungmädelschaften. Letztere waren das organisatorische Rückgrat des BDM: 1939 gab es im Reich rund 76000 Mädelschaften und 121000 Jungmädelschaften, in denen jeweils zwischen zehn und 20 Mädchen und junge Frauen zusammengefasst waren.[28]

1942/43 führte der Krieg zu organisatorischen Straffungen, die die Position der weiblichen Führerinnen gegenüber ihren männlichen Kollegen innerhalb der HJ stärkten.

---

[26] Vgl. Jahnke, Jugend unter der NS-Diktatur, S. 38; Willmot, Zur Geschichte des BDM, S. 102–106; Buddrus, Totale Erziehung für den totalen Krieg, S. 250–290.
[27] Zur Organisation von HJ und BDM vgl. Willmot, Zur Geschichte des BDM, S. 115; Klaus, Mädchen im 3. Reich, S. 72–75.
[28] Vgl. ebd., S. 29–35.

# 10 I. Einleitung

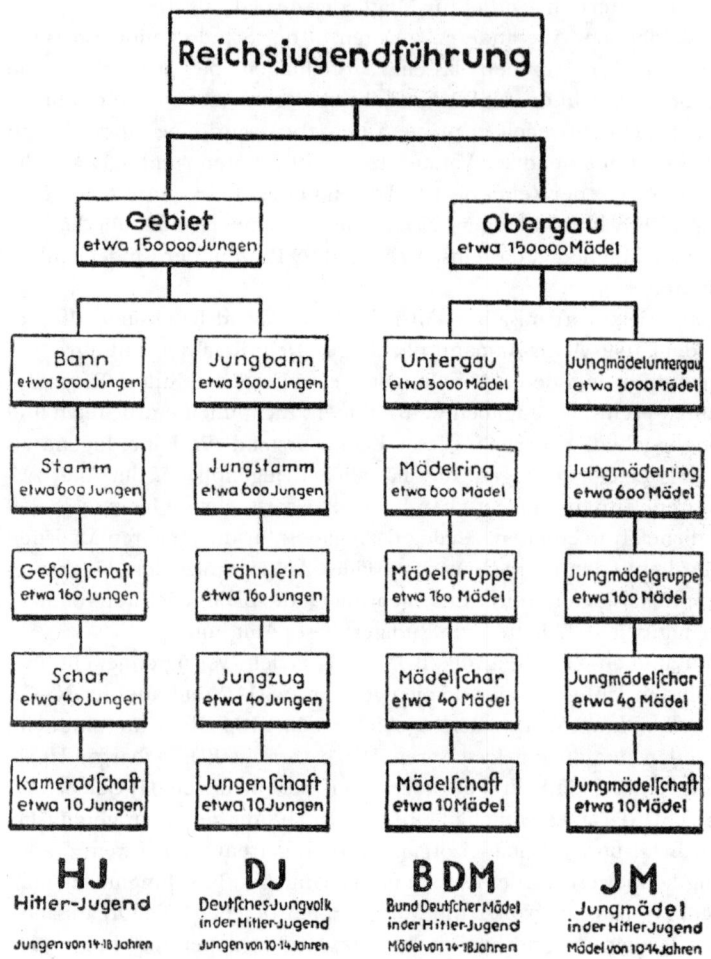

*Abbildung 5: Die Gliederung der Hitler-Jugend, 1940[29]*

Männliche HJ-Führer wurden in großer Zahl zur Wehrmacht eingezogen. Deshalb übernahmen immer häufiger junge Frauen hochrangige Führungspositionen. Auf der Ebene der Untergaue wurde die Führung von Jungmädeln und BDM verschmolzen, 1943 schließlich wurden BDM-Obergaue und HJ-Gebiete bzw. BDM-Untergaue und HJ-Banne zusammengelegt.[30]

---

[29] Kaufmann, Das kommende Deutschland, S. 32.
[30] Vgl. Willmot, Zur Geschichte des BDM, S. 142f.

Auf allen Ebenen dieser Hierarchie brauchte der BDM Führerinnen. Von den 765 000 Jugendlichen, die 1939 in der HJ ein Führer- oder Führerinnenamt bekleideten, war rund ein Drittel weiblich. Zwischen fünf und zehn Prozent der Angehörigen eines Jahrgangs machten auf diese Weise „Karriere" in der Hitler-Jugend: die weit überwiegende Mehrzahl von ihnen ehrenamtlich. In den Stäben der Unter- und Obergaue sowie in der Reichsleitung der HJ gab es indes hauptamtliche Stellen, die es zahlreichen Mädchen und jungen Frauen erlaubten, ihrem Amt als Führerinnen oder Fachreferentinnen in bezahlter Vollzeitbeschäftigung nachzugehen. Die Führerinnen waren dabei in der Regel nur wenig älter als die Jugendlichen, die sie betreuten: Untergauführerinnen waren meist Anfang zwanzig, Jungmädelschaftsführerinnen häufig deutlich jünger als 16 Jahre.[31] Insofern war Wolfhilde von König keine Ausnahme, als sie am 19. April 1940 im Alter von 14 Jahren die rot-weiße Führerinnenschnur als Rangabzeichen der Jungmädelschaftsführerin verliehen bekam. Bekleidet hatte sie das Amt schon vorher. Kaum ein halbes Jahr später wurde sie Anfang November 1940 als JM-Scharführerin eingesetzt. Im Frühjahr 1941 führte sie zunächst eine Schar zwölfjähriger, dann, bis zum Frühjahr 1942, zehnjähriger Jungmädel. Die formale Beförderung zur JM-Scharführerin erfolgte am 9. November 1941.

Der große Bedarf und der Mangel an geeigneten Führerinnen im BDM hatte zur Folge, dass begeisterte und überzeugte Mädchen schnell befördert wurden. Es herrschte hohe Fluktuation, auf allen Hierarchieebenen gab es häufige Personalwechsel. Das lässt sich auch im Tagebuch nachvollziehen. Rekrutiert wurde das Führungspersonal vor allem aus der bürgerlichen Mittelschicht, und insofern war die junge Münchnerin durchaus repräsentativ für den sozialen Hintergrund vieler ihrer Kolleginnen im Führungskorps der NS-Mädchenorganisation: Sie besuchte eine weiterführende Schule. Anders als die Mädchen, die eine Berufsausbildung machten, konnte sie deswegen leichter die Zeit aufbringen, die das Engagement im BDM erforderte.[32]

Dennoch setzte Wolfhilde von König die klassische Führerinnenkarriere nach ihrer Beförderung zur JM-Scharführerin nicht fort. Sie entschied sich stattdessen, eine der Spezialisierungen zu wählen, die die Jugendorganisation bot. Für die Jungen gab es innerhalb der HJ zahlreiche Sonderformationen, die auf bestimmte Berufe vorbereiten, vor allem aber der vormilitärischen Schulung dienen sollten: die Marine-, Flieger-, Motor-, Reiter- und Nachrichten-HJ, musisch begabten Jugendlichen beiderlei Geschlechts standen – freilich getrennt voneinander – Fanfarenzüge, Chöre sowie Spiel- und Singscharen offen. Daneben verfügten beide Organisationen über einen Sanitätsdienst. Unter Aufsicht und Anleitung der HJ-Gebietsärzte konnten sich die Jungen in Kursen zu Feldschern, die Mädchen zu Gesundheitsdienstmädeln ausbilden lassen. Als solche übernahmen sie Aufgaben innerhalb der Jugendorganisation, als Sanitäter bei Partei- oder HJ-Veranstaltungen oder in Lagern der Kinderlandverschickung (KLV). Im Krieg schließlich wurden sie zunehmend auch in Krankenhäusern und Lazaretten eingesetzt, wo kriegsbedingt einerseits die Patientenzahl zunahm und andererseits das Personal knapp wurde.[33] Seit 1936

---

[31] Vgl. ebd., S. 116f.; Jürgens, Zur Geschichte des BDM, S. 165.
[32] Vgl. Willmot, Die Geschichte des BDM, S. 118; Reese, Straff, aber nicht stramm, S. 75–78.
[33] Zum Dienst von Jungen und Mädchen als Feldscher oder Gesundheitsdienstmädel gibt es bisher kaum Forschungsliteratur. Die Arbeit von Beddies, „Du hast die Pflicht, gesund zu sein", S. 124, 127f., befasst sich zwar mit dem Gesundheitsdienst der Hitler-Jugend, nimmt aber vor allem den Aufbau einer medizinischen Parallelstruktur in der Jugendmedizin in den Blick. Den Sanitätsdiensten, in denen die Jugendlichen ausgebildet wurden, und der praktischen Tätigkeit widmet die Arbeit leider kaum Aufmerksamkeit; knappe Erwähnung findet die eigene Tätigkeit im BDM-Gesundheitsdienst in

war für jedes Mädel im Alter von 16 Jahren eine Gesundheitsdienstschulung obligatorisch, die 12 Doppelstunden dauerte. Wolfhilde von König durchlief diese Grundschulung zwischen Ende Februar und Anfang April 1941.[34] Damit war sie eine von bis zu 87 000 weiblichen Jugendlichen, die der BDM 1942 als medizinische Hilfskräfte mobilisieren konnte.[35] Sie fand am Sanitätsdienst gefallen und absolvierte im Juli 1942 mit großer Begeisterung eine weitere, zwölftägige Schulung, die als Lager in einer Pension in Bad Wiessee stattfand. Geleitet wurde die Ausbildung von dem HJ-Gebietsarzt des Gebiets Hochland, Dr. Alfred Feser.[36] Anfang 1943 arbeitete Wolfhilde von König in der Gesundheitsinspektion des HJ-Bannes München mit und war spätestens Anfang Juni 1943 selbst zur Bann-Gesundheitsdienstreferentin aufgerückt.[37]

### BDM-Mädel im Krieg: „Ich will meine Pflicht tun für Führer und Volk"[38]

#### Der Krieg als Abenteuer

Um den 1. September 1939, also den Tag des deutschen Überfalls auf Polen, begann Wolfhilde von König nach dem Vorbild der Aufzeichnungen ihres Vaters aus dem Ersten Weltkrieg ihr Kriegstagebuch zu führen. Die Einträge, die vom August 1939 datieren, schrieb sie vermutlich nachträglich nieder, um die Vorgeschichte des Kriegsausbruchs zu dokumentieren. Dafür sprechen einige Unregelmäßigkeiten bei der Datierung: Der Hitler-Stalin-Pakt etwa, den das Tagebuch unter dem 22. August behandelt, wurde erst nach Mitternacht in der Nacht vom 23. auf den 24. August unterzeichnet und auf den 23. August rückdatiert. Der Stuckart-Zwischenfall, notiert unter dem 24. August, ereignete sich erst tags darauf.

Vermerke über das politische und militärische Tagesgeschehen bilden in den Jahren 1939 bis 1942 den Rahmen des Tagebuchs. Grundlage war die propagandistisch dirigierte Berichterstattung der Tagespresse und der dort täglich abgedruckten bzw. im Rundfunk verlesene Wehrmachtbericht.[39] Daraus ergibt sich eine selektive Kriegschronik, deren Einträge in aller Regel knapp gehalten, teilweise im Schlagzeilenstil verfasst und eher Erinnerungsvermerken ähnlich sind. Dabei verfolgte Wolfhilde von König vor allem die militäri-

---

einem Interview mit Anneliese Käufelin, der ehemaligen Referentin für den Gesundheitsdienst im BDM-Obergau Kurhessen mit Sitz in Kassel, in: Hering/Schilde, Das BDM-Werk „Glaube und Schönheit", S. 146–151, insb. S. 148f. Vgl. außerdem Buddrus, Totale Erziehung für den totalen Krieg, S. 909–917.

[34] Als Ausbildungsbuch diente der von der Reichsjugendführung herausgegebene Band Mädel im Gesundheitsdienst.

[35] Vgl. Geisler, Jugendarzt und Jugendführung, S. 55.

[36] Alfred Feser (geb. 1915) war einer der besonders jungen HJ-Gebietsärzte, die sich von einer Tätigkeit als Jugendarzt möglicherweise karrierefördernde Wirkung erhofften. 1942 war er 28 Jahre alt. Vgl. Buddrus, Totale Erziehung für den totalen Krieg, S. 915.

[37] Ober- und Untergaue der JM und des BDM waren 1942 abgeschafft und mit den HJ-Gebieten bzw. -Bannen zusammengelegt worden, um so im Krieg Personal einzusparen. Immer häufiger übernahmen dabei junge Frauen Führungspositionen, die innerhalb der Gesamt-HJ bisher den Männern vorbehalten geblieben waren, weil diese nun vermehrt zum Kriegsdienst eingezogen wurden.

[38] Erläuterungen und Literaturhinweise zu den im Tagebuch behandelten Aspekten finden sich vorwiegend in der dortigen Kommentierung.

[39] Vgl. Die Wehrmachtberichte 1939–1945; Boelcke, Kriegspropaganda 1939–1941; Boelcke, Wollt ihr den totalen Krieg?.

schen Erfolge der Wehrmacht und die Besuche ausländischer Staatsmänner bei Hitler, teils zusätzlich, teils ausschließlich dokumentiert durch Zeitungsausschnitte mit Pressefotografien. Erwähnung fanden außerdem Reden der NS-Prominenz, allen voran natürlich Hitlers, und einzelne Fixdaten des nationalsozialistischen Feierjahres.[40] In diesen Einträgen spiegelt sich das Bewusstsein, Zeitgenossin und Zeugin weltbewegender Ereignisse und einer „historische[n] Epoche"[41] zu werden, und das Bedürfnis, diese für sich selbst zu dokumentieren – vielleicht auch für die eigenen Nachkommen, so wie Wolfhilde das Kriegstagebuch ihres Vaters kannte. Die große Sorgfalt, die sie in den ersten Jahren auf ihre Einträge verwandte, belegt, welche Bedeutung sie dem Tagebuch und seinem Inhalt beimaß. Das galt nicht nur für die Gestaltung der Einträge, die sich im Laufe der Zeit veränderte, sondern auch für den sprachlichen Stil und die Orthographie. Rechtschreibfehler etwa finden sich nur selten.

Von Anfang an ergänzen Schilderungen des individuellen Kriegserlebens diese Rahmenchronik: das Einrücken des Vaters zur Wehrmacht am 28. August 1939; die gespannte Erwartung von Hitlers Reichstagsrede vom 1. September; der erste eigene Kriegseinsatz am 4. September, als es galt, Sandsäcke für den Luftschutz zu füllen; der erste BDM-Heimnachmittag im Krieg am 6. September, bei dem die JM-Ringführerin von ihren Einsätzen bei der Betreuung von deutschen Flüchtlingen aus dem polnischen Kriegsgebiet am Hauptbahnhof erzählte – Wolfhilde von König, die junge Mädelschaftsführerin, beneidete sie darum; der erste Schultag nach den Ferien am 11. September, der mit einer neuen Lehrerin anstelle des eingezogenen Klassleiters und veränderten Unterrichtszeiten erste kriegsbedingte Änderungen mit sich brachte.

Während viele alltägliche Ereignisse weitgehend unerwähnt bleiben, verzeichnet sie begeistert ihren ersten eigenen Bahnhofsdienst am 13. Oktober 1939 oder das Abzählen von Reisemarken als Hilfsdienst für die Wehrmacht am 25. Oktober. Neben den militärisch-politischen Rahmenereignissen steht die eigene Rolle für die Kriegsanstrengungen in der Heimat im Mittelpunkt: Wolfhilde von König schrieb tatsächlich ein Kriegstagebuch, in dem sie vor allem ihren Beitrag zum Krieg und, selbstverständlich, zum erwarteten Sieg dokumentieren wollte. Die Auswirkungen des Krieges erhielten zunächst wenig Raum. Das entsprach auch ganz ihrem Erleben. Erste Einschränkungen bei der Lebens- und Bedarfsmittelversorgung nahm Wolfhilde von König wohl noch nicht als einschneidend wahr; der Luftkrieg betraf München erst seit Ende 1942; der zum Stab des Gebirgs-Träger-Bataillons 56 eingezogene Vater war zunächst an der ruhigen Westfront eingesetzt, ehe er, zum Unteroffizier befördert, an Weihnachten 1939 schon wieder entlassen wurde.[42] Da ist

---

[40] Das nationalsozialistische Feierjahr umfasste verschiedene Jahrestage und Gedenktage: beginnend mit dem Jahrestag der Machtergreifung (30. 1.) über die Parteigründungsfeier (24. 2.), den Heldengedenktag (der frühere Volkstrauertag, seit 1939 am 16. 3. bzw. dem vorangehenden Sonntag), Geburtstag des „Führers" (20. 4.), Tag der Arbeit (1. 5.), Muttertag (2. Sonntag im Mai), Sommersonnenwende (21./22. 6.), Reichsparteitag (September), Erntedank (erster Sonntag nach dem Michaelitag – 29. 9.) und den Gedenktag der „Bewegung" (8./9. 11.) bis hin zur Wintersonnenwende (21./22. 12). Vgl. Hockerts, Mythos, Kult und Feste; Reichel, Der schöne Schein des Dritten Reiches, S. 210–221.

[41] Zitat: Ursula von Kardorff Ende 1942 in einem Artikel in der Deutschen Allgemeinen Zeitung, zit. nach: zur Nieden, Alltag im Ausnahmezustand, S. 60. Kardorff beobachtete, dass das Tagebuchschreiben wieder zunehme – sie selbst führte ebenfalls ein Diarium: vgl. von Kardorff, Berliner Aufzeichnungen. Allerdings zeigte sich, dass Kardorff ihre Aufzeichnungen nach Kriegsende nicht unerheblich geschönt und teilweise aus der Erinnerung rekonstruiert hatte; vgl. zur Nieden, Alltag im Ausnahmezustand, S. 64f.

[42] Vgl. Auskunft der Deutschen Dienststelle (WASt) an Sven Keller, 14. 7. 2014.

es nur konsequent, dass eine Fotoseite noch Mitte 1942 den Krieg in Russland als „Idyll" thematisiert (19. 8. 1942).

Der Krieg erscheint so nicht als Belastung, sondern als Möglichkeitsraum auch in der Heimat, als Abenteuer, als Gelegenheit, etwas zu erleben und aus dem Alltag auszubrechen: beim schon erwähnten Bahnhofsdienst, beim Markenverteilen in klirrender Kälte oder im Fabrikdienst, der den Fabrikarbeiterinnen einige bezahlte freie Tage ermöglichte. Die dabei erlittene Verletzung blieb nicht unerwähnt; sie wird stolz und ohne Jammern, geradezu soldatisch, ertragen (26. 5.-7. 6. 1941). Dies war die Praxis der von der NS-Führung geforderten Teilhabe der Frauen und Mädchen am „Volkstumskampf" – und damit auch am Krieg; auch die Mädchen wurden „zum Glied in einer Front"[43] – der Heimatfront.

Gleichzeitig berichtete der Vater von der Westfront von „so manchem Husarenstreich" (15. 11. 1939). Besonders auffällig ist Wolfhilde von Königs Verehrung der militärischen Helden, die die nationalsozialistische Propaganda ausdauernd produzierte. Die militärischen Großtaten und Schicksale von U-Boot-Fahrern, Fliegerassen, Panzerkämpfern und Gebirgsjägern verfolgte sie aufmerksam. Regelmäßig verzeichnete sie Ritterkreuzverleihungen und Beförderungen, klebte Portraitfotos ein und schrieb an Generäle mit der Bitte um ein Autogramm – ein Wunsch, der auch erfüllt wurde, wie sie gelegentlich stolz erwähnte (23. 6. 1942). Zu Weihnachten 1941 erhielt sie ein Album mit Sammelbildern von Trägern des Eichenlaubs zum Ritterkreuz des Eisernen Kreuzes, eine Sammlung, die dank regelmäßiger Geburtstags- und Weihnachtsgeschenke ihres Bruders kontinuierlich ergänzt wurde. Die Verehrung erinnert an die jugend- und popkulturellen Phänomene der Gegenwart.[44]

An Hitler reichte freilich keiner der militärischen Helden heran. Auch dies schlug sich in Geschenken nieder: 1939 etwa erhielt sie zu Weihnachten von ihrem Bruder „ein Führerbild in einem Kirschbaumrahmen", 1942 waren zwei Hitler-Fotobände unter ihren Geschenken zum Geburtstag und zum Weihnachtsfest. Hitler spielt im Tagebuch eine Hauptrolle, vor allem in den ersten Jahren ist er in zahlreichen Einträgen handelndes Subjekt: Der „geliebte Führer" (9. 11. 1939) spricht, der „Führer" ruft zu den Waffen, der „Führer" ist an der Front, der „Führer" dankt seinen Soldaten, der „Führer" empfängt seine Staatsgäste.[45] So ist es auch kein Wunder, dass das Attentat des Schreiners Josef Elser auf Hitler am Abend des 8. November 1939 breiten Raum einnimmt.[46] Wolfhilde von König feierte an diesem Tag ihren 14. Geburtstag, der dahinter völlig zurücktrat. Stattdessen pries sie die „gütige Vorsehung" für die Rettung Hitlers. Über mehrere Tage hinweg blieb das Attentat das zentrale Thema des Tagebuchs. Dabei erweist sich, wie an zahlreichen anderen Stellen auch, die Wirkmächtigkeit der NS-Propaganda und ihres Informationsmonopols.

Wichtiger Bestandteil des Erfahrungsraums Wolfhilde von Königs waren die BDM-Gliederungen ihres Nahbereichs, also die Mädelschaft und die Mädelschar im Münchner

---

[43] Reese, Kamerad unter Kameraden, S. 234.
[44] Auf Fotoseiten klebte Wolfhilde von König z. B. im Februar 1942 das Bild eines Hauptmanns ein, das sie aus einer nationalsozialistischen Jugendzeitschrift ausgeschnitten hatte und das bereits mit einem Autogramm samt entsprechender Widmung an die „kleinen und großen Leser" versehen war. Dieses Phänomen ist noch kaum erforscht. Vgl. Ciolina, Reklamesammelbilder; Wilcke, Die Kinder- und Jugendliteratur des Nationalsozialismus, S. 43f.; May, Inszenierung der Verführung, S. 71ff., 380f.
[45] Vgl. Kershaw, Der Hitler-Mythos.
[46] Georg Elser (1903–1945, ermordet im Konzentrationslager Dachau).

Lehel, denen Wolfhilde von König zunächst angehörte und in denen sie bei Einsetzen des Tagebuchs die ersten Rangstufen der Führerinnenhierarchie erklomm. Über den Alltag als Führerin, die Heimnachmittage oder die ideologische Schulungsarbeit, die sie auch selbst durchgeführt haben muss, erfährt der Leser in ihrem Tagebuch jedoch kaum etwas. Eine Ausnahme sind die Bastelarbeiten, die sie gelegentlich erwähnt: Zum einen machte ihr die Handarbeit großen Spaß; auch in ihrer Freizeit bastelte sie viel, insbesondere in der Vorweihnachtszeit. Zum anderen gab es einen Bezug zum Krieg, der im Tagebuch freilich unausgesprochen bleibt: Die Erfordernisse der Kriegswirtschaft führten zu weitgehenden Einschränkungen in der Spielzeugindustrie. Als Ersatz bastelten die Angehörigen des BDM, um den Bedarf für Weihnachten zu decken. Wolfhilde von König begann mit der ihr unterstellten Schar schon im April 1942 mit den Arbeiten für das kommende Weihnachtsfest (30.11.1940, 24.12.1941, 17.4.1942).

Mehr Raum als dem Alltag im BDM räumte Wolfhilde von König ihrer Partizipation an den außergewöhnlichen Ereignissen ein, die ihre Begeisterung für den Nationalsozialismus befeuerten. München, die „Hauptstadt der Bewegung", ermöglichte ihr dabei eine als unmittelbar empfundene Nähe zu zentralen Ereignissen und Protagonisten, bis hin zu einer besonders innig empfundenen „Führernähe". Das Jungmädel wohnte nach dem Anschlag auf Hitler am Abend des 8. November 1939 den Trauerfeierlichkeiten bei und konnte sich der Ästhetik der Inszenierungen, deren Teil sie ja selbst war, nicht entziehen.[47] „Das Braun der S.A., das Schwarz der S.S. vermischt mit dem Blau der Hitlerjungen und Pimpfe. Wir Jungmädel säumten den weiten Platz" (9.11.1939). Als Hitler am 18. Juni 1940 den italienischen Diktator Benito Mussolini in München empfing, um mit ihm die Waffenstillstandsbedingungen mit Frankreich zu besprechen, jubelte die Bevölkerung dem siegreichen Feldherrn zu. Wolfhilde von König stand am Hauptbahnhof Spalier.[48] Sie war kaum zu bremsen („die armen SS Leute hatten ihre wahre Plage mit uns"), empfand ihren Platz „in den ersten Reihen" als Privileg und kehrte erst am späten Abend „rechtschaffen müde" von den „herrlichen" Erlebnissen des Tages nach Hause zurück. Keinen Monat später führte ein Staatsbesuch Hitler erneut nach München, und Wolfhilde von König erlebte am Hauptbahnhof und auf dem Königsplatz vor dem „Führerbau" erneut einen „schöne[n], erlebnisreiche[n] Tag" (10.7.1940). Die tiefe emotionale Bindung an Hitler zeigte sich besonders dann, wenn der „Führer" das Mitleid seiner Gefolgschaft nötig zu haben schien – etwa am 21. Juni 1942, dem Tag des Staatsaktes für den verstorbenen NSKK-Korpsführer und „alten Kämpfer" Adolf Hühnlein.[49] „Ernst und voll Trauer" habe sie Hitler in seinem Wagen sitzen sehen; wie oft, so fragte sich die Sechzehnjährige, „musste er sich zu solcher Fahrt durch eine Stadt rüsten um einem Getreuen das letzte Geleit zu geben". Trotz des Anlasses war sie „froh und glücklich, daß ich den Führer so nahe sehen durfte, jedes Mal ist es ein Erlebnis".

Neben solchen Großereignissen beteiligte sie sich begeistert an den Reichsstraßensammlungen für das nationalsozialistische Winterhilfswerk (16.12.1939, 3.2.1940, 14.12.1940), gratulierte dem Gauleiter mit einem Ständchen zum Geburtstag (30.9.1941), war

---

[47] Vgl. Brockhaus, Schauder und Idylle; Offermanns, Die wußten, was uns gefällt.
[48] Benito Mussolini (1883–1944, von Partisanen hingerichtet), „Duce" des faschistischen Italien.
[49] Adolf Hühnlein (1881–1942) war einer der beiden Korpsführer des Nationalsozialistischen Kraftfahrerkorps (NSKK). Schon 1919 lernte er Hitler kennen und übernahm als Hauptmann mit Männern seiner Pionierkompanie den Saalschutz für den damaligen Schulungsredner der Reichswehr. Später zählte er nicht zum engeren Führungskreis. Vgl. Hochstetter, Motorisierung und „Volksgemeinschaft", S. 122–131.

zum Muttertag im Einsatz (16./17.5.1942) oder sang in einem Wehrmachtslazarett für die Verwundeten (2.5.1942). Die alljährlichen Initiationsrituale des BDM empfand sie als Aufnahme „in unseren Bund" (19.4.1940), und sie war stolz darauf, dass sie als Führerin anschließend an dem vorabendlichen Aufmarsch zu Hitlers Geburtstag auf dem Königsplatz teilnehmen durfte und mit ihren Kameradinnen einen „pfundigen Platz" erhielt (19.4.1942). Wolfhilde von König konnte sich so als Teil einer Führungselite wahrnehmen; höherrangige Mädchen und Frauen nahm sie sich zum Vorbild und verehrte sie, die Teilnahme an Besprechungen und Tagungen waren ihr Inspiration und Ansporn (20.10.1939, 8.–11.2.1940), Konkurrenz und Wettbewerb weckten ihren Ehrgeiz (28.4.1942, 9.6.1942).

**Im Gesundheitsdienst des BDM**

Von Februar bis April 1941 absolvierte Wolfhilde von König den für BDM-Angehörige im 16. Lebensjahr obligatorischen Gesundheitsdienstkurs. Dieser blieb zunächst – abgesehen von allgemeinen Bemerkungen über die Bedeutung der Ersten Hilfe und zur Abschlussprüfung durch die BDM-Ärztin – unkommentiert, und auch in den folgenden Wochen und Monaten schwieg sie dazu. Dennoch müssen die Lektionen schon damals ihr besonderes Interesse geweckt und zu weiterem Engagement geführt haben. Jedenfalls konnte sie im Sommer des folgenden Jahres einen weiterführenden Gesundheitsdienstkurs absolvieren, der im Juli 1942 in Bad Wiessee abgehalten wurde. Wie wichtig ihr diese Ausbildung war, zeigen die täglichen, ganz auf das Gelernte und die Erlebnisse im Lager konzentrierten Einträge dieser zwölf Tage. In den folgenden Monaten bis Mitte Oktober war sie regelmäßig als Gesundheitsdienst-Mädel im Einsatz: In einem Jungenlager der Kinderlandverschickung in Bad Reichenhall, dann während der Hopfenernte in der niederbayerischen Holledau, schließlich in einem Mädchenlager am Walchensee. Nach einigen freien Tagen arbeitete sie bis Mitte November in der Gesundheitsabteilung des Gebiets Hochland mit.

Dichte und Intensität der Einträge dieser Einsatzmonate zeigen, wie wichtig Wolfhilde von König ihre paramedizinische Tätigkeit war. Von nun an war der Gesundheitsdienst im BDM das wichtigste Thema des Tagebuchs. Im Februar 1943 arbeitete sie in der Gesundheitsinspektion des Bannes mit. Im Frühjahr 1943 übernahm sie in „Schürze und Häubchen" (8.2.1943) bei mehreren Veranstaltungen der HJ und der NSDAP Sanitätstätigkeiten, etwa bei einer Aufführung des HJ-Theaterrings (9.2.1943), einer Großkundgebung im Zirkus Krone (4.4.1943) und bei dem NSDAP-Kreistag in Fürstenfeldbruck (2.5.1943). Sie ging den HJ-Ärzten und -Ärztinnen bei der Untersuchung von BDM-Mädeln zur Hand, nahm an Tagungen und Fortbildungen teil und organisierte nun ihrerseits Gesundheitsdienstkurse im HJ-Bann München, wo sie bald zur Gesundheitsdienst-Referentin aufrückte.

Nach dem Kreisappell der Münchner NSDAP am 3. Juli 1943 fühlte sich Wolfhilde von König zwar mitgerissen und für den Alltag gestärkt – bedauerte aber doch, dass „leider" niemand auf medizinische Betreuung angewiesen gewesen war: Sie wollte ihre Kenntnisse erweitern und praktisch anwenden, sie brannte stets darauf zu „zeigen [...], daß ich was gelernt habe" (22.7.1942). Als der HJ-Gebietsarzt geeigneten Gesundheitsdienstmädeln die Möglichkeit eröffnete, in einem Krankenhaus in München-Schwabing mitzuarbeiten und zu lernen, war sie unter den ersten, die sich meldeten. Als nach den Osterferien die Schule wieder begann, hatte sie einen weit reichenden Entschluss gefasst: sie werde nun fleißig sein, weil sie ihr „Ziel: Ärztin zu werden vor Augen habe und darauf sicher lossteuern will" (3.5.1943).

Es folgten weitere Einsätze in München, in Kinderlandverschickungslagern und beim Ernteeinsatz in der Holledau. Nach dem Abitur arbeitete sie von Februar bis Anfang April 1944 in Kinderlandverschickungslagern in Berchtesgaden und Bad Reichenhall. Dann endlich war die lange ersehnte, von Gebietsarzt Dr. Feser initiierte Gesundheitsdienstschule in Berchtesgaden eingerichtet, die einem Wehrmachtslazarett angegliedert war. Dort trat Wolfhilde von König am 3. April 1944 ihren Dienst als stellvertretende Schulführerin an. Ende des Monats allerdings musste sie bereits nach München zurückkehren, um ihren studentischen Ausgleichsdienst zu leisten. Parallel dazu tat sie immer wieder freiwillig im Krankenhaus Dienst – nach wie vor mit großem Enthusiasmus. Im April und Mai 1944 beteiligte sie sich an der Neuorganisation des „Katastropheneinsatzes" während der alliierten Luftangriffe. Vorbild waren die „Kameradinnen in Düsseldorf" (26.4., 20.5. 1944), die über größere Erfahrung verfügten; die dortige Bann-Gesundheitsdienst-Referentin hatte während einer Tagung ihrer Kolleginnen aus dem Gebiet Hochland eine entsprechende Arbeitsgemeinschaft geleitet.

**Niederlage und Neuanfang**

Seit Anfang 1942 änderte sich der Charakter des Tagebuchs sukzessive. Zwar vermerkte Wolfhilde von König während des Jahres weiterhin politische und militärische Ereignisse; sie nahmen nun aber deutlich weniger Raum ein als zuvor. Nur selten ist ihnen mehr als ein knapper Satz am Anfang oder Ende eines Eintrags gewidmet. Schließlich verschwanden selbst diese knappen Notizen weitgehend – Ausnahmen sind Ereignisse wie die Niederlage von Stalingrad, die Kapitulation Italiens, die alliierte Landung in der Normandie oder das Attentat auf Hitler am 20. Juli 1944. Doch selbst das war Wolfhilde von König nur noch wenige Worte wert. Ende 1943 fasste sie letztmals das gerade zu Ende gegangene Jahr in einer chronologischen Rückschau zusammen.

Es gab kaum noch positive Meldungen von den Fronten, die ein Kriegstagebuch hätten bereichern können, das als Memento des deutschen Sieges und deutscher Größe gedacht war. Die Diaristin konzentrierte sich zusehends auf ihr eigenes, engeres Umfeld und das individuelle Erleben, je mehr die Intensität der eigenen, unmittelbaren Kriegserfahrung und die Alltagsbelastung im Kriegseinsatz zunahmen. Der Krieg war nun nicht mehr Abenteuer und Heldengeschichte. Die Siebzehn- und Achtzehnjährige erlebte, wie der Bombenkrieg München erreichte und die alliierten Flieger ihre Heimatstadt nach und nach zerstörten. Wie in vielen anderen zeitgenössischen Tagebüchern nahm der Luftkrieg mit seinen Folgen nun breiten Raum ein.[50] Luftalarme, Angriffe und Schäden vermerkte sie meist in knappem Chronistenstil; ausführlich berichtete sie, wenn das eigene Viertel oder gar die eigene Wohnung betroffen waren und sie bei der Versorgung der betroffenen „Volksgenossen" beteiligt war (18.3., 4.10.1943, 26.4., 13.7., 18.12.1944, 25.2.1945). Während sie selbst nicht in München, sondern im Gesundheitsdienst-Einsatz in den Bergen war, sorgte sie sich um die Mutter (23.3.1944).

Zitate aus den Reden und Verlautbarungen Hitlers, die Verehrung seines Feldherrngenies und seine Auftritte als Staatsmann waren während der ersten Jahre ein ständiger

---

[50] Vgl. zur Nieden, Chronistinnen des Krieges, S. 840–843.

Refrain des Tagebuchs. Auch das änderte sich um den Jahreswechsel 1942/43. In den Jahren zuvor dauerpräsent, fand Hitler 1943 und 1944 nur noch selten Erwähnung. Das entsprach seinem Rückzug aus der Öffentlichkeit in diesen Jahren. Der „Führer", der nur „Kampf, Arbeit und Sorge" (1.1.1943) kenne, erschien nur noch als Lieferant von Durchhalteparolen und zunehmend entrücktes Bezugsobjekt ungebrochener Loyalität und fortdauernden Führerglaubens. Kritik und Zweifel an seiner Person, die nach Stalingrad in der deutschen Bevölkerung merklich zunahmen, äußerte Wolfhilde von König nicht. Stattdessen trat sie in die NSDAP ein, die sie als Organ des Führerwillens und Instrument nationalsozialistischer „Menschenführung" betrachtete: „Die Partei erfüllt die Forderung des Führers: sie ist Vorbild" (12.9.1943). Sie selbst war als neue Parteigenossin entschlossen, sich „des Vertrauens würdig [zu] erweisen, das der Führer in uns setzt" (18.4.1943). Auf das Attentat vom 20. Juli 1944 reagierte sie entsetzt und war „so glücklich, dass der Führer lebt. Was wäre geworden ohne ihn? Er muss uns noch recht lange erhalten bleiben. Der Führer lebt, Gott sei es gedankt."[51]

Lange reproduzierte sie die euphemistischen Propagandaphrasen für militärische Rückschläge und die Durchhalteparolen des Regimes in den letzten Kriegsmonaten. Erst in den letzten Wochen mischten sich immer wieder Zweifel in den Glauben an den Endsieg. Am 25. März gestand sie ihre Ratlosigkeit angesichts des alliierten Vorrückens im Reich, am 1. April schien sie zu verzweifeln: „Man sieht kein Halten und Bezwingen". Gleichzeitig wetterte sie gegen die „Miesmacher, [...] die solche Gerüchte verbreiten", hoffte auf den Werwolf und eine Kriegswende nach dem Tod des amerikanischen Präsidenten Roosevelt (11. und 13.4.1945).

Noch am 20. April 1945, Hitlers 56. Geburtstag, und am 29. April, als amerikanische Truppen bereits vor den Toren der Stadt standen, gedachte sie ihres „Führers" , der nun „den Kelch bis zur Neige austrinken" müsse. Tags darauf erschoss dieser sich in Berlin. Das fand im Kriegstagebuch schon keine Erwähnung mehr.

Je näher das Kriegsende rückte, desto größer wurde die Sorge um die Angehörigen und die eigene Zukunft. Wolfhilde von Königs Bruder Emanuel war seit Sommer 1943 im Kriegseinsatz: zunächst in München als Flakhelfer, dann im Sudetenland beim Reichsarbeitsdienst, schließlich bei der Marine – zuerst zur Ausbildung in Flensburg, dann auf dem schweren Kreuzer „Lützow". Auch der Vater war seit Ende November 1943 zur Marine eingezogen und diente nun als Verwaltungsmaat beim Kommandanten des Abschnitts Sylt.[52] Wolfhildes Cousin, SS-Sturmbannführer Theodor von König, hatte seine Frau und die vier Kinder im bayerischen Weißenburg in Sicherheit gebracht und war selbst in Schlesien an der Front.

Den Einmarsch der amerikanischen Truppen in München am 30. April 1945 und die ersten Tage der Besatzung kommentierte Wolfhilde von König in einer eigentümlichen Mischung aus Lakonie, Boshaftigkeit und Larmoyanz. Ein „Kriegsspielen" sei das gewesen, die weißen Fahnen der Bevölkerung ehrlos, das feindliche Kriegsmaterial schlecht, „man kann es nicht fassen, daß wir vor diesen Waffen kapitulieren mußten". Dennoch fürchtete sie, es werde doch noch „der Russe folgen? Dann Gnade uns Gott". Für Wolfhilde von König war das Ende des Krieges jedenfalls kein Grund zu feiern: „Frieden, wie Hohn klingt es in unseren Ohren". Überhaupt hätten die Alliierten gar keinen Sieg errungen: „Militärisch wären wir nicht geschlagen worden", wobei sie die Luftangriffe auf deutsche Städte

---

[51] Vgl. Kershaw, Der Hitler-Mythos, S. 235–243, 263–268; Kallis, Der Niedergang der Deutungsmacht, S. 235–240.
[52] Vgl. Auskunft der Deutschen Dienststelle (WASt) an Sven Keller, 14.7.2014.

explizit nicht zu den militärischen – jedenfalls nicht zu den ehrenhaften – Mitteln zählte (30. 4.–12. 5. 1945).

Dennoch musste sich Wolfhilde von König mit den neuen Machtverhältnissen arrangieren. Das scheint ihr mindestens oberflächlich auch schnell gelungen zu sein. Sichtbarstes Zeichen war, dass sie ihr Hab und Gut „ausmistete" (12. 5. 1945) und, so ist anzunehmen, von allzu eindeutig nationalsozialistischen Besitztümern säuberte. Dass sie sich kritisch mit dem untergegangenen „Dritten Reich" und seinen Verbrechen, mit denen die Deutschen von den Alliierten nun konfrontiert wurden, beschäftigt hätte, ist nicht erkennbar; vielmehr sah sie die Deutschen, denen nun „alle Schuld in die Schuhe" geschoben werde, in der Opferrolle (5. 6. 1945). Ansonsten äußerte sie sich allenfalls kryptisch (27. 4. 1946).

Neben der Bewältigung des schwierigen Alltags in den ersten Nachkriegswochen und -monaten beschäftigte sie nach wie vor die Sorge um Vater und Bruder. Es dauerte, bis die Mutter und sie selbst sichere Nachricht über ihr Schicksal erhielten; der Vater kehrte Mitte August 1945, Emanuel erst im Sommer 1946 und nach überstandener schwerer Erkrankung aus sowjetischer Kriegsgefangenschaft zurück. Ihr Geschick zur Handarbeit nutzte Wolfhilde von König, um nebenbei etwas Geld für den Lebensunterhalt zu verdienen.

Sie beobachtete, wie viele ihrer Altersgenossinnen heirateten und Kinder bekamen; sie selbst strebte unterdessen weiterhin entschlossen eine Berufslaufbahn als Ärztin an, wiederholte im Selbststudium Naturwissenschaften und Latein und hoffte auf eine baldige Wiedereröffnung der Münchner Universität. Am 1. April 1946 konnte sie mit dem Studium beginnen. Das Entnazifizierungsverfahren, dem Wolfhilde von König ablehnend gegenüberstand („eine Gemeinheit", 18. 4. 1946), brachte sie ohne größere Beeinträchtigungen hinter sich; sie fiel unter die Jugendamnestie vom August 1946. Als ehemalige Parteigenossin wurde sie allerdings vier Wochen lang an der Universität zum Trümmerräumen verpflichtet – eine ungeliebte Pflichtaufgabe, die sie im Mai und Juni 1946 hinter sich brachte. Das Urteil im Nürnberger Hauptkriegsverbrecherprozess am 16. Oktober 1946, in dem viele derjenigen, die sie jahrelang verehrt hatte, zum Tode verurteilt wurden, war ihr erst Tage später einige wenige Zeilen wert.

## Gelenkte Autonomie: Emanzipation in die „Volksgemeinschaft"

Wolfhilde von Königs Tagebuch ist – wo die Einträge nicht an Propagandaphrasen des Regimes angelehnt, von Begeisterung für den Nationalsozialismus befeuert oder von der Sorge um die Familie belastet sind – von großer Sachlichkeit und Nüchternheit. Weitgehend ausgespart blieben Themen, die man in den Aufzeichnungen einer Jugendlichen in der Lebensphase von Pubertät und Adoleszenz vielleicht erwarten würde.[53]

Über das familiäre Zusammenleben etwa berichtete sie vor allem zu besonderen Anlässen: alljährlich an ihrem eigenen Geburtstag oder zum Weihnachtsfest, das Wolfhilde von König als „deutscheste[s] aller Feste" mit „Lichterbaum" (18. 4. 1942) freilich eher als nationales denn als christliches Fest beging. Die Christmette besuchte die Tochter ausweislich des Tagebuchs letztmals 1939 zusammen mit ihrer Mutter. In späteren Jahren trat das gemeinsame Hören der Weihnachtsringsendung im Rundfunk, die die Soldaten an allen Fronten mit der Heimat verbinden sollte, an die Stelle des Kirchgangs. Das Osterfest – im Tagebuch ein

---

[53] Vgl. Hämmerle, Ein Ort für Geheimnisse?

seines religiösen Hintergrundes völlig entkleidetes „Fest der Freude und des Frühlings" – erwähnt sie erstmals 1944. Der Höhepunkt des Feiertages war in diesem Jahr ein (vergeblicher) Besuch auf dem Obersalzberg, um den „Führer" zu sehen. 1945 flüchtet sie sich angesichts der bevorstehenden Niederlage in Kindheitserinnerungen (10. 4. 1944, 1. 4. 1945).

Der Vater war während des Krieges meistens abwesend. Neben seinen militärischen Einsatzzeiten 1939 und seit Spätherbst 1943 war der Vermessungsinspektor seit März 1940 für zwei Jahre nach Innsbruck versetzt. Seit Mitte 1943 war auch der Bruder Emanuel nicht mehr zu Hause. Das Zusammenleben mit der Mutter verlief in ruhigen Bahnen. Etwaige Abgrenzungs- und Emanzipationskonflikte mit den Eltern fanden im Tagebuch jedenfalls keinen Niederschlag. Wolfhilde von König selbst fasste es in ihrem letzten Eintrag so zusammen: „Ich durfte eine glückliche Kindheit erleben, behütet von einer verständigen Mutter, der ich alles danke. Auch die ‚schwierige' Zeit verlief zwischen uns beiden in Harmonie".

Schule, Schulkameradinnen und Freundinnen fanden gelegentlich Erwähnung, ebenso die gespannte Erwartung auf das Abitur und die damit verbundene biographische Zäsur, oder emotionale Ausnahmesituationen wie der krankheitsbedingte Tod einer Klassenkameradin im Juni 1942. Die körperlichen Veränderungen und das Gefühlsleben während der Adoleszenz blieben ausgespart, romantische Regungen für Jungen und Männer fehlen völlig und wurden abschätzig kommentiert (9. 3. 1945). Stattdessen schwärmte Wolfhilde von König für ältere, weibliche Vorbildfiguren: allen voran die BDM-Ärztin Dr. Willms[54], der sie während ihrer Einsätze im Gesundheitsdienst immer wieder begegnete und zu der sie ein enges Vertrauensverhältnis aufbaute, die DRK-Oberschwester Hermine Stolz, mit der sie bis zu deren Bombentod eine Brieffreundschaft unterhielt und deren Gedichte sie mehrfach zitierte (z. B. als Leitspruch des Jahres 1945), sowie die Oberschwester Wela de Vizkelety, der sie sich in „gemeinsamer Liebe" (23. 3. 1943) verbunden fühlte.[55]

Dass Wolfhilde von König hier ihre Vorbilder fand, ist kein Zufall. Die Suche nach einem eigenen Lebensentwurf vollzog sich nicht im individuellen Freundeskreis, nicht in Konfrontation mit der Familie oder der Schule. Zum Raum eines zunächst ja individuell-privaten Reifungsprozesses wurde vielmehr der BDM, der es sich zum Ziel gesetzt hatte, einen „neue[n] Mädeltyp" zu schaffen, der sich, befreit von den Moralvorstellungen der älteren Generationen und losgelöst aus alten sozialen Kontexten, ganz und gar dem Nationalsozialismus verschreiben sollte.[56] Die Mädchenorganisation bot Möglichkeiten zur Emanzipation, um diese gleichzeitig durch ihren strukturellen und weltanschaulichen Rahmen, die propagierten Rollenbilder und ihre Ästhetik im Sinne der „Volksgemeinschaft" zu überformen und zu steuern.[57] So steht neben dem „Wir" der Familie im Tagebuch immer das „Wir" von „Volk" und „Volksgemeinschaft"[58], vor allem aber das „Wir" der gemeinschaftlichen Kleingruppe innerhalb des BDM. Wolfhilde von König schwärmte von der „schönen", ja „wunderschönen Kameradschaft" im Lager oder während des Ernteeinsatzes beim Hopfenpflücken in der Holledau (4. 3. und 1. 9. 1944) und dem Ge-

---

[54] Nähere Angaben zu Dr. Willms konnten nicht eruiert werden.
[55] Zur Bedeutung von weiblichen Vorbildfiguren bis hin zur „Liebe zum Ideal" vgl. zur Nieden, Alltag im Ausnahmezustand, S. 130–138.
[56] Rüdiger, Der Bund Deutscher Mädel, S. 73; vgl. Klaus, Mädchen im 3. Reich, S. 44–52.
[57] Vgl. Wirsching, Privatheit. Zur Debatte um die modernisierenden Effekte des Nationalsozialismus vgl. Bavaj, Ambivalenz der Moderne, zur Rolle der Frau insb. S. 106–116.
[58] Zum Begriff der „Volksgemeinschaft" vgl. Süß/Süß, Volksgemeinschaft und Vernichtungskrieg; Bajohr/Wildt, Volksgemeinschaft; Schmiechen-Ackermann, Volksgemeinschaft.

meinschaftsgefühl unter den Führerinnen (30.9.1941). Die höchste Auszeichnung, die einzelnen Mädchen und Frauen zuteilwerden konnte, war das Lob, sie seien eine „gute", „feine" oder „treue Kameradin" (20.9.1942, 16.9.1941, 29.7.1944).[59]

Die Vergemeinschaftungsangebote des BDM sprachen Wolfhilde von König an. Sie erhöhten die „gesellschaftliche Verfügbarkeit von Frauen und Mädchen"[60], und mit ihnen waren Einschränkungen, Zwang und ein Verlust an Autonomie verbunden; das wurde von vielen Mädchen aber offenbar nicht wahrgenommen – auch von Wolfhilde von König nicht.[61] Der Zugriff auf die Freizeit der Mädchen war enorm; selbst die Kulturveranstaltungen unterlagen der Steuerung und ideologischen Selektion durch die HJ. So besuchte Wolfhilde von König häufig das Kino, das Theater oder Konzerte, meist jedoch waren die Darbietungen Teil der Veranstaltungsringe der HJ und brachten sorgfältig ausgewählte, propagandistisch oder „volkspädagogisch wertvolle" Stücke zur Aufführung.

Spätestens der Krieg brachte eine zuvor unvorstellbare Mobilisierung der Mädchen mit sich. Das brach traditionelle Rollenmuster auf und verlagerte die gesellschaftliche Initiation der Mädchen noch weiter aus dem familiären Privatraum heraus.[62] Die unterschiedlichsten Dienstpflichten im Kriegseinsatz der Hitler-Jugend sorgten dafür, dass die Mädchen neben der Schule ständig beansprucht wurden und auch in den Ferien kaum zu Hause waren.[63] Wolfhilde von König beteiligte sich an Straßensammlungen für das Winterhilfswerk, verteilte Lebensmittelmarken, betreute Flüchtlinge und Evakuierte am Bahnhof, bastelte für Weihnachtsaktionen, sang für Soldaten im Lazarett, löste Fabrikarbeiterinnen ab, hielt Luftschutzwache, erntete im Herbst Hopfen in der Holledau und war nach Bombenangriffen im Katastropheneinsatz. Als Gesundheitsdienstmädel betreute sie NS-Veranstaltungen, übernahm lokale Führungsaufgaben und arbeitete seit Mitte 1942 immer wieder für mehrere Wochen, teils auch Monate außerhalb Münchens.

Dass mit dem BDM-Dienst im Krieg nicht nur zeitliche, sondern auch seelische und emotionale Belastung verbunden war, ist dem Tagebuch nur zwischen den Zeilen zu entnehmen. Es dominiert der Anspruch der Nüchternheit und der Härte gegen sich selbst, sowie die Begeisterung, „in der Heimatfront tätig sein" (3.10.1942) zu dürfen. Sie speiste sich aus dem Glauben an die höhere Bedeutung des eigenen Tuns und die Überzeugung, durch das eigene Engagement zum Wohl des Volkes zu arbeiten und so letztendlich zum Endsieg beizutragen. Formeln wie „Es ist gleich wo du hingestellt bist, nicht gleich aber, wie du dazu stehst" (29.8.1943) oder „Aber wir fügen uns in die Notwendigkeit. Wir alle müssen mithelfen am Endsieg und da haben wir persönliche Opfer zu bringen" (23.6.1944) finden sich immer wieder. Die skrupellose Ausbeutung der Arbeitskraft, des Leistungswillens und der selbstlosen Opferbereitschaft von Jungen und Mädchen war der Kern der nationalsozialistischen Jugendpolitik.[64]

Die „nationale Pflicht" und der „Ehrendienst am Volk" wurden häufig in Gestalt von attraktiven Angeboten an die Jugendlichen herangetragen. Gerade für die weibliche Ju-

---

[59] Zum Konnex von „Volksgemeinschaft" und Kameradschaft als „religiös überhöhte Staatstugend" vgl. Kühne, Kameradschaft, S. 51–58, 97–99, Zitat S. 98; zur Bedeutung von Kameradschaft im BDM vgl. Reese, Kamerad unter Kameraden.
[60] Reese, Straff, aber nicht stramm, S. 58f.
[61] Vgl. ebd., S. 93.
[62] Vgl. Maubach, Die Stellung halten, S. 60f.
[63] Vgl. Willmot, Zur Geschichte des BDM, S. 137–145; Reese, Kamerad unter Kameraden, S. 216; zu den Ernteeinsätzen vgl. Kinz, Der Bund Deutscher Mädel, S. 79ff.
[64] Vgl. Reese, Kamerad unter Kameraden, S. 216.

gend waren viele dieser Offerten ein gesellschaftliches Novum.[65] Diese „Ermöglichungsfunktion" der NSDAP und ihrer Organisationen trug ganz erheblich zur Attraktivität der „Volksgemeinschaft" bei.[66] Ihr Engagement im Gesundheitsdienst etwa verstand Wolfhilde von König als Chance und Entwicklungsmöglichkeit, die ihr nur der BDM eröffnete. So war sie nach fünf Jahren Krieg „froh und glücklich, daß ich beweisen durfte, was in mir steckt" (1.9.1944). Die Professionalisierung durch Kurse und Weiterbildungen, durch Tagungen und freiwillige Mitarbeit im Krankenhaus, die Nähe zu Krankenschwestern und Oberschwestern, zu Ärzten und Ärztinnen stärkten ihr Selbstbewusstsein und erfüllten sie mit Befriedigung, ebenso wie die stetig wachsende Verantwortung, die ihr übertragen wurde. In einem KLV-Lager führte sie das Krankenrevier in Abwesenheit der Oberschwester allein (9.10.1942) und überstand eine Inspektion des HJ-Arztes mit Bravour („bei mir ist ja immer Ordnung", 11.10.1942).[67] Sie hatte ein Betätigungsfeld gefunden, das ihren Neigungen entsprach und auf dem sie erhebliche Kompetenz erwarb. Deshalb empfand sie die Dienste und Einsätze nicht als Belastung, sondern als Herausforderung, als Erweiterung ihres Horizontes und ihrer Handlungsmöglichkeiten, die sie positiv erlebte: „Neu wird alles sein, aber viel werde ich lernen, u. wenn ich ein Lager aufbauen darf, wird mir alles von großem Nutzen sein. Also: Kopf hoch, Lulu!" (26.8.1942). Wie sehr sie sich mit ihrer neuen Rolle identifizierte, lässt sich nicht zuletzt daran erkennen, dass sie ihre Freundin Hilde W., die zusammen mit ihr im Gesundheitsdienst arbeitete und mit der sie schon den Kurs in Bad Wiessee absolviert hatte, bald nur noch „Kollege" nannte.

Der BDM ermöglichte ihr ein Stück Selbstverwirklichung *innerhalb* der nationalsozialistischen „Volksgemeinschaft", an deren Leitlinien sie sich auf dem Weg vom Mädchen zur jungen Frau orientierte. Sie erkannte die Werte und Normen des NS-Staates an und ließ sich darauf ein; die sorgfältig katalogisierten, alljährlichen Geburtstags- und Weihnachtsgeschenke dokumentieren dies. Sie war eine der vielen, die das Projekt der „Volksgemeinschaft" nicht erlitten oder erlebten, sondern mitgestalteten.[68] Dabei war sie fleißig und zielstrebig, diszipliniert, einsatz- und opferbereit, und war damit nahe am Idealbild des „deutschen Mädels", das das NS-Regime formen wollte.[69] Dass sie deutsch, „arisch" und erbgesund war – das waren die Grundvoraussetzungen. Das Bewusstsein für die Rassenideologie war eines der Erziehungsziele insbesondere des BDM. Wenn die Mädchenorganisation auch explizit „keine Organisation von werdenden Müttern"[70] sein wollte, so sollten die Mädchen doch als zukünftige Mütter und „Rassegewissen der Nation"[71] für Fragen der „Volksgesundheit" und der „Rassenreinheit" sensibilisiert werden. Sie sollten „Hüterin der Reinheit und des Blutes und des Volkes"[72] sein und für den „Volkskörper" ebenso

---

[65] Vgl. Maubach, Die Stellung halten, S. 54–61; Miller-Kipp, „Der Führer braucht mich", S. 25; Willmot, Zur Geschichte des BDM, S. 90, 146f.
[66] Zur „Ermöglichungsfunktion" der NSDAP und ihren Organisationen vgl. Nolzen, Inklusion und Exklusion, S. 62–67; zu NS-Frauenorganisationen als „Ermöglichungsstruktur" Kramer, Volksgenossinnen an der Heimatfront, S. 86–102.
[67] Vgl. Kock, „Man war bestätigt und konnte was"; Willmot, Zur Geschichte des BDM, S. 118.
[68] Vgl. Steber/Gotto, Volksgemeinschaft im NS-Regime, S. 441.
[69] Vgl. Klaus, Mädchen im 3. Reich, S. 52.
[70] Baldur von Schirach, zit. nach: Reese, Straff, aber nicht stramm, S. 47.
[71] Möller, Wir werden das Volk, S. 118.
[72] Ebd., S. 119.

Verantwortung übernehmen wie für den eigenen Körper.[73] Insofern war selbst der Sport, der regelmäßig auf dem Programm stand, keineswegs so unpolitisch, wie es zunächst erscheinen mag.[74] Dem gleichen Zweck diente auch die Aufklärung über den weiblichen Körper – auch das eine Aufgabe der Gesundheitsdienstmädel, über die Wolfhilde von König mit Dr. Willms diskutierte (19.7.1942, 14.8.1944). Viele Elternhäuser verfolgten solche Aktivitäten mit Misstrauen und fürchteten eine sittliche Verwahrlosung ihrer Töchter. Auch bei einer Diskussion über Themen wie „Mädel, wahre Deine Ehre" (13.8.1944) ging es vermutlich weniger um althergebrachte Vorstellungen von ehelicher Treue und vorehelicher Enthaltsamkeit, sondern eher um Fragen der „Rassenreinheit".[75]

Über die Verfolgungs- und Vernichtungspolitik des NS-Regimes erfährt man im Tagebuch nichts. Klar ist jedoch, dass Wolfhilde von König die rassistischen Stereotype der NS-Ideologie teilte. Die Fünfzehnjährige versah während des ersten Jahres des Feldzugs gegen die Sowjetunion Zeitungsfotos mit rassistischen Kommentaren und reproduzierte damit die NS-Propaganda (Fotoseiten nach dem 28.8. und 21.9.1941). Den antisemitischen Hetzfilm „Jud Süß", in dem ein deutsches Mädchen von einem Juden vergewaltigt wird, fand sie „einfach fabelhaft" (17.11.1940), und bald nach Kriegsende machte sie deutlich, dass ihre Hilfs- und Aufopferungsbereitschaft keineswegs humanistisch-universell war, sondern an den Grenzen der „Volksgemeinschaft" endete: „Nun ist Schwabing Ausländerkrankenhaus geworden und ich gehe nicht mehr hin. Jüdinnen und Ukrainerinnen zu pflegen, habe ich wirklich keine Lust" (5.6.1945).

Wie lange die rassistischen Stereotype des Nationalsozialismus und die Ideologie der „Volksgemeinschaft" bei Wolfhilde von König nachwirkten, ist nicht bekannt. Ihre amerikanischen Neffen jedenfalls betonen, sie hätten davon nichts bemerkt. Viele derjenigen, die zwischen 1920 und 1930 geboren waren, fühlten sich nicht schuldig, sondern missbraucht, ausgenutzt und in ihren Hoffnungen verraten. Doch auch diejenigen, die bis zuletzt an den Endsieg geglaubt hatten, konnten sich häufig von ihren alten ideologischen Orientierungen lösen und blendeten diese in ihrer Erinnerung häufig aus.[76] Im Tagebuch erkennbar ist, dass Wolfhilde von König sich im Laufe des Jahres 1945 auf die Alltagsprobleme der ersten Nachkriegszeit konzentrierte und auf ihr Ziel, das Medizinstudium, hinarbeitete. Anzeichen für eine Neuorientierung sind zu erkennen, als sie im Herbst 1946 einen ihrer letzten Tagebucheinträge schrieb. Wenige Wochen zuvor hatte sie, wohl erstmals in ihrem Leben, protestiert, als die Anforderungen für das medizinische Vorphysikum aus politischen Gründen verschärft werden sollten. Der Protest der Studenten hatte Erfolg, und sie notierte nicht ohne trotzige Anerkennung: „Zum ersten Male erlebte ich Demokratie an der Arbeit" (20.10.1946).

Wolfhilde von König hatte im Gesundheitsdienst des BDM eine Aufgabe gefunden, durch die sie schon früh entschlossen war, sie zu ihrem Beruf zu machen. Sie ließ sich einerseits von der Gemeinschaftsästhetik des NS einnehmen, und auch die nationalsozialistische „Volksgemeinschafts"-Ideologie fiel bei ihr auf fruchtbaren Boden. Das galt auch für das

---

[73] Vgl. Kater, Hitler-Jugend, S. 84–98.
[74] Vgl. Reese, Straff, aber nicht stramm, S. 60–72; Kock, „Man war bestätigt und konnte was", S. 66–71.
[75] Vgl. Willmot, Zur Geschichte des BDM, S. 146–148; Kater, Hitler-Jugend, S. 94f.
[76] Zur (Neu-)Orientierung der Jugendlichen 1945 vgl. Schörken, Jugend 1945; Schörken, Luftwaffenhelfer und Drittes Reich; Rosenthal, „... wenn alles in Scherben fällt ..."; Rosenthal, Die Hitlerjugend-Generation.

propagierte weibliche Rollenbild der „Mutter"[77]: Wie sehr sie dieses rezipierte, zeigt sich nicht nur in ihren Tagebucheinträgen an Muttertag, sondern auch durch ihr eigenes Selbstverständnis als Gesundheitsdienst-Mädel, das sich etwa beim Einsatz im KLV-Lager als eine der „helfende[n] Mütter der Heimat" (30. 7. 1942) verstand, die Kindern „in kranken und gesunden Tagen die Mutter ersetzen" (3. 8. 1943) wollte.

Anders als denen, die die Ideologie der „Volksgemeinschaft" ausschloss und verfolgte, blieb ihr dabei der private Rückzugsraum und der Rückhalt der Familie. Die Emanzipation aus der familiären Geborgenheit der Kindheit war Teil ihrer Adoleszenz. Dennoch wird die fortdauernde Bedeutung und Bindungskraft der Familie parallel zum Hinaus- und Hineinwachsen in die „Volksgemeinschaft" immer wieder sichtbar: etwa, wenn sie im Ausbildungslager des Gesundheitsdienstes Post von zu Hause erhielt, in der Süßigkeiten versteckt waren (14. 7. 1942), oder wenn sie sich im KLV-Lager ihr „eigenes Reich" schuf und sich fortan im eigenen, endlich ganz privaten Zimmer „noch wohler" fühlte: „Muttis Bild, mein Igel, einige Blumen, so wie ich es zu Hause habe, es ist jetzt heimeliger" (12. 8. 1942). In der zweiten Kriegshälfte schließlich spiegelt sich die besondere Bedrohung dieses Privatum, seiner Angehörigen und seines Lebensraums durch die Gefahren des Kriegseinsatzes und des Luftkrieges in der dauernden Sorge um die Eltern, den Bruder und die Wohnung.[78]

Wolfhilde von König akzeptierte die Anforderungen und die Zugriffe der NS-„Volksgemeinschaft" und machte sich deren Werte und Ziele zu eigen; sie unterstützte den nationalsozialistischen Krieg und war bereit, Opfer zum Wohle von Volk und Nation zu bringen. Emanzipation bot das NS-Regime nicht im Sinne der Frauenbewegung und des Strebens nach der „neuen Frau" der Weimarer Republik[79], sondern ausschließlich in die „Volksgemeinschaft" hinein. Alte Abhängigkeiten wurden so gegen neue Abhängigkeiten getauscht, die freilich nicht selten in Gestalt von Chancen, Verheißungen und Wahlmöglichkeiten daherkamen. Indem sich Wolfhilde von König in die „Volksgemeinschaft" fügte, und solange sie das tat, konnte sie ein Stück weit eigene Prioritäten setzen und eigene Zukunftsvorstellungen verwirklichen. Damit war Entscheidungsautonomie verbunden[80], die jedoch nicht voraussetzungslos war, der Grenzen gesetzt waren und die das Regime durch strukturelle Vorgaben und propagierte Rollenbilder zu lenken versuchte. Gerade der Krieg jedoch erweiterte die Spieräume der gelenkten Autonomie junger Frauen und Mädchen, weil das Regime im Krieg auf ihre Tat- und Arbeitskraft angewiesen war. Wolfhilde von Königs privater Lebensentwurf durchbrach das offiziell propagierte Frauenbild des Regimes und gesellschaftliche Rollenvorstellungen, die noch weit in die ersten Nachkriegsjahrzehnte hinein wirksam bleiben sollten.[81] Viele der Altersgenossinnen Wolfhilde von Königs heirateten noch vor Kriegsende oder bald danach und bekamen Kinder. Sie selbst dagegen suchte ihr Glück nicht in der Gründung einer eigenen Familie, sondern verfolgte ihren Wunsch nach einem Studium der Medizin weiter.

---

[77] Vgl. Klinksiek, Die Frau im NS-Staat, S. 68–99; Weyrather, Muttertag und Mutterkreuz.
[78] Kritisch zum Bedeutungs- und Funktionsverlust der bürgerlichen Kleinfamilie: Reese, Emanzipation oder Vergesellschaftung, S. 220f.
[79] Vgl. Grossmann, Atina, Eine neue Frau im Deutschland der Weimarer Republik; Reese-Nübel, Kontinuitäten und Brüche in Weiblichkeitskonstruktionen.
[80] Die dezisionistische Privatheit, also die Möglichkeit, eigene Entscheidungen zu treffen, ist eine wichtige Dimension des Privaten. Vgl. Rössler, Der Wert des Privaten, S. 16–26, insb. S. 25.
[81] Vgl. Wirsching, Privatheit, S. 445–447.

## Überlieferung und Edition

1950 schloss Wolfhilde von König ihr Medizinstudium mit dem Staatsexamen ab und wurde 1951 an der Ludwig-Maximilians-Universität promoviert.[82] 1953 beendete sie ihre Facharztausbildung und arbeitete anschließend bis 1959 als Anästhesistin an der Chirurgischen Klinik in München. Anschließend war sie als niedergelassene Anästhesistin an der Maria-Theresia-Klinik tätig; 1964 wechselte sie als Oberärztin an das Krankenhaus des III. Ordens, ehe sie 1972 als Leiterin der Anästhesie an die Maria-Theresia-Klinik zurückkehrte.[83] Bis 1957 lebte sie in der Thierschstraße, dann zog sie zusammen mit ihren Eltern in eine Eigentumswohnung am Kufsteiner Platz in Bogenhausen, an der Isar gegenüber dem Englischen Garten.[84] Der Vater verstarb 1968, die Mutter 1991. Sie sammelte Ostereier und Luxuspapiere und publizierte gelegentlich kleinere Artikel und Aufsätze dazu in volkskundlichen Publikationen.[85] Wolfhilde von König starb 1993 im Alter von 68 Jahren und ist auf dem Münchner Ostfriedhof begraben.

Auf ihren Bruder Emanuel, der erst im Sommer 1946 aus sowjetischer Kriegsgefangenschaft nach München heimkehrte, hatten die Studienambitionen seiner Schwester erhebliche Auswirkungen: Die Familie verfügte nicht über genügend Mittel, beiden Kindern ein Studium zu finanzieren, und die Eltern entschieden, die Tochter weiterhin zu unterstützen. Emanuel von König holte trotzdem 1948 sein Abitur nach und nahm im November des Folgejahres ein Studium der Wirtschaftswissenschaften an der Universität München auf. Wenige Monate später, im Juli 1950, wurde ihm ein Fulbright-Stipendium angeboten, und er verbrachte ein Jahr an der University of Minnesota in den USA. Im August 1951 kehrte er vorübergehend nach Deutschland zurück, ehe er im Dezember 1952 endgültig in die Vereinigten Staaten auswanderte.[86]

Die Geschwister, beide beruflich erfolgreich, besuchten sich regelmäßig. Nach dem Tod Wolfhilde von Königs kam ihr Tagebuch zusammen mit ihrem Nachlass in den Besitz ihres Bruders, der es weder gegenüber seiner ersten Ehefrau Rosalyn Reeder noch seinen Söhnen gegenüber erwähnte. Nach seinem Tod 2009 fanden es die Angehörigen und waren völlig überrascht. Sie erkannten unschwer, worum es sich handelte, konnten jedoch weder die Kurrentschrift entziffern noch gut genug deutsch lesen. Schließlich fanden sie eine deutschstämmige, in Würzburg aufgewachsene Ärztin, die im gleichen Jahr geboren war wie Wolfhilde von König. Sie erklärte sich bereit, eine Transkription anzufertigen. Bis zur Fertigstellung sollte es fast zwei Jahre dauern. In ihrem Vorhaben bestärkt und beraten von dem ebenfalls deutschstämmigen Journalisten bei Radio Free Europe,

---

[82] Vgl. von König, Die Calcaneusfraktur.
[83] Vgl. Frey/Kronschwitz, Verzeichnis der Fachärzte für Anaesthesiologie (1966), S. 193 und (1976), S. 113f. Dort auch Nachweis von medizinischen Fachaufsätzen aus den Jahren 1955–1969. Aus späteren Jahren weist die Datenbank PubMed (http://www.ncbi.nlm.nih.gov/pubmed) keine weiteren Veröffentlichungen nach.
[84] Auskunft des Kreisverwaltungsreferats der Stadt München aus dem Melderegister an den Herausgeber, 28. 5. 2015; Münchner Stadtadressbuch, Ausg. 99 (1954), 111 (1966) und 125 (1980).
[85] Vgl. von König, Ostereierverse; von König, Das Ei im Weihnachtsfestkreis; von König, Papp- und andere Ostereier; von König, Papp-Ostereier; von König, Mikado-Papier; von König, Gelegenheitskarten; Verzeichnis der Mitglieder des Kreises der Freunde und Förderer der Volkskunde e.V., in: Mitteilungen des Verbandes der Vereine für Volkskunde e.V. 65 (1959), Beilage.
[86] Vgl. von König, Supplement; Reeder, Postlude Years; Reeder, After Years.

Wolfang Schleich, beschloss die Familie, das Tagebuch ins Englische übersetzen zu lassen und im Eigenverlag zu publizieren.[87]

Im Frühjahr 2014 boten die Neffen Wolfhilde von Königs und Frau Rosalyn Reeder, die geschiedene erste Ehefrau Emanuel von Königs, dem Institut für Zeitgeschichte München-Berlin das Manuskript zur wissenschaftlichen Prüfung an. Nach positiver Begutachtung beauftragte die Redaktion der Schriftenreihe der Vierteljahrshefte für Zeitgeschichte den Herausgeber im Rahmen des Projektes „Das Private im Nationalsozialismus" mit der Bearbeitung und Kommentierung. Im Sommer übergab einer der Neffen Wolfhilde von Königs die Originale des Tagebuchs vorübergehend an das Archiv des Instituts für Zeitgeschichte, wo Scans angefertigt und für die weitere Nutzung hinterlegt wurden.[88] Die Originale wurden zurückgegeben und verbleiben in Familienbesitz.

Die äußere Form und die Anlage des Tagebuchs wurden im ersten Teil dieser Einleitung bereits beschrieben. Die Edition gibt alle 634, durchgehend handschriftlich in Kurrentschrift verfassten Tagebucheinträge vollständig und originalgetreu wieder. Das in den USA angefertigte Transkript erwies sich an vielen Stellen als ungenau und konnte wissenschaftlichen Ansprüchen nicht genügen, so dass eine komplette Neuübertragung vorgenommen wurde. Der Drucksatz ist so angelegt, dass er die formalen Veränderungen zwischen den Jahren 1939–1942, 1943 und 1944–1946 widerspiegelt. Die im Tagebuch rot gehaltenen (bzw. mit Bleistift dafür vorgesehenen) Orts- und Datumsangaben wurden, ebenso wie die sonst hervorgehobenen Textteile (wie die Zitate am Jahresanfang) gefettet.

Die große Zahl der Fotos und Zeitungsausschnitte, die Wolfhilde von König auf separaten Fotoseiten in den Jahren 1939 bis 1942 in ihr Tagebuch einklebte, konnte mit Ausnahme einiger Beispiele nicht in die Edition übernommen werden. Die Zahl der im Original an der jeweiligen Stelle vorhandenen Fotoseiten ist im Text vermerkt, es folgen die jeweiligen Bildunterschriften. Diese Platzhalter sind durchgängig in kursiver Schrift gesetzt, im Fall von gedruckten Zeitungstexten steht der Vermerk [gedr.] voran. Im Original unterbrechen die Fotoseiten gelegentlich den Fließtext einzelner Einträge. Zu Gunsten der Lesbarkeit wurden sie in der Edition jeweils vor oder nach Ende des unterbrochenen Eintrags platziert.

Die Orthographie wurde weitgehend beibehalten und auch nicht an die neue Rechtschreibung angepasst. Behutsam eingegriffen wurde nur an wenigen Stellen: Jeweils stillschweigend wurden offensichtliche Flüchtigkeitsfehler wie Buchstabendreher oder Auslassungen korrigiert, die gelegentlich verwendeten Überstriche zur Konsonantenverdopplung (n̄ zu nn) aufgelöst und gelegentliche Verbesserungen, die die Diaristin selbst vornahm, übernommen. Charakteristische Schreibweisen wie etwa „Artellerie" statt Artillerie und im Laufe der Jahre unterschiedlich gehandhabte Schreibungen wurden beibehalten. Eingriffe in Interpunktion und Grammatik erfolgten kaum und nur dort, wo sie für das Leseverständnis notwendig waren. Letztere sind durch Ergänzungen in eckigen Klammern kenntlich. Abkürzungen, die Wolfhilde von König verwendet, wurden in der Regel nicht aufgelöst, sondern, soweit nicht allgemein gebräuchlich, in den Kommentaren und im Abkürzungsverzeichnis aufgeschlüsselt.

Irrtümer bei Eigennamen wurden im Fließtext nicht behoben, sondern in den Kommentaren berichtigt, im Register ist jeweils die korrekte Schreibweise berücksichtigt. Je-

---

[87] Vgl. von Koenig u. a., Discovery of the Manuscript; Schleich, Foreword.
[88] IfZ-A, MS 2274.

weils bei Erstnennung in der Einleitung oder in der Edition finden sich knappe biographische Angaben zu genannten Personen, soweit diese eruierbar waren. Mädchen und junge Frauen, die einen Führerinnenrang im BDM bekleideten, sind im Register mit einem Stern (*) gekennzeichnet. Spitz- und Kosenamen sind im Register kursiv gesetzt. Die größten Eingriffe in den Text ergaben sich bei den zahlreichen Eigennamen von Personen, für die Persönlichkeitsschutzrechte geltend gemacht werden können. So wurden etwa die Nachnamen der Kameradinnen und Freundinnen Wolfhilde von Königs gekürzt und die Vornamen der Kinder Theodor von Königs anonymisiert. Im Text ist dies durch eckige Klammern und Auslassungspunkte bzw. durch Anmerkungen in den Fußnoten ersichtlich. Wo der Nachname unbekannt oder gekürzt wurde, erfolgt die alphabetische Einsortierung im Register ebenso wie bei unbekannten Nachnamen nach den Vornamen.

Gelegentliche Inkonsistenzen in der Datierung blieben unverändert. So ist beispielsweise die Reihenfolge der Einträge des 19. und 20. Februar 1940 vertauscht, und unter dem Datum des 3. April 1944 existieren zwei Einträge, die erkennbar nicht denselben Tag betreffen. Darüber hinaus gibt es einige inhaltliche Datierungsfehler: Auf Ungereimtheiten zu Beginn des Tagebuchs, die nahelegen, dass die ersten Einträge in der Rückschau nach dem Entschluss zur Führung des Tagebuchs nachträglich verfasst wurden, wurde bereits hingewiesen. Einiges deutet darauf hin, dass während der ersten vier Jahrgänge die vorliegende Gestaltung und Illustration der Tagebücher erst im Nachhinein erfolgte. Es ist davon auszugehen, dass die Diaristin die losen Blätter erst nach Jahresende zu Kladden band.

Das legt eine Reihe von Besonderheiten nahe. Der Sinnspruch am Anfang des Jahresbandes 1942 etwa datiert erst vom September des Jahres. Ein Foto Erwin Rommels platzierte Wolfhilde von König Mitte Februar 1942 und beschriftete es mit „Generalfeldmarschall Rommel". Tatsächlich war Rommel gerade zum General*oberst* befördert worden, General*feldmarschall* wurde er erst im Juni des Jahres.[89] Eine weitere bemerkenswerte Verwechslung findet sich unter dem Datum des 18. Dezember 1941: Dort berichtet sie, dass Generalfeldmarschall von Witzleben aus gesundheitlichen Gründen von seinem Posten zurückgetreten sei und Hitler selbst das Oberkommando des Heeres übernommen habe. Im Dezember indes entfernte Hitler Walther von Brauchitsch von seinem Posten – von Witzleben, Oberbefehlshaber West, ereilte das gleiche Schicksal erst Mitte März 1942.[90] Letzteres könnte darauf hinweisen, dass die Einträge bei der gestalterischen Bearbeitung noch einmal ins Reine geschrieben wurden. Dies geschah jedenfalls zeitnah. 1943/44 schrieb Wolfhilde von König dann in ein gekauftes, gebundenes Notizbuch. Die vorhandenen Kontinuitäten in der Form – etwa die roten Datumsangaben – legen nahe, dass es sich dabei nicht nur um eine Rohfassung für eine spätere Gestaltung analog zu den Vorjahren gehandelt hat.

Die losen Blätter, die Einträge für die Jahre 1945 und 1946 enthalten, haben zum Teil beschädigte Seitenkanten, so dass am Zeilenanfang stehende Buchstaben und Ziffern gelegentlich fehlen oder nur fragmentarisch lesbar sind. In der Regel waren die entsprechenden Buchstaben aus dem Kontext zu erschließen und wurden stillschweigend er-

---

[89] Generalfeldmarschall Erwin Rommel (1891–1944, Selbstmord).
[90] Generalfeldmarschall Walther von Brauchitsch (1881–1948), Oberbefehlshaber des Heeres. Generalfeldmarschall Erwin von Witzleben (1881–1944, hingerichtet).

gänzt. Wo dies nicht möglich war, stehen die Ergänzungen bzw. ein Fragezeichen in eckigen Klammern.

Die Edition des Kriegstagebuchs der Wolfhilde von König ist im Rahmen des Forschungsprojekts „Das Private im Nationalsozialismus" am Institut für Zeitgeschichte München-Berlin entstanden. Der herzliche Dank des Herausgebers gilt zuvorderst der Familie von Koenig: Emanuel von Königs erster Ehefrau Rosalyn Reeder und ihren Söhnen Doug, Jeffrey, Edward und Curtis von Koenig. Sie sind als Erben Wolfhilde von Königs nicht nur auf ein bemerkenswertes Zeitdokument aufmerksam geworden und haben es selbst mit einigem Aufwand erschlossen, sondern auch der Wissenschaft als Quelle zur Verfügung gestellt. Besonderer Dank gilt dabei Rosalyn Reeder, die den Kontakt zum IfZ herstellte und hielt, und Ed von Koenig, der das Familienarchiv verwaltet, aus dem zahlreiche Fotos unentgeltlich zum Abdruck zur Verfügung gestellt wurden, und der das Manuskript nach München brachte.

Für die Zusammenarbeit und Unterstützung während der Entstehung der Edition danke ich PD Dr. Magnus Brechtken, der für die Institutsleitung die rechtlichen Fragen klärte; Prof. Dr. Elizabeth Harvey, die das Tagebuch gelesen und Hinweise gegeben hat; PD Dr. Martina Steber für ihre Anmerkungen zu Teilen der Einleitung; Dr. Esther-Julia Howell und Heike Musculus vom Archiv des IfZ für die archivalische Erfassung und die Anfertigung der Scans; meinen Kollegen im „Privatheitsprojekt", Dr. Annemone Christians, Carlos Haas, M.A., und Christian Packheiser, M.A.; sowie, last, not least, den studentischen Hilfskräften Susanne Maslanka, B.A., und Jakob Illner für ihre tatkräftige Mitarbeit.

Mein besonderer Dank geht an Prof. Dr. Johannes Hürter, der das Forschungsprojekt „Das Private im Nationalsozialismus" zusammen mit Prof. Dr. Andreas Wirsching leitet und die Publikation für die Schriftenreihe der Vierteljahrshefte redaktionell betreut hat, und an Angelika Reizle, M.A., die die Redaktionsassistenz sorgfältig und zuverlässig erledigt und den Text präzise und mit einem Auge fürs Detail Korrektur gelesen hat.

Sven Keller                                                                                  München, im Juni 2015

# II. Kriegstagebuch

## 1939

**Was immer auch kommen mag, das Deutsche Reich, so wie es heute steht, wird niemand mehr zerschlagen und niemand mehr zerreißen können!
Adolf Hitler**

**München, 22. Aug. 39**

Zwischen Deutschland und der Sowjetunion wird ein Nichtangriffs- und Konsultativpakt geschlossen. Ribbentrop fliegt nach Moskau, wo am 23. August nach einer Unterredung Ribbentrop-Molotow-Stalin der bedeutsame Pakt für die Dauer von zunächst 10 Jahren unterzeichnet wird.[1]

*Abbildung 6: Ein Hitler-Zitat leitet das Kriegstagebuch ein*

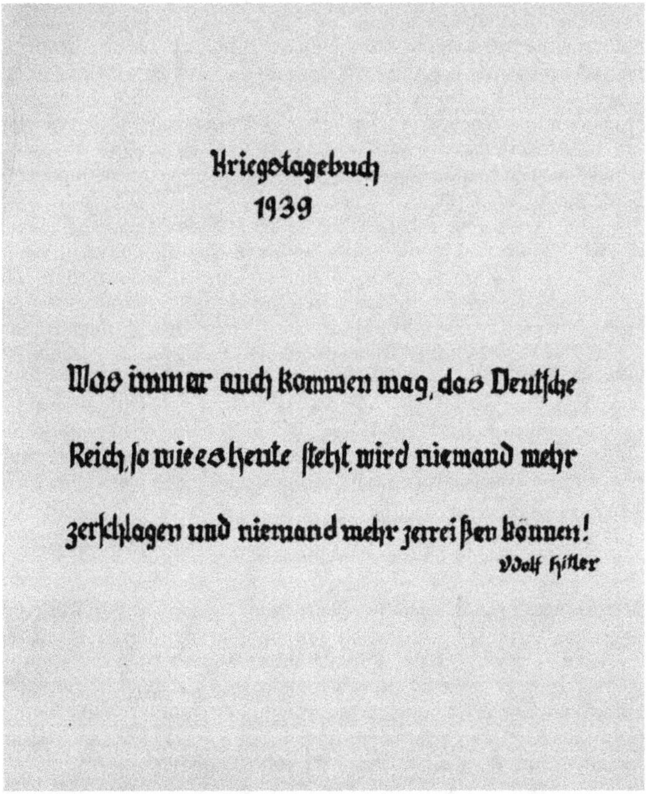

Kriegstagebuch
1939

Was immer auch kommen mag, das Deutsche
Reich, so wie es heute steht, wird niemand mehr
zerschlagen und niemand mehr zerreißen können!
Adolf Hitler

[1] Joachim von Ribbentrop (1893–1946, hingerichtet in Nürnberg), deutscher Außenminister. Wjatscheslaw M. Molotow (1890–1986), Volkskommissar für auswärtige Angelegenheiten der Sowjetunion. Josef W. Stalin (eigentlich Dugaschwili, 1878–1953), Generalsekretär des Zentralkomitees der Kom-

**München, 24. August 39**

Deutschlands Friedensangebot an England wird nicht angenommen.[2] Ein deutsches Flugzeug mit Staatssekretär Stuckardt wird außerhalb des polnischen Hoheitsgebietes von polnischer Marineartellerie beschossen.[3] In Lodsch wurden 24 Volksdeutsche[4] von polnischen Banden niedergemacht. Auch in den anderen Teilen werden Deutsche mißhandelt, verschleppt und hingemordet.[5]

**München, 26. August 39**

Zwischen Adolf Hitler und dem französischen Ministerpräsidenten Daladier findet ein Briefwechsel statt. Bei dieser Gelegenheit erklärt der Führer nochmals: Danzig und Corridor müssen an Deutschland zurückkehren.[6] In Polen werden 1,5 Millionen Mann mobilisiert, Bombenanschläge auf deutsche Häuser in Kattowitz. Der Reichsparteitag wird abgesagt.

---

munistischen Partei der Sowjetunion (KPdSU). Der deutsch-sowjetische Nichtangriffspakt oder Hitler-Stalin-Pakt, nach den Außenministern auch als Ribbentrop-Molotow-Pakt bezeichnet, sicherte Deutschland die sowjetische Neutralität im Falle eines Krieges mit Polen oder den Westmächten. Tatsächlich handelte es sich um einen Angriffspakt: In einem geheimen Zusatzprotokoll grenzten das Deutsche Reich und die Sowjetunion ihre Machtsphären im Baltikum und in Osteuropa ab; unter anderem wurde die Aufteilung Polens, die nach dem deutschen Sieg wenige Wochen später umgesetzt wurde, vereinbart. Der Pakt wurde erst nach Mitternacht, also bereits am 24.8.1939, unterzeichnet und auf den 23. rückdatiert. Vgl. Fleischhauer, Der Pakt; Rosenfeld, Das Zustandekommen und die Auswirkungen des Hitler-Stalin-Paktes; Weinberg, Germany and the Soviet Union 1939–1941; O'Sullivan, Stalins „Cordon sanitaire", S. 74f.; Kuhn, Das nationalsozialistische Deutschland und die Sowjetunion, S. 650–652.

[2] Die Friedensangebote Hitlers, die er seit 1933 immer wieder unterbreitete, waren rein propagandistischer Natur und dienten zur außenpolitischen Beschwichtigung in der Phase der Wiederaufrüstung. Das räumte er intern auch unumwunden ein. Tatsächlich sah Hitler einen neuen Krieg als unumgänglich an und war spätestens seit 1937 entschlossen, diesen möglichst schnell herbeizuführen. Vgl. Weinberg, Friedenspropaganda und Kriegsvorbereitung; Hildebrand, Das vergangene Reich, S. 632–644; Messerschmidt, Außenpolitik und Kriegsvorbereitung, S. 623–626; Graml, Hitler und England, S. 105–123.

[3] Wilhelm Stuckart (1902–1953), Staatssekretär im Reichsministerium des Innern. Der Vorfall ereignete sich am 25.8.1939. Vgl. Hofer, Die Entfesselung des Zweiten Weltkrieges, S. 284.

[4] Als Volksdeutsche wurden im Ausland lebende Personen bezeichnet, die nach den Rassekriterien des Nationalsozialismus deutscher Volkszugehörigkeit waren, aber nicht die deutsche Staatsbürgerschaft besaßen.

[5] In der zweiten Augusthälfte bediente sich das NS-Regime einer straff gesteuerten Propagandakampagne gegen Polen, um die deutsche Bevölkerung auf den Krieg vorzubereiten und einen Kriegsgrund zu schaffen. Zentrales Element waren weit übertriebene oder frei erfundene Berichte von Terrorakten der polnischen Bevölkerung an Deutschen. Vgl. Wette, Ideologien, Propaganda und Innenpolitik, S. 136f.; Sywottek, Mobilmachung für den totalen Krieg, S. 209–233.

[6] Édouard Daladier (1884–1970), Ministerpräsident Frankreichs. In dem Austausch von Briefen am 26. und 27.8.1939 versicherten sich Hitler und Daladier, sie seien sich des Schreckens eines neuen europäischen Krieges bewusst. Die Intentionen konnten freilich unterschiedlicher nicht sein: Während Daladier Hitler von einem Angriff auf Polen abbringen und so den Krieg verhindern wollte, war Hitler zum Krieg entschlossen. Er wollte Frankreich davon abhalten, seinen Bündnisverpflichtungen nachzukommen und auf Seiten Polens zu intervenieren; gleichzeitig bemühte er sich, den Krieg zu rechtfertigen. Vgl. Hofer, Die Entfesselung des Zweiten Weltkrieges, S. 293–306. Die Revision des Versailler Vertrages von 1919 war dabei nur vordergründig das Ziel Hitlers. Der Vertrag hatte Danzig zur Freien Stadt unter Verwaltung des Völkerbundes erklärt und den sogenannten Korridor geschaffen, der die ostpreußischen Gebiete vom Kerngebiet des Reiches trennte und dem wiedererrichteten Polen einen Zugang zum Meer erlaubte.

**München, 28. August 39**

Vati ist heute eingezogen worden. Wir wunderten uns alle, denn Vati ist nicht mehr der Jüngste. Er kommt vorerst nach Großkarolinenfeld. Hoffentlich kann er uns bald besuchen.

**München, 30. August 39**

Gespannt bin ich, was unser Führer am 1. September im Reichstag sprechen wird.[7] Der polnische Terror gegen die Volksdeutschen nimmt immer stärkere Formen an. Spannung und Erwartung liegt auf all den Gesichtern der Leute, denen ich auf der Straße, in den Geschäften und sonst irgendwo begegne. Bange Sorge um die Zukunft „Krieg oder Friede."[8]

*2 Fotoseiten:*
- *„Der historische Augenblick im Kreml, 22. Aug. 1939"*[9]
- *„Reichstag, 1. Sept. 39"*
- *„Der Führer im befreiten Danzig, 19. Sept. 39", 2 Fotos*

**München, 1. September 39**

Die Entscheidung ist gefallen. Der Führer hat sein Volk zu den Waffen gerufen um deutsches Land, um die Heimat zu schützen und gegen seine Gegner zu verteidigen. Der Führer sprach im Waffenrock. In seiner großen, historischen Rede sagte er: „Die deutsche Jugend wird die ihr gestellten Aufgaben freudigen Herzens lösen."[10] Diese Worte machen uns stolz und zuversichtlich für die kommende Zeit.

**München, 3. September 39**

England und Frankreich erklären Deutschland den Krieg, da wir unsere kämpfenden Truppen nicht aus Polen zurückziehen.

---

[7] Dem Reichstag, seit 1938 „Großdeutscher Reichstag", gehörten nur noch Nationalsozialisten an. Er diente als Bühne für Auftritte Hitlers und zum Beschluss der Gesetze der Reichsregierung. Vgl. Hubert, Uniformierter Reichstag; Lilla, Statisten in Uniform.

[8] Anders als die nationalsozialistische Propaganda suggerierte, war „Krieg oder Friede" längst keine Frage mehr. Hitler hatte den Chef des Oberkommandos der Wehrmacht, General Wilhelm Keitel (1882-1946, hingerichtet in Nürnberg), spätestens am 1.4.1939 angewiesen, den „Fall Weiß", also den Angriff auf Polen, vorzubereiten. Spätestens am 1.9.1939 sollte die Wehrmacht bereit sein. Schon am 23.5.1939 hatte er in einer Besprechung mit den Oberbefehlshabern der Teilstreitkräfte angekündigt, es werde nicht um Danzig gehen, sondern „um die Erweiterung des Lebensraums im Osten"; es handle „sich nicht mehr um Recht oder Unrecht, sondern um Sein oder Nichtsein von 80 Millionen Menschen". Am 22.8.1939 erklärte er vor hohen Offizieren auf dem Obersalzberg, wie der Krieg zu führen sei: „Brutales Vorgehen. [...] Der Stärkere hat das Recht. Größte Härte."; Schmundt-Protokoll, 23.5.1939, abgedruckt in: Hofer, Die Entfesselung des Zweiten Weltkrieges, S. 104-113; Zweite Ansprache des Führers am 22.8.1939, abgedruckt in: Akten zur deutschen auswärtigen Politik, Serie D, Bd. 5, S. 172; vgl. Graml, Europas Weg in den Krieg, S. 195; Rohde, Hitlers erster „Blitzkrieg", S. 79; Wette, Ideologien, Propaganda und Innenpolitik, S. 136; Böhler, Auftakt zum Vernichtungskrieg, S. 32; Müller, Der Zweite Weltkrieg, S. 51-65.

[9] Richtig: 23.9.1939.

[10] Hitler forderte am Ende seiner Rede die Opferbereitschaft aller Deutschen und schloss, nachdem er sich an die Parteifunktionäre, die Männer und die Frauen gewandt hatte: „Die deutsche Jugend wird strahlenden Herzens ohnehin erfüllen, was die Nation, der nationalsozialistische Staat von ihr erwartet und fordert."; Verhandlungen des Reichstags, Bd. 460, S. 48.

**München, 4. September 39**

„Sandsäcke füllen" hieß die Parole.[11] Erst mußten wir den Sand in der Isar holen. Eimer und Schaufeln liehen uns die Hauseinwohner. Die Eimer vollführten einen wilden Tanz und purzelten gelegentlich vom Wagen, wenn es über eine holprige Straße ging. Wir sprachen von der Markeneinführung, von der abendlichen Verdunkelung, Dinge, die wir noch nicht gewohnt sind.[12] Der Führer ist an der Front, Ostoberschlesien in deutscher Hand.

**München, 6. September 39**

Der erste Heimnachmittag nach den Ferien. Liesel berichtete und Jubel erfüllte unser Herz über das rasche Vordringen unserer Truppen in Polen. Krakau ist gefallen, die Frontfahrt des Führers geht bereits bis Graudenz. Die polnische Regierung nach Lublin geflüchtet. Unfaßbar, aber die reine Wahrheit. Liesel erzählte von ihren Bahnhofsdiensten[13], von den Flüchtlingen der westlichen und östlichen Gebiete. Von all der Not und dem Elend, das sie gesehen. Schade, denken wir jüngeren Führerinnen, daß wir solchen Dienst noch nicht machen dürfen.

**München, 8. September 39**

Die deutsche Presse veröffentlicht die Schandtaten der polnischen Marodeure bei Bromberg. Tausende unschuldiger Volksdeutscher sind unter gräßlichen Martern von den Polen auf das grauenhafteste hingemordet worden.[14]

**München, 11. September 39**

Erster Schultag nach den Ferien. Dieser Anfang brachte einige Überraschungen. Unser Klaßleiter ist eingezogen worden, als Ersatz erhalten wir eine weibliche Lehrkraft. Auch

---

[11] Die Sandsäcke wurden für den Luftschutz bereitgelegt. Der Sand wurde zum Löschen von Bränden und zum Schutz von Fenstern, insbesondere Luftschutzkellerfenstern, verwendet. Außerdem wurden im Laufe des Septembers überall in München Deckungsgräben ausgehoben. Vgl. Richardi, Bomber über München, S. 42f.

[12] In Deutschland wurde am 28.8.1939, also vier Tage vor Kriegsbeginn, die Zwangsbewirtschaftung bestimmter Lebensmittel und Verbrauchsgüter eingeführt. Sie waren fortan rationiert und nur gegen Vorlage von Lebensmittelmarken zu erhalten. Im Laufe des Krieges wurde dieses System immer weiter ausgedehnt. Vgl. Schmitz, Die Bewirtschaftung der Nahrungsmittel.

[13] Seit 1937 begann die NSV, in Zusammenarbeit mit dem Deutschen Roten Kreuz (DRK) und der NS-Frauenschaft selbst Bahnhofsdienste durchzuführen, um so die kirchlichen Werke und Bahnhofsmissionen zu verdrängen. Die Betreuung von reisenden „Volksgenossen" nach nationalsozialistischen – und damit auch rassischen – Grundsätzen sollte so sichergestellt werden. Die Bahnhofsdienste gewannen im Krieg angesichts von Truppentransporten, Evakuierung und Flucht stark an Bedeutung. Verstärkt wurden nun Kräfte des BDM herangezogen. Die Dienstzeiten lagen dabei nicht nur am Wochenende, sondern auch spätabends und nachts. Vgl. Vorländer, Die NSV, S. 88f., 301f., 412–415; Arbeit und Einsatz im Kriege, in: Mädel – eure Welt! 2 (1941), S. 8–23, hier S. 8.

[14] Nach dem deutschen Überfall auf Polen kam es zu polnischen Übergriffen auf volksdeutsche Bevölkerungsteile. Die schwersten Ausschreitungen, deren genauer Ablauf bis heute ungeklärt ist, gab es am 3./4.9.1939 in Bromberg. Dort starben über 400 Volksdeutsche. Insgesamt lebten zu Beginn des Zweiten Weltkriegs rund 700 000 Deutsche in Polen, von denen während der ersten Kriegstage 4–5000 starben. Hitler ließ diese Zahl zu Propagandazwecken auf 58 000 erhöhen; auch die Gräueldarstellungen in der deutschen Presse waren weit übertrieben und sollten das eigene brutale Vorgehen in Polen rechtfertigen. Vgl. Krzoska, Der „Bromberger Blutsonntag", zu den Zahlen S. 240, 248; Heike, Die deutsche Minderheit in Polen, S. 445. Zu den Morden des „Volksdeutschen Selbstschutzes" an der polnischen Bevölkerung vgl. Jansen/Weckbecker, Der „Volksdeutsche Selbstschutz" in Polen, S. 116–162.

der Stundenplan hat sich geändert. 3x vormittags, 3x nachmittags wird jetzt Schule gehalten.[15]

**München, 12. Sept. 39**

Der Führer an der vordersten Front zwischen Lodsch und Warschau.[16] Die Hauptmasse des polnischen Heeres bei Kutno eingekesselt. Posen, Thorn, Gnesen und Hohensalza besetzt. Polnische Heeresgruppe bei Radom aufgerieben. 60 000 Gefangene.

**München, 14. Sept. 39**

Deutsche Truppen dringen in Gdingen ein. Die Stadt wird kampflos übergeben. Der Führer gab dieser Stadt an der Ostsee den Namen „Gotenhafen." Er gefällt mir besonders gut.

**München, 16. Sept. 39**

Vati erhielt Urlaub für das Wochenende. Er besuchte uns im schlichten, feldgrauen Rock. Doch kaum saß er in der Badewanne, als es auch schon läutete. Ein Befehl; Nun wird es ernst und Vati kommt ins Feld. Brest-Litowsk gefallen. Einmarsch sowjetrussischer Truppen ins polnische Staatsgebiet. Die erste Fühlungsnahme zwischen russischen und deutschen Truppen.[17]

**München, 19. Sept. 39**

Führerrede in Danzig: letzte Chance für die Demokratien. Ein Jubelsturm grüßte Adolf Hitler, als er seinen Einzug im befreiten, deutschen Danzig hielt.[18]

**München, 23. Sept. 39**

Der Feldzug in Polen beendet. Bisher 450 000 Gefangene, 1200 Geschütze erbeutet.[19] Mussolini ruft in einer Rede noch einmal die Westmächte zur Besinnung.[20] Heute hatte ich die Verteilung der Lebensmittelkarten in der Tattenbachstraße.

---

[15] Zu den Einschnitten, die der Krieg für die Schulen mit sich brachte, vgl. Finger, Das „nationalsozialistische Wollen zur Volksgemeinschaft", S. 359–383.
[16] Hitler brach während des Polenfeldzuges mehrfach zu „Frontflügen" auf. Am 12.9.1939 landete er auf einem Frontflugplatz, um anschließend mit dem Auto zu einem Divisionsstab zu fahren. Nachmittags folgte ein weiterer Frontflug. Vgl. Domarus, Hitler. Reden und Proklamationen, S. 1351.
[17] Die in dem Geheimen Zusatzprotokoll zum Hitler-Stalin-Pakt vereinbarte Besetzung Ostpolens durch die Rote Armee begann erst am 17.9.1939. Vgl. Gross, Die Sowjetisierung Ostpolens. Vermutlich erfolgte der Eintrag nachträglich am Sonntag, 17.9.1939, unter Rückschau auf den 16.9., der mit dem samstäglichen Besuch des Vaters den eigentlichen Anlass bot.
[18] Vgl. Rede Hitlers in Danzig, 19.9.1939, abgedruckt in: Domarus, Hitler. Reden und Proklamationen, S. 1353–1366.
[19] Vgl. Overmans, Die Kriegsgefangenenpolitik des Deutschen Reiches, S. 743, der die Zahl mit etwa 400 000 angibt.
[20] Der italienische Diktator, der sich zu diesem Zeitpunkt außerstande sah, Italien in den Krieg zu führen, hoffte, die Dankbarkeit des deutschen Verbündeten zu gewinnen, indem er die Westmächte an den Verhandlungstisch brachte und – bestenfalls unter italienischer Federführung – einen Frieden vermittelte. Vgl. Knox, Mussolini Unleashed, S. 49–52.

**München, 25. Sept. 39**

Ribbentrop fliegt nach Moskau. Zum Zivilgouverneur im besetzten Gebiet wird Reichsminister Frank, zum Chef der Militärverwaltung Generaloberst von Rundstedt ernannt.[21] Fliegeralarm!

**München, 28. Sept. 39**

Zwischen Deutschland und der Sowjetunion wird ein Grenz- und Freundschaftsvertrag unterzeichnet, der auch völkerrechtlich gesehen das Ende des bisherigen polnischen Staates bedeutet.[22]

*Eingeklebt auf 2 Seiten: „Lebensmittelkarten". Reichsfettkarte, Reichskarte für Marmelade Zucker und Eier, Reichsfleischkarte*

**München, 1. Oktober 39**

Graf Ciano in Berlin. Der Führer empfängt Italiens Außenminister in der Reichskanzlei zu einer mehrstündigen Aussprache die in Gegenwart Ribbentrops stattfindet.[23] Rudolf Heß

---

[21] Die Militärverwaltung unter OB Ost Rundstedt (1875–1953) wurde am 26.10.1939 abgelöst. Die westlichen Gebiete Polens wurden annektiert und dem Reichsgebiet zugeschlagen, die neuen Reichsgaue Wartheland und Danzig-Westpreußen gebildet. Dieser Raum sollte „entjudet", „entpolonisiert" und „germanisiert" werden. Schon 1939 wurden Zehntausende Angehörige der polnischen Intelligenz Opfer dieser Terrorpolitik. Juden und Polen wurden ins besetzte Zentralpolen abgeschoben, ins sogenannte Generalgouvernement, an dessen Spitze Hans Frank (1900–1946, hingerichtet in Nürnberg) rückte. Die Juden wurden dort in Gettos unter katastrophalen Bedingungen interniert und ausgebeutet. Viele starben oder wurden in den Todeslagern der „Aktion Reinhard" zwischen Juli 1942 und Oktober 1943 ermordet. Vgl. Böhler, Auftakt zum Vernichtungskrieg; Musiał, Deutsche Zivilverwaltung und Judenverfolgung im Generalgouvernement; Seidel, Deutsche Besatzungspolitik in Polen; Madajczyk, Die Okkupationspolitik Nazideutschlands in Polen; Broszat, Nationalsozialistische Polenpolitik; Pohl, Nationalsozialistische Judenverfolgung in Ostgalizien; Löw, Juden im Getto Litzmannstadt; Roth/Löw, Das Warschauer Getto.

[22] Der Deutsch-Sowjetische Grenz- und Freundschaftsvertrag korrigierte den eilig abgeschlossenen Hitler-Stalin-Pakt in einigen Details; erneut gab es mehrere geheime Zusatzprotokolle, die sich u.a. auf die Umsiedlung von Bevölkerungsgruppen und die Zuordnung Litauens zur sowjetischen Einflusssphäre bezogen.

[23] Galeazzo Ciano (1903–1944, auf Mussolinis Betreiben hingerichtet). Italien war seit dem 22.5.1939 durch den Stahlpakt an Deutschland gebunden. Die beiden Diktaturen, die seit der Annäherung Dutschlands und Italiens die „Achse" bildeten, hatten sich zu gegenseitiger Unterstützung im Krieg verpflichtet. Dies galt ausdrücklich nicht nur für den Verteidigungsfall, sondern auch für einen Angriffskrieg. Ciano wurde erst am 12./13.8.1939 während eines Treffens mit Hitler auf dem Obersalzberg in die deutschen Pläne eingeweiht. In der Folge nahmen die Differenzen zwischen Mussolini und seinem Schwiegersohn Ciano zu. Beide waren sich zwar einig, dass ein Kriegseintritt für das völlig unvorbereitete Italien zu diesem Zeitpunkt unmöglich sei, Ciano forderte jedoch, sich vom deutschen Partner abzuwenden und den Stahlpakt aufzukündigen. Dazu kam es nicht. Hitler verlangte keine Unterstützung im Feldzug gegen Polen und akzeptierte den Status der *non belligeranza*, also des Nicht-Kriegszustandes, während gleichzeitig England und Frankreich um Italien zu werben begannen. Ciano, der in seiner nationalen Eitelkeit gekränkt war und die Kriegsaussichten realistischer einschätzte als Mussolini, wandte sich im Herbst 1939 zusehends von Deutschland ab. Der Diktator dagegen schwankte zwar und war über den Zeitpunkt des Kriegsbeginns unglücklich, war aber letztlich von einem deutschen Sieg überzeugt. Eine Einladung Hitlers nahm er Ende September nicht an, weil Deutschland vorher – erneut ohne den italienischen Partner zu konsultieren – den Deutsch-Sowjetischen Grenz- und Freundschaftsvertrag unterzeichnet hatte. Stattdessen reiste Ciano am 30.9.1939 nach Berlin, wo er tags darauf Hitler und Ribbentrop traf. Der Besuch verlief in kühler Atmosphäre. Vgl. Moseley, Zwischen Hitler und Mussolini, S. 100–117; Hillgruber, Staatsmänner und

spricht aus Anlaß der Verleihung der Mutterkreuze im Rundfunk.²⁴ Die ersten deutschen Truppen sind ohne Zwischenfälle in Warschau eingerückt. General der Infanterie Blaskowitz und die Generäle der Artellerie von Kluge und von Reichenau werden für ihre Verdienste im polnischen Feldzug zu Generalobersten befördert.²⁵

**München, 5. Oktober 39**

Der Führer nimmt in Warschau den Vorbeimarsch der an den Kämpfen um die ehemalige polnische Hauptstadt beteiligten deutschen Truppenteile ab. Er dankt den Soldaten: „In vorbildlicher Waffenkameradschaft zwischen Heer, Luftwaffe und Kriegsmarine habt Ihr die Euch gestellte Aufgabe im Osten erfüllt. Ihr habt Euch mutig und tapfer geschlagen. [...] Dieser Tag schließt einen Kampf ab, der vom besten deutschen Soldatentum berichtet.["]²⁶

**München, 6. Oktober 39**

Reichstag: Der Führer verkündet einen umfassenden und aufbauenden Friedensplan für Europa: Keine Kriegsziele gegenüber Frankreich und England, keine weiteren Revisionsansprüche außer der Kolonialfrage, Herabsetzung der Rüstungen, Vorschlag einer Konferenz, Rücksiedlung deutscher Volksteile. Im polnischen Feldzug fielen 10572 deutsche Soldaten, 30322 wurden verwundet und 3409 werden noch vermißt. 694000 Polen wurden gefangen genommen.²⁷

**München, 10. Okt. 39**

Der Führer eröffnet das Kriegs-W.H.W. 1939/40 im Sportpalast.²⁸

**München, 13. Okt. 39**

Mein Wunsch ging endlich in Erfüllung. Mein erster Bahnhofsdienst. Schnell hatte ich mich eingewöhnt. Ich mußte für die zurückkehrenden Flüchtlinge aus den westlichen Ge-

---

Diplomaten bei Hitler, Bd. 1, S. 33–47; Woller, Geschichte Italiens, S. 168–170; Knox, Mussolini Unleashed, S. 40–52.
²⁴ Rudolf Heß (1894–1987), Stellvertreter des Führers in der NSDAP. Das Ehrenkreuz der Deutschen Mutter wurde „deutschblütigen" und „würdigen" Frauen verliehen, die aus nationalsozialistischer Sicht sittlich einwandfrei und erbgesund waren. Die erste Verleihung fand am Muttertag 1939 (21.5.) statt. Das Mutterkreuz wurde je nach Kinderzahl in drei Stufen verliehen: bronzen (4/5 Kinder), silbern (6/7 Kinder) und golden (ab 8 Kinder). Vgl. Weyrather, Muttertag und Mutterkreuz.
²⁵ Generaloberst Johannes Blaskowitz (1883–1948, Selbstmord). Generaloberst Günther von Kluge (1882–1944, Selbstmord). Generaloberst Walter von Reichenau (1884–1942).
²⁶ Proklamation Hitlers an die Soldaten der Wehrmacht im Osten, 5.10.1939, abgedruckt in: Domarus, Hitler. Reden und Proklamationen, S. 1376. Auslassung im Tagebuch.
²⁷ Vgl. Verhandlungen des Reichstags, Bd. 460, S. 51–63. Die Zahl der kriegsgefangenen polnischen Soldaten ist zu hoch angesetzt. Tatsächlich gerieten rund 400000 polnische Soldaten in deutsche Kriegsgefangenschaft. Vgl. den Eintrag vom 23.9.1939. Zur Zahl der deutschen Verluste gab es wehrmachtsintern unterschiedliche Angaben, die zwischen rund 10000 und 15000 schwankten. Vgl. Overmans, Deutsche militärische Verluste im Zweiten Weltkrieg, S. 54.
²⁸ Vgl. Rede Hitlers im Berliner Sportpalast anlässlich der Eröffnung des Kriegswinterhilfswerks 1939, 10.10.1939, abgedruckt in: Domarus, Hitler. Reden und Proklamationen, S. 1395–1398. Das Winterhilfswerk (WHW) der NSV führte Straßensammlungen zu Gunsten Not leidender „Volksgenossen" durch. Außerdem wurde in den Wintermonaten ein prozentualer Anteil von Löhnen und Gehältern einbehalten, die Arbeitgeber waren aufgefordert, zu spenden. Auch Sachspenden wurden in großem Umfang gesammelt. Das WHW sollte das Zusammengehörigkeitsgefühl der „Volksgemeinschaft" stärken, die Sozialhaushalte entlasten und den Zugriff der NS-Organisation auf die Sozial- und Fürsorgepolitik stärken. Vgl. Vorländer, NS-Volkswohlfahrt und Winterhilfswerk; Vorländer, Die NSV.

bieten Fahrkarten lösen. Fünf Stunden stand ich auf dem Posten und bin nun reichlich müde. Aber trotzdem ist solcher Dienst schön und befriedigend, wenn man den abgekämpften Menschen helfen kann. Ein dankbares Wort, aber auch frohe und dankbare Gesichter sind einem Dank genug für den Dienst.

*2 Fotoseiten:*
- *„Die Sieger von Scapa Flow beim Führer, 18. Okt. 39", 4 Fotos*
- *„Der Führer an der Front im Osten"*
- *„Eine schwere Flak im Osten"*

**München, 14. Oktober 39**
In der Bucht von Scapa Flow versenkte ein deutsches U-Boot unter Führung von Kapitänleutnant Prien das 29 150 Tonnen große englische Schlachtschiff „Royal Aock"[29] und torpedierte einen der schnellsten Schlachtkreuzer der britischen Marine, die 32 000 Tonnen große „Repulse".[30]

**München, 15. Okt. 39**
Die ersten deutschen Rücksiedler aus dem Baltenland treffen in Gotenhafen ein.[31]

**München, 18. Okt. 39**
Der Führer empfängt Kapitänleutnant Prien und die Besatzung des siegreichen U-Bootes in der Reichkanzlei. Prien erhält das Ritterkreuz.[32] Die Berliner Bevölkerung bereitet den tapferen Männern einen jubelnden Empfang.

**München, 20. Okt. 39**
Führerinnenbesprechung im Untergau. Elfriede H[.][33] sprach zu uns von der kommenden, großen Arbeit: die Betreuung der Verwundeten in den Lazaretten, die Spielzeugsammlung für die volksdeutschen Kinder in Polen, Bahnhofsdienst, Markenverteilung und andere Dinge sind unsere nächsten Aufgaben, die wir frohen Herzens lösen.

---

[29] Richtig: Royal Oak.
[30] Kapitänleutnant Günther Prien (1908–1941). Die Bucht von Scapa Flow zwischen den südlichen Orkney-Inseln war während des Zweiten Weltkriegs von besonderer erinnerungskultureller Bedeutung, weil dort am Ende des Ersten Weltkriegs 74 Schiffe der deutschen Hochseeflotte von der Royal Navy interniert worden waren. Ein großer Teil versenkte sich am 21. 6. 1919 auf Befehl des Konteradmirals Ludwig von Reuter (1869–1943) selbst. Reuter nahm an, das Reich werde den Vertrag von Versailles nicht annehmen und zum Kriegszustand zurückkehren. Die Schiffe sollten nicht in britische Hände fallen. Vgl. Krause, Scapa Flow; Weinberg, Eine Welt in Waffen, S. 87.
[31] Als Rücksiedler bzw. Umsiedler wurden im Ausland lebende Volksdeutsche bezeichnet, die ins Reich zurückkehrten oder zurückkehren mussten – in diesem Falle nach dem Deutsch-Sowjetischen Grenz- und Freundschaftsvertrag aus den von der Sowjetunion besetzten Gebieten. Vgl. Schwartz, Ethnische „Säuberungen" in der Moderne, S. 473–478; Nitschke, Vertreibung und Aussiedlung, S. 52f.
[32] Ritterkreuz des Eisernen Kreuzes. Das Eiserne Kreuz (EK) war erstmals vom preußischen König Friedrich Wilhelm III. 1813 während der Befreiungskriege in drei Stufen – EK II. Klasse, EK I. Klasse, Großkreuz des EK – gestiftet worden. Wie schon im deutsch-französischen Krieg von 1870/71 und im Ersten Weltkrieg wurde das EK bei Kriegsbeginn von Hitler neu gestiftet. Das Ritterkreuz bildete eine Stufe zwischen dem EK I und dem Großkreuz. Im Verlauf des Krieges kamen folgende Stufen hinzu: Eichenlaub zum Ritterkreuz des Eisernen Kreuzes, Eichenlaub mit Schwertern, Eichenlaub mit Schwertern und Brillanten, Goldenes Eichenlaub mit Schwertern und Brillanten.
[33] Jungmädeluntergauführerin Elfriede H[.].

München, 21. Okt. 39

Freundschaftliches Abkommen zwischen dem Reich und Italien: Umsiedlung der Deutschen aus Südtirol.[34] Es regnete Bindfaden als wir heute die Lebensmittelkarten austrugen. Aber in zwei Stunden haben wir es doch geschafft.

München, 25. Okt. 1939

Dienst im Verkehrsamt. Wir mußten immer 250 Reisemarken für das Militär abzählen. Bald brummte uns der Kopf. Es mußte sehr schnell gehen, denn es kamen dauernd Soldaten, die die Marken abholten. Um 4$^h$ kam die Ablösung. Im Untergau holten wir Elfriede H[.] ab und fuhren mit ihr zum Ringappell. Liesel verabschiedete sich von uns, es tut uns leid, denn Liesel Sch[.] war uns immer ein guter Kamerad.

München, 24. Okt. 39

Rede Ribbentrops vor Danzigs alten Kämpfern. England trägt allein die Schuld am Kriege – alle deutschen Freundschaftsangebote abgewiesen – seit Jahren bereitete Großbritannien heimlich und planmäßig den Krieg vor.[35]

München, 26. Oktober 39

Unser Klaßleiter besuchte uns überraschend. Es freute uns, daß er an uns gedacht hatte. Aber zu schnell verabschiedete er sich wieder.

München, 3. November 39

Vereinbarung zwischen dem Reich und der Sowjetunion: Umsiedlung aller Deutschen aus den westlichen Gebieten der Ukraine und Weißrußland, sowie aller Ukrainer, Weißrussen, Russen und Ruthenen aus den von Deutschland besetzten früheren polnischen Gebieten.

München, 9. November 1939

Gestern war mein 14. Geburtstag. Was hatte sich alles an diesem Tage ereignet? Der Führer sprach zur alten Garde im Bürgerbräukeller. Die Rede unseres geliebten Führers wur-

---

[34] Der Status von Südtirol war eine ungeklärte Frage zwischen dem nationalsozialistischen Deutschland und dem faschistischen Italien. Das mehrheitlich deutschsprachige Gebiet war Italien 1919 angegliedert worden, Versuche der Italienisierung blieben weitgehend erfolglos. Nach dem „Anschluss" Österreichs 1938 ans Deutsche Reich, der zu einer gemeinsamen Grenze am Brenner führte, und der Annexion des Sudetenlandes 1939 musste Mussolini fürchten, dass Hitler als nächstes nach Südtirol greifen würde. Nach Abschluss des Stahlpaktes wurde im Juni 1939 ein weiteres deutsch-italienisches Abkommen vorbereitet, das die Südtirol-Frage klären sollte. Die Bevölkerung, die mehrheitlich hoffte, ihre Heimat werde „heim ins Reich" geholt werden, wurde gezwungen, sich zu entscheiden: entweder in Südtirol zu bleiben und sich der Italienisierung zu unterwerfen oder die Option für Deutschland auszuüben und nach Deutschland umzusiedeln. Vgl. Petersen, Deutschland, Italien und Südtirol; Lill, Die Option der Südtiroler.

[35] Die Rede Ribbentrops wurde reichsweit im Rundfunk übertragen und als Flugschrift verbreitet. Vgl. Ribbentrop, Die alleinige Kriegsschuld Englands. Hitler hatte seit den 1920er Jahren einen Ausgleich mit England gesucht und eine Balance im globalen Maßstab angestrebt. Als England sich nicht zur „imperialen Komplizenschaft" (Martin Broszat) locken ließ, änderte Hitler seine Außenpolitik, die er nun ohne England, notfalls gegen England plante. Sichtbares Zeichen war die Ernennung Joachim v. Ribbentrops zum Außenminister, der als Botschafter in London gedient hatte und als entschiedener Englandgegner galt. Nach Kriegsbeginn präsentierte die deutsche Propaganda England als Hauptverantwortlichen des Kriegsausbruches, das Deutschlands „vernünftige" Ansprüche nicht anerkenne und seine „Friedensangebote" ausschlage. Vgl. Graml, Hitler und England; Henke, England in Hitlers politischem Kalkül.

de über alle Sender übertragen.[36] Da die Staatsgeschäfte den Führer zwangen, noch in der Nacht nach Berlin zurückzukehren, verließ er früher als ursprünglich vorgesehen den Bürgerbräukeller und begab sich zum Bahnhof in den dort bereitstehenden Zug. Kurz nach Abfahrt des Führers ereignete sich im Versammlungssaal eine Explosion. Von den noch im Saal Befindlichen wurden sechs getötet und 64 verletzt.[37] Der Führer hatte schonungslos mit den Kriegshetzern abgerechnet. Siegesfreude erfüllte unser aller Herzen. Als ich nach der Rede ins Bett ging hörten wir einen entsetzlichen Knall, die Ursache konnten wir nicht erklären. Am anderen Morgen aber erfuhren wir von dem gemeinen Attentat auf unseren Führer. Es war eine gütige Vorsehung, der wir immer und ewig dankbar sein müssen, daß unser Führer verschont blieb. München glich nach Bekanntgabe des Attentats einem aufgeregten Bienenschwarm. Überall begegneten wir Männern der Alten Garde in ihren grauen Uniformen mit Verbänden an Kopf und Händen. In den Münchener Kliniken liegen die schwerer Verletzten. Zur Festnahme der Täter ist eine Belohnung von 500 000 M ausgesetzt worden.

*2 Fotoseiten mit den 8 Porträts der Opfer des Anschlags auf Hitler am 8. 11. 1939.*

**Die Toten des 8. Novembers 1939**
**Kaiser Wilhelm, geb. 2. 11. 1889, München-Solln**
**Lutz Franz, geb. 12. 10. 1886, München**
**Kasperger Emil, geb. 3. 3. 1885, München**
**Schachta Euen, geb. 17. 10. 1907, München**
**Weber Wilhelm, geb. 10. 8. 1902, München**
**Reindl Leonhardt, geb. 2. 11. 1882, München**
**Henle Maria, geb. 24. 12. 1909, München**
**Schmeidl Michael, geb. 13. 3. 1866, München**

Es war eine kurze, aber eindrucksvolle Feier auf dem Königlichen Platz. Pg. Rudolf Heß legte im Namen des Führers die Kränze an den erzernen Särgen der 16 Gefallenen nieder. Die Ewige Wache verrichtete ihren Ehrendienst in feldgrauer Uniform. Es war ein buntes Bild, das sich dem Beschauer bot. Das Braun der S.A., das Schwarz der S.S. vermischt mit dem Blau der Hitlerjungen und Pimpfe. Wir Jungmädel säumten den weiten Platz. Vor den Ehrentempeln der Bewegung waren die alten Kämpfer versammelt. Im Braunhemd, im feldgrauen Rock, im blaugrau der Flieger und im dunkelblauen Rock der Kriegsmarine waren sie angetreten.[38] Zähe Verbissenheit und Abscheu standen auf den Gesichtern dieser Männer geschrieben. Empörung gegen die Täter des Anschlags.

---

[36] Der 8./9. 11. als Jahrestag des gescheiterten „Hitler-Putsches" von 1923 war fester Bestandteil des nationalsozialistischen Feierjahres. Am Abend des 8. 11. sprach Hitler im Bürgerbräukeller (also am historischen Schauplatz) zu den „alten Kämpfern" der Bewegung, ab 1940 im Löwenbräukeller. Vgl. Hockerts, Mythos, Kult und Feste; Bauer u. a., München, S. 351–357; Behrenbeck, Der Kult um die toten Helden, S. 299–313; Rede Hitlers im Bürgerbräukeller am Vorabend des 9. 11., 8. 11. 1939, abgedruckt in: Domarus, Hitler. Reden und Proklamationen, S. 1404–1414.
[37] Vgl. zu Vorgeschichte und Ablauf des Attentats Steinbach/Tuchel, Georg Elser, S. 44–79; Renz, Georg Elser, S. 28–63.
[38] Traditionell folgte am 9. 11. ein Schweigemarsch der Route der Putschisten von 1923 zur Feldherrnhalle, angeführt von der sogenannten Blutfahne, gefolgt von einer Kranzniederlegung durch Hitler am dortigen Mahnmal. 1935 waren die „Blutzeugen", die bei der Niederschlagung des Putsches

**München, 10. November**

Auch heute noch ist das feige Attentat der Gesprächsstoff des ganzen deutschen Volkes, ja sogar der ganzen neutralen Welt. Heute nachts um 22 h werden die sieben Toten in die Feldherrnhalle überführt.

**München, 11. November**

Wir hatten schulfrei. Dafür mußten wir antreten. Wir Jungmädel und die Kameraden der H.J. säumten den Marschweg von der Feldherrnhalle bis zum Nordfriedhof. Um 11 h war der Staatsakt vor der Feldhernhalle. Unerwartet kam unser Führer und nahm daran teil. Um 9 h traten wir an der Universität an. Gegen 12:15 näherte sich der Trauerzug dem Nordfriedhof. Die Trauermärsche spielte eine Wehrmachtskapelle. Die ersten drei und die letzten drei Särge wurden von jeweils 6 Kameraden der Alten Garde begleitet. Den vierten säumten 12 Jugendgruppenmädel. Vor dem Friedhof hatten die Abordnungen Aufstellung genommen, um ihre toten Kameraden zum letzten Mal zu grüßen. Die Toten wurden nur im Beisein der Angehörigen der Erde übergeben.

*2 Fotoseiten:*
– *„Staatsakt zu Ehren der Toten des 8. 11. 39, 10. November 39"*
– *„Der Trauerzug"*
– *„Der Führer bei den Hinterbliebenen"*
– *„Der Bürgerbräusaal nach dem Attentat", 2 Fotos*

**München, 14. November**

Die Zahl der Todesopfer stieg auf 8. Der Altparteigenosse Schmeidl erlag seinen Verletzungen.

Einführung der Reichskleiderkarte. Damit wird der dringende Bedarf an Kleidung für alle Volksgenossen sichergestellt.

**München, 15. November 39**

Papi ist gekommen. Er hat 14 Tage Urlaub. Achselstücke und Kragen schmückt ein Silberstreifen. Er ist Unteroffizier geworden. Wenn Vati erzählt, dann findet er in uns gespannte Zuhörer. Er berichtet von manchem Husarenstreich und vom Leben am Westwall. Wir sammelten im Heimnachmittag Altpapier, Bücher und Zeitschriften für unsere Soldaten in den Lazaretten.[39]

**München, 16. November**

Täglich treffen in Danzig Schiffe mit Baltendeutschen ein. Sie kommen in große Umsiedlerlager, dort warten sie auf ihre Ansiedlung im deutschen Osten. Diese Deutschen ver-

---

getötet worden waren, in zwei Ehrentempel am Königsplatz umgebettet worden, wo sich auch die Parteizentrale der NSDAP befand. Dort folgten vor den angetretenen Parteiformationen weitere Zeremonien. 1939 ließ sich Hitler von Heß vertreten. Vgl. Hockerts, Mythos, Kult und Feste; Bauer u. a., München, S. 351–357.

[39] Abseits der Zweitverwertung von Lesestoff in Lazaretten war die Kriegswirtschaft des „Dritten Reiches" im Zuge ihrer Autarkiebestrebungen bemüht, möglichst wenige Rohstoffe einzuführen und dadurch mehr Devisen für die Aufrüstung bereitzustellen. Deshalb legte das Regime großen Wert auf die Wiederverwendung von Ressourcen. Regelmäßig wurden deshalb für die Altmaterialwirtschaft Alltagsrohstoffe gesammelt, z. B. Altpapier oder Lumpen. Zu diesen Sammelaktionen wurden regelmäßig Schulklassen unter Federführung der HJ herangezogen. Vgl. Köstering, „Millionen im Müll"?; Köstering, „Pioniere der Rohstoffbeschaffung".

ließen Haus und Hof in Litauen, Estland oder Lettland um sich in ihrer eigentlichen Heimat „Deutschland" anzusiedeln.[40]

**München, 18. November**

Im Namen des Führers und des ganzen deutschen Volkes nahm Gauleiter Adolf Wagner[41] am Donnerstag Abschied von Michael Schmeidl, der sein Leben gab für den Führer.

**München, 20. November 39**

Verteilung der Lebensmittelkarten. Es regnete in Strömen. Das konnte aber unseren Frohsinn nicht trüben; wir dachten an unsere Soldaten in West und Ost. Sie schützen das Vaterland und fragen nicht nach Wind und Wetter. Dienst ist Dienst; in der Heimat wie an der Front.

**München, 21. November 39**

Der Münchner Täter gefaßt: Täter: Georg Elser. Auftraggeber: Britischer Geheimdienst, Außerdem sind die Leiter der Zentrale des Intelligence Service in deutscher Hand.[42]

**München, 27. November 39**

Kapitänleutnant Prien, der Sieger von Scapa Flow, torperdiert und vernichtet einen schweren Kreuzer der Londonklasse östlich der Shetlands. Moskau erklärt: Nichtangriffspakt mit Finnland hinfällig. Armeebefehl: Feuer erwidern.[43]

---

[40] Das Angebot der Übersiedlung ins Reich bzw. der Neuansiedlung in den von Deutschland besetzten Gebieten im Osten war für viele zunächst durchaus attraktiv. Es galt jedoch nur für diejenigen, die den nationalsozialistischen Rassekriterien entsprachen. Dies stellte eine eigens geschaffene Bürokratie des Rasse- und Siedlungshauptamtes der SS sicher. Während die Umsiedlungen zunächst freiwillig erfolgten und die Bedingungen noch gut waren, stieg später der Druck und die Betroffenen wurden teils jahrelang in Übergangslagern unter erbärmlichen Bedingungen festgehalten, weil der Kriegsverlauf die geplanten Neuansiedlungen vereitelte. Vgl. Bosse, Vom Baltikum in den Reichsgau Wartheland; Heinemann, „Rasse, Siedlung, deutsches Blut"; Schwartz, Ethnische „Säuberungen" in der Moderne, S. 475f.
[41] Adolf Wagner (1890–1944), Gauleiter der NSDAP im Gau München-Oberbayern.
[42] Hitler selbst war von einer Drahtzieherschaft des britischen Geheimdienstes in Zusammenarbeit mit Otto Strasser (vgl. Anm. 44) überzeugt – noch ehe irgendetwas über die Hintergründe des Attentats bekannt war. Nicht zuletzt, um vom eigenen Versagen abzulenken, entführte der SD (Sicherheitsdienst des Reichsführers-SS) auf Anweisung des Reichsführers-SS und Chefs der Deutschen Polizei Heinrich Himmler (1900–1945, Selbstmord) noch am 9.11.1939 zwei britische Geheimagenten im niederländischen Venlo – ein Unternehmen, das schon länger vorbereitet war. Die Ermittlungsergebnisse konnten die Verschwörungstheorie nicht bestätigen – im Gegenteil, durch Elsers Geständnis war sie schnell widerlegt. Dennoch wurde sie propagandistisch ausgeschlachtet. Tatsächlich war Georg Elser ein beharrlicher und mutiger Einzeltäter, der durch sein Attentat den Krieg beenden wollte. Er wurde in den KZ Sachsenhausen und Dachau interniert und dort am 9.4.1945 ermordet. Vgl. Steinbach/Tuchel, Georg Elser, S. 79–142; Renz, Georg Elser, S. 58–84.
[43] Nachdem Finnland sowjetische Territorialforderungen nicht zu erfüllen bereit war, griff die Rote Armee das Land am 30.11.1939 an. Der sogenannte Winterkrieg dauerte bis zum 13.3.1940. Als Vorwand für den Überfall wurde ein Grenzzwischenfall inszeniert, der vorgaukeln sollte, die sowjetischen Truppen hätten lediglich finnisches Feuer erwidert.

*2 Fotoseiten:*
- *„Die Bremen kehrt heim"*
- *„Otto Strasser, der Täter des Anschlags auf den Führer"*[44]
- *„Rudolf Hess am Heiligen Abend auf einem Schiff der Kriegsmarine"*
- *„Volksweihnacht bei Dr. Goebbels"*[45]

**München, 2. Dezember 39**

Heimkehr der Baltendeutschen beendet. Nun erfolgt die Ansiedlung in den wiedergewonnenen Gebieten des deutschen Ostens.

**München, 6. Dezember 39**

Mackensen 90 Jahre alt.[46] Der Führer besucht den greisen Feldmarschall.

Der 52 000 Tonnen große Lloyd-Schnelldampfer „Bremen" wieder in der Heimat. Die Fahrt durch die britische Sperrzone führte von Neuyork über Murmansk.[47]

**München, 13. Dezember 39**

Schweres Seegefecht des deutschen Panzerschiffes „Admiral Graf Spee" mit drei englischen Kreuzern vor der La-Plata-Mündung. Der „Graf Spee" läuft, nachdem er dem überlegenen Gegner schwersten Schaden zugefügt hat, in den uruguayischen Hafen Montevideo ein, um seine Schäden ausbessern zu können.

**München, 16. Dezember 39**

Reichsstraßensammlung. Ein Bombenerfolg. Über eine halbe Million der reizenden Holzfiguren wurden alleine in München verkauft. Abgesehen von den vielen alten Abzeichen, die ebenfalls reißenden Absatz erzielten.[48] Richtig kalt war es, der Wind pfiff gehörig, der Schnee fiel in dichten Flocken. Aber geschafft haben wir es doch.

---

[44] Otto Strasser (1897–1974), NSDAP-Politiker, nach politischem Zerwürfnis mit Hitler 1933 Emigration über Österreich und die Tschechoslowakei in die Schweiz (seit 1938). Mit dem Attentat Georg Elsers hatte Strasser nichts zu tun.

[45] Joseph Goebbels (1897–1945), Reichsminister für Volksaufklärung und Propaganda.

[46] Generalfeldmarschall August von Mackensen (1849–1945), erfolgreicher General des Ersten Weltkriegs und Bewunderer Hitlers, der sich für die NS-Propaganda instrumentalisieren ließ. Vgl. Schwarzmüller, Zwischen Kaiser und „Führer".

[47] Die „Bremen" erreichte Ende August 1939 New York. Nach Ausbruch des Zweiten Weltkriegs konnte sie aufgrund der britischen Seeblockade zunächst nicht in ihren Heimathafen zurückkehren und lief daher den Hafen des sowjetischen Verbündeten in Murmansk an. Der Ausbruch des sowjetisch-finnischen Winterkrieges bot dem mittlerweile in Tarngrau gestrichenen Schiff Gelegenheit, die britische Blockade zu durchbrechen.

[48] In jedem Jahr wurden im Rahmen des Winterhilfswerks sechs bis sieben Mal Reichsstraßensammlungen durchgeführt, hinzu kamen weitere Sammeltermine auf Gauebene. HJ und BDM beteiligten sich, wie auch andere NS-Formationen, regelmäßig daran. Dabei wurden verschiedene Abzeichen verkauft, die an der Kleidung getragen werden konnten und so indirekt jeden kenntlich machten, der nicht gespendet hatte. Diese Abzeichen, die unterschiedliche Motive zeigten und in der Weihnachtszeit z. B. als Christbaumschmuck genutzt wurden, entwickelten sich zu beliebten Sammelobjekten. Vgl. Vorländer, Die NSV, S. 53f.

München, 17. Dezember 39

Samstag nachmittags und Sonntag früh musizierten die Schülerinnen unserer Schule zum Tag der deutschen Hausmusik.[49] Vati kommt nicht zu Weihnachten. Das Vaterland fordert dieses Opfer und wir ertragen es. Unzählige bringen dieses Opfer ebenso wie wir.

„Admiral Graf Spee" von der eigenen Besatzung durch Sprengung vernichtet. Der Führer gab diesen Befehl, nachdem die uruguayische Regierung die zur Wiederherstellung der Seetüchtigkeit des Panzerschiffes benötigte Zeit verweigert hatte.[50]

München, 18. Dezember 39

Gewaltiger Sieg der deutschen Luftwaffe über der deutschen Bucht: Die Jäger des Jagdgeschwaders Schuhmacher[51] schossen von 52 englischen Kampfflugzeugen nach hartem Kampf 36 ab.

München 20. Dezember 39

Letzter Heimnachmittag vor Weihnachten. Wir hielten eine kleine Weihnachtsfeier ab. Tannenreisig und Kerzen schmückten den Raum. Wir sangen unsere schönen, alten Weihnachtslieder. Unsere Kleinen führten „Schneewittchen" und die „Gänsemagd" auf; beide urdeutsche Märchen. Ihr natürliches Spiel erfreute uns besonders. Mit den besten Wünschen zu Weihnachten und zum Neuen Jahr verabschiedeten wir uns von einander.

München, 23. Dezember 1939

Vati traf heute unerwartet ein. Er bleibt nun für ganz bei uns. Das Weihnachtsfest wird jetzt noch einmal so schön.

München, 24. Dezember 39

Heute ist heiliger Abend. Der Morgen und der Nachmittag verging so langsam. Doch gegen 5$^h$ schickte uns Mutti hinaus. Ich ging in mein Zimmer und richtete die Geschenke, die für meine Eltern und meinen Bruder bestimmt waren her. Endlich, Mutti spielte das Lied der Weihnacht, „Stille Nacht, Heilige Nacht." Dann ging es ans Beschenken. Zuerst mein Bruder. Er fand „Lausbubengeschichten" von Thoma[52], das Buch der Spanienflieger[53], „Mit Hitler in Polen"[54] und den Kosmoskalender 1939/40 auf seinem Platz. Sein

---

[49] Der Tag der deutschen Hausmusik wurde alljährlich proklamiert und ideologisch aufgeladen: Modernen Musiktrends sollte eine besonders „deutsche" Form des Musizierens entgegengesetzt werden, die im Kreis der Familie geübt werden sollte. Dort hatten die Aufrufe indes wenig Erfolg, sie wurden vor allem von HJ, BDM und den Schulen aufgegriffen, die entsprechende Veranstaltungen durchführten. Vgl. Kater, Die mißbrauchte Muse, S. 251-260.
[50] Nachdem Uruguay unter britischem Druck zunächst den weiteren Aufenthalt im Hafen untersagt hatte, änderten die Briten ihre Strategie: Sie verzögerten die Ausfahrt der „Graf Spee" lange genug, um eigene Verstärkungen heranzuführen. Vgl. Hennig, Der Untergang der „Admiral Graf Spee", Zeit Online 13.12.2009, http://www.zeit.de/2009/51/A-Graf-Spee; Weinberg, Eine Welt in Waffen, S. 87-89.
[51] Oberstleutnant Carl-Alfred Schuhmacher (1896-1967), Kommodore des Jagdgeschwaders 1 der Luftwaffe.
[52] Ludwig Thoma, Lausbubengeschichten, 1902.
[53] Wulf Bley, Das Buch der Spanienflieger. Die Feuertaufe der neuen deutschen Luftwaffe, Leipzig 1939; Bley (1890-1961), der unter anderem am 30.1.1933 den Fackelzug in Berlin anlässlich der „Machtergreifung" und Wettkämpfe während der Olympischen Spiele 1936 im Radio kommentiert hatte, war während des Spanischen Bürgerkriegs Verbindungsoffizier des OKW zur Legion Condor.
[54] Heinrich Hoffmann, Mit Hitler in Polen, Berlin 1939; Hoffmann (1885-1957), seit 1920 Mitglied der NSDAP, war Leibfotograf Hitlers. Seine Aufnahmen wurden in zahlreichen propagandistischen Bildbänden vermarktet.

Hauptgeschenk, einen großen Märklinkasten mußte er suchen. Nun kam ich an die Reihe. Eine braune Handtasche aus Kalbsleder ist nun mein ganzer Stolz. Von Mutti und Tante Ida erhielt ich zwei geschmackvolle Briefmappen und eine Schürze zum Sticken. Von Vati erhielt ich „Der Hitlerjunge Quex"[55] und zwei lustige Jungmädelbücher.[56] Aber da war ja noch was. Vorsichtig öffnete ich die Schachtel. Ein Armband aus echtem deutschen Gold, aus Bernstein. Ein lang gehegter Wunsch war nun erfüllt. Eine Brosche erfreute mich durch den Glanz seines großen Steins. Mein Bruder schenkte mir ein Führerbild in einem Kirschbaumrahmen. Ich ging nun in mein Zimmer und zündete den kleinen Tannenbaum an. Meine Mutter freute sich über die Briefmappe und den Merker, den ich ihr selbst angefertigt habe. Mein Bruder freute sich über einen Flottenkalender, Farb- und Bleistifte. Jetzt wurde Mutti mit verbundenen Augen an ihren Gabentisch geführt. Das Geschenk von Vati: ein Speiseservice für sechs Personen. Mutti geriet in helles Entzücken darüber. Die Lichter wurden gelöscht und wir begaben uns wieder ins Wohnzimmer. Um zwölf Uhr gingen Mutti und ich in die Mette.

**München, 25. Dezember 1939**

Der Kommandant des „Graf Spee" Kapitän z. S. Langsdorff[57] folgte am 21. Dezember seinem Schiff in den Tod. Am Donnerstag wurde er im deutschen Friedhof in Buenos Aires beigesetzt. An der Trauerfeier nahm eine große Menschenmenge teil.

Der Führer verbrachte das Weihnachtsfest bei seinen Soldaten im Westen. Er brachte ihnen kleine Geschenke und Tannenbäumchen mit, aber das schönste Geschenk wird wohl die Gegenwart des Führers für sie gewesen sein.

**München, 26. Dezember 1939**

Heute durfte ich mit Mutti und Manü das Deutsche Theater besuchen. Unter anderem trat auch ein junges Mädchen auf, dessen Kunst auf dem Drahtseil ich schon vor drei Jahren bewundern konnte. Sie erntete großen Beifall. Artistik, Tanz und Humor wechselten einander im bunten Wechsel ab.

**München, 31. Dezember 1939**

Silvester. Der letzte Tag im Jahre 1939. Um sieben Uhr hörten wir Reichsminister Dr. Goebbels. Er rechnete mit den Kriegstreibern ab und gab für 1940 die Parole „Kämpfen und arbeiten."[58] Vor der Ansprache hörten wir das 25. Wehrmachtswunschkonzert[59] mit

---

[55] Karl Aloys Schenzinger, Der Hitlerjunge Quex, Berlin/Leipzig 1932; Schenzinger (1886–1962) schrieb den Propagandaroman um einen Berliner Arbeiterjungen, der Mitglied der HJ wird und schließlich von kommunistischen Jugendlichen ermordet wird, 1932 als Auftragsarbeit für die HJ. Er wurde zunächst als Fortsetzungsroman im NS-Zentralorgan „Völkischer Beobachter" gedruckt und 1933 von Hans Steinhoff (1882–1945) verfilmt. Vgl. Giesen/Hobsch, Hitlerjunge Quex.
[56] Sowohl der BDM selbst als auch andere Verlage publizierten zahlreiche Schriften, die sich speziell an die Angehörigen des BDM wandten. Außerdem griff die Reichsjugendführung steuernd und zensierend in die Produktion von Jugendliteratur ein. Vgl. die Beispiele bei Schreckenberg, Erziehung, Lebenswelt und Kriegseinsatz, S. 216–244; Voigt-Firon, Das Mädchenbuch im Dritten Reich.
[57] Kapitän zur See Hans Langsdorff (1894–1939, Selbstmord).
[58] Vgl. Rundfunkansprache Joseph Goebbels' zum Jahreswechsel, 31.12.1939, abgedruckt in: Das Archiv. Nachschlagewerk für Politik – Wirtschaft – Kultur (1939), Heft 69, S. 1270–1275, Zitat S. 1275.
[59] Das Wunschkonzert im Rundfunk wurde zu Kriegsbeginn eingeführt, um die Verbindung zwischen Front und Heimat zu stärken. Weil sie die Ängste, Sehnsüchte und Hoffnungen der Soldaten im Feld und der Familien in der Heimat – wenn auch instrumentalisiert und propagandistisch umgedeutet – aufgriff, entwickelte sich die neue Programmform zu einem durchschlagenden Publikumserfolg. Da-

namhaften Künstlern von Theater, Film und Kabarett. Freudig begrüßten wir das Neue Jahr, das uns hoffentlich den Frieden bringt. Die wichtigsten Ereignisse dieses 1. Kriegsjahres will ich mir nochmals ins Gedächtnis rufen und sie niederschreiben.

### Kriegsjahr 1939 Schicksalsjahr

**Als tapfere und siegreiche Soldaten** kehrten die deutschen Freiwilligen der Legion Condor aus dem spanischen Freiheitskampf heim und paradierten am 6. Juni vor dem Führer in Berlin. Im Namen des deutschen Volkes dankte Adolf Hitler den Spanienkämpfern für ihren vorbildlichen Einsatz.[60]

**Eine Mauer aus Stahl und Beton – der Westwall** wurde im Juli 1939 vollendet. Das geniale Befestigungswerk, das auf Befehl des Führers entstand und das 22 000 Werke umfaßt, ist zum undurchdringlichen Wall für unsere Gegner geworden.[61]

**Der Führer bei den Deutschen in Brünn**. Am 15. März besetzten deutsche Truppen das Gebiet von Böhmen und Mähren, um die Zustände zu beseitigen, die für die vielen verschiedenen im Land lebenden Nationalitäten untragbar geworden [sind,] und so die Möglichkeiten zu einer endgültigen Neuordnung zu schaffen.[62]

**Memel wurde wieder deutsch**. Das Memelgebiet, zwanzig Jahre vorher dem deutschen Volke durch das Diktat von Versailles entrissen, wurde von Litauen am 23. März zurückgegeben und durch Truppenteile des Heeres und der Kriegsmarine besetzt. Die so lang ersehnte Befreiung durch den Führer war gekommen.[63]

---

bei konnten sich die Zuhörer nicht nur Musiktitel wünschen, sondern wurden durch Grüße und Durchsagen familiärer Nachrichten – etwa von der Geburt eines Kindes – über die Ereignisse zuhause auf dem Laufenden gehalten. Vgl. Koch/Glaser, Ganz Ohr, S. 130–132; Koch, Wunschkonzert.

[60] Die Legion Condor war 1936–1939 ein verdeckter Einsatz der deutschen Luftwaffe im Spanischen Bürgerkrieg auf Seiten des faschistischen Diktators General Francisco Franco (1892–1975). Die Zerstörung der Stadt Guernica wurde zum Sinnbild für den ersten Luftkrieg gegen die Zivilbevölkerung. Der Luftwaffe diente die Legion Condor insbesondere zur Erprobung neuer Taktiken und Waffensysteme. Vgl. Schüler-Springorum, Krieg und Fliegen; Maier, Guernica.

[61] Zu größeren Kämpfen am Westwall kam es erst in der Endphase des Krieges 1944/45. Dabei erwies sich das teure Befestigungsbauwerk, das zwischen 1938 und 1940 errichtet und 1944 unter Heranziehung von Zwangsarbeitern und der Zivilbevölkerung reaktiviert wurde, angesichts der alliierten Luftüberlegenheit und der Weiterentwicklung panzerbrechender Waffen im Krieg als weitgehend wertlos. Vgl. Fings/Möller, Zukunftsprojekt Westwall.

[62] Hitler hatte bereits seit 1937 geplant, die Tschechoslowakei anzugreifen. Damit sollte der Staat als Verbündeter der Westmächte ausgeschaltet und sein Territorium als Aufmarschgebiet für den geplanten Krieg gegen die Sowjetunion gewonnen werden. Das Münchner Abkommen hinderte Hitler in seinem Vorhaben zunächst; durch das weitgehende Entgegenkommen Englands und Frankreichs auf Kosten der Tschechoslowakei konnte das Deutsche Reich die sudetendeutschen Gebiete Anfang Oktober 1938 annektieren. Im März 1939 nutzte Hitler angebliche Übergriffe auf Volksdeutsche und die Spannungen zwischen Tschechen und Slowaken als Vorwand für die „Zerschlagung der Rest-Tschechei", während die Slowakei ihre Unabhängigkeit erklärte. Vgl. Graml, Europas Weg in den Krieg, S. 107–149.

[63] Das Memelland war im Versailler Vertrag vom Deutschen Reich abgetreten und 1923 an Litauen angeschlossen worden. Im November 1938 erreichte eine memeldeutsche Sammlungspartei mit der Parole „Heim ins Reich" eine überwältigende Mehrheit. Daraufhin übte das Deutsche Reich erheblichen Druck auf Litauen aus, während England und Frankreich nicht bereit waren, dem wirkungsvoll

**Ein historischer Augenblick in Kreml.** Am 24. August führten die Verhandlungen des deutschen Außenministers von Ribbentrop und der Herrn Stalin und Molotow zum Abschluß eines Nichtangriffspaktes zwischen Deutschland und dem Rätebund. Es war die Stunde, in der Englands Einkreisungspolitik durch ein diplomatisches Meisterstück scheiterte.

**Ein denkwürdiger Tag: der Führer in Danzig:** Kurz vor Abschluß des polnischen Feldzuges kam der Führer nach Danzig, stürmisch [begrüßt] von der Bevölkerung, die endgültig von der polnischen Gewaltherrschaft befreit war. Danzig wurde wieder das, was es früher gewesen war: eine deutsche Stadt.

**Ein Bild aus dem Feldzug der achtzehn Tage:** die strategische Anlage des polnischen Feldzuges war ein Meisterwerk und ohne Vorbild in der Geschichte: Schon nach 8 Tagen war das Schicksal des Gegners entschieden, dessen Heere in drei Wochen aufgerieben, vernichtet oder gefangen wurden.[64]

**Auf der Wacht im Westen:** Während des Kampfes im Osten schützte die Wehrmacht unsere Westgrenze gegen die Franzosen und Engländer. Geringe Geländegewinne im Vorfeld mußte der Feind wieder aufgeben. Auf die im Schutz des Westwalls kämpfenden deutschen Truppen wagte der Gegner keine größere Unternehmung.[65]

**Die Heldentaten der deutschen U-Boote und der Kriegsmarine** haben die englische Seeherrschaft und die Versorgung des Inselandes schwer geschädigt. In den ersten drei Kriegsmonaten verloren die Briten über 800 000 Tonnen Schiffsraum und wertvolle Einheiten ihrer Kriegsflotte.[66]

---

entgegenzutreten. Am 23. 3. 1939 trat Litauen das Memelland in einem Staatsvertrag an Deutschland ab. Vgl. Tauber, Deutschland, Litauen und das Memelgebiet.

[64] Tatsächlich dauerten die Kämpfe bis zum 6. 10. 1939, als die letzten polnischen Truppen kapitulierten. Warschau ergab sich am 27. 9. 1939. Die polnische Regierung war jedoch schon am 18. 9. nach Rumänien geflohen, was die deutsche Propaganda zum Anlass nahm, den Krieg als „Feldzug der 18 Tage" zu überhöhen.

[65] Während Hitler im Osten Polen eroberte, tat sich im Westen lange Zeit nichts, obwohl dort kaum mehr als acht deutsche Divisionen einsatzfähig waren. Das lag vor allem an den französischen Erfahrungen im Ersten Weltkrieg und einer daraus resultierenden Verteidigungsdoktrin, die Angriffsoperationen nach Deutschland hinein nicht vorsah. So kam es, dass den Kriegserklärungen, die England und Frankreich an der Seite Polens in den Krieg führten, zunächst zu Lande kaum Taten folgten. Im Westen entwickelte sich so ein Zustand trügerischen Friedens, den die Deutschen als Sitzkrieg, die Franzosen als *Drôle de guerre* und die Engländer als *Phoney War* bezeichneten. Vgl. Salewski, Deutschland und der Zweite Weltkrieg, S. 95-106.

[66] Tatsächlich war die Kriegsmarine auf den Krieg weitgehend unvorbereitet und konnte, wie die Seekriegsleitung selbst konstatierte, trotz einiger Wirkung dem Feind nur Nadelstiche beibringen. Von einer spürbaren Beeinträchtigung der britischen Versorgung konnte keine Rede sein. Vgl. Salewski, Deutschland und der Zweite Weltkrieg, S. 107-119.

## 1940

**Solange die Deutschen bereit sind, ihr Leben einzusetzen für ihr Volk und ihr Vaterland, solange werden wir unüberwindlich sein.
Hermann Göring**

München, 4. Januar 1940
Hermann Göring übernimmt die gesamte Leitung der Kriegswirtschaft.[67]

München, 6. Januar 1940
Markenverteilung. Eiszapfen hängen von den Dächern herunter, der Wind pfeift in den Straßen, der Schnee fällt dicht. Eine Kälte wie am Nordpol. Diesmal bekommen wir weniger Markenmappen, dafür müssen wir weit gehen. Aber um ½ 12 ʰ sind wir auch fertig und gehen schnell heim in ein warmes Zimmer. Vati hat es heute auch nicht besser gehabt. Er muß sammeln. Die Wappen der Kreisstädte des Traditionsgaues. Aber auch er hat schnell seinen Ehrendienst bewältigt.

München, 15. Januar 1940
Ein lang ersehnter Brief traf ein. In einem lustigen Brief bedankte sich unser Klaßleiter für das Päckchen, das wir ihm zu Weihnachten geschickt haben. Er kommt vielleicht übermorgen und wir freuen uns heute schon. Heute besuchten wir die Ausstellung „Raubstaat England" in der Neuen Staatsgalerie am Königlichen Platz.[68]

München, 25. Januar 1940
Der nach erfolgreicher Seekriegführung zurückgekehrte Kreuzer „Deutschland" erhält den Namen „Lützow". Abschluß der Umsiedlung der Volksdeutschen aus Galizien und Wohlhynien. Am 11. Januar erfolgte der Abschluß der baltendeutschen Umsiedlung.

München, 30. Januar 40
Der siebente Jahrestag der Gründung des deutschen dritten Reiches. In der Schule wurde in einer schlichten Feierstunde, die wir Schülerinnen selbst gestalteten, auf die Bedeutung des Tages hingewiesen. Am Abend sprach der Führer im Berliner Sportpalast.[69] Er rechnete scharf mit Engländern und Franzosen ab. Er verspottete sie und sprach dabei die reine Wahrheit aus. Jubel und tosender Beifall begleiteten seine Worte. Nach dem Deutschlandlied und dem Horst-Wessellied[70] wurde das Lied „Wir fahren gegen Enge-

---

[67] Hermann Göring (1893–1946, Selbstmord), Oberbefehlshaber der Luftwaffe, ab Juli 1940 Reichsmarschall, war seit 1935 als Beauftragter für den Vierjahresplan für die Organisation der Rüstungswirtschaft verantwortlich. Am 7.12.1939 übertrug ihm Hitler per Erlass das Amt des Generalbevollmächtigten für die Rüstungswirtschaft von Reichswirtschaftsminister und Reichsbankpräsident Walther Funk (1890–1960). Dennoch ging Görings realer Einfluss auf die Kriegswirtschaft mehr und mehr zurück. Auch auf diesem Gebiet verfiel seine Machtposition zusehends. Vgl. Kube, Pour le mérite, S. 326.
[68] Vgl. Kivelitz, Die Propagandaausstellung in europäischen Diktaturen, S. 227f.
[69] Vgl. Rede Hitlers im Berliner Sportpalast anlässlich des Jahrestages der „Machtergreifung", 30.1.1940, abgedruckt in: Domarus, Hitler. Reden und Proklamationen, S. 1452–1461.
[70] Zunächst Kampflied der SA, später Parteihymne der NSDAP; verfasst Ende der 1920er Jahre von dem Berliner SA-Sturmführer Horst Wessel, der 1930 von KPD-Mitgliedern getötet wurde.

*Abbildung 7: Verteilung von Lebensmittelmarken durch den BDM*

land" gesungen. Es ist das Lied der Soldaten und des deutschen Volkes. Es wurde im Wehrmachtswunschkonzert uraufgeführt. Der Dichter war Hermann Löns; vertont wurde es von Herms Niel.[71]

*2 Fotoseiten:*
- *„Adolf Hitler im Berliner Sportpalast, 30. 1. 1940", 2 Fotos*
- *„Ribbentrop in Rom, 9. 3. 40", 2 Fotos*
- *„20. Wiederkehr des Parteigründungstages im Hofbräuhaus, 24. 2. 40"*

**München, 3. Februar 1940**

Sammeln. Heute war Reichsstraßensammlung. Zum Verkauf kamen lustige Wilhelm-Buschfiguren. Wir Jungmädel verkauften selbstgearbeitete Figuren, denn die anderen reichten bei weitem nicht aus. Wir stellten sie aus Pappe her und überzogen sie mit Tusche. Im Nu waren wir sie los.

---

[71] „Engelland-Lied", Text von Hermann Löns (1866–1914), Musik von Hermann Nielebock, genannt Herms Niel (1888–1954). Niel leitete den Reichsmusikzug des Reichsarbeitsdienstes.

**München, 4. Februar 1940**

Jugendfilmstunde.[72] Wir sahen den Film „Die Weiße Schwadron". Ein italienischer Film mit dem Mussolinipokal ausgezeichnet.[73] Eine Führerin der Reichsjugendführung sprach zu den versammelten Eltern: „Wir zeigen den Mädeln nur wertvolle, ausgezeichnete Filme an denen sie lernen und Kraft und Freude schöpfen können", sagte sie unter anderem. Der Chor und das Orchester der Rundfunkspielschar gaben der Jugendfilmstunde einen festlichen Rahmen.

**München, 5. Februar 1940**

Hurra! Wir haben Kohlenferien![74]

**München, 7. Februar 1940**

Der bekannte elsässische Autonomistenführer Roos, der von den Franzosen verhaftet und zum Tode verurteilt worden ist, ist am Mittwoch früh in Nancy erschossen worden.[75]

**München, 8. Februar 1940**

Gestern war die Eröffnungsfeier der Führerinnentagung des BDM und der Jungmädel in der Universität zu München. Die Eröffnungsrede hielt BDM Untergauführerin Elli W[.][76]. Der Führer der Rundfunkspielschar München erläuterte daraufhin die Singarbeit, die neben der sportlichen Ertüchtigung und der weltanschaulichen Schulung eine große Rolle in der Erziehung des Mädels und des Jungmädels spielt. Schnell lernten wir unter seiner Anleitung einige Lieder, die wir im Verlauf der Führerinnentagung noch oft singen werden.

**München, 9. Februar 1940**

Gestern abends wieder in der Universität. Der Münchener Kreisleiter[77] sprach zu uns. Er erinnerte uns daran, daß wir in München eine Pflicht gegenüber denen im Reich haben. Er versprach uns die Heimbeschaffungsfrage, soweit es in seiner Macht stehe, zu lösen. Flötenmusik und unsere Lieder umrahmten den Abend.

---

[72] Die Jugendfilmstunden wurden von der HJ veranstaltet und fanden in der Regel sonntags vormittags statt (wie auch in diesem Fall) und wurden damit bewusst in Konkurrenz zum sonntäglichen Kirchgang gesetzt. Der Besuch war freigestellt, der günstige Eintrittspreis von 20 Pfennigen jedoch zweifelsohne verlockend. Die Vorführungen waren meist ein großer Erfolg und gut besucht. Vgl. Sander, A. U., Jugend und Film (Berlin 1944), abgedruckt in: Reese, Jugendfilm und Nationalsozialismus, S. 67-78; Stahr, Volksgemeinschaft vor der Leinwand?, S. 91-97.

[73] Ital. Originaltitel: „Lo Squadrone bianco" von Augusto Genina (1892-1951), 1936. Der Film zeigt den Wandel eines verweichlichten Bürgersohnes, der als Leutnant bei den italienischen Truppen in Libyen zum faschistisch-imperialistischen Helden wird. Vgl. Landy, Fascism in Film, S. 149-152.

[74] Wie schon während des Ersten Weltkriegs wurden auch während des Zweiten Weltkriegs wiederholt Schulen und Universitäten geschlossen sowie Schüler und Studenten in Kohleferien geschickt, um Heizmaterial einzusparen.

[75] Karl Roos (auch: Philippe-Charles Roos, 1878-1940, hingerichtet) setzte sich für die Autonomierechte des Elsass ein und sympathisierte mit dem nationalsozialistischen Deutschland. 1939 wurde er unter dem Verdacht der Spionage verhaftet und von einem französischen Militärgericht wegen Hochverrats zum Tode verurteilt. Die nationalsozialistische Propaganda stilisierte ihn zum „Blutzeugen des deutschen Elsaß". Kettenacker, Nationalsozialistische Volkstumspolitik im Elsaß, S. 31 f.

[76] Elly W.

[77] Walter Ziehnert (1898-1947, hingerichtet in Landsberg am Lech), 1937-1941 Kreisleiter in München, danach Kreisleiter in Rosenheim.

München, 10. Februar 1940

Heute nachmittags Sondertagung der J.M. Führerinnen. Elfriede H[.], die J.M. Untergauführerin, leitete die Tagung ein. Darauf ergriff unsere J.M. Obergaubeauftragte Anneliese Steinert das Wort. Sie berichtete von der vergangenen Arbeit und sprach von der kommenden, die uns im „Jahr der Bewährung", wie es Baldur von Schirach nannte, erwartet.[78] Musik, Lieder und Verse, die vorgetragen wurden, gaben dem Nachmittag in der Universität einen festlichen Rahmen.

München, 11. Februar 1940

Morgenfeier im Odeon. Es sprach zu uns Obergauführerin Marta Middendorf.[79] Sie sprach von den Aufgaben und Pflichten einer Führerin in dieser Zeit. Sie erinnerte uns an den Weltkrieg und wie die Jugend damals verlotterte. Wir haben die Pflicht dieses Übel zu bekämpfen und überhaupt zu vermeiden, die Mädel und Jungmädel im deutschen Sinn zu erziehen. Darum sei die Tagung einberufen worden, damit wir Freude und Kraft schöpfen für die kommende Arbeit. Musik und Lieder gaben der schlichten Feier am frühen Morgen ein festliches Gepräge.

Darauf marschierten wir J.M. Führerinnen an die Universität. Elfriede H[.] sagte in einer kurzen Ansprache, jetzt käme der wichtigste Teil der Tagung: die Schulung. Parteigenosse Stadler sprach in eindringlichen Worten über das Thema „Deutschland-England." Seine Ausführungen wurden von uns mit lebhaften Beifall aufgenommen.

Nach einer kurzen Mittagspause fanden wir uns wieder in der Universität ein. Elfriede H[.] gab uns einen Überblick über die geleistete Arbeit. Sie sprach aber auch davon, daß vieles anders und besser gemacht werden müsse. Unser Ring wurde gelobt, da wir keinen Pfennig Schulden haben, im Gegensatz zu anderen Ringen. Viele Fragen wurden erörtert, die uns viel Kopfzerbrechen machen. Aber jetzt stehen sie klar vor uns. Und wenn es auch nicht leicht werden wird, wir schaffen es.

Um 4 $^h$ marschierten wir ins Odeon zur Schlußfeier. Elli W[.] gab zuerst einen Überblick über das letzte Jahr. Die Reichssieger im Wintersport und die besten B.D.M. und J.M. Ringe erhielten die Siegespreise. Martha Middendorf gab die Richtlinien für die kommende Arbeit. Der Führer soll unser schönstes Vorbild sein; inmitten der Arbeit sollen wir uns immer wieder seiner erinnern. Die Nationallieder schlossen die Feier und damit die Tagung der B.D.M. und J.M. Führerinnen Münchens.

München, 15. Februar 40

Dieser Tage trafen mehrere hundert Rückwanderer aus unseren Kolonien in Berchtesgaden ein. Sie wurden von den Engländern gewaltsam von ihren Farmen vertrieben. Nun arbeiten sie in Deutschland und warten bis das Vaterland seine Kolonien zurückerhält. Dann gehen sie wieder in ihre Wahlheimat „Afrika". Bis jetzt wanderten über 60 000 Deutsche aus Wolhynien zurück in die deutsche Heimat. Sie alle, die dem Ruf des Führers gefolgt sind, bringen große und schwere Opfer. Aber ihr größter Wunsch wurde erfüllt: In Deutschland leben und wirken zu dürfen. Ebenso trafen in Innsbruck Tausende von Umsiedlern aus Südtirol und Italien ein.

---

[78] Baldur von Schirach (1907–1974), 1931–1940 Reichsjugendführer, dann NSDAP-Gauleiter und Reichsstatthalter in Wien. „Das Jahr der Bewährung" war der für 1940 ausgegebene Leitsatz der Reichsjugendführung.
[79] Martha Middendorf (geb. 1914).

**München, 16. Februar 1940**
Generalfeldmarschall Göring sprach über alle deutschen Sender zum deutschen Landvolk über die Aufgaben der Landwirtschaft bei der Frühjahrsbestellung und über damit zusammenhängende Fragen der Volksernährung.

**München, 17. Februar 1940**
Um 0.$^{55}$ meldete der Kapitän des Handelsdampfer „Altmark", daß um 22 $^h$ der englische Zerstörer „Cossak"[80] die „Altmark" im innersten Jössingfjord gekapert, geentert und die Besatzung des Schiffes überwältigt habe.[81] Bei dem Gewaltakt hätte es auf seiten der deutschen Besatzung Tote und Verwundete gegeben. Um 3$^{05}$ funkte der deutsche Kapitän, daß der Zerstörer auf die im Eis befindlichen und Deckung suchenden sowie die im Wasser schwimmenden deutschen Matrosen ein wildes Gewehr- und Maschinengewehrfeuer eröffnete. Am Boot selbst lägen 4 Tote und 5 Schwerverletzte. Die Opfer des Anschlags: 7 Tote, 5 Schwerverletzte und 1 Vermißter.

**München, 20. Februar 40**
Gestern empfingen wir Jungmädel unter Führung von Elfriede H[.] die rumänischen Jugendführerinnen und -führer, die die Winterkampfspiele der H.J. in Garmisch besuchen. Zwei blonde Jungmädel brachten der rumänischen Jugendführerin prachtvolle Tulpen und brachten ihr den Willkommensgruß der Stadt München.[82]

**München, 19. Februar 40**
Während die ganze Welt mit Abscheu und in einmütiger Empörung das brutale, völkerrechtswidrige Vergehen der britischen Meuchelmörder gegen die Matrosen des deutschen Dampfers „Altmark" anprangert, wurden die Opfer dieses feigen Überfalls am Montagnachmittag in norwegischer Erde zur letzten Ruhe bestattet.

**München, 24. Februar 1940**
Der Führer sprach in München zu den Altparteigenossen zum Gründungstag der N.S.D.A.P. Scharf und mit viel Spott rechnete Adolf Hitler mit den Kriegstreibern ab.[83]

---

[80] Richtig: „Cossack".

[81] Tatsächlich war die „Altmark" das Versorgungsschiff der „Graf Spee", die sich im Hafen von Montevideo selbst versenkt hatte. Sie fuhr nicht unter der Reichskriegsflagge, und die Deutschen beharrten darauf, dass es sich nicht um ein Kriegsschiff handele. Jedenfalls hatte die „Altmark" die Besatzungen der englischen Schiffe an Bord, die die „Graf Spee" versenkt hatte. Die „Cossack" brachte die „Altmark in norwegischen Hoheitsgewässern auf, befreite die englischen Kriegsgefangenen und erlaubte der „Altmark" anschließend, ihre Fahrt fortzusetzen. Von besonderer Bedeutung war der Zwischenfall vor allem deshalb, weil Norwegen befürchten musste, Deutschland könne ihn zum Vorwand nehmen, die Neutralität des skandinavischen Staates in Frage zu stellen. Vgl. Haarr, The Gathering Storm, S. 358–389; Weinberg, Eine Welt in Waffen, S. 89; Müller, Der Zweite Weltkrieg, S. 72f.

[82] Die HJ führte 1940 zum vierten Mal Winterkampfspiele durch. Erstmals nahmen daran auch Vertreter aus 14 europäischen, mit Deutschland verbündeten Staaten teil. Darunter auch Angehörige der faschistischen rumänischen Jugendorganisation Kreuzbruderschaft (*Frăţia de Cruce*), allen voran jedoch der Faschistischen Jugend Italiens (*Gioventù Italiana del Littorio*, GIL). Dies war Teil der propagandistischen Bemühungen, die deutschen Hegemonialansprüche durch den Europabegriff zu verbrämen und gleichzeitig den Eindruck eines weiterhin ungetrübten Verhältnisses zum italienischen Partner in der „Achse" zu dokumentieren, der nach wie vor nicht an der Seite des Deutschen Reiches in den Krieg eingetreten war. Vgl. Oelrich, Sportgeltung – Weltgeltung, S. 534–537.

[83] Rede Hitlers im Münchner Hofbräuhaus anlässlich des Jahrestages der Parteigründung, 24. 2. 1940, mit Kürzungen abgedruckt in: Domarus, Hitler. Reden und Proklamationen, S. 1463–1469.

**München, 1. März 1940**

Ein U-Boot kehrte unter der Führung von Herbert Schulze[84] siegreich [zurück]. Es hatte bis jetzt fast 115 000 t englischen Schiffsraum vernichtet. Ebenso siegreich kehrte ein anderes deutsches U-Boot heim; und zwar unter der Führung von Werner Hartmann.[85] Dieses Boot vernichtete bereits nach der 2. Fernfahrt 90 000 t.

**München, 9. März 1940**

Der deutsche Reichsaußenminister von Ribbentrop fuhr nach Rom zu Besprechungen mit dem Duce und Graf Ciano.[86]

**München, 10. März 1940**

Der Führer sprach im Berliner Zeughaus aus Anlaß des Heldengedenktages.[87]

**München, 17. März 40**

Deutsche Flieger vernichteten in der Bucht von Scapa Flow Schlachtkreuzer, Kreuzer und Zerstörer der britischen Flotte. Dieser Angriff bei dem auch Flugplätze und Flakstellungen erfolgreich bombardiert wurden bedeutet den größten Schlag für die englische Marine.[88]

**München, 18. März 40**

Anläßlich des Besuches des Reichsaußenministers von Ribbentrop in Rom wurde die seit längerer Zeit vorgesehene Begegnung zwischen dem Führer und dem Duce vereinbart. Adolf Hitler und Mussolini trafen sich Montag mittags auf dem Brenner.[89]

---

[84] Kapitänleutnant Herbert Schulze (1909–1987).
[85] Kapitänleutnant Werner Hartmann (1902–1963).
[86] Mussolini war mittlerweile entschlossen, an der Seite Deutschlands in den Krieg einzutreten, wartete jedoch auf den günstigsten Zeitpunkt. Ribbentrop machte Ciano am 10.3.1940 deutlich, dass eine deutsche Offensive im Westen unmittelbar bevorstehe und in einem schnellen deutschen Sieg enden werde. In seiner Unterredung mit Mussolini gelang es dem deutschen Außenminister, Mussolinis Abneigung gegen die Partnerschaft mit der Sowjetunion zu überwinden. Daraufhin sagte der „Duce" zu, den Westmächten den Krieg zu erklären. Vgl. Moseley, Zwischen Hitler und Mussolini, S. 121f.
[87] 1934 benannten die Nationalsozialisten den in der Weimarer Republik zum Gedenken an die Gefallenen des Ersten Weltkriegs eingeführten Volkstrauertag in Heldengedenktag um, erhoben ihn zum gesetzlichen Feiertag und begingen ihn alljährlich mit einer Gedenkstunde im Berliner Zeughaus mit anschließender Kranzniederlegung. Seit 1939 wurde der Heldengedenktag vom christlichen Festkalender abgekoppelt und nun alljährlich am 16.3. bzw. dem vorhergehenden Sonntag gefeiert. 1940 wurde der erste Heldengedenktag im Krieg gefeiert, und nun nicht mehr allein der Gefallenen des Ersten Weltkriegs gedacht, sondern auch der toten Soldaten und „Volksgenossen" des aktuellen Krieges. Hitler sprach bis 1943 alljährlich bei dem Staatsakt, die Rede wurde im Rundfunk übertragen. Die lokalen Feierlichkeiten waren so anzusetzen, dass sie nicht gleichzeitig mit der Berliner Feierstunde stattfanden, um das gemeinschaftliche Hören der Hitlerrede zu ermöglichen. Vgl. Rede Hitlers im Berliner Zeughaus anlässlich des Heldengedenktages, 10.3.1940, abgedruckt in: Domarus, Hitler. Reden und Proklamationen, S. 1477–1481; Kaiser, Von Helden und Opfern, S. 176–209.
[88] Der Luftangriff zeigte die Verwundbarkeit der Heimatbasis der britischen Marine aus der Luft. Die Schäden hielten sich jedoch in Grenzen: Lediglich ein gestrandetes altes Schlachtschiff und ein schwerer Kreuzer wurden beschädigt. Vgl. Haarr, The Gathering Storm, S. 242f.
[89] Während des Zusammentreffens auf der verschneiten Passhöhe versprach Mussolini Hitler, an der Seite der Deutschen in den Krieg einzutreten. Den genauen Zeitpunkt hielt er aber weiterhin offen. Vgl. Lins, Persönliche Begegnungen zwischen Hitler und Mussolini, S. 57–62; Hillgruber, Staatsmänner und Diplomaten bei Hitler, Bd. 1, S. 86–106.

**München, 18. März 1940**

Vati ist für 2 Jahre nach Innsbruck versetzt worden. Zwischen Finnland und Rußland wurde ein Friedensvertrag geschlossen.[90]

*Fotoseite: „Führer und Duce auf dem Brenner", 2 Fotos*

**München, 20. März 40**

Das französische Kabinett Daladier ist zurückgetreten. Nachfolger wird Englands Handlanger Paul Reynaud.[91]

**München, 9. April 40**

Die deutsche Wehrmacht in Dänemark und Norwegen einmarschiert. Sie sind knappe zehn Stunden den Engländern zuvorgekommen. Dänemark nimmt den deutschen Schutz an, die Besetzung des Landes erfolgt reibungslos. Wir verloren die Kreuzer „Blücher" und „Karlsruhe", die auf Minen gelaufen sind.[92]

**München, 14. April 1940**

Das OKW gibt bekannt: Deutsche Zerstörer unter der Führung des Kommodore Bonte[93], die die Landung in Narvik und die erste Einrichtung der Truppen gesichert hatten, bestanden in den letzten Tagen, unterstützt von deutschen U-Booten und Flugzeugen, schwere Kämpfe gegen die wiederholten Einbruchsversuche englischer Seestreitkräfte.

**München, 19. April 1940**

Ich muß meine Mädelschaft, die mir so ans Herz gewachsen ist, abgeben. Nun habe ich jüngere Mädel in meiner Schaft. Heute erhielt ich meine Führerschnur.[94] Am Vorabend

---

[90] Der finnisch-sowjetische Winterkrieg endete trotz anfänglicher Erfolge mit einer Niederlage Finnlands, das zwar unabhängig blieb, aber erhebliche territoriale Zugeständnisse machen musste. Vgl. Weinberg, Eine Welt in Waffen, S. 123.

[91] Daladier, der 1938/39 die britische Appeasement-Politik übernommen und nach Kriegsbeginn nur zögerlich agiert hatte, musste zurücktreten, weil er Finnland die von der Öffentlichkeit vehement geforderte Unterstützung im Winterkrieg gegen die Sowjetunion versagt hatte. Paul Reynaud (1878–1966) amtierte vom 21.3. bis zum 16.6.1940 als vorletzter Ministerpräsident der dritten französischen Republik und verfolgte einen klaren Konfrontationskurs gegenüber NS-Deutschland. Vgl. Grüner, Paul Reynaud, S. 309–348.

[92] Unter dem Decknamen „Weserübung" landeten deutsche Truppen am 9.4.1940 in Norwegen. Deutschland forderte Dänemark und Norwegen ultimativ zur Kapitulation auf; Dänemark kam dem innerhalb weniger Stunden nach, Norwegen leistete Widerstand. England und Frankreich waren sich der Bedeutung des neutralen Skandinavien für die deutsche Rohstoffversorgung und die Hilfslieferungen aus der Sowjetunion nach dem Hitler-Stalin-Pakt bewusst; auch waren sie darauf vorbereitet, ein Hilfskorps für Finnland notfalls auch ohne die Zustimmung der betroffenen Staaten in Norwegen abzusetzen und durch Nordschweden marschieren zu lassen. Nach dem Ende des Winterkrieges bestand diese Gefahr jedoch nicht mehr; tatsächlich war der deutsche Angriff kein Präventivkrieg, sondern eine von langer Hand geplante Aggression. Die deutsche Operation glückte nur zum Teil: Die Briten besetzten die dänischen Färöer-Inseln, konnten ihrerseits Truppen in Norwegen anlanden und ihre Kontrolle über den Nordatlantik verstärken. Vgl. Salewski, Deutschland und der Zweite Weltkrieg, S. 107–115; Müller, Der Zweite Weltkrieg, S. 74–76; Weinberg, Eine Welt in Waffen, S. 130–139.

[93] Kommodore Friedrich Bonte (1896–1940).

[94] Die Mädelschaftsführerinnen trugen eine rot-weiße Führerinnenschnur am Knoten des Halstuchs.

des morgigen Geburtstages unseres Führers nehmen wir unsere Zehnjährigen in unseren Bund auf. Wenige Tage vorher nahm der B.D.M. unsere Vierzehnjährigen in ihre Reihen auf. Ganz Norwegen und Dänemark sind in deutscher Hand. Die deutsche Luftwaffe vernichtete viele Schiffe der Engländer.

**München, 20. April 1940**

Geburtstag des Führers: Reichsmarschall Göring berichtet über den großen Erfolg der Metallspende.[95]

**München, 10. Mai 1940**

Beginn der Offensive im Westen. Deutsche Truppen marschieren in Belgien und Holland ein. Die Engländer wollten durch Belgien, Holland und Luxemburg marschieren, um [...] das deutsche Ruhrgebiet anzugreifen. Deutschland ist ihnen wieder einmal zuvorgekommen.[96]

**München, 13. Mai 1940**

Lüttich gefallen. Vormarsch über die belgisch-französische Grenze. Einbruch in die Festung Holland. Der Führer ist an der Front. Die holländische Regierung ist nach London geflohen.

*2 Fotoseiten „Kampf in Norwegen 9. 4.–9. 5. 1940":*
- *„Der Held von Narvik General Dietl[97]"*
- *„Kommodore Bonte"*
- *3 weitere Porträts*
- *„Kampf in Eis u. Schnee – das war Norwegen", 2 Fotos*
- *„Unsere Gebirgsjäger auf See"*

**München, 14. Mai 1940**

Übergabe der Stadt Rotterdam. Kapitulation des holländischen Heeres. Verlängerung der Maginot Linie bei Sedan durchbrochen. Dyle-Stellung erreicht.[98]

---

[95] Metallspende des deutschen Volkes. Göring erließ einen entsprechenden Aufruf an Firmen und Privatleute am 27. 3. 1940, um die Versorgung mit kriegswichtigen Rohstoffen sicherzustellen. Gesammelt und eingeschmolzen wurden im Verlauf des Krieges z. B. Vereinspokale und Musikinstrumente, aber auch schmiedeeiserne Zäune, Denkmäler, Brunnen und Kirchenglocken. Vgl. Banken, Edelmetallmangel und Großraubwirtschaft.
[96] Auch in diesem Fall diente die Präventivschlagpropaganda zur Verschleierung der deutschen Aggression gegen die neutralen Benelux-Staaten. Der Angriff gegen Belgien und Holland sollte die schwer befestigte Maginotlinie an der deutsch-französischen Grenze umgehen. Der Befehl zu den Angriffsvorbereitungen war im Oktober 1939 ergangen, Hitler selbst wollte eigentlich bereits im Herbst oder Winter losschlagen. Vgl. Weinberg, Eine Welt in Waffen, S. 140–148; Salewski, Deutschland und der Zweite Weltkrieg, S. 120–126; Müller, Der Zweite Weltkrieg, S. 76–79.
[97] General der Gebirgstruppen Eduard Dietl (1890–1944).
[98] Die Maginot-Linie war eine französische Befestigungslinie entlang der Grenzen zu Deutschland, Belgien und Italien, die zwischen 1930 und 1940 errichtet wurde und nach dem französischen Kriegsminister André Maginot (1877–1932) benannt war. Dass es den Deutschen gelang, die Maginot-Linie bei Sedan zu umgehen, war ebenfalls von erheblicher Symbolkraft: 1870 war in der Schlacht von Sedan mit der Niederlage des französischen Heeres und der Gefangennahme Kaiser Napoleons III. die Vorentscheidung im Deutsch-Französischen Krieg gefallen. Als Dyle-Stellung wurden die vor-

**München, 16. Mai 1940**
Dylestellung durchstoßen. Maginot Linie nördlich Longwy in 100 Kilometerbreite durchbrochen. 12 000 Franzosen gefangengenommen.

**München, 17. Mai 1940**
Einmarsch in Brüssel. Löwen gefallen. Belgische Regierung nach Ostende geflohen.

**München, 18. Mai 1940**
Verfolgung auf der Gesamtfront. Antwerpen, St. Quentin und Le Cateau in deutscher Hand. Schelde westlich Antwerpen überschritten. – Ganz Holland in deutscher Hand. Seyss-Inquart wird Reichskommissar für die besetzten niederländischen Gebiete.[99] Eupen und Malmedy durch Erlaß des Führers wieder im Reich.[100]

**München, 20. Mai 1940**
Die deutschen Truppen erreichen das Somme-Schlachtfeld.[101] Die Einkesselung beginnt. Laon und Rethel genommen.

**München, 24. Mai 40**
Eroberung der Loretto-Höhe.[102] Drei französische Armeen, Belgiens Gesamtstreitkräfte und Englands Expeditionskorps endgültig eingeschlossen. Calais umzingelt. Boulogne, Kortryk[103] und Gent besetzt.

**München, 28. Mai 40**
Calais in deutscher Hand. Flugplätze bei Paris bombardiert. Bedingungslose Kapitulation des belgischen Königs und des belgischen Heeres. – Lille, Brügge, Ostende, Armentières von unseren Truppen besetzt.

**München, 30. Mai 40**
Ypern und der Kemmel gestürmt. Letzter englischer Wiederstand an der Küste. Masse des französischen Flandernheeres gefangen oder aufgerieben.

---

geschobenen Positionen der alliierten Armeen entlang des belgischen Flusses Dijle bezeichnet, an denen der deutsche Vormarsch aufgehalten werden sollte.
[99] Arthur Seyß-Inquart (1892–1946, hingerichtet in Nürnberg), Reichskommissar für die besetzten Niederlande.
[100] Die Landkreise Eupen und Malmedy wurden nach dem Ersten Weltkrieg im Versailler Vertrag Belgien zugesprochen. Auch sie waren Gegenstand deutscher Revisionsforderungen. Vgl. Schärer, Deutsche Annexionspolitik im Westen.
[101] Die Schlacht an der Somme im Ersten Weltkrieg dauerte vom 1. 7. bis zum 18. 11. 1916. Sie war die verlustreichste Schlacht des Ersten Weltkriegs und war für die deutsche Erinnerung nicht zuletzt wegen Ernst Jüngers Buch „Unter Stahlgewittern" von besonderer Bedeutung. Vgl. Leonhard, Die Büchse der Pandora, S. 452–470.
[102] Schauplatz der Loretto-Schlacht im Ersten Weltkrieg (nach der Kapelle Notre-Dame-de-Lorette in der Nähe von Lens und Arras) vom 9. 5. bis 23. 7. 1915.
[103] Richtig: Kortrijk.

**München, 4. Juni 40**

Festung Dünkirchen nach schwerem Kampf genommen.[104] Die Weygandlinie[105] ist durchbrochen worden. Starke Feindkräfte an Somme und Oise zerschlagen.

*6 Fotoseiten „Kampf im Westen von 10. Mai–22. Juni":*
- *„Der Führer bei seinen Generälen im Westen"*
- *„Deutsche Infanterie auf dem Vormarsch"*
- *„Der Führer zeichnet erfolgreiche Fallschirmjäger aus"*
- *„Ritterkreuzträger Oberleutnant Baumbusch[106]"*
- *„Französisches Gefangenenlager"*
- *„Deutscher Einmarsch in Paris, 14. Juni"*
- *„Parade vor dem Denkmal in Verdun"*

**München, 10. Juni 1940**

Italien tritt in den Krieg ein.[107] – Starke Feindkräfte an Somme und Oise zerschlagen. – Voller Sieg der Helden von Narvik. Die Engländer und ihre Hilfsvölker fliehen, die Norweger kapitulieren.[108]

**München, 13. Juni 1940**

Die französische Regierung flieht nach Bordeaux. Le Havre genommen.

---

[104] Nach einem schnellen Vorstoß durch die Ardennen erreichten deutsche Panzerverbände am 20. 5. 1940 die Kanalküste. Große Teile der alliierten Streitkräfte waren damit abgeschnitten und zogen sich in den Raum um Dünkirchen zurück. Da General von Rundstedt, der die Heeresgruppe A kommandierte, und Hitler fürchteten, die Panzer könnten in dem sumpfigen, von Kanälen durchzogenen Gebiet Flanderns stecken bleiben, stoppten sie den weiteren Vorstoß der Panzerdivisionen. Die Vernichtung der alliierten Truppen sollte der Luftwaffe überlassen werden. Das erwies sich als Fehleinschätzung: In einer improvisierten und verlustreichen Rettungsaktion gelang es den Alliierten, rund 325 000 Briten und Franzosen unter Verlust allen schweren Geräts nach England zu evakuieren, und damit einen wichtigen moralischen Sieg zu erringen. Vgl. Müller, Der Zweite Weltkrieg, S. 80f.; Weinberg, Eine Welt in Waffen, S. 148f.; Salewski, Deutschland und der Zweite Weltkrieg, S. 126f.
[105] Improvisierte französische Verteidigungslinie an der Somme und unteren Aisne, benannt nach dem französischen General Maxime Weygand (1867-1965), seit 19. 5. 1942 Oberbefehlshaber der französischen Streitkräfte. Vgl. Weinberg, Eine Welt in Waffen, S. 149.
[106] Vermutlich ist Oberleutnant Werner Baumbach (1916-1953) gemeint, der das Ritterkreuz am 8. 5. 1940 erhielt.
[107] Im Westen war nach dem Verlust großer Teile der französischen Armee und der Evakuierung des britischen Expeditionskorps bei Dünkirchen sowie dem Erfolg der neuerlichen deutschen Offensive am 5. 6. 1940 die Entscheidung zu Gunsten der Deutschen gefallen. Mussolini beeilte sich nun, noch rechtzeitig in den Krieg einzutreten, um bei der Aufteilung der Beute profitieren und eine alleinige Hegemonie des „Dritten Reiches" in Europa verhindern zu können, und fand mit dieser Haltung durchaus Zustimmung in Italien. Nach der Kriegserklärung griff Italien aber weder Frankreich noch Großbritanniens Stützpunkte im Mittelmeer an. Vgl. Weinberg, Eine Welt in Waffen, S. 151; Moseley, Zwischen Hitler und Mussolini, S. 131f.; Bosworth, Mussolini, S. 300; Schreiber, Die politische und militärische Entwicklung im Mittelmeerraum, S. 86–110.
[108] Der Kampf um Norwegen konzentrierte sich schnell auf den wichtigen Erzhafen Narvik, wo eine Kampfgruppe deutscher Gebirgsjäger unter General Dietl, verstärkt durch die Matrosen einiger versenkter deutscher Kriegsschiffe, sich einer großen Überzahl an norwegischen und britischen Truppen gegenübersah. Als die deutschen Truppen bereits am Rande einer Niederlage standen, waren die Alliierten wegen der kritischen Entwicklung an der Westfront gezwungen, am 8. 6. 1940 ihre Kräfte abzuziehen. Norwegen kapitulierte zwei Tage später. Vgl. Salewski, Deutschland und der Zweite Weltkrieg, S. 107-115; Müller, Der Zweite Weltkrieg, S. 75f.

München, 14. Juni 1940
**Einmarsch in Paris.**[109]

*Abbildung 8: Eine Schar BDM-Mädel beim Staatsbesuch Benito Mussolinis in München, 18. 6. 1940*

München, 18. Juni 1940

Führer und Duce in München. Sie besprechen den Waffenstillstand. Heute blieb kein Münchner zu Hause. Morgens um 8$^h$ traten wir am Bahnhof an und stellten das Spalier für den wunderschön geschmückten Bahnhofsbau. Ernst schritt er unsere Reihen ab. Die armen SS Leute hatten ihre wahre Plage mit uns. Solchen nicht endenwollenden Jubel hat München noch nie gesehen. War es die Freude über das Zusammentreffen des Führers und Mussolinis? War es der Jubel über unsere siegreichen Truppen? Tausende säumten die Auffahrtstraßen vom Prinz Karl Palais bis zum Führerbau am Königlichen Platz. Der Führer und der Duce standen aufrecht im Wagen. Strahlend danken sie uns Münchnern für diesen jubelnden Empfang. Heute bin ich eigentlich nur zum Essen heimgekommen. Zu schön war es in den ersten Reihen zu stehen und alles mitzuerleben. Jetzt ist

---

[109] Der zweite Teil des Frankreichfeldzuges begann am 5. 6. 1940. Der neuerlichen deutschen Offensive, deren Stoßrichtung nun auf Paris und damit ins Herz Frankreichs zielte, hatte die französische Armee kaum noch etwas entgegenzusetzen. Bis zum 16. 6. brach die Dritte Französische Republik zusammen. Marschall Philippe Pétain (1856–1951), als einer der Befehlshaber der französischen Armee im Ersten Weltkrieg eine geradezu mythische Figur, und Pierre Laval (1883–1945, hingerichtet) bildeten ein neues Kabinett und leiteten Waffenstillstandsverhandlungen mit dem Deutschen Reich ein. Pétain blieb bis 1944 Staatschef des Vichy-Regimes, das mit den deutschen Besatzern kollaborierte. Vgl. Salewski, Deutschland und der Zweite Weltkrieg, S. 127f.; Hirschfeld/Marsh, Kollaboration in Frankreich.

*Abbildung 9: Hitler und Mussolini werden auf dem Marienplatz von begeisterten Münchnern begrüßt, 18. 6. 1940*

es 10 ʰ; der Führer und Mussolini sind vor kurzer Zeit wieder abgefahren. Ich bin nun rechtschaffen müde, aber herrlich wars doch.[110]

München, 21. Juni 40

Der Führer im Walde von Compiègne. Übergabe der Waffenstillstandsbedingungen an die Franzosen.

*8 Fotoseiten:*
- *„Hitler und Mussolini mit Gefolge"*
- *„Der Führer in München, 18. Juni 40"*

---

[110] Das Titelbild dieses Bandes zeigt Hitlers Ankunft am Hauptbahnhof an diesem Tag, umjubelt von Mädchen und jungen Frauen. Hitler hatte Mussolini nach München gebeten, um mit ihm über die Waffenstillstandsbedingungen zu sprechen, die Frankreich auferlegt werden sollten. Er wollte einen schnellen Friedensschluss mit Frankreich, auch sollte England kein Grund zum Weiterkämpfen gegeben werden. Deshalb war er bereit, moderate Bedingungen anzubieten. Er gestand Italien einige Gebietsgewinne (Korsika und Dschibuti) und eine Besatzungszone im Südosten Südfrankreichs zu; er war aber nicht gewillt, die Verlängerung des Krieges für die opportunistischen Beutehoffnungen eines Partners aufs Spiel zu setzen, der erst wenige Tage zuvor in den Krieg eingetreten und sich praktisch nicht an den Kämpfen beteiligt hatte. Mussolini musste seine Rolle als Juniorpartner ebenso akzeptieren wie Hitlers Entschluss, nicht zusammen mit Italien, sondern getrennt die Waffenstillstandsverhandlungen zu führen. Vgl. Kershaw, Hitler, S. 403f.; Knox, Mussolini Unleashed, S. 126-128; Moseley, Zwischen Hitler und Mussolini, S. 134f.; Hillgruber, Staatsmänner und Diplomaten bei Hitler, Bd. 1, S. 138-143; Lins, Persönliche Begegnungen zwischen Hitler und Mussolini, S. 62-65; Jäckel, Frankreich in Hitlers Europa, S. 32-36.

- „Waffenstillstandsunterzeichnung in Compiègne", 2 Fotos
- „Der franz. General Huntzinger[111] unterzeichnet"
- „Ein deutscher Fallschirmjäger"
- „Beim Einzug in Paris"
- „Im Führerhauptquartier"
- „Ein Fieseler Storch landet in Paris"
- „Triumphaler Einzug des Führers in Berlin, 6. Juli 40", 2 Fotos
- „Marschall Balbo[112] stürzt beim Luftkampf über Tobruk tödlich ab"

**München, 22. Juni 40**

Unterzeichnung des Waffenstillstandes in Compiègne. Eine denkwürdige Stätte, dieser Wald von Compiègne. Wenn wir bis jetzt an Compiègne dachten, so kam uns der schmachvolle Waffenstillstandsvertrag von 1918 ins Gedächtnis. Doch unsere Bedingungen sind gerecht wenn auch hart.[113]

**München, 24. Juni 1940**

In der Nacht vom 24. auf 25. Juni um 1 $^{35}$ tritt auf beiden Seiten Waffenruhe ein. Pünktlich weckte uns Mutti und [wir] hörten uns die Sendung im Rundfunk an. Um 1 $^{35}$ ertönte das Signal „Das Ganze Halt." Das Niederländische Dankgebet und die Nationalen Lieder[114] beschlossen die nächtliche, historische Stunde. Der Kampf im Westen ist zu Ende und nun heißt es: „Bomben auf Engeland."[115]

**München, 6. Juli 1940**

Der Führer kommt nach 10 wöchiger Abwesenheit nach Berlin zurück. Der Jubel der Berliner kannte keine Grenzen mehr. Sie bereiteten dem Führer einen triumphalen Einzug in die Reichshauptstadt.[116]

---

[111] General Charles Huntziger (1880–1941), Oberkommandierender der französischen 4. Armeegruppe.
[112] Luftmarschall Italo Balbo (1896–1940), italienischer Luftwaffenminister.
[113] 1918 waren am Ende des Ersten Weltkriegs die Waffenstillstandsverhandlungen der Alliierten mit Deutschland in einem Eisenbahnwagon auf einer Waldlichtung nahe des Städtchens Compiègne geführt worden. Hitler hatte schon am 20.5. befohlen, den Eisenbahnwagon aus dem Museum an den historischen Ort zurückzuschaffen. Auch symbolisch sollte die Schmach der deutschen Niederlage getilgt werden, indem nun die Waffenstillstandsverhandlungen mit Frankreich am gleichen Ort geführt wurden. Der Vertrag wurde unter durchaus ehrenvollen Bedingungen geschlossen und entsprach dem damals geltenden Völkerrecht und Kriegsvölkerrecht; dies trug zur Akzeptanz des Vichy-Regimes unter Marschall Pétain bei, das im unbesetzten südlichen Landesteil gebildet wurde, während Deutschland das im Krieg gegen England operativ wichtige Nordfrankreich mit Paris besetzte. Hitler folgte der Kriegsräson: Er gewährte Frankreich relative Schonung, um im Krieg gegen England und für den Feldzug gegen die Sowjetunion den Rücken frei zu haben. Vgl. Salewski, Deutschland und der Zweite Weltkrieg, S. 130–132; Jäckel, Frankreich in Hitlers Europa, S. 38–42.
[114] Das Deutschlandlied als Nationalhymne sowie das Horst-Wessel-Lied als Parteihymne der NSDAP.
[115] Titel und Refrain eines deutschen Propagandaliedes, ursprünglich als „Bomben auf Polenland" für den Polenfeldzug gedichtet.
[116] Der schnelle Sieg über den historischen Erzfeind Frankreich, der in so deutlichem Kontrast zum jahrelangen Stellungskrieg und der Niederlage im Ersten Weltkrieg stand, bescherte Hitler – aufbauend auf seinen außenpolitischen Erfolgen in den 1930er Jahren und dem Sieg gegen Polen – den Höhepunkt seiner Popularität. Vgl. Kershaw, Der Hitler-Mythos, S. 185–196.

**München, 7. Juli 1940**

Graf Ciano, Italiens Außenminister, traf in Berlin ein. Er hat Besprechungen mit dem Führer.[117] Darnach reist er an die Front und besucht die besetzten Westgebiete.

**München, 10. Juli 1940**

Heute haben wir den ganzen Tag Dienst gehabt. München steht wieder im Brennpunkt der Ereignisse. Der Führer empfängt Ciano, Teleki und Csaky.[118] In der Frühe um 7 $^h$ gings los. Graf Ciano wurde erwartet. Wir hatten einen guten Platz in der herrlich geschmückten Bahnhofshalle. Reichsaußenminister von Ribbentrop empfing den hohen Gast auf dem Bahnsteig. Der ungarische Außen[minister] und -Ministerpräsident Graf Teleki und Graf Csaky trafen ebenfalls in München ein. Auch sie wurden von Ribbentrop empfangen. „Der Führer in München." Dieser Ruf trieb nun den letzten Münchner auf die Straße. Wir marschierten vor den Führerbau auf dem Königlichen Platz. Nacheinander trafen die Staatsmänner zu ihrer denkwürdigen Unterredung mit dem Führer auf dem Königlichen Platz ein. Ein schöner, erlebnisreicher Tag geht wieder zu Ende.

*2 Fotoseiten:*
- *„Graf Ciano in München, 19. 7. 40"*
- *„Die ung. Minister Teleki und Csaky in München"*

---

[117] Hitler schien noch unentschieden, wann er England angreifen würde; Ciano berichtete von einer italienischen Offensive in Nordafrika, die gerade vorbereitet werde. Außerdem regte er die Liquidierung Griechenlands und Jugoslawiens an, die sich feindlich verhielten; Hitler indes warnte wegen der sowjetischen Interessen auf dem Balkan vor unbedachten Schritten. Der italienische Außenminister präsentierte zudem eine lange Liste von Forderungen seines Landes, darunter die Annektion Nizzas, Maltas und Korsikas, sowie große Kolonialgebiete Großbritanniens und Frankreichs in Nord- und Zentralafrika – wie etwa Algerien, Ägypten, der Sudan, Somaliland, Dschibuti und Französisch-Äquatorialafrika. Hitler ging auf Cianos Wunschzettel nicht weiter ein. Vgl. Moseley, Zwischen Hitler und Mussolini, S. 136; Hillgruber, Staatsmänner und Diplomaten bei Hitler, Bd. 1, S. 150–162.

[118] Pál Teleki (1879–1941, Selbstmord), 1920/21 und 1939–1941 Ministerpräsident Ungarns. István Csáky (1894–1941), ungarischer Außenminister. Das Königreich Ungarn war als ehemaliger Teil der Habsburger Doppelmonarchie der älteste Verbündete des Deutschen Reiches. Es hatte nach dem Ersten Weltkrieg im Vertrag von Trianon hinnehmen müssen, dass rund zwei Drittel seines Territoriums an Nachbar- und Nachfolgestaaten verloren gingen. Miklós von Horthy (1868–1957), der ehemalige Oberbefehlshaber der österreichisch-ungarischen Kriegsmarine, führte den Staat als „Reichsverweser" autoritär, gestützt auf das Militär. Der ungarische Revisionismus wurde 1938 in einem Ersten Wiener Schiedsspruch nur teilweise befriedigt, als infolge des Münchner Abkommens tschechoslowakische Gebiete mit ungarischer Bevölkerungsmehrheit an Ungarn angegliedert wurden. Mit der Wiedergewinnung der Südslowakei/Oberungarns und der Karpatoukraine war Ungarn indes nicht zufrieden. Nachdem die Sowjetunion Ende Juni 1940 Rumänien erfolgreich gezwungen hatte, Bessarabien und die nördliche Bukowina abzutreten, forderte nun Ungarn das Szeklerland von seinem Nachbarstaat. Teleki gelang es bei dem Treffen am 10. 7. 1940, die Zustimmung der Achsenmächte für eine Revision zu erhalten, solange diese friedlich erfolge. Rumänien sah sich gleichzeitig Gebietsforderungen Bulgariens gegenüber und konnte von England und Frankreich, die gerade eine schwere Niederlage erlitten hatten, keine Unterstützung erwarten. Es stimmte also nolens volens Verhandlungen zu, wollte zunächst aber Gebietsabtretungen vermeiden und schlug einen Bevölkerungsaustausch vor. Ergebnis der Verhandlungen war der Zweite Wiener Schiedsspruch vom 26. 8. 1940. Beide „Schiedssprüche" waren tatsächlich Diktate des Deutschen Reiches und Italiens, denen sich 1938 die tschechoslowakische und 1940 die rumänische Regierung beugen mussten. Vgl. Müller, An der Seite der Wehrmacht, S. 38f., 54f.; Nebelin, Deutsche Ungarnpolitik, S. 77–154; Hillgruber, Hitler, König Carol und Marschall Antonescu, S. 70–79, 89–92; Hillgruber, Staatsmänner und Diplomaten bei Hitler, Bd. 1, S. 162–167.

**Innsbruck, 13. Juli 40**

Wir sind nun in Innsbruck angekommen. Manü und ich erhielten 8 Tage eher Ferien. Wenn Mutti ihre Kropfoperation überstanden hat, kommt sie nach. Die Fahrt war herrlich. Schneebedeckte Berge fassen die Stadt ein. Die Sonne kommt nun auch hervor. In Rum, einem Bergdörfchen bei Innsbruck, empfängt uns die Hausherrin. Wir richten uns gemütlich ein und machen dann einen Bummel. Die Abendsonne bescheint die Gipfel und Spitzen der Berge ringsum. Zum ersten male erlebe ich das Alpenglühen in seiner ganzen Schönheit. Der Patscherkofel, Habicht, das Zuckerhütl, die zackige Nordkette sind in ein gespenstiges, rotes Licht getaucht. In der Ferne glitzern die Türme der Stadt und grüßen uns. Der Schnellzug durcheilt die Gegend. Sonst ist alles still und ruhig. Rötlich gefärbt sind die Bergwälder, die sich an den Bergen hinziehen. An den Stellen, an denen sie Lücken bilden, schmiegen sich schmucke, saubere Dörfer an die Berghänge.

**Innsbruck, 14. Juli 1940**

Ein langer Tag ist wieder vergangen. Am Nachmittag besichtigten wir die Gauhauptstadt Innsbruck. Die Haupt- und Verkehrsader ist die Maria-Theresiastraße mit der Annasäule. Am Ende der Herzog-Wilhelmstraße steht das Haus mit dem berühmten Goldenen Dachel. Wir spazierten durch den Hofgarten, der dem Englischen Garten entspricht. Die Stadt selbst hat viele Grünanlagen. Überall, von jedem Platz aus sieht man die Berge, auf die Neuschnee gefallen ist. Innsbrucks Lage ist einzig schön. Die Stadt trägt mit recht den Namen: „Perle der Alpen".

**Innsbruck, 17. Juli 1940**

Mutti ist jetzt in das Krankenhaus gekommen. Nachmittags gingen wir nach Hall. Dort meint man, man sei in eine mittelalterliche Stadt gekommen. Das alte Solbad Hall mit seinen schmalen Gäßchen, den altertümlichen Türmchen und Häusern gefällt jedem Besucher.

*2 Fotoseiten:*
- *„Die historische Reichstagssitzung, 19. Juli 40"*
- *12 Porträts deutscher Feldmarschälle, „Keitel, v. Brauchitsch, v. Rundstedt, v. Bock, Ritter v. Leeb, v. Reichenau, List, v. Witzleben, v. Kluge, Kesselring, Sperrle"*

**Innsbruck, 19. Juli 40**

In einer geschichtlichen Sitzung des Großdeutschen Reichstages würdigt der Führer das Heldentum der deutschen Soldaten u. die Verdienste der militärischen Führung: Hermann Göring wird Reichsmarschall. Zu Generalfeldmarschällen werden befördert: Brauchitsch, Rundstedt, Leeb, Bock, List, Kluge, Witzleben, Reichenau, Milch, Sperrle, Kesselring und Keitel.[119] General Dietl, der Sieger und Held von Narvik, wird als erster

---

[119] Generalfeldmarschall Wilhelm Ritter von Leeb (1876–1956). Generalfeldmarschall Fedor von Bock (1880–1945). Generalfeldmarschall Wilhelm List (1880–1971). Generalfeldmarschall Erhard Milch (1892–1972), Staatssekretär im Reichsluftfahrtministerium und Generalinspekteur der Luftwaffe. Generalfeldmarschall Hugo Sperrle (1885–1953). Generalfeldmarschall Albert Kesselring (1885–1960).

Offizier der deutschen Wehrmacht mit dem Eichenlaub zum Ritterkreuz ausgezeichnet.
– Adolf Hitler richtet an das englische Volk einen letzten Appell zur Vernunft.[120]

**Innsbruck, 23. Juli 1940**

Die Engländer bombardieren offene deutsche Stadt an der Küste und Norddeutschland. Es ist dies die Antwort auf das Friedensangebot des Führers. Die englische Regierung beschloß „weiter kämpfen". Sie werden aber die Deutschen kommen und fühlen lernen. Die Würfel sind gefallen.

**Innsbruck, 26. Juli 40**

Die rumänischen Staatsmänner, Ministerpräsident Gigurtu und Außenminister Manoilescu vom Führer empfangen.[121]

**Innsbruck, 27. Juli 40**

Der bulgarische Ministerpräsident Filoff und der bulgarische Außenminister Popoff beim Führer.[122]

**Innsbruck, 28. Juli 40**

Der Führer empfängt die slowakischen Staatsmänner Tiso, Tuka und Sano Mach.[123]

**Innsbruck, 6. August 40**

Mutti ist endlich da. Sie hat die Operation gut überstanden. Nur fühlt sie sich noch sehr schwach und müde. Aber in dieser herrlichen Bergluft wird Mutti wieder kräftig werden. Jeden 2. Tag müssen wir nach Innsbruck in das Sanatorium zur Behandlung der Wunde, die sich nicht schließen will.

---

[120] Nach dem schnellen Sieg über Frankreich befand sich Hitler in geradezu euphorischer Stimmung und erwartete, England werde nun klein beigeben. Der Friedensappell war als „letzte" Chance für England gedacht, die deutsche Hegemonie auf dem Kontinent anzuerkennen und damit den Krieg zu beenden. Drei Tage zuvor hatte er die Vorbereitung einer Landungsoperation auf der britischen Insel („Operation Seelöwe") befohlen, die sich jedoch als nicht durchführbar erwies und aufgrund der Planungen für den Angriff auf die Sowjetunion immer wieder verschoben wurde. Stattdessen sollten Angriffe der Luftwaffe die Engländer zum Aufgeben zwingen. Verhandlungen des Reichstags, Bd. 460, S. 65–79; Salewski, Deutschland und der Zweite Weltkrieg, S. 140–144; Müller, Der Zweite Weltkrieg, S. 87 f.
[121] Ion Gigurtu (1886–1959). Mihail Manoilescu (1891–1950). Die Zusammentreffen Hitlers mit rumänischen, bulgarischen und slowakischen Staatsmännern in diesen Tagen standen im Zusammenhang mit der Vorbereitung des Zweiten Wiener Schiedsspruches und der Bemühungen, die osteuropäischen Staaten in den Dreimächtepakt aufzunehmen. Vgl. Hoppe, Bulgarien, S. 82–90; Hillgruber, Hitler, König Carol und Marschall Antonescu, S. 77–79; Hillgruber, Staatsmänner und Diplomaten bei Hitler, Bd. 1, S. 169–180.
[122] Bogdan Filow (1883–1945, hingerichtet in Sofia). Iwan Popow (1890–1944, Selbstmord). Vgl. Hillgruber, Staatsmänner und Diplomaten bei Hitler, Bd. 1, S. 181–186.
[123] Jozef Tiso (1887–1947, hingerichtet in Bratislava), Staatspräsident der Slowakei. Vojtech Tuka (1880–1946, hingerichtet in Bratislava), slowakischer Außenminister. Alexander Mach, genannt Šaňo Mach (1902–1980), Oberbefehlshaber der faschistischen Hlinka-Garde, Innenminister und Vize-Ministerpräsident der Slowakei. Die Slowakei war stark vom Deutschen Reich abhängig. Am 27. 7. 1940 war auf Druck Hitlers Innen- und Außenminister Ferdinand Ďurčanský (1906–1974) zurückgetreten, der einen eher unabhängigen Kurs verfolgt hatte. Šaňo Mach war sein Nachfolger. Hillgruber, Staatsmänner und Diplomaten bei Hitler, Bd. 1, S. 186–192; Tönsmeyer, Das Dritte Reich und die Slowakei.

*Abbildung 10: Wolfhilde von König mit ihrer Mutter und ihrem Bruder im Gebirge, 1940*

2 Fotoseiten:
- „Die rumänischen Staatsmänner Gigurtu und Manoilescu in Salzburg vom Führer empfangen, 26. Juli"
- „Die bulg. Staatsmänner Filoff und Popoff in Salzburg, 27. Juli"
- „Dr. Tuka, Slowakei in Salzburg, 28. 7. 40"
- „Der Schiedsspruch in Wien, 30. Aug. 40"
- „Josef Csaky, Ungarn, unterzeichnet"

**Innsbruck, 17. August 40**

Die deutsche Reichsregierung erklärt durch Noten an die Neutralen die totale Blockade Englands.[124] Gestern war der bisher erfolgreichste Tag im Luftkrieg gegen England: die Briten verloren 143 Flugzeuge und 21 Sperrballone.[125]

---

[124] Als Antwort auf die britische Blockade des Kontinents verkündete Hitler eine U-Boot-Blockade der britischen Inseln, die insbesondere den Nachschub an Kriegsmaterial unterbinden sollte, der aus den USA nach Großbritannien geliefert wurde. Die U-Boote erzielten zu Anfang erhebliche Erfolge. Vgl. Salewski, U-Boot-Krieg, S. 336f.

[125] Die Großeinsätze im Luftkrieg gegen Südengland hatten am 13. 8. 1940 mit dem Unternehmen „Adlertag" begonnen. Dort trafen die deutschen Piloten auf eine gut ausgebaute Luftverteidigung, die durch Radarstationen und die Entschlüsselung der deutschen Funkcodes Vorteile auf ihrer Seite

**Innsbruck, 28. August 40**

Graf Ciano wurde vom Führer auf dem Obersalzberg empfangen.[126] Der ungarische Ministerpräsident und Außenminister sowie der rumänische Außenminister wurden zu Besprechungen nach Wien geladen.[127]

**Innsbruck, 30. August 1940**

**Der Schiedsspruch in Wien**
Der Schiedsspruch der Achsenmächte entschied über neue Grenzen zwischen Ungarn und Rumänien.[128]

**Innsbruck, 1. September**

Gestern besuchte ich zum letzten Male den Heimabend der Rumer Mädel. Jeder einzelne war mir zum Erlebnis geworden. Hier lernte ich den Tiroler Menschen kennen. Er muß ringen um den kargen Boden fruchtbar zu machen. Aber er liebt sein Fleckchen Erde und darüber hinaus seine Heimat „Tirol." Die meisten der Mädel sind ernst, sie denken an die Zeit vor der Heimkehr der Ostmark ins Reich. Mit welcher Liebe singen sie das Lied „Nichts kann uns rauben, Liebe und Glauben zu unserem Land". Sie freuen sich wenn jemand aus dem „Reich" kommt, ihnen vom Führer erzählt, den sie alle gern sehen möchten und an den sie in der schweren Zeit geglaubt haben.[129]

**Innsbruck, 4. September 40**

Heute abend fahren wir nach München über Garmisch, Mittenwald. Es wird sicher wunderschön, das Wetter ist herrlich und macht uns den Abschied schwer von dieser herrlichen Stadt und ihrer einzigartigen Bergwelt.

---

verbuchen konnte. Dennoch gelang es den Deutschen beinahe, die Luftüberlegenheit in Südengland zu gewinnen. Hitler entschied jedoch, die Luftangriffe auf London auszudehnen, das am 24.8. erstmals bombardiert wurde; ein englischer Gegenangriff auf Berlin erfolgte umgehend, den Hitler wiederum mit einem Vergeltungsangriff beantwortete – und so fort. Dies führte zu einer ersten, wenig sichtbaren, aber umso wichtigeren Niederlage Hitlers: Die Angriffe auf London banden Kapazitäten, die andernorts fehlten, und so wurde die Lufthoheit über Südengland nicht erreicht. Am 17.9.1940 verschob Hitler die Invasion auf unbestimmte Zeit. Im Oktober endete die Luftschlacht um England, und das Scheitern wurde vor allem Hermann Göring, dem Oberbefehlshaber der Luftwaffe, angelastet, dessen Position seitdem angeschlagen war. Im Folgenden hoffte Hitler zwar, England durch einen Sieg im kommenden Krieg gegen die Sowjetunion in die Knie zu zwingen. Doch das Ziel, den Rücken frei zu haben und alle verfügbaren Kapazitäten nach Osten werfen zu können, wurde verfehlt – auch im Hinblick auf einen möglichen Kriegseintritt der USA an der Seite Großbritanniens. Vgl. Müller, Der Zweite Weltkrieg, S. 88–90; Salewski, Deutschland und der Zweite Weltkrieg, S. 152f.; Maier, Die Luftschlacht über England.

[126] Vgl. Hillgruber, Staatsmänner und Diplomaten bei Hitler, Bd. 1, S. 221–224.

[127] Pál Teleki, István Csáky und Mihail Manoilesucu.

[128] Vgl. Eintrag vom 10.7.1940.

[129] Als Ostmark wurde das Gebiet Österreichs nach dem „Anschluss" an das Deutsche Reich 1938 bezeichnet. Nach der „Machtergreifung" in Deutschland verübten österreichische Nationalsozialisten schwere Terroranschläge mit zahlreichen Toten. Am 19.6.1933 wurde die NSDAP in Österreich verboten. Ein nationalsozialistischer Putschversuch am 25.7.1934 scheiterte, jedoch wurde Kanzler Engelbert Dollfuß getötet. Mehrere Tausend NSDAP-Anhänger wurden verhaftet und flohen über die Grenze ins Deutsche Reich. Vgl. Gehmacher, Jugend ohne Zukunft; Gehmacher, Biographie, Geschlecht und Organisation; Garscha, Nationalsozialisten in Österreich; Bauer, Hitler und der Juliputsch.

*2 Fotoseiten:*
- *„Der neue rumänische König Michael, 5. Sept. 40"*
- *„Der Führer empfängt den spanischen Minister Suñer, 17. Sept. 40"*
- *„Reichsaussenminister v. Ribbentrop in Rom, 17. Sept. 40"*

**München, 5. September 40**
Seit gestern abend sind wir wieder in München. Die Fahrt war wirklich herrlich gewesen. Der Führer eröffnete gestern abends das zweite Kriegs-W.H.W. im Berliner Sportpalast und rechnet mit der britischen Luftpiraterei ab.[130]

**München, 6. September 40**
Wir haben uns schon wieder in München zurechtgefunden. Mamis Wunde am Hals ist noch nicht geschlossen. So fuhr ich mit Mutti ins Nymphenburger Krankenhaus. Diese Klinik ist wunderschön angelegt und eingerichtet.

In Rumänien wurde die Verfassung aufgehoben. General Antonesku erhält alle Vollmachten der Staatsführung. König Karol dankte zugunsten seines Sohnes Michael ab. Der Weg für ein legionäres Rumänien im Sinne des Vermächtnisses Codreanus ist frei.[131]

**München, 17. September 40**
Der Führer empfängt den spanischen Innenminister Serrano Suñer.[132]

**München, 18. Sept. 40**
Reichsaußenminister von Ribbentrop reist zu Besprechungen mit dem Duce und dem Grafen Ciano nach Rom.

**München, 20. Sept. 40**
Major Moelders wird aus Anlaß seines 40. Luftsieges vom Führer empfangen und mit dem Eichenlaub zum Ritterkreuz ausgezeichnet.[133]

---

[130] Rede Hitlers im Berliner Sportpalast anlässlich der Eröffnung des Kriegswinterhilfswerks 1940, 4.9.1940, abgedruckt in: Domarus, Hitler. Reden und Proklamationen, S. 1574–1583.

[131] Der Zweite Wiener Schiedsspruch und die damit für Rumänien verbundenen Gebietsverluste bedeuteten das Ende der Königsdiktatur Carols II. (1893–1953). Das Militär forderte militärische Maßnahmen gegen Ungarn, während gleichzeitig die faschistische Eiserne Garde am 3.9.1940 putschte. Daraufhin ernannte Carol II. General Ion Antonescu (1882–1946) zum Ministerpräsidenten und verlieh ihm unbeschränkte Vollmachten, machte ihn also de facto zum Diktator. Antonescu führte fortan den Titel Staatsführer (*Conducător al Statului*). Am 6.9. zwang Antonescu Carol II. zum Thronverzicht zu Gunsten seines Sohnes Mihai I. (geb. 1921). Die Eiserne Garde war der paramilitärische Arm der Legion Erzengel, die 1927 von Corneliu Zelea Codreanu (1899–1938) gegründet worden war. Nach seinem Staatsstreich 1938 hatte König Carol II. die Eiserne Garde verboten; Codreanu wurde verhaftet und angeblich bei einem Fluchtversuch erdrosselt. Vgl. Müller, An der Seite der Wehrmacht, S. 55 f.; Hillgruber, Hitler, König Carol und Marschall Antonescu, S. 89–97; Heinen, Die Legion „Erzengel Michael"; Deletant, Hitler's Forgotten Ally.

[132] Serrano Suñer (1901–2003), Innenminister, ab 16.10.1940 Außenminister Spaniens und Generalsekretär der faschistischen *Falange*. Der spanische Diktator Franco hatte Mitte Juni darüber nachgedacht, wie Mussolini rechtzeitig in den Krieg einzutreten, um sich französische Territorien zu sichern. Hitler war im Herbst nach wie vor an einem Kriegseintritt Spaniens interessiert, um England im Mittelmeer zu schwächen und so zum Ausgleich zu zwingen. Suñer machte die hohen Forderungen deutlich, die sein Land für einen Kriegseintritt fordern würde. Ein Treffen Hitlers und Francos an der spanischen Grenze wurde vereinbart. Vgl. Hillgruber, Hitlers Strategie, S. 178–185; Bloch, Ribbentrop, S. 308–310; Hillgruber, Staatsmänner und Diplomaten bei Hitler, Bd. 1, S. 208–215.

[133] Major Werner Mölders (1913–1941).

**München, 24. Sept. 40**

Das Eichenlaub zum Ritterkreuz wird Major Galland für seinen 40. Luftsieg verliehen.[134]
– Prien versenkte bisher 151 400 t.

**München, 27. Sept. 40**
**Unterzeichnung des Dreimächtepakts.**

Staatsakt in der Reichskanzlei: Unterzeichnung des Dreimächtepaktes Deutschland – Italien – Japan.[135]

*Fotoseite: „Oberstleutnant Mölders mit dem Eichenlaub ausgezeichnet"*
  – *„Vom Feindflug zurück"*
  – *„Beim Führer"*
*Fotoseite: „Staatsakt in der Reichskanzlei: Unterzeichnung des Dreimächte[pakte]s Deutschland – Italien – Japan, 27. Sept. 40"*
  – *3 Fotos*

**München, 4. Oktober 1940**

Der Führer und Mussolini treffen sich am Brenner zu einer Besprechung in Gegenwart des Außenministers und Generalfeldmarschall Keitels.[136]

**München, 5. Oktober 1940**

Hauptmann Wick erringt seinen 41. Luftsieg und erhält das Eichenlaub. Er wurde aus diesem Anlaß vom Führer auf dem Obersalzberg empfangen. Er wurde vom Reichsmar-

---

[134] Major Adolf Galland (1912–1996).
[135] Der Dreimächtepakt, auch als Achse Berlin-Rom-Tokio bezeichnet, erweiterte den 1936 mit Japan geschlossenen Antikominternpakt, der sich gegen die Kommunistische Internationale richtete und dem seitdem Italien, Ungarn und Spanien beigetreten waren. Durch die nun vereinbarte militärische Komponente sollte eine Drohkulisse in Ostasien errichtet und so der Kriegseintritt der USA verhindert werden. Japan hatte im Ersten Weltkrieg an der Seite der Alliierten gekämpft und sich – unter anderem durch die Übernahme deutscher Kolonien – neben China zur wichtigsten Macht in Ostasien entwickelt. Nach der Weltwirtschaftskrise setzte sich in den 1930er Jahren eine expansionistische, ultranational-militaristische Politik durch. Das rohstoffarme Japan strebte eine Hegemonialstellung in der Pazifikregion an und wandte sich dabei zunächst gegen China. 1931 besetzte Japan nach einer inszenierten Krise die rohstoffreiche Mandschurei und errichtete dort ein Marionettenregime. Proteste des Völkerbunds führten zum Austritt Japans. 1937 kam es zum Zweiten Japanisch-Chinesischen Krieg, der erst 1945 mit Japans Niederlage im Zweiten Weltkrieg enden sollte. Mit der Sowjetunion herrschten wegen der Mandschurei, die bis 1900 zum russischen Einflussgebiet gehört hatte, und der Ausdehnung Japans in Richtung Norden Spannungen. Durch seine Annäherung an das Deutsche Reich hoffte Japan, von einem Konflikt zwischen Deutschland und der Sowjetunion zu profitieren. Vgl. Rahn, Der Krieg im Pazifik, S. 173–218; Pantzer, Deutschland und Japan; Ratenhof, Das Deutsche Reich, Japan und die internationale Krise um die Mandschurei; Martin, Das deutsch-japanische Bündnis im Zweiten Weltkrieg; Martin, Die deutsch-japanischen Beziehungen; Müller, Der Zweite Weltkrieg, S. 201 f.; Bloch, Ribbentrop, S. 303–306; Hillgruber, Hitlers Strategie, S. 204–206.
[136] Hitler erklärte Großbritanniens Weigerung, Frieden zu schließen, mit der Hoffnung auf einen Kriegseintritt der USA. Er legte Mussolini die Forderungen Francos für einen Kriegseintritt Spaniens dar, deren Berechtigung er zwar anerkannte, die er aber für geeignet hielt, Französisch-Nordafrika in die Hände Großbritanniens zu treiben. Außerdem hoffte Hitler, Vichy-Frankreich könne als Verbündeter im Krieg gegen England gewonnen werden. Vgl. Kershaw, Hitler, S. 441; Lins, Persönliche Begegnungen zwischen Hitler und Mussolini, S. 65–67; Hillgruber, Staatsmänner und Diplomaten bei Hitler, Bd. 1, S. 229–247.

schall zum Major befördert und wurde mit der Führung des Jagdgeschwaders Richthofen betraut.[137]

**München, 20. Oktober 1940**

Kapitänleutnant Prien erhält ebenfalls das Eichenlaub zum Ritterkreuz aus Anlass der Versenkung von 200 000 B.R.T. feindlichen Schiffsraumes.

**München, 24. Oktober 1940**

Der Führer trifft an der französisch-spanischen Grenze mit General Franco zusammen. Tags zuvor empfing er den Vizepräsidenten von Frankreich Laval.[138]
Oberstleutnant Mölders errang seinen 50. Luftsieg.

**München, 25. Oktober 1940**

Marschall Petain wird auf französischem Boden vom Führer empfangen.[139]

**München, 28. Oktober 1940**

Zusammenkunft des Führers und des Duce in Florenz. – Italien fordert von Griechenland Garantie der Neutralität und Einräumung von Stützpunkten. Griechenland lehnt die Note ab. Italienische Truppen nehmen darauf im Morgengrauen von Albanien aus den Kampf auf[140]

**München, 3. November 1940**

Kapitänleutnant Kretschmar erzielt ein Gesamtversenkungsergebnis von 217 198 B.R.T. und erhält das Eichenlaub zum Ritterkreuz.[141]

---

[137] Major Helmut Wick (1915-1940).
[138] Laval, Pétains Stellvertreter und Außenminister Vichy-Frankreichs, machte Hitler am 22.10.1940 Hoffnungen, sein Land werde eng mit Deutschland kollabieren, wenn es dafür – auf Kosten eines besiegten England – Erleichterungen bei den Reparationen und seine Besitzungen in Nordafrika zurückerhalte. Hitler köderte Laval, indem er beides im Falle einer schnellen Niederlage Englands in Aussicht stellte. Am folgenden Tag traf der deutsche Diktator Franco in Hendaye an der französisch-spanischen Grenze; trotz eines langen Monologs wurde seinem Gegenüber schnell klar, dass Deutschland nicht bereit war, Spanien im Falle eines Kriegseintritts Substanzielles anzubieten. Beide Seiten waren über den Verlauf des Gesprächs wenig erfreut. Vgl. Kershaw, Hitler, S. 441f.; Jäckel, Frankreich in Hitlers Europa, S. 105-117; Preston, Franco and Hitler; Hillgruber, Staatsmänner und Diplomaten bei Hitler, Bd. 1, S. 257-271.
[139] Das Gespräch zeitigte keine konkreten Ergebnisse. Pétain betonte, das Ausmaß der Kollaboration Frankreichs hänge davon ab, wie das Land von den Deutschen behandelt werde; Hitler war indes nicht bereit, konkrete Zusagen zu machen. Vgl. Kershaw, Hitler, S. 445; Jäckel, Frankreich in Hitlers Europa, S. 118-123; Hillgruber, Staatsmänner und Diplomaten bei Hitler, Bd. 1, S. 272-279.
[140] Hitler hatte von dem italienischen Angriff auf Griechenland erst kurz vor seiner Ankunft in Florenz am Bahnhof in Bologna erfahren und war wütend: Die Jahreszeit war ungünstig, der Herbstregen hatte bereits eingesetzt. Dennoch hielt sich Hitler zurück. Das Treffen verlief harmonisch, der Deutsche berichtete von seinen Zusammentreffen mit Laval, Franco und Pétain. Tatsächlich konnte Italien Griechenland keineswegs in kurzer Zeit besiegen, wie Mussolini dies erwartet hatte. Vielmehr führte der italienische Angriff dazu, dass Großbritannien ein Expeditionskorps nach Griechenland entsandte; durch dieses Engagement sah Hitler die Stabilität auf dem Balkan und die für die deutsche Versorgung wichtigen Erdölfelder in Rumänien bedroht. Erst das Eingreifen deutscher Truppen im April 1941 rettete den Bündnispartner und beendete den Krieg mit einem Sieg der Achsenmächte. Vgl. Kershaw, Hitler, S. 445f.; Moseley, Zwischen Hitler und Mussolini, S. 142f.; Müller, Der Zweite Weltkrieg, S. 92-94; Schreiber, Deutschland, Italien und Südosteuropa, S. 368-414; Lins, Persönliche Begegnungen zwischen Hitler und Mussolini, S. 67-70; Hillgruber, Staatsmänner und Diplomaten bei Hitler, Bd. 1, S. 280-293.
[141] Kapitänleutnant Otto Kretschmer (1912-1998).

*4 Fotoseiten:*
- *„Menschenmassen jubeln dem Führer und dem Duce in Florenz zu, 28. Okt. 40"*
- *„Marschall Pétain wird auf französischem Boden vom Führer empfangen, 24. Okt. 40"*
- *„Führer und Duce in Florenz, 28. Okt. 40"*
- *„Führer und Duce am Brenner, 2 Fotos, 4. Okt. 40"*
- *„Der Führer empfängt in Frankreich den Vizepräsidenten Laval, 22. Okt. 40"*
- *„Der Führer und Franco an der französisch-spanischen Grenze, 23. Okt. 40"*

**München, 6. November**

Ich will heute wieder alle Gedanken und Erlebnisse der Tage in dies Büchlein eintragen. Heute war ein feiner Heimnachmittag. Elfriede H[.] verabschiedete Traudl K[.] und Liesel B[.]. Für sie wurden Christa St[.] und ich eingesetzt.[142] Dann sprach Elfriede über die kommenden Arbeiten in unserer J.M. Einheit. Alle Mädel waren begeistert. 2 hübsche Lieder, die wir schnell lernten, beschloßen die Feierstunde. Nachher hatten wir Führerinnendienst. Auch hier sprachen wir von unserer Arbeit. Wir haben uns viel vorgenommen und werden es auch ausführen.

**München, 8. November 1940**

Heute habe ich meinen 15. Geburtstag. Bücher, eine hübsche Kette und Trachtenkarten sowie ein Trachtenalbum waren die schönen Gaben. Peter[143] war nachmittags da. Inge und Hannelore kamen auf ein Plauderstündchen. Vati konnte überraschender Weise schon um 9 h kommen. Kaum saß er gemütlich da, als die Sirenen heulten. Also doch. Die Tommies wollten unseren 9. November zerstören. Wir hörten im Keller die Schießerei der Flak und die Einschläge der Bomben. Da meldete Vati: Es brenne in der Altstadt. Der alte schöne Rathaussaal, verschiedene Geschäftshäuser brannten. Über 3 Stunden dauerte der Alarm. Ein netter Abschluß meines Wiegenfestes. Immer geschieht etwas an diesem Tage. Letztes Jahr das ruchlose Attentat, heuer dieser Luftangriff.[144]

**München, 9. November 40**

Huch, heute ist es kalt! Reif und Frost liegt auf den Dächern. Warm angezogen marschierten wir zum Königlichen Platz. Um 1 h kam Rudolf Heß und legte die Kränze an den Särgen nieder. Es war eine schlichte, eindrucksvolle Feierstunde. Am Heimweg sahen wir die Schäden des Angriffs. „Der Bauerngirgl", einige Geschäftshäuser sind beschädigt. Der Führer hielt vor seiner Alten Garde eine pfundige Rede, die bei seinen Kämpfern lebhaften Beifall fand.[145] Adolf Hitler sprach bereits nachmittags, so ging der Plan der

---

[142] Christa S[.] wurde als Jungmädelgruppenführerin eingesetzt, Wolfhilde von König vermutlich als Jungmädelscharführerin.

[143] Männliche Spitznamen für Mädchen waren zeitgenössisch durchaus üblich. Darin spiegelte sich ein männlich dominiertes Kameradschaftsideal, das schon in der Jugendbewegung der Weimarer Republik, später auch im BDM wirkte. Vgl. Klönne, Kontinuitäten und Brüche, S. 58–61; Reese, Kamerad unter Kameraden; zu einer Feldpostserie zwischen dem Frontsoldaten Toni und seiner Ehefrau Renate („Peter") vgl. Marszolek, „Ich möchte Dich zu gern mal in Uniform sehen".

[144] Das britische Bomber Command wertete den Angriff als Fehlschlag, da nur wenig Schaden angerichtet wurde. Vgl. Richardi, Bomber über München, S. 55f.

[145] Vgl. Rede Hitlers im Löwenbräukeller am Vorabend des 9. November 1940, 8.11.1940, mit Kürzungen abgedruckt in: Domarus, Hitler. Reden und Proklamationen, S. 1601–1608. Der Bürgerbräukeller stand nach dem Sprengstoffanschlag auf Hitler im Vorjahr nicht mehr zur Verfügung.

Engländer nicht in Erfüllung. Sie wollten sicher die Rede unseres Führers stören. Aber sie irren sich ja öfters.

*2 Fotoseiten:*
- *„Der Führer vor seiner Alten Garde im Löwenbräukeller, 8. Nov. 40"*
- *„Graf Ciano und Serrano Suñer beim Führer"*

### München, 12. November 1940
Der Vorsitzende des Rates der Volkskommissare Molotow traf in Berlin ein, wo er mit dem Führer wichtige und bedeutsame Besprechungen hat.[146] Neville Chamberlain ist gestorben.

### München, 17. November 1940
Wir hatten heute Jugendfilmstunde. Der schöne, eindrucksvolle Film „Jud Süß" wurde gezeigt. Dieser Film, der auch in Italien lebhaften Beifall hervorrief, war einfach fabelhaft. Ferdinand Marian, Werner Krauß und Kristina Söderbaum als Hauptdarsteller gestellten den Film zu einem eindrucksvollen Erlebnis.[147]

### München, 18. November 1940
Der italienische Außenminister Graf Ciano, der Montag morgens in Salzburg eintraf, wurde am Nachmittag vom Führer zu einer längeren Unterredung empfangen. Ebenso empfing Adolf Hitler den spanischen Außenminister Serano Suñer.[148]

### München, 19. November
Reichsaußenminister von Ribbentrop und Graf Ciano trafen von Salzburg kommend in Wien ein. Sie wurden dort von Reichsstatthalter von Schirach empfangen.

---

[146] Hitler wollte die Sowjetunion überzeugen, dem Dreimächtepakt beizutreten und so die Welt in vier Einflusssphären aufzuteilen: Deutschland sollte Osteuropa erhalten, Italien das Mittelmeer und Japan Ostasien. Moskau sollte Persien, den indischen Subkontinent und den Mittleren Osten zugewiesen bekommen. Damit konnte sich Molotow nicht anfreunden und reagierte auf Hitlers weitschweifige Ausführungen mit konkreten Nachfragen, auf die der deutsche Diktator kaum Antworten hatte. Die Verhandlungen endeten in einem Fiasko, zumal sich Moskau durch das Zusammenrücken Tokios und Berlins bedroht fühlen musste. Das bestärkte Hitler in seinem Entschluss, die Sowjetunion 1941 anzugreifen. Vgl. Hildebrand, Das vergangene Reich, S. 136f.; Kershaw, Hitler, S. 447–449; Bloch, Ribbentrop, S. 306f.

[147] Veit Harlans Film „Jud Süß" ist ein antisemitischer Propagandafilm, der die historische Figur des Joseph Süß Oppenheimer (1698–1738) aufgreift, jedoch wesentliche Aspekte der historischen Ereignisse weglässt oder umdeutet. Oppenheimer war Hoffaktor und Geheimer Finanzrat des württembergischen Herzogs Karl Alexander von Württemberg. Nach dem Tod des Herzogs wurde Oppenheimer aus antijüdischen und politischen Gründen verhaftet, zum Tode verurteilt und hingerichtet. Der Film war ein großer Publikumserfolg und traf auf große Zustimmung. Vgl. Przyrembel/Schönert, „Jud Süss"; Giesen/Hobsch, Hitlerjunge Quex; Friedländer, Das Dritte Reich und die Juden, S. 479f.; Stahr, Volksgemeinschaft vor der Leinwand?, S. 159–161; Courtade/Catars, Geschichte des Films im Dritten Reich, S. 184–193.

[148] Ciano musste sich von Hitler eine ausgiebige Standpauke über den desaströsen Verlauf des italienischen Feldzugs gegen Griechenland anhören. Der „Führer" kündigte dem italienischen Außenminister das deutsche Eingreifen für das kommende Frühjahr an. Das war auch dringend notwendig: Anfang Dezember waren die italienischen Verbände in ihre Ausgangsstellungen zurückgedrängt, die Versorgungslage der Italiener war katastrophal. Vgl. Moseley, Zwischen Hitler und Mussolini, S. 145f.; Hillgruber, Staatsmänner und Diplomaten bei Hitler, Bd. 1, S. 320–335.

Anläßlich eines privaten Aufenthalts in Deutschland stattete König Boris von Bulgarien dem Führer einen Besuch ab.[149]

**München, 20. November**

Der Führer, Ribbentrop, Ciano, Teleki und Csaky in Wien. Ungarn tritt dem am 27. September abgeschlossenen Dreimächtepakt bei.[150]

**München, 23. November**

Der rumänische Staatschef Antonesku und Außenminister Prinz Sturdza in Berlin. Rumänien tritt dem Dreierpakt bei.[151]

**München, 24. November 40**

Dr. Tuka, Slovakiens Ministerpräsident, in Berlin. Auch er vollzieht den Beitritt zum Dreimächtepakt.

*4 Fotoseiten:*
- *„Ungarn tritt dem Dreimächtepakt bei, 20. Nov. 40"*
- *„Der rumänische Staatschef Antonesku und Prinz Sturdza in Berlin, 22. Nov. 40"*
- *„Dr. Tuka in Berlin. Auch er unterzeichnete den Dreimächtepakt, 24. Nov. 40"*
- *„Der Führer spricht in einem Berliner Rüstungswerk, 10. Dez. 40"*

**München, 30. November 40**

Endlich alles fertig! Der Seufzer gilt der vollendeten Werkarbeit. In einer Ausstellung haben wir all die schönen Sachen aufgebaut. Puppenstuben, Stoff- und Holztiere, Spiele, Baukästen, alles was ein Kinderherz begehren kann. Hoffentlich werden viele volksdeutsche Kinder aus Südtirol, Wolhynien und Rumänien eine Weihnachtsfreude daran haben. Es ist dann der schönste Dank für alle Mühe und Arbeit.

---

[149] Der Besuch war alles andere als privat: Zar Boris III. wurde von dem bulgarischen Außenminister Iwan Popow begleitet und von Hitler über dessen Kriegspläne auf dem Balkan informiert. Außerdem drängte der Diktator den Zaren, dem Dreimächtepakt beizutreten. Bulgarien verhielt sich jedoch zunächst dilatorisch, weil es sowjetisch-deutsche Differenzen befürchtete; Boris räumte den deutschen Truppen allerdings ein Durchmarschrecht nach Griechenland ein. Vgl. Miller, Bulgaria during the Second World War, S. 33; Hoppe, Bulgarien, S. 96–104.

[150] Ungeachtet eigener Interessen – Ungarn etwa erhoffte sich von seinem Beitritt die weitere Revision des Vertrags von Trianon – blieb den ost- und südosteuropäischen Staaten, die nach und nach dem Dreimächtepakt beitraten, kaum eine Alternative, als die damit verbundene Anerkennung des deutsch-italienischen Vormachtanspruchs zu vollziehen. Hitler dachte zunächst nicht daran, auf dem Balkan militärisch einzugreifen. Es ging ihm darum, durch die Einbindung der Balkanstaaten in den Dreimächtepakt für seinen geplanten Feldzug gegen die Sowjetunion die rechte Flanke zu sichern, eine von England erhoffte Balkanfront gegen Deutschland zu verhindern und den intensiven wirtschaftlichen Austausch aufrechtzuerhalten, der das Reich mit kriegswichtigen Rohstoffen versorgte. Mussolinis gescheiterter Griechenland-Feldzug und später der Putsch in Jugoslawien machten eine Änderung der Strategie notwendig, den deutschen „Großwirtschaftsraum" in Südosteuropa zunächst mit nichtkriegerischen Mitteln zu erreichen. Vgl. Olshausen, Die deutsche Balkanpolitik; Gruchmann, Nationalsozialistische Großraumordnung, S. 105f.; Schlarp, Ausbeutung der Kleinen, S. 187–193; Vogel, Deutschland und Südosteuropa; Nebelin, Deutsche Ungarnpolitik, S. 149–153; Deletant, Hitler's Forgotten Ally, S. 61f.; Hillgruber, Staatsmänner und Diplomaten bei Hitler, Bd. 1, S. 344–349.

[151] Vgl. Hillgruber, Staatsmänner und Diplomaten bei Hitler, Bd. 1, S. 351–362, 369f.

**München, 1. Dezember 1940**
1. Advent. 50. Wunschkonzert für die Wehrmacht. Die hohe Generalität, Dr. Göbbels und das diplomatische Korps waren anwesend. Hervorragende Künstler wie Marikka Röck, Rosita Serrano, Zarah Leander, italienische und japanische Künstler wirkten mit. Heinz Goedeke, der Schöpfer und Leiter des Wunschkonzertes, erhielt das Verdienstkreuz für seine geleistete Arbeit.[152]

**München, 4. Dezember 40**
Der Komodore des Richthofengeschwaders Major Wick kehrte von seinem letzten Feindflug nicht zurück. Major Wick ist einer unserer erfolgreichsten Jagdflieger gewesen. Beim Luftkampf mit einem Engländer ist er vermutlich abgestürzt. Sein Verlust ist für uns sehr schmerzlich.

**München, 10. Dezember 40**
Luftschutzkurs. Das sind schöne und lehrreiche Stunden gewesen. Wir lernen Selbstschutzmaßnahmen zur Verteidigung unserer Heimat.[153]
   Um 12$^h$ sprach der Führer zu den Rüstungsarbeitern. Er sprach ihnen seinen und des ganzen deutschen Volkes Dank für ihre geleistete Arbeit aus.[154]

**München, 14. Dezember 40**
Huch, hat's heute eine Kälte und finster ist es noch gewesen als wir, Hannelore und ich mit unseren Zeichen und Büchsen loszogen. Aber hei, wie schnell haben wir unsere netten Figürchen, die so recht für den Weihnachtsbaum passen, verkauft. Es war auch höchste Zeit; ganz blau sind wir schon vor Kälte. Aber freudig und frohen Herzens haben wir es geschafft.

*Fotoseite: „Major Wick kehrte am 4. Dez. vom Feindflug nicht zurück"*

**München, 16. Dezember 40**
Gestern waren wir alle geschlossen mit Fräulein Kleber im Theater. „Die Nibelungen, ihr Leben und Sterben" wurde uns auf der Bühne lebendig gemacht.[155] Das gute Spiel der Darsteller ließ uns das Stück Hebbels zum Erlebnis werden.

**München, 20. Dezember 40**
Endlich Ferien! Mein Zeugnis war ordentlich. Da kann man sich seiner Ferien freuen. Bald ist Weihnachten; ich muß noch fleißig sein, soviele Sterne muß ich noch fertigmachen. Kleine Hutzelmännchen und Engeln warten auf ihre Vollendung.

---

[152] Marika Rökk (1913–2004), deutsch-österreichische Schauspielerin und Sängerin. Rosita Serrano (1914–1997), chilenische Schauspielerin und Sängerin. Zarah Leander (1907–1981), schwedische Schauspielerin und Sängerin. Heinz Goedecke (1902–1959), Rundfunkjournalist und Moderator des Wehrmachtswunschkonzerts.
[153] Vgl. Luftschutz in der Hitler-Jugend. Zur Mitarbeit von Frauen im Luftschutz vgl. Kramer, Volksgenossinnen an der Heimatfront, S. 103–147.
[154] Hitler sprach bei Borsig in Berlin. Für alle Rüstungsbetriebe im Reich war angeordnet worden, dass die Belegschaften Hitlers Auftritt gemeinsam im Radio anzuhören hatten. Vgl. Rede Hitlers vor Rüstungsarbeitern der Berliner Borsig-Werke, 10.12.1940, mit Kürzungen abgedruckt in: Domarus, Hitler. Reden und Proklamationen, S. 1626–1634.
[155] Zur nationalistischen Vereinnahmung des Nibelungen-Stoffes vgl. Müller, Das Nibelungenlied, S. 183–185.

Eichenlaub für den Unterseebootkommandanten Kapitänleutnant Schepke, der 40 Schiffe mit 288 975 t versenkt hat.

**München, 22. Dezember**
Heute nachts war Fliegeralarm. Gott sei Dank ist kein Schaden verursacht worden.

**München, 24. Dezember 40**
Weihnacht, das Fest aller Deutschen, ist endlich wieder da. Wie schön war der Gabentisch ausgestattet. Ein hübsches Winterdirndl mit Schürze, ein Knirpsschirm, Bücher, Kalender, Füllhalter, Bildständer, Armreif, Trachtenbuch und viele schöne Karten vom Führer und den Stätten großen Geschehens, nicht zu vergessen sind die Süßigkeiten, die trotz des Krieges nicht fehlten. Mutti wurde durch einen Kaffeewärmer, Tortenschaufel, Glasservice und Briefpapier erfreut. Papi erhielt Schnaps, Krawatten und Strümpfe. Manü freute sich über seine Märklinkasten, Schiffsbaukästen, Bücher, Füllfederhalter und die vielen Süßigkeiten.

*2 Fotoseiten:*
- *„Der Führer am Weihnachtsabend in einem Kampfgeschwader"*
- *„Weihnachten mit dem Führer an der Front"*
- *„Weihnachtsfeier mit Dr. Goebbels in einer Berliner Flakstellung"*
- *„Auch Generalfeldmarschall v. Brauchitsch erhielt ein Geschenk"*

**München, 25. Dezember 1940**
Der Führer verbringt die Weihnachtsfeiertage bei den Truppen an der Front. Er besucht sie in ihren Unterständen und Quartieren, in ihren Fliegerhorsten und Flakstellungen. Überall wohin er kommt, bringt er Freude mit, und jeder Mann erhält sein Geschenk. Für diese Soldaten ist aber des Führers Anwesenheit das größte Geschenk.

**München, 27. Dezember 1940**
Heute früh erhielt ich einen Feldpostbrief. Der unbekannte Soldat bedankte sich für sein Weihnachtspäckchen, das wir ihm geschickt haben. Eine Brücke zwischen Heimat und Front wurde dadurch geschlagen. Am Nachmittag kamen Bärbel, Peter und Luise zu unserem alljährlichen Zusammentreffen. Es gab viel zu lachen, besonders bei einer Ulkstaffel.

**München, 31. Dezember 1940**
Wir stehen vor der Jahreswende. Zum zweiten Male im Kriege. Große Siege haben wir errungen. Dänemark, Norwegen, Holland, Belgien und Frankreich sind durch uns besiegt worden. Ein Jahr voll Hoffnungen und Wünsche neigt sich wieder seinem Ende zu. Möge das nächste Jahr das letzte Kriegsjahr sein und England, unser Todfeind, am Boden liegen.

**1941**

Siege ertragen kann jeder Schwächling,
Schicksalsschläge aushalten,
das können nur die Starken.
Adolf Hitler[156]

München, 1. Januar 1941

Der Führer erläßt einen Tagesbefehl an die Wehrmacht und Neujahrsaufruf an das deutsche Volk.[157]

München, 18. Januar 1941

In San Francisco wurde die deutsche Flagge vom Generalkonsulat unter dem Beifall einer johlenden Menge von Angehörigen der U.S.A.-Marine zerrissen.[158]

München, 19. Januar 1941

Gestern war ich in Schillers „Wilhelm Tell". Das Schauspiel, das uns dem Geiste Schillers näherbringt wurde von uns mit großen Beifall aufgenommen. Der Abend bildete den festlichen Auftakt des Theaterringes der Hitlerjugend.[159]

---

[156] Das Zitat entstammt Hitlers Rede zum Jahrestag der „Machtergreifung" am 30.1.1942. Vgl. Rede Hitlers im Berliner Sportpalast anlässlich des Jahrestages der „Machtergreifung", 30.1.1942, mit Kürzungen abgedruckt in: Domarus, Hitler. Reden und Proklamationen, S. 1826–1834, Zitat S. 1826.

[157] Vgl. Tagesbefehl an die Deutsche Wehrmacht, abgedruckt in: Domarus, Hitler. Reden und Proklamationen, S. 1649; Neujahrsaufruf, mit Kürzungen abgedruckt in: ebd., S. 1649–1652.

[158] Das Generalkonsulat lag im 9. Stock eines Bürogebäudes in San Francisco und hatte die Hakenkreuzfahne anlässlich des 70. Jahrestages der Gründung des Deutschen Reiches 1871 gehisst. Zwei Matrosen der US Navy und vier Zivilisten hatten die Feuerleiter erklommen und vom 10. Stock aus versucht, die Flagge zu entfernen. Schließlich ließ sich einer der Marineangehörigen auf den Flaggenmast hinunter und zerschlitzte die Fahne mit einem Taschenmesser. Auf der Straße feuerte eine Zuschauermenge von bis zu 2000 Personen die jungen Männer an. Unterdessen versuchte ein Angestellter des Konsulats von einem Fenster aus, das Tuch ins Innere zu ziehen, während der Matrose dagegenhielt. Dabei zerriss die Flagge. Die deutsche Presse berichtete breit über den Vorfall.
Der amerikanische Präsident Franklin D. Roosevelt (1882–1945) hoffte nach wie vor, den offenen Krieg gegen Deutschland zu vermeiden und sich auf *Short of war*-Maßnahmen wie die Unterstützung Großbritanniens durch Waffenlieferungen zu beschränken; dabei hatte er die große Mehrheit der Amerikaner auf seiner Seite. Eine fast ebenso große Mehrheit sah die Kriegsschuld indes eindeutig bei Deutschland und war bereit, Großbritannien zu unterstützen. Die große Mehrheit, mit der Roosevelt am 5.11.1940 für eine dritte Amtszeit wiedergewählt worden war, bestätigte seine Politik: Amerika war nicht neutral, aber auch keine kriegführende Macht. Als Großbritannien im Frühjahr 1941 die Lieferungen aus den USA nicht mehr finanzieren konnte, ermöglichte das Leih- und Pachtgesetz (*Lend-Lease*) die weitere Unterstützung. Die amerikanische Öffentlichkeit hielt die deutsche Bedrohung für groß genug, um drastische finanzielle Unterstützungsmaßnahmen für Hitlers Gegner zu rechtfertigen – in der Hoffnung, dass diese dann in der Lage wären, die Achsenmächte zu besiegen, ohne dass Amerika selbst in den Krieg würde eintreten müssen. Vgl. 2 Sailors seized after Nazi flag is torn to bits, in: Chicago Sunday Tribune, 19.1.1941, S. 2; Casey, Cautious Crusade; Boog, Die Anti-Hitler-Koalition, S. 3–17; Weinberg, Eine Welt in Waffen, S. 268–274; Overy, Die Wurzeln des Sieges, S. 322–326.

[159] Wie auch die Jugendfilmstunden lockte der HJ-Theaterring mit einem stark verbilligten Eintrittspreis. Die Klassiker standen häufig auf dem Programm, um die Jugendlichen an die kulturelle Größe Deutschlands heranzuführen. Vgl. Buddrus, Totale Erziehung für den totalen Krieg, S. 154f.

München, 21. Januar 41

Der Führer und der Duce haben eine eingehende Aussprache über die Lage.[160]

München, 27. Januar 1941

Der Gau Schlesien wird in die Gaue Niederschlesien und Oberschlesien geteilt. Gauleiter von Oberschlesien Fritz Bracht; von Niederschlesien Karl Hanke.[161]

München, 29. Januar 1941

Reichsjustizminister Dr. Gürtner infolge eines Herzschlages erlegen.[162]

München, 30. Januar 1941

Große Rede des Führers im Berliner Sportpalast, scharfe Abrechnung mit der jüdisch-angelsächsischen Weltverschwörung.[163]

München, 6. Februar 1941

Hauptmann Ösau erhielt das Eichenlaub zum Ritterkreuz des E.K.[164]

München, 14. Februar 1941

Der Führer empfängt den jugoslawischen Ministerpräsidenten Zwetkowitsch und den Außenminister Cincar-Markowitsch auf dem Berghof zu einer längeren Unterredung.[165]

---

[160] Hitler und Mussolini trafen sich erstmals auf dem Berghof, wo der italienische Diktator in Begleitung von Außenminister Ciano am 19.1.1941 eintraf. Themen der auch am Folgetag fortgesetzten Gespräche waren die Lage auf dem Balkan, der bevorstehende Feldzug gegen Griechenland und neuerliche Versuche des „Duce", den spanischen Diktator Franco zum Kriegseintritt zu bewegen. Auch wenn Hitler klar antisowjetisch auftrat und lange über die Sowjetunion referierte, gab er den Italienern keinen Hinweis darauf, dass ein deutscher Angriff in naher Zukunft bevorstand, sondern ließ den Verbündeten wie immer im Dunkeln. Vgl. Kershaw, Hitler, S. 462f.; Lins, Persönliche Begegnungen zwischen Hitler und Mussolini, S. 70-74; Hillgruber, Staatsmänner und Diplomaten bei Hitler, Bd. 1, S. 435-452.

[161] Fritz Bracht (1899-1945, Selbstmord). Karl Hanke (1903-1945, vermutlich auf der Flucht getötet).

[162] Franz Gürtner (1881-1941).

[163] Vgl. Rede Hitlers im Berliner Sportpalast anlässlich des Jahrestages der „Machtergreifung", 30.1.1942, mit Kürzungen abgedruckt in: Domarus, Hitler. Reden und Proklamationen, S. 1657-1664. In dieser Rede bezog sich Hitler erstmals wieder auf seine Rede vor dem Reichstag vom 30.1.1939, in der er den Juden für den Fall eines neuen Weltkrieges die Vernichtung prophezeit hatte. Dabei datierte er sie – wie fortan immer – fälschlich auf den 1.9.1939, also den Tag des Kriegsbeginns (ebd., S. 1663f.). 1939 hatte Hitler gesagt: „Ich bin in meinem Leben sehr oft Prophet gewesen und wurde meistens ausgelacht. In der Zeit meines Kampfes um die Macht war es in erster Linie das jüdische Volk, das nur mit Gelächter meine Prophezeiungen hinnahm, ich würde einmal in Deutschland die Führung des Staates und damit des ganzen Volkes übernehmen und dann unter vielen anderen auch das jüdische Problem zur Lösung bringen. Ich glaube, daß dieses damalige schallende Gelächter dem Judentum in Deutschland unterdes wohl schon in der Kehle erstickt ist. Ich will heute wieder ein Prophet sein: Wenn es dem internationalen Finanzjudentum in- und außerhalb Europas gelingen sollte, die Völker noch einmal in einen Weltkrieg zu stürzen, dann würde das Ergebnis nicht die Bolschewisierung der Erde und damit der Sieg des Judentums sein, sondern die Vernichtung der jüdischen Rasse in Europa." Verhandlungen des Reichstags, Bd. 460, S. 1-21, Zitat S. 16. Vgl. Longerich, Politik der Vernichtung, S. 220f.

[164] Hauptmann Walter Oesau (1913-1944).

[165] Dragiša Cvetković (1893-1969), Ministerpräsident Jugoslawiens 1939-1941; Alexander Cincar-Marcović (1889-1948), Außenminister Jugoslawiens 1939-1941. Das Königreich Jugoslawien unter dem Regenten Prinz Paul (1893-1976) befand sich unter erheblichem Druck der Achsenmächte, die

*4 Fotoseiten:*
- *„Führer und Duce am Brenner, 21. 1. 41"*
- *„Jahrestag der Machtergreifung, 30.I. 41"*
- *„[gedr.] Jugoslawiens Ministerpräsident auf dem Berghof. Der Führer empfängt den Kgl. Jugoslawischen Ministerpräsidenten D. Zwetkowitsch und den Kgl. Jugoslawischen Außenminister Cincar Markowitsch auf dem Berghof zu einer Besprechung über gemeinsam interessierende Fragen, 14. II. 41"*
- *„[gedr.] Trauer um einen Deutschen. Vor der Feldherrnhalle in München fand ein feierlicher Staatsakt für den verstorbenen Botschafter SA-Obergruppenführer Oberst Hermann Kriebel statt, 16. II. 41"*

**München, 15. Februar 41**

Vati kommt nun endlich von Innsbruck zurück. Aber bald heißt es wieder Abschied nehmen. Einer der ältesten Kampfgenossen des Führers. S.A. Obergruppenführer Botschafter Hermann Kriebel, ist in München gestorben.[166] Der Führer ordnete ein Staatsbegräbnis an.

**München, 24. Februar 41**

Der Führer sprach heute auf der Parteigründungsfeier im Hofbräuhaus in München. Er gibt bekannt: 217 000 B.R.T. durch die Kriegsmarine versenkt. Diese Nachricht löste wahre Stürme der Begeisterung aus.[167]

**München, 26. Februar 41**

Heute begannen wir unseren Gesundheitsdienstkurs. Wir werden all das lernen, was wir für Erste Hilfe wissen müssen. Bald geht es dem Frühling zu und die Unfälle beim Lager und Sport mehren sich. Da müssen wir schnell und richtig helfen können, denn nicht immer ist ein Arzt bei der Hand.

**München, 1. März 1941**

Bulgarien tritt mit einem feierlichen Staatsakt in Wien, dem der Führer beiwohnte, dem Dreimächtepakt bei.[168]

---

1939 bereits die Bildung der im Innern weitgehend autonomen Region Kroatien durchgesetzt hatten. Durch eine Annäherung an Deutschland suchte die großserbisch-nationalistisch, antidemokratisch und antikommunistisch ausgerichtete Königsdiktatur Handlungsspielraum zu gewinnen und nicht in den Krieg hineingezogen zu werden. Das Treffen fand auf Wunsch Cvetkovićs statt. Hitler forderte Jugoslawien auf, dem Dreimächtepakt beizutreten. Vgl. Schreiber, Deutschland, Italien und Südosteuropa, S. 336–339; Hillgruber, Staatsmänner und Diplomaten bei Hitler, Bd. 1, S. 455–470.

[166] SA-Obergruppenführer und Oberst Hermann Kriebel (1876–1941), Teilnehmer des Hitler-Putsches, Mitglied des Großdeutschen Reichstags und ehemaliger Generalkonsul von Shanghai.

[167] Vgl. Rede Hitlers im Münchner Hofbräuhaus anlässlich des Jahrestages der Parteigründung, 24. 2. 1940, mit Kürzungen abgedruckt in: Domarus, Hitler. Reden und Proklamationen, S. 1667–1670.

[168] Obwohl Zar Boris nach wie vor eine Intervention der Sowjetunion fürchtete, die Bulgarien ihrerseits ein Bündnisangebot gemacht hatte, und Großbritannien seinen türkischen Verbündeten zum Eingreifen drängte, konnte sich das Land dem steigenden deutschen Druck nicht mehr entziehen: mittlerweile war in Vorbereitung des Balkanfeldzuges rund eine halbe Million deutscher Soldaten in unmittelbarer Nähe der Landesgrenzen aufmarschiert. Vgl. Miller, Bulgaria during the Second World War, S. 45–51; Hoppe, Bulgarien, S. 108–121.

**München, 3. März 41**

Als Sicherung gegenüber bekannt gewordenen britischen Maßnahmen in Südosteuropa sind nach Zustimmung Bulgariens seit dem 2. März Verbände der deutschen Wehrmacht im Einmarsch nach Bulgarien begriffen.[169]

Heute erreichte mich die Nachricht, daß Bärbel L[.]s Mutter nach kurzer Krankheit verschieden ist. Bärbel ist mit ihrem Vater in ihre Heimat am Niederrhein gefahren, dort erhält ihre Mutter die letzte Ruhestätte.

**München, 6. März 41**

Vor einiger Zeit erging an die Bevölkerung der Aufruf, ein Kind aus den luftgefährdeten Gebieten bei sich aufzunehmen.[170] Auch wir hatten uns entschlossen und erwarteten es täglich. Heute ist Lieselotte, so heißt unser Pflegekind, nun eingetroffen. Blaß und verschüchtert kam sie an. Das Heimweh nach der Mutter legte sich bald, als sie die vielen Spielsachen sah die ich wieder aus den Kisten hervorholte. Bald wird sie zutraulicher werden und sich bei uns einleben.

*2 Fotoseiten:*
- *„Bulgarien tritt dem Dreimächtepakt bei, 1. II. 41"*
- *„Heldengedenktag, 16. III. 41"*
- *„Der Führer überreicht General Dietl den Narvikschild, 19. III. 41"*

**München, 12. März 1941**

Der Führer sprach in Linz zum dritten Jahrestag der Wiedervereinigung mit dem Reich. Aus dem gleichen Anlaß hielt Dr. Goebbels eine Rede vor 10 000den von Wienern.[171]

Lieselotte Kreschinski geht jetzt zur Schule. Sie ist eine kleine Wilde, aber gern haben muß man sie doch. Ihre schönste Freude ist, wenn sie mit der „Tante Lissy"[172] und dem Puppenwagen ausfahren darf.

**München, 15. März 1941**

Täglich greifen Kampfverbände der Luftwaffe die englischen Städte an. Auch während der Nacht werden die Hafenanlagen von Liverpool, Glasgow und Hull mit großem Erfolg angegriffen. Rüstungswerke, Werften und Flugplätze werden im Bombenhagel zerstört und vernichtet.

---

[169] Die Bulgarien in Richtung Griechenland durchquerenden deutschen Truppen wurden von der dortigen Bevölkerung herzlich empfangen. Vgl. Miller, Bulgaria during the Second World War, S. 46.
[170] Vor dem Zweiten Weltkrieg wurden Stadtkinder in der Kinderlandverschickung (KLV) zur Erholung in ländliche Gebiete verschickt. Die Erweiterte Kinderlandverschickung diente ab Oktober 1940 der Evakuierung von Schulkindern, aber auch von Müttern mit Kleinkindern aus den luftgefährdeten Gebieten des Reiches. Die Durchführung der KLV wurde für alle Schulkinder ab der fünften Klasse der HJ übertragen, für alle Kleinkinder und Schulkinder der ersten vier Jahrgangsstufen der NSV. Vgl. Kock, „Der Führer sorgt für unsere Kinder …"; Sollbach, Flucht vor Bomben; Finger, Das „nationalsozialistische Wollen zur Volksgemeinschaft", S. 383–406.
[171] Vgl. Rede Hitlers im Südbahnhof in Linz anlässlich des 3. Jahrestages des „Anschlusses" Österreichs an das Deutsche Reich, mit Kürzungen abgedruckt in: Domarus, Hitler. Reden und Proklamationen, S. 1673; Das Archiv. Nachschlagewerk für Politik – Wirtschaft – Kultur (1941), Heft 79, S. 1163f.
[172] Gemeint ist Wolfhildes Mutter Elise.

**München, 16. März 1941**

Der Führer sprach auch dieses Jahr wieder zum Heldengedenktag im Berliner Zeughaus.[173] Der Führer überreichte General Dietl den Narvikschild.[174]

**München, 21. März 41**

Der Führer empfing den ungarischen Außenminister von Bardossy im Führerbau zu München.[175] Die Kapitänleutnante Prien und Kretschmer wurden zu Korvettenkapitänen befördert.

**München, 22. März 1941**

Generalleutnant Rommel erhält das Eichenlaub zum Ritterkreuz des Eisernen Kreuzes. Rommel führt seine Panzerarmee in Afrika, nachdem er sich im Westen große Verdienste erworben hat.[176]

**München, 25. März 1941**

Jugoslawien tritt dem Dreimächtepakt bei.[177]

Heute verabschiedete sich Christa St[.]. Im Beisein von Elfriede H[.] übergab sie die J.M. Gruppe an Erika B[.]. Ich bekam jetzt die Schar der 12 Jährigen.

*2 Fotoseiten:*
- „Der Führer empfängt den ungarischen Außenminister Bardossy, 21. III. 41"
- „Japanischer Staatsbesuch in Berlin, 27. III.-30. III. 41"
- „[gedr.] In der japanischen Botschaft beim Empfang zu Ehren des heimatlichen Gastes: Josuke Matsuoka im Gespräch mit dem deutschen Botschafter in Tokio, Ott"

---

[173] Vgl. Rede Hitlers im Berliner Zeughaus anlässlich des Heldengedenktages, 16. 3. 1941, mit Kürzungen abgedruckt in: Domarus, Hitler. Reden und Proklamationen, S. 1673–1675.
[174] Der Narvikschild war eine Auszeichnung, die an die Teilnehmer an der Schlacht von Narvik (vgl. Eintrag vom 10. 6. 1940) verliehen wurde. Solche Ärmelabzeichen wurden während des Zweiten Weltkriegs durch Hitler mehrfach gestiftet.
[175] László Bárdossy (1890–1946, hingerichtet in Budapest). Ungarn spielte bei den deutschen Vorbereitungen des Krieges gegen Griechenland als Auf- und Durchmarschgebiet für die Wehrmacht eine zentrale Rolle. Ungarn hatte dem im Januar 1940 zugestimmt; für einen möglichen Feldzug gegen Jugoslawien erwartete Hitler sogar die aktive Beteiligung Ungarns. Vgl. Vogel, Das Eingreifen Deutschlands auf dem Balkan, S. 424f.; Nebelin, Deutsche Ungarnpolitik, S. 154–169; Hillgruber, Staatsmänner und Diplomaten bei Hitler, Bd. 1, S. 482–487.
[176] Afrika war seit Anfang September 1940 Kriegsschauplatz. Mussolini hatte die Invasion Ägyptens befohlen, um Großbritannien die Kontrolle über den Suezkanal zu entreißen, der für das Empire von großer strategischer Bedeutung war. Nach dem italienischen Angriff auf Griechenland Ende Oktober 1940 und den dortigen Rückschlägen stellten die Italiener ihre Aktivitäten auf dem nordafrikanischen Kriegsschauplatz weitgehend ein. In den Wintermonaten starteten die britischen Truppen eine erfolgreiche Gegenoffensive, rund 130 000 italienische Soldaten gerieten in Gefangenschaft. Als die Gefahr bestand, Italien könne seine Besitzungen in Nordafrika verlieren, entschloss sich Hitler, zu deren Schutz einen defensiven Sperrverband zu entsenden. Erste Verbände des deutschen Afrikakorps landeten Mitte Februar in Tripolis. Ende März begann Rommel eigenmächtig, offensiv gegen die Briten vorzugehen, und erzielte schnell erhebliche Geländegewinne. Vgl. Stegemann, Die italienisch-deutsche Kriegführung im Mittelmeer und in Afrika, S. 591-630.
[177] Vgl. Eintrag vom 14. 2. 1941.

**München, 26. März 1941**

Der japanische Außenminister Matsuoka ist in Berlin eingetroffen. Sein Einzug in die Reichshauptstadt wurde vom Jubel der Berliner begleitet. Der Führer empfing Matsuoka in der Reichskanzlei zu einer längeren Aussprache. Verschiedene Empfänge und Besuche hoher Führer und Minister füllten den japanischen Staatsbesuch aus. Von Berlin aus begibt sich der japanische Außenminister nach Rom, wo er Besprechungen mit dem Duce haben wird.[178]

**München, 28. März 1941**

Mitglieder der Regierung Zwetkowitsch wurden in Jugoslawien verhaftet, der Kronprinz Peter wurde zum König ausgerufen. Die Ausschreitungen gegen die Deutschen nehmen mehr zu. Prinzregent Paul, ein Deutschenfreund, mußte ebenfalls fliehen. Die USA richteten ein Hilfsversprechen an Jugoslawien.[179]

**München, 29. März 41**

Heute mußte ich [mich] von meinen Freundinnen, die wir 5 Jahre lang treu zusammengehalten haben, verabschieden.[180] Bertl W[.] kommt in ein Büro als Kontoristin. Bärbel L[.], die mir sehr nahe steht, geht am weitesten fort. Sie macht ihr Lehrjahr auf einem Gute in der Rheinprovinz um nach ihrer Lehrzeit das väterliche Gut zu übernehmen. Sie freut sich auf ihre Arbeit und sieht mit hellen Augen in die Zukunft. Auch von Peter mußte ich mich trennen. Sie ist für das ganze nächste Trimester beurlaubt und fährt nach Wien zur Kur. Möge die Behandlung endlich helfen, damit sie ihre beiden Hände wieder gebrauchen kann. So werde ich das nächste Trimester allein sein. Lore B[.] und Isolde helfen mir darüber hinweg, ich bin ihnen dankbar dafür.

Der japanische Außenminister Matsuoka tritt seine Reise n. Rom an.

---

[178] Hitler und Ribbentrop versuchten, Yōsuke Matsuoka (1880–1946) davon zu überzeugen, an der Seite Deutschlands in den Krieg gegen England einzutreten und die britische Kronkolonie Singapur anzugreifen; vor einem Eingreifen der Sowjetunion im Osten brauche Japan sich nicht fürchten, so ließ Hitler durchblicken – zahlreiche deutsche Divisionen stünden an der deutschen Ostgrenze bereit. Ribbentrop deutete an, dass es in Zukunft einen deutschen Angriff auf die Sowjetunion geben werde. Zur Enttäuschung des Diktators blieb Matsuoka zurückhaltend. Schlimmer noch: Nach einem zweiten Besuch in Berlin am 4. 4. machte der japanische Außenminister in Moskau Station und unterzeichnete am 13. 4. mit Stalin den Japanisch-Sowjetischen Neutralitätspakt. Vgl. Kershaw, Hitler, S. 482–484; Martin, Die deutsch-japanischen Beziehungen, S. 466f.; Martin, Das deutsch-japanische Bündnis, S. 208f.; Hillgruber, Staatsmänner und Diplomaten bei Hitler, Bd. 1, S. 502–514.

[179] Nach dem Beitritt Jugoslawiens zum Dreimächtepakt gab es antideutsche Demonstrationen und in Belgrad putschte eine Gruppe pro-britisch eingestellter serbischer Offiziere. Sie setzte den Regentschaftsrat um Prinz Paul ab und rief den 17-jährigen Kronprinzen als Peter II. (1923–1970) zum König aus. Die neue Regierung unter General Dušan Simović (1882–1962) wollte zu einer vorsichtigen Neutralitätspolitik gegenüber Deutschland zurückkehren. Noch am gleichen Abend befahl Hitler, Jugoslawien als Staatsgebilde zu zerschlagen. Vgl. Vogel, Das Eingreifen Deutschlands auf dem Balkan, S. 442–447.

[180] Einige Klassenkameradinnen verließen die Schule nach dem Abschluss des fünfjährigen Lyzeums, was einem mittleren Bildungsabschluss entsprach. Wolfhilde wechselte in die Oberrealschule für Mädchen, eine gymnasiale Oberstufe, die mit dem Abitur endete und damit auf das Studium vorbereitete. In Bayern begann seit 1920 das Schuljahr nach den Osterferien. Es war in Trimester eingeteilt, die jeweils von Ostern bis zu den Sommerferien, von den Sommerferien bis Weihnachten und von Weihnachten bis Ostern dauerten. Für das Schuljahr 1941/42 wurde der Schuljahresbeginn reichsweit einheitlich auf den Herbst festgelegt. Vgl. Apel, Die Mädchenerziehung, S. 34–47.

**München, 1. April 1941**

Der Terror in Jugoslawien gegen das Deutschtum verschärft sich immer mehr.[181] Roosevelt hetzt in einem Glückwunschschreiben an den damaligen König Peter.[182]

Als erster Soldat des Mannschaftsstandes erhält der Gefreite Brinkforth das Ritterkreuz. Brinkforth ist der Sohn eines Bergmanns im Rheinland. Er selbst erlernte das Bäckerhandwerk.[183]

**München, 4. April 1941**

Ungarns Ministerpräsident Teleki gestorben.[184] Bardossy wurde mit der Ministerpräsidentschaft betraut. Der Führer empfängt Außenminister Matsuoka bei einem zweiten Besuch in Berlin.[185]

Heute übernahm ich die Schar der Zehnjährigen, die am 20. April in unseren Bund aufgenommen werden. Sie zu führen und zu Jungmädeln zu machen, ist die schönste Aufgabe in der Jungmädelarbeit. Ich bin froh und glücklich, daß ich sie erhielt.

Mit Herzklopfen erwarteten wir heute die B.D.M. Ärztin die uns die G.D. Prüfung abnehmen sollte. Doch schnell haben wir Zutrauen gehabt und alles ging gut vorüber. Auch unsere Sorgenkinder bestanden. Ein Stein fiel uns vom Herzen als wir unser Zeugnis in Händen hatten.

*4 Fotoseiten:*
- *„[gedr.] Die Außenminister der beiden befreundeten Staaten unterhielten sich im Kreise der Gäste"*
- *„[gedr.] Ein herzlicher Abschied beschloß nach fünf ereignisreichen und arbeitsvollen Tagen den Besuch des japanischen Außenministers in Berlin"*
- *„Der Abendempfang im Hotel Esplanade. Japans Außenminister Matsuoka im Gespräch mit Reichsinnenminister Dr. Frick"*[186]
- *„in Karinhall"*[187]
- *„Als erster Soldat des Mannschaftsstandes erhielt der Gefreite Brinkforth das Ritterkreuz, 1. April 41", 3 Fotos, davon eines „Beim Führer"*

**München, 6. April 1941**

Nachdem Jugoslawiens Wehrmacht in den Zustand „äußerster Bereitschaft" versetzt wurde, London Jugoslawien als Verbündeten begrüßte, übernahm die deutsche Wehrmacht

---

[181] Auch in diesem Fall dienten vorgebliche deutschfeindliche Ausschreitungen zur propagandistischen Legitimation des Angriffs auf Jugoslawien.

[182] Roosevelt wandte sich in einem persönlichen Telegramm an den jungen König und lud ihn zusammen mit seiner Mutter zu einem Besuch ins Weiße Haus ein, auch in der Hoffnung, Jugoslawien unter der neuen Regierung wieder aus dem Dreimächtepakt und aus der deutschen Einflusssphäre herauslösen zu können. Vgl. Lees, Yugoslav-Americans and National Security, S. 79.

[183] Gefreiter Hubert Brinkforth (1916–1942).

[184] Teleki, der gehofft hatte, Ungarn aus dem Krieg heraushalten zu können, erschoss sich aus Verzweiflung über die Zuspitzung der politischen Lage und die Bereitschaft Horthys, sich an der Seite Deutschlands gegen Jugoslawien zu wenden. Mit Jugoslawien hatte Ungarn – nicht zuletzt auf Drängen Hitlers, der Ruhe auf dem Balkan wollte – einen Freundschaftsvertrag abgeschlossen. Vgl. Müller, An der Seite der Wehrmacht, S. 40; Weinberg, Eine Welt in Waffen, S. 248.

[185] Vgl. Hillgruber, Staatsmänner und Diplomaten bei Hitler, Bd. 1, S. 518–524.

[186] Wilhelm Frick (1877–1946, hingerichtet in Nürnberg).

[187] „Carinhall" war die repräsentative Residenz Görings im Waldgebiet Schorfheide nordöstlich von Berlin, benannt nach dessen verstorbener erster Ehefrau Carin (1888–1931).

auch im Südosten Europas den Schutz der Reichsinteressen. Deutsche Truppen überschritten die jugoslawische und griechische Grenze. Die Festung Belgrad wurde dreimal bombardiert.[188]

**München, 13. April 1941**

Seit einer Woche spielt sich im Südosten der Kampf ab und welche Erfolge können die deutschen und italienischen Truppen verzeichnen. Saloniki, Nisch, Üsküb, Marburg, Belgrad gefallen. Kroatien wird zum selbstständigen Staat erklärt. Auch Ungarn marschiert gegen Jugoslawien.[189]

**München, 19. April 1941**

Deutschland und Italien anerkennen den kroatischen Staat. In den besetzten Gebieten der Untersteiermark, Kärnten und der Krain werden Chefs der Zivilverwaltung eingesetzt.[190] Die gesamte jugoslawische Armee streckt die Waffen.[191] Die Reichskriegsflagge weht auf dem Olymp.

**München, 20. April 1941**

Der Führer hat Geburtstag. Die Gedanken des deutschen Volkes eilen zu ihm in sein Hauptquartier. Dr. Goebbels spricht uns aus dem Herzen, wenn er sagt „Die Liebe und Verehrung zu ihm beflügeln unseren Kampf und unsere Arbeit für den Sieg."[192]

**München, 24. April 1941**

Die Epirus- und Mazedonienarmee der Griechen kapituliert bedingungslos. Der stark ausgebaute Thermopylenpass wurde genommen.[193] Die U-Boote von Korvettenkapitän

---

[188] Hitler sah die deutschen Interessen auf dem Balkan bedroht, weil der gescheiterte italienische Angriff auf Griechenland und der Putsch in Jugoslawien die Balkanstrategie, die er mit der Erweiterung des Dreimächtepaktes verfolgt hatte, obsolet gemacht hatten. In Griechenland sah sich Hitler zum Eingreifen gezwungen, um dem italienischen Verbündeten die Niederlage zu ersparen. Die Entscheidung dafür war Monate zuvor gefallen. Der Überfall auf Jugoslawien dagegen war ein kurzfristiger Vergeltungsangriff als Folge des Putsches wenige Tage zuvor. Er begann mit verheerenden Luftangriffen auf Belgrad: Ziele der „Operation Strafgericht" waren ausdrücklich die Zerstörung der Stadt und die Schädigung der Zivilbevölkerung, erst in zweiter Linie sollten militärische Objekte ausgeschaltet werden. Die Bombardierung Athens andererseits untersagte Hitler ausdrücklich. Vgl. Vogel, Operation „Strafgericht"; Kershaw, Hitler, S. 484–486.
[189] Der Führer der kroatischen faschistischen Ustaša-Bewegung, Ante Pavelić (1889–1959), rief am 10.4.1941 den Unabhängigen Staat Kroatien (Nezavisna Država Hrvatska, NDH) aus. Unter dem Titel *Poglavnik* errichtete er eine faschistische Diktatur mit Geheimpolizei, Sondergerichten und mehr als 20 Konzentrationslagern. Hunderttausende, vor allem Juden, Serben und Roma, fielen Pavelićs Politik zum Opfer. Vgl. Broszat/Hory, Der kroatische Ustascha-Staat.
[190] Dabei handelte es sich um besetzte jugoslawische, genauer: nordslowenische Gebiete, die in das Deutsche Reich eingegliedert werden sollten. Dies erfolgte bis Kriegsende allerdings nicht.
[191] Die Kapitulation erfolgte am 17.4.1941 in Belgrad durch General Danilo Kalafatović (1875–1945), Generalstabschef der jugoslawischen Armee. König Peter II. und die jugoslawische Regierung gingen ins Exil. Vogel, Das Eingreifen Deutschlands auf dem Balkan, S. 476–484.
[192] Vgl. Rede Joseph Goebbels' am Vorabend von Hitlers Geburtstag, 19.4.1941, abgedruckt in: Das Archiv. Nachschlagewerk für Politik – Wirtschaft – Kultur (1941), Heft 85, S. 38–41.
[193] Auf Seiten der Griechen kämpften im Frühjahr 1941 britische Expeditionstruppen, vor allem das Australian and New Zealand Army Corps (Anzac). Während ihres Rückzugs aus Nordgriechenland hatte die britische Nachhut den Pass gesperrt, um den eigenen Truppen die Räumung Griechenlands zu ermöglichen; sie leisteten zwischen dem 22. und dem 25.4.1941 hinhaltenden Widerstand.

Kretschmer und Kapitänleutnant Scheppke[194] sind von Feindfahrt nicht zurückgekehrt. Ersterer geriet in Gefangenschaft.

**München, 26. April 1941**

Der Führer stattet dem befreiten Marburg einen Besuch ab. Unter dem Jubel der befreiten Untersteiermärker, fuhr der Führer durch die Stadt.

*10 Fotoseiten:*
- „Kapitänleutnant Scheppke nicht zurückgekehrt, 24. 4. 41"
- „Die U-Bootkommandanten von Morgen"
- „Matsuoka in Rom, 1.-3. April 41"
- „Exilkönig Peter von Jugoslawien"
- „[gedr.] Matsuoka am Schreibtisch: Ein Autogramm in lateinischer Schrift"
- „Flugkapitän Hanna Reitsch[195] wird vom Führer mit dem Eisernen Kreuz ausgezeichnet. Als einzige Frau trägt sie diese Auszeichnung."
- „In der Heimat", 3 Fotos
- „Deutsche Soldaten werden von der Bevölkerung des Balkans als Befreier empfangen 6.-30. April 41"
- „Ungarns Ministerpräsident Teleki gestorben, 4. April"
- „In Gefangenschaft geraten"
- „[gedr.] Der erste volksdeutsche Gefangene in serbischer Uniform, bewegt von der Freude über die schicksalhafte Wendung, wird von dem deutschen General verhört"
- „[gedr.] Auf dem Gipfel des Olymps hißte ein Stoßtrupp unserer Gebirgsjäger die Reichs[kriegsflagge]"
- „[gedr.] Der Geburtstag des Führers", 20. April 41"
- „[gedr.] Der Geburtstag im Führerhauptquartier"

**München, 27. April 1941**

Athen ist in deutscher Hand. Fallschirmtruppen nehmen den Isthmus von Corinth. Die SS-Leibstandarte erzwang den Übergang über den Golf von Patras und dringt auf dem Peloponnes vor. Der Führer besucht Klagenfurt.

**München, 1. Mai 1941**

Amann, Ohnesorge und Messerschmitt wurden zu Pionieren der Arbeit ernannt.[196]

---

Während die Schlacht an dem geschichtsträchtigen Ort in der deutschen Propaganda erhebliche Aufmerksamkeit erhielt, erwies sich als problematisch, den Vergleich konsequent durchzuhalten: Die historisch stimmige Gleichsetzung der Deutschen mit den Persern als Angreifer auf Griechenland unterblieb, obwohl die Perser als „Arier" galten. Vgl. Albertz, Exemplarisches Heldentum, S. 317f.; Vogel, Das Eingreifen Deutschlands auf dem Balkan, S. 473f.

[194] Kapitänleutnant Joachim Scheppke (1912-1941).
[195] Hanna Reitsch (1912-1979), Pilotin.
[196] Max Amann (1891-1957), Präsident der Reichspressekammer. Wilhelm Ohnesorge (1872-1962), Reichspostminister. Willy Messerschmitt (1898-1978), Flugzeugkonstrukteur und Unternehmer. Die Auszeichnung wurde 1940 durch Hitler gestiftet und sollte durch den Leiter der Deutschen Arbeitsfront (DAF), Robert Ley (1890-1945, hingerichtet in Nürnberg), an denjenigen Mitarbeiter eines Nationalsozialistischen Musterbetriebs vergeben werden, der für die vorbildliche Ausgestaltung des Unternehmens besonders verantwortlich war.

**München, 4. Mai 1941**

Reichstagssitzung. Der Führer rechnet mit Churchill ab;[197] er legt das Ergebnis des Balkanfeldzuges vor. Er gibt die feindlichen Verluste bekannt. Die deutschen Verluste sind nur gering.[198]

**München, 17. Mai 1941**

Kroatien bietet einem Prinzen von Savoyen seine Königskrone an.[199]

**München, 22. Mai 1941**

Heute morgen hatten wir schulfrei: Martha Middendorf, unsere Obergauführerin verheiratete sich heute. In den Gängen bis zum Sitzungssaal des Kulturministeriums standen wir Spalier. Gauleiter Adolf Wagner erwartete die junge Braut und ihren Gemahl, Gebietsführer Thom Stöckl.[200] Die Rundfunkspielschar gab dem Trauakt den feierlichen Rahmen.

**München, 26. Mai 1941**

Am 23. Mai kehrte Günther Prien von Feindfahrt nicht zurück. Wir haben 14 Tage lang Ferien, denn eine Scharlachepedemie machte den Schulunterricht unmöglich. „Wir melden uns zum Fabrikdienst", sagten wir uns. Jede war von dem Plan hell begeistert. Toni O. trug uns in die Liste ein und ermahnte uns, den Vorsatz auch bis zum letzten auszufüllen.

*2 Fotoseiten:*
- *„Der Führer besucht das befreite Marburg[201], 26. April 41", 3 Fotos*
- *„Pioniere der Arbeit. Amann, Ohnesorge und Messerschmitt, 1. Mai 1941", 2 Fotos*

**München, 27. Mai 1941**

Pünktlich um ½ 7 $^h$ standen wir frohen Mutes vor dem Fabriktor. Nach anfänglichen Verwechslungen wurden wir von der Werkleitung herzlich begrüßt. Zunächst wurden wir durch den ganzen Betrieb geführt. Einige entschieden sich für die Konditorei und Bäckerei. Sie mußten bereits um 5 $^h$ zur Arbeit kommen. Einige wurden dem Lager, der Wurstabteilung, dem Versand, dem Gemüsestand zugeteilt. Mit einigen Kameradinnen kam ich in die Limonadenabteilung. Wir streiften lange Gummischürzen über und zogen Holzschuhe an. Von diesem Augenblick an wußten wir, was es heißt, den ganzen Tag an einer Maschine zu stehen und immer den gleichen Handgriff zu tun. Meine erste Arbeit war Flaschen zumachen, da mußte man flink sein, denn die nächste Maschine wartete schon. Schlag auf Schlag klebte sie die Etiketten auf die Flaschen. Dann löste ich die Arbeiterin an der Maschine ab. Jetzt ging es bücken, Flaschen in die Maschine stecken, die fertigen

---

[197] Winston Churchill (1874–1965), Premierminister Großbritanniens.
[198] Vgl. Verhandlungen des Reichstags, Bd. 460, S. 81–92.
[199] Nach Gründung des NDH bat Pavelić den italienischen König Viktor Emanuel III. (1869–1947) als Oberhaupt des Hauses Savoyen, einem savoyischen Prinzen die kroatische Krone verleihen zu dürfen. Der König bestimmte seinen Cousin, Prinz Aimone (1900–1948), der den Herrschernamen Tomislav II. annahm. Zu einer Inthronisation des designierten Königs kam es indes nicht, weil Pavelić nach der Festigung seiner diktatorischen Stellung an einer Schmälerung seiner Macht nicht interessiert war.
[200] HJ-Gebietsführer Thomas Stöckl (geb. 1910).
[201] Maribor in Slowenien.

*Abbildung 11: Hitler in Marburg a. d. Drau (Tagebuch-Fotoseite)*

heraus, in die Tragkörbe hinein. Immer schnell, schnell. Bald schmerzte der Rücken vom ungewohnten Bücken, doch schnell weiter. Die Maschine bleibt deswegen nicht stehen. Die Arbeiterinnen scherzten mit uns, damit die Zeit nicht gar so langsam verstrich. Übung macht den Meister, sagten wir uns, und siehe da, es ging immer besser. Eine halbe Stunde Mittag und dann schaffen wir weiter. Die anderen beneideten uns nicht in unserem Keller, aber überall hatten Jungmädelführerin und Arbeiterin zueinandergefunden. Wie froh waren sie, daß es Menschen gibt, die ihnen die Arbeit abnehmen, ihnen einen bezahlten Urlaub verschaffen und keinen Dank haben wollen. Ein anerkennender Blick, der Händedruck mit dem die Arbeiterin schied, war uns Dank genug. Als wir am Spätnachmittag die Arbeit beendigten, hatten wir über 6000 Limonadenflaschen zum Versand gebracht. Flaschenwaschen, -spülen, -einfüllen, -schließen und etikettieren von 6000 Flaschen in 9 Std. Ich war rechtschaffen müde, aber jeder dachte sich, durchhalten ist alles.

Als ich heimkam, erlebte ich eine große Überraschung. Lieselottes Mutter war da und holte ihr Kind. Sie konnte die Trennung nicht mehr aushalten. So schied unser kleiner Gast, der viel Unruhe in unser Haus gebracht hatte, den wir aber doch liebgewonnen hatten.

Das deutsche Schlachtschiff „Bismarck" ist nach tapferem Kampf gegen feindliche Übermacht gesunken. Am 24. Mai versenkte es den britischen Schlachtkreuzer „Hood".[202]

**München, 28. Mai 1941**

Eben kam ich heim. Nun sitze ich in meinem gemütlichen Zimmer und überdenke den heutigen Tag. Beim Schreiben hindern mich zwar die Verbände an meinen Fingern, aber es geht schon. Als wir heute um 7 ʰ die Fabrik betraten, fanden wir die Limonadenabteilung geschlossen. Der alte Werkmeister klärte uns auf: Heute mußten wir in die Flaschenspülerei und er schickte uns zur Vorarbeiterin. Die freute sich, daß sie Hilfe bekommen sollte. Zuerst sortierten wir die Weinflaschen und brachten sie in den Schuppen. Dann vertraute mir eine Arbeiterin ihre Maschine an und ich lernte die Handgriffe der Flaschenspülmaschine. Läche[l]nd schaute der alte Arbeiter meinen ersten Versuchen zu. Aber bald hatte ich den Griff heraußen. Fröhlich arbeiteten wir zusammen. Er war bedächtig und schweigsam. Doch nie sah ich ihn ohne seine geliebte Pfeife. In großen Bottichen lagen die schmutzigen Flaschen im heißen Wasser. „Autsch", entfuhr es mir. Gleich eilten alle herbei. „Das kommt öfter vor, lassen Sie sich gleich verbinden", tröstete mich die Vorarbeiterin Frau Huber. Bald konnte ich meine Hände nicht mehr strecken. Aber durch die Verbände konnte das schmutzige Wasser nicht dringen. Neugierig schauten mir die andern zu, wenn sie die Flaschen sortierten. Ich habe meine Arbeit bald liebgewonnen. Es war so schön still, nur die Maschine ging tak, tack. Als die Uhr ½ 5 zeigte, atmete ich aber doch auf. Schnell die Holzschuhe abgestreift und die schwere Gummischürze ausgezogen. Draußen schien die Sonne so warm und schön und wir hatten im Keller nichts davon gemerkt.

*2 Fotoseiten:*
- *„Der Einsatz auf Kreta, 24. Mai–2. Juni 41", 2 Fotos*
- *„[gedr.] Günther Prien nicht heimgekehrt, 23. Mai 41"*
- *„[gedr.] Die Gestalter der Geschicke Europas, 2. Juni 41"*
- *„[gedr.] Flottenchef Admiral Lütjens, 27. Mai 41"*

---

[202] Die 1936 auf Kiel gelegte „Bismarck" war erst seit Frühjahr 1941 einsatzbereit und wurde in den Atlantik entsandt, um dort zusammen mit dem Schweren Kreuzer „Prinz Eugen" stark gesicherte Geleitzüge anzugreifen und so den britischen Nachschub zu stören. Bei dem Versuch, die Blockade der englischen Marine zu durchbrechen, wurden die Schiffe von den britischen Schlachtschiffen „Prince of Wales" und „Hood" in der Dänemarkstraße gestellt. Die „Bismarck" konnte die „Hood" versenken, wurde aber selbst beschädigt und musste einen französischen Hafen ansteuern. Die Royal Navy setzte unterdessen alle verfügbaren Schiffe im Atlantik auf die „Bismarck" an, die zunächst durch einen Flugzeug-Torpedotreffer manövrierunfähig und schließlich von ihren Verfolgern gestellt und versenkt wurde. Der unheilvollen Tradition der Marine folgend, versicherten Admiral Günther Lütjens und Kapitän Ernst Lindemann Hitler, trotz der Aussichtslosigkeit der Lage „bis zur letzten Granate" zu kämpfen. Über 2100 Besatzungsmitglieder starben. Vgl. Rahn, Der Seekrieg im Atlantik und im Nordmeer, S. 373–384; Afflerbach, „Mit wehender Fahne untergehen", S. 608–611; Salewski, Das Ende der deutschen Schlachtschiffe.

**München, 31. Mai 1941**

Heute ist Samstag. Um ½ 12 ʰ war schon Schluß mit der Arbeit. Ein Tag war wie der andere vergangen. Einmal Limonaden, einmal Spülerei. Wir lernten die richtige Arbeit schätzen und wissen nun was es heißt, Tag für Tag, stündlich denselben Handgriff tun. Wie sauer müssen sich diese Menschen ihr Brot verdienen. Glücklich sind wir deshalb, daß wir 40 Arbeiterinnen und Mütter ablösen dürfen. Gerade in den Ferien ihrer Kinder empfinden sie es doppelt und wir müssen uns schon zusammennehmen, um die Arbeit der gelernten Facharbeiterin voll und ganz zu erfüllen.

**München, 2. Juni 1941**

Der Führer und der Duce treffen sich am Brenner.[203] Kreta ist frei vom Feind. In harten Kämpfen der Fallschirmjäger gegen die Engländer wurde diese Insel erobert.[204] Morgen beginnt wieder die Arbeit.

**München, 6. Juni 1941**

Unser Arbeitseinsatz nähert sich seinem Ende. Morgen werden wir zum letzten Male an den Maschinen stehen. Heute hatten wir eine besondere Freude. Anneliese Steinert, unsere Gauführerin und Toni O[.] besuchten uns. Sie unterhielt sich mit jeder von uns. Ließ sich unsere Arbeit [zeigen] und sprach mit den Arbeitern. Die waren nachher von ihr so begeistert wie wir es immer sind. Zufällig arbeitete ich heute mit einer Arbeiterin zusammen an der Spülmaschine, da kam unsere Pressephotographin und nahm uns beide auf. Vielleicht ist es etwas geworden. Nach der Arbeit veranstaltete der Betrieb eine Abschiedsfeier mit Kaffee und Kuchen. Der Betriebsleiter dankte uns für unseren Einsatz und sagte, er hätte nicht geglaubt, daß wir durchhalten würden. Daß wir es taten, erfüllt uns mit Stolz. Was bedeutet unser Einsatz gegen den der Soldaten?

Der Kroatische Staatsführer Pavelisch beim Führer.[205]

---

[203] Während die Vorbereitungen für den Angriff auf die Sowjetunion auf Hochtouren liefen, wurde zur Täuschung das Thema einer Invasion gegen England nochmals hochgespielt. Diesem Zweck diente wohl auch das Treffen am Brenner: Hitler bat Mussolini kurzfristig um die Begegnung, und der „Duce" ahnte zumindest, dass sich sein deutscher Verbündeter früher oder später gegen die Sowjetunion wenden würde. Der geplante Krieg im Osten war jedoch bei den Gesprächen erneut kein Thema. Vgl. Schlemmer, Die Italiener an der Ostfront, S. 7; Lins, Persönliche Begegnungen zwischen Hitler und Mussolini, S. 74–76; Hillgruber, Staatsmänner und Diplomaten bei Hitler, Bd. 1, S. 558–574.

[204] Die deutsche Militärführung sah die Ausschaltung der britischen Stützpunkte auf Malta und Kreta als notwendig an, um die Operationen der Achse im Mittelmeer zu sichern und um britische Luftangriffe auf die rumänischen Erdölfelder während des geplanten Feldzugs gegen die Sowjetunion zu verhindern. Die Einnahme der Inseln sollte durch Luftlande- und Fallschirmjägertruppen, unterstützt von Gebirgsjägern, erfolgen. Die Operation „Merkur" begann am 20. 5. und endete am 1. 6. 1941 mit der Evakuierung der britischen Truppen von der Insel. Der deutsche Sieg war jedoch durch enorme Verluste erkauft. Die Kreter standen den Eroberern ablehnend gegenüber, es kam zu zahlreichen deutschen Verbrechen gegen die Zivilbevölkerung. Vgl. Vogel, Das Eingreifen Deutschlands auf dem Balkan, S. 485–511; Hillgruber, Hitlers Strategie, S. 467; Kiriakopoulos, The Nazi Occupation of Crete.

[205] Hitler bestärkte Pavelić in seinem Vorhaben, in Kroatien eine „Flurbereinigung" vorzunehmen und Serben „umzusiedeln", um so Platz zu schaffen für die Ansiedlung von Slowenen aus den deutsch besetzten und zur Annexion vorgesehenen Gebieten Nordsloweniens. Vgl. Broszat/Hory, Der kroatische Ustascha-Staat, S. 94, 97; Hillgruber, Staatsmänner und Diplomaten bei Hitler, Bd. 1, S. 518–524.

**München, 7. Juni 1941**

Heute war unser letzter Arbeitstag. Blitzblank wuschen wir den Boden, die Bottiche und Maschinen. Doch bald war auch dies geschehen. Zum letzten Mal zogen wir die Holzschuhe aus und streiften die Gummischürzen ab. Vorher überraschte uns noch Hilde Dziwes durch ihren Besuch. Sie war unsere erste Obergauführerin und immer bleibt sie mit uns verbunden. Herzlich war der Abschied von den Arbeitern.

**München, 9. Juni 1941**

Schulanfang war heute wieder. Am Abend veranstaltete der Theaterring „Verkaufte Braut" im Staatstheater. Eine erstklassige Besetzung gestaltete das Stück zum Erlebnis.

*2 Fotoseiten:*
– *Hitler und Antonesku*
– *„Staatsbesuch General Antoneskus, München, 11. Juni 41", 3 Fotos*

**München, 11. Juni 1941**

Heute hielt es uns nicht in der Schule. Bald erhielten wir die Erlaubnis zu gehen. Wir mußten zum Empfang General Antoneskus antreten. Der Führer empfing den rumänischen Staatschef im Führerbau.[206]

**München, 15. Juni 1941**

Reichsaußenminister von Ribbentrop fuhr gestern zu Besprechungen nach Venedig. Kroatien tritt in Venedig dem Dreimächtepakt bei.

**München, 21. Juni 1941**

Am 18. Juni wurde in Ankara ein deutsch-türkischer Freundschaftspakt geschlossen.[207] Oberstleutnant Adolf Galland erhielt für seine großen Verdienste die Schwerter zum Eichenlaub des Ritterkreuzes.

**München, 22. Juni 1941**

Großdeutschlands Wehrmacht ist im Osten gegen die Sowjetunion angetreten. Moskau gibt das Komplott mit London offen zu. Auch Italien tritt in den Kriegszustand gegen die Bolschewisten. General Antonesku ruft die Rumänen zum Kampf. Eine Note des Auswärtigen Amtes beweist den planmäßigen Verrat der Sowjetunion gegen das Deutsche

---

[206] In dieser Besprechung informierte Hitler Antonescu über den Angriffsplan auf die Sowjetunion, dessen militärische Vorbereitungen bereits weit fortgeschritten waren, und stellte Rumänien für den Fall einer Kriegsbeteiligung erhebliche Gebietsgewinne in Aussicht. Antonescu sagte die rumänische Kriegsteilnahme zu. Vgl. Hillgruber, Hitler, König Carol und Marschall Antonescu, S. 132 f.; Hillgruber, Staatsmänner und Diplomaten bei Hitler, Bd. 1, S. 580–594.

[207] Die neutrale Türkei sah sich nach dem Balkanfeldzug von der bulgarisch-türkischen Grenze im Norden bis zu der Anatolien vorgelagerten Insel Rhodos im Südwesten den Streitkräften der Achse gegenüber. Nachdem Großbritannien Kreta verloren hatte, in Afrika die Gefahr eines deutschen Vorstoßes auf den Suezkanal bestand und im Irak ein von den Achsenmächten unterstützter Aufstand tobte, erschien es der Türkei zweifelhaft, ob England im Ernstfall wirkungsvoll Hilfe würde leisten können. Vgl. Krecker, Deutschland und die Türkei, S. 153–175; Bloch, Ribbentrop, S. 321, 326–328.

Reich. Der Führer erläßt einen Tagesbefehl an die Wehrmacht und einen Aufruf an das deutsche Volk.[208]

**München, 30. Juni 1941**

Auch Finnland verteidigt sich gegen den bolschewistischen Angriff.[209] Lemberg und Libau wurden genommen. Über 4100 Flugzeuge, 2200 Panzer wurden bis jetzt vernichtet.

Theaterring „Maria Stuart". Die Darstellung der Titelrolle durch Angela Salloker war ergreifend und läßt uns das Schauspiel nicht vergessen. Eine ebenbürtige Gegnerin fand sie in Anna Kersten. Reicher Beifall und herrliche Blumen, dankten den beiden Künstlerinnen für ihr Spiel das uns ganz in die reiche Welt Schillers führte.

---

[208] Die Propagandalüge von einem angeblich unmittelbar bevorstehenden Angriff der Sowjetunion, die ihre Grundlage in Hitlers Tagesbefehl fand, diente der Erklärung und Legitimation dieser für die deutsche Öffentlichkeit unerwarteten Wendung gegen den Bündnispartner Sowjetunion. Tatsächlich war das „Unternehmen Barbarossa" von langer Hand vorbereitet. Den Plan, Lebensraum im Osten zu erobern und dabei die Sowjetunion, in Hitlers Augen Hort der ideologischen und rassischen Feinde des Nationalsozialismus und des deutschen Volkes – Bolschewisten, Juden, Slawen – zu vernichten, verfolgte Hitler seit den 1920er Jahren; 1937 hatte er seine diesbezüglichen Überlegungen inklusive eines Zeitplans führenden Militärs detailliert auseinandergesetzt („Hoßbach-Niederschrift"). Das 1939 mit der Sowjetunion geschlossene Bündnis war in den Augen des deutschen Diktators vorübergehender Natur und diente als taktische Aushilfe der Vermeidung eines Zweifrontenkrieges: Kam es wegen Polen zum Krieg mit den Westmächten, sollten erst diese besiegt, dann die Sowjetunion angegriffen werden. Nach dem Sieg über Frankreich hatte Hitler in Europa mit Großbritannien nur noch einen ernst zu nehmenden Gegner. Allerdings erwies dieser sich als entschlossen, mit NS-Deutschland keinen Frieden zu schließen; der Versuch, ihn in die Knie zu zwingen, scheiterte. Großbritannien verfügte über die Ressourcen des Empires und die Unterstützung Amerikas. Die Nebenschauplätze auf dem Balkan, im Mittelmeer und im Atlantik änderten nichts an einer grundlegenden Pattsituation. Obwohl sich die Sowjetunion als verlässlicher Partner erwiesen hatte und das Reich zuverlässig mit kriegswichtigen Rohstoffen versorgte, entschloss sich Hitler zu einem riskanten Befreiungsschlag: Er zog sein erklärtes Endziel vor, den Weltanschauungskrieg um Lebensraum im Osten. War erst die Sowjetunion besiegt und mit seinen unerschöpflichen Ressourcen der deutschen Hegemonie unterworfen, so das Kalkül, könnten Großbritannien und am Ende auch die USA dem deutschen „Weltblitzkrieg" nicht standhalten. Schon seit Anfang Juni 1940 richtete Hitler – noch in Erwartung eines Friedensschlusses mit England – seine Aufmerksamkeit nach Osten und eröffnete dem Generalstab am 31. 7. seine Entscheidung zum Krieg mit der Sowjetunion im Frühjahr 1941. Am 18. 12. 1940 befahl er in seiner Weisung Nr. 21, die Wehrmacht habe die Vorbereitungen bis 15. 5. 1941 abzuschließen. Das Deutsche Reich bereitete einen Angriffskrieg vor, den es dann von Anfang an als rassenideologischen Vernichtungskrieg führte. Den Heeresgruppen folgten die Einsatzgruppen der SS und des SD, die im besetzten Gebiet Hunderttausende Juden ermordeten; der Kommissarbefehl ordnete an, politische Kommissare der Roten Armee nicht als Kriegsgefangene zu behandeln, sondern zu erschießen; laut Kriegsgerichtsbarkeitserlass waren Handlungen von Zivilisten gegen die deutsche Wehrmacht durch sofortiges Erschießen zu ahnden, während deutsche Soldaten bei Übergriffen straffrei bleiben sollten. Vgl. Wette, Die propagandistische Begleitmusik; Pietrow-Ennker, Präventivkrieg?; Hartmann, Unternehmen Barbarossa; Förster, Hitlers Wendung nach Osten; Förster, Das Unternehmen „Barbarossa" als Eroberungs- und Vernichtungskrieg; Förster, Das andere Gesicht des Krieges; Förster, Der historische Ort des Unternehmens „Barbarossa"; Ueberschär, Hitlers Entschluß zum Lebensraumkrieg im Osten; Zitelmann, Zur Begründung des „Lebensraum"-Motivs in Hitlers Weltanschauung.

[209] Nach der Niederlage im Winterkrieg 1939/40 hatte sich Finnland an das Deutsche Reich angelehnt; deutsche Truppen, die seit Anfang Juni nach Finnland verlegt und mit der Verteidigung Nordfinnlands betraut worden waren, beteiligten sich am 22. 6. 1941 am Angriff auf die Sowjetunion. Dass die sowjetische Luftwaffe am 25. 6. finnische Stützpunkte bombardierte, diente dem Land als willkommener Anlass, dem großen Nachbarn den Krieg zu erklären und an der Seite Hitlers in den Krieg einzutreten. Im sogenannten Fortsetzungskrieg sollten die verlorenen Gebiete zurückerobert werden. Vgl. Ueberschär, Die Einbeziehung Skandinaviens in die Planung „Barbarossa", S. 388–404; Hentilä, Auf der Schattenseite der Waffenbrüderschaft.

**München, 7. Juli 1941**

Einnahme von Riga und Windau. Der Dnjepr wurde ostwärts Minsk erreicht. Kolomea und Stanislaus[210] genommen. Beginn des deutsch-rumänischen Angriffs in Bessarabien.[211] Chernowitz[212] genommen.

**München, 10. Juli 1941**

Die Doppelschlacht von Bialystock und Minsk abgeschlossen.[213] An der finnischen Front Salla genommen. Eichenlaubträger Hauptmann Balthasar fand am Kanal den Heldentod. Witebsk genommen. Die Stalinlinie an allen entscheidenden Stellen durchbrochen.[214]

*2 Fotoseiten:*
- *„Kroatien tritt dem Dreimächtepakt bei, 15. Juni"*
- *„[gedr.] Unsere siegreichen Jagdflieger. Der Führer empfängt in seinem Hauptquartier Oberstleutnant Galland, 21. Juni 41"*
- *„Europa kämpft gegen den Bolschewismus", 2 Fotos: „Die ‚Blaue Division' Spaniens" und „Italienische Truppen"*

**München, 13. Juli 1941**

Schießbefehl Roosevelts an die amerikanische Flotte.[215]

**München, 16. Juli 1941**

Heute war Schulschluß. Der Abschied war diesmal nicht so leicht. Denn nach den Ferien wird unsere Klasse, die wir doch so fein zusammenhielten, nicht mehr beisammen sein. Ein Teil hat sich für die sprachliche Form, der andere für die hauswirtschaftliche Form entschlossen.

---

[210] Richtig: Stanislau.
[211] In Rumänien präsentierte Antonescu der Bevölkerung den Krieg gegen die Sowjetunion als Heiligen Krieg zur Rückgewinnung Bessarabiens und der Bukowina. Pro forma erhielt Antonescu das Oberkommando über eine Armeegruppe auf der rechten Flanke der deutschen Heeresgruppe Süd, in der zwei rumänische und die deutsche 11. Armee gemeinsam kämpften. De facto führte der deutsche Kommandeur der 11. Armee die Armeegruppe. Vgl. Deletant, Hitlers Forgotten Ally, S. 80–84; Hillgruber, Hitler, König Carol und Marschall Antonescu, S. 134–136.
[212] Richtig: Czernowitz.
[213] Bei Białystok und Minsk gelang es der Heeresgruppe Mitte, große Teile der sowjetischen Westfront zu zerschlagen. Nur 11 von 46 Divisionen konnten ausbrechen, rund 324 000 Angehörige der Roten Armee gerieten in Gefangenschaft. Vgl. Klink, Der Krieg gegen die Sowjetunion bis zur Jahreswende 1941/42, S. 451–461.
[214] Befestigungsanlage an der sowjetischen Westgrenze, bestehend aus einer Linie von Betonbunkern von der Ostsee bis zum Schwarzen Meer. Die Überwindung der Stalin-Linie hielt die Wehrmacht mehrere Tage auf und kostete erhebliche Verluste.
[215] Am 7.7.1941 landeten amerikanische Truppen auf Island. Die Insel hatte sich im Mai vom deutsch besetzten Dänemark losgesagt und sich unter den Schutz britischer und kanadischer Truppen begeben. Diese wurden nun, unter Wahrung der vollen isländischen Souveränität, von amerikanischen Truppen abgelöst. In einem völkerrechtlich nicht unproblematischen Schritt erteilte Roosevelt der US Navy den Befehl, das Eindringen von Kräften der Achse in einen Radius von 50 Meilen um die Insel als feindlichen Akt zu werten; außerdem sollte ein Nachschubkorridor freigehalten werden. Schon bei einem drohenden Angriff war das Feuer zu eröffnen. Roosevelt beunruhigten die britischen Niederlagen im Mittelmeerraum zutiefst. Mit dem deutschen Angriff auf die Sowjetunion weitete er die Hilfsmaßnahmen des *Lend-Lease*-Gesetzes auf die Sowjetunion aus, die fortan ebenfalls von amerikanischen Materiallieferungen profitierte. Vgl. Gruchmann, Völkerrecht und Moral, S. 594f.; Weinberg, Eine Welt in Waffen, S. 270; Overy, Wurzeln des Sieges, S. 322–326.

Oberstleutnant Werner Mölders errang seinen 101. Luftsieg, die 14 Luftsiege über Spanien dazugezählt, errang er seinen 115. Er ist der beste und kühnste Jagdflieger der Welt. Der Führer verleiht ihm zu seinem Siege die neugestiftete, höchste deutsche Tapferkeitsauszeichnung: das Eichenlaub mit Schwertern und Brillianten. Das ganze Volk nimmt Anteil an seinem Sieg. Er ist der bescheidene, immer lustige Kamerad geblieben. Von seinem Geschwader wird er geliebt und verehrt und darüber hinaus vom ganzen deutschen Volk.

**München, 17. Juli 1941**

Heute fahren wir wieder nach Waging.

**Waging, 19. Juli 1941**

Seit zwei Tagen sind wir nun schon in unserem stillen Waging. So still wie es war, als wir das letzte Mal da waren, ist es aber nicht mehr. Der Ort ist mit Norddeutschen dicht besetzt. Meist sind es Frauen aus den gefährdeten Gebieten, die mit ihren Kindern Erholung suchen.

Smolensk genommen.

**Waging, 9. August 1941**

Wir stehen am Ende von drei großen Kesselschlachten; von Smolensk, Uman in der Ukraine und Roslavl. Groß waren die Verluste des Gegners. Über 450 000 Gefangene, 3750 Panzer vernichtet, 4900 Geschütze erbeutet oder vernichtet.

**Waging, 20. August 1941**

Die Zeit vergeht im Fluge. Jeder Tag bringt neue Sondermeldungen über unsere Siege im Osten. Die Verwaltung des Lemberger Gebietes wurde dem Generalgouvernement unterstellt. Nikolajew, Nowgoroth[216] und Narva wurden genommen. Die Schlacht bei Gommel[217] wurde abgeschlossen. Auch hier hatte der Feind schwere Verluste.

**Waging, 28. August 1941**

Der Duce ist seit dem 25. August an der Ostfront, wo er mit dem Führer und den maßgebenden Generalstäben Besprechungen hat.[218] Er ist erschüttert über die Not, das Elend dieses östlichen Gebietes. Morgen fahren wir wieder heim, wir würden noch länger bleiben, aber das Wetter ist seit Wochen regnerisch und kalt. Ich sehne mich wieder nach Hause. Dort habe ich meine Arbeit und kann meinen Liebhabereien nachgehen.

---

[216] Richtig: Nowgorod.
[217] Richtig: Gomel.
[218] Hitler empfing Mussolini in seinem Führerhauptquartier „Wolfsschanze" in der Nähe von Rastenburg in Ostpreußen. Er hatte die Einladung Anfang August ausgesprochen und gehofft, den „Duce" bereits in Moskau begrüßen zu können. Mussolinis Besuch an der Ostfront dauerte fünf Tage und führte ihn an zahlreiche Stationen entlang der Front. Der Höhepunkt war zweifelsohne die Inspektion der drei Divisionen des Italienischen Expeditionskorps (*Corpo di spedizione italiano in Russia*, CSIR), das Mussolini an die Ostfront entsandt hatte, um dem Achsenpartner seine Solidarität zu beweisen und um sich am Kampf gegen den Bolschewismus zu beteiligen. Zunächst als Reserve der deutschen 11. Armee eingesetzt, war es am 14. August der deutschen Panzergruppe 1 unterstellt worden. Es rückte damit ins Zentrum der Operationen der Heeresgruppe Süd und gewann dort die deutsche Anerkennung. Vgl. Lins, Persönliche Begegnungen zwischen Hitler und Mussolini, S. 76–81; Schlemmer, Die Italiener an der Ostfront, S. 6–23.

*7 Fotoseiten:*
- *„General Antonesku an der Front"*
- *„Oberst Mölders erhält die höchste deutsche Tapferkeitsauszeichnung: Das Eichenlaub mit Schwertern und Brillanten, 16. 7. 41"*
- *„Der Sohn Stalins*[219] *ist gefangen"*
- *„Ein vertiertes Gesicht"*
- *„Eine Leninstatue ist umgestürzt"*
- *„Das waren die Folterwerkzeuge, mit denen ihr Sohn gequält wurde"*
- *„Genosse Kommissar"*
- *„Die Blaue Division wird vereidigt. Alle Spanier tragen die deutsche Uniform"*
- *„Ritterkreuzträger Obergefreiter Brinkforth im Osten"*
- *„Der Duce an der Ostfront, 25.–29. Aug. 41"*
- *„Kurz vorher hat hier der Kampf gewütet"*
- *„Im Hauptquartier des Reichsmarschalls"*

**München, 29. August 41**
Heute abends sind wir wieder in unserem München gelandet. Die Fahrt ging ziemlich gut vor sich. Das Wetter war auch gnädig. Ganz fremd kommt uns die Wohnung vor. Aber dieses Gefühl legt sich bald. Durch den Radio hören wir, daß der Eichenlaubträger Hauptmann Joppien gefallen ist.[220] Nach seinem 70. Luftsieg kehrte er nicht zurück. Wer kennt nicht sein stets heiteres Gesicht. Sein Vater ist Bergarbeiter im Ruhrland.

**München, 1. September**
2 Jahre Krieg. Was haben sie uns alles gebracht. Der Polenfeldzug von 18 Tagen, Norwegen und Dänemark, der Feldzug in Holland, Belgien und Frankreich; die Niederringung des Feindes gegen Jugoslawien und Griechenland und nun der Vernichtungsfeldzug gegen die Bolschewisten. Ein einziger Siegeszug der deutschen Wehrmacht. Was wird uns das dritte Kriegsjahr bringen?

**München, 8. September 1941**
Die Schlüsselstellung am Ladoga-See wurde erstürmt. Leningrad von allen Landverbindungen abgeschlossen.[221] Der britische Luftangriff auf Berlin ist unter der deutschen Abwehr zusammengebrochen. Es wurden 20 Briten abgeschoßen.[222]

---

[219] Jakow I. Dschugaschwili (1907–1943 im KZ Sachsenhausen), Artillerieoffizier, ältester Sohn Stalins.
[220] Hauptmann Hermann-Friedrich Joppien (1912–1941).
[221] Die Wehrmacht belagerte Leningrad zwischen dem 8. 9. 1941 und dem 27. 1. 1944. Schätzungen gehen davon aus, dass in dieser Zeit rund 1,1 Millionen Menschen an den Folgen der Blockade starben, die meisten davon verhungerten. Das Massensterben wurde von deutscher Seite nicht nur in Kauf genommen, sondern gezielt herbeigeführt. Es war Teil des nationalsozialistischen Vernichtungskrieges und seiner rassistisch motivierten Hungerpolitik, die darauf zielte, die sowjetischen Großstädte zu entvölkern und mit den Lebensmittelüberschüssen der ländlichen Gebiete die Wehrmacht zu versorgen und die eigene Bevölkerung im Reich zu ernähren. Vgl. Ganzenmüller, Das belagerte Leningrad; Hürter, Die Wehrmacht vor Leningrad; Müller, Von der Wirtschaftsallianz zum kolonialen Ausbeutungskrieg; Gerlach, Krieg, Ernährung, Völkermord; Gerlach, Kalkulierte Morde.
[222] Tatsächlich gingen sogar 21 von 169 britischen Maschinen verloren. Seit dem ersten Luftangriff auf Berlin am 25. 8. 1940 hatte es immer wieder Luftangriffe auf die Reichshauptstadt gegeben; in der Folge nahmen die britischen Bomber bis Anfang 1943 etwa im Ruhrgebiet Ziele ins Visier, die über eine geringere Flugabwehr verfügten. Vgl. Overy, Der Bombenkrieg, S. 401f.

**München, 15. September 1941**

Heute fand der Staatsakt für den am 12. September im Südabschnitt der Ostfront gefallenen Generaloberst Ritter von Schobert statt. Zur selben Stunde wurde er im Osten bestattet. Eine Mine, auf die er mit dem Flugzeug auffuhr, hatte seinem Leben und das seines Adjudanten ein Ende gesetzt.

**München, 16. September 1941**

Nach abermaliger Verlängerung der Ferien begann heute die Schule. Wir, die wir uns für die sprachliche Form entschieden haben, wurden mit der B-Klasse vereinigt. Nach einer scheinbaren Verwechslung bekamen wir nicht Herrn Professor Basserman, sondern Herrn Professor Joseph Zweckstätter zum Klaßleiter. Sonst haben wir lauter neue Lehrer. Latein und Chemie sind nun als neue Fächer hinzugekommen. Von Peter, Erika M[.] und Lore B[.] bin ich nun leider getrennt. Inge R[.] ist jetzt wieder in meiner Klasse. Wir kennen uns schon seit der 1. Grundschulklasse. Ich bin froh darüber, daß sie da ist, denn sie ist eine feine Kameradin.

**München, 21. Sept. 1941**

Kiew ist nun genommen[223], ebenso Poltawa. Insel Oesel wurde vollständig besetzt. Die Briten versuchen immer wieder in das Reichsgebiet einzudringen. Sie büßten dabei in den beiden letzten Tagen 70 Flugzeuge ein.

*6 Fotoseiten*
- *„Die Opfer im Gefängnis von Bromberg"*[224]
- *„Hauptmann Joppien nicht zurückgekehrt"*
- *„Männer einer Aufklärungsabteilung werden ausgezeichnet"*
- *„Und hier bei der Waffen-SS"*
- *„Das sind unsere Gegner, unter ihnen ein Flintenweib"*[225]
- *„Zwei Welten"*
- *Porträts „Eichenlaubträger Oberl. z. See Endrass", „Eichenlaubträger Liebe", „Eichenlaubträger Schulze", „Hauptmann Ihlefeld Eichenlaubträger" und „Ritterkreuzträger Valtiner"*[226]

---

[223] Wenige Tage nach dem Einmarsch deutscher Truppen erschoss die Einsatzgruppe C der SS und des SD am 29./30.9.1941 in einer Schlucht nahe der Stadt (Babij Jar) innerhalb von 36 Stunden über 33 000 Juden. Vgl. Pohl, Die Einsatzgruppe C; Rüß, Kiev/Babij Jar.

[224] Der stalinistische Geheimdienst NKVD erschoss bei seinem Rückzug vor den deutschen Truppen einen großen Teil der politischen Häftlinge. Dies führte zu einer Welle von antisemitischen Pogromen, da für die Verbrechen die jüdische Minderheit verantwortlich gemacht wurde, die angeblich den NKVD dominieren würde. Von der deutschen Propaganda wurde diese Version aufgegriffen. Vgl. Pohl, Nationalsozialistische Judenverfolgung in Ostgalizien, S. 54–56.

[225] Kriegsgefangene gehörten zur „Kriegsbeute" und wurden als solche „ausgestellt", indem sie dem deutschen Publikum in Fotografien propagandistisch präsentiert wurden. Die Bilder sollten ideologische und rassische Feindbilder und Stereotype bestätigen und bestärken – vgl. auch die Beschriftung des nächsten Bildes („Zwei Welten"), das einen Wehrmachtssoldaten neben einem gefangenen Rotarmisten mit asiatischen Gesichtszügen zeigt. Das Klischee des „Flintenweibes" war dazu besonders geeignet: demonstrierte es doch vorgeblich, dass der Bolschewismus die „natürliche" Geschlechterordnung außer Kraft gesetzt habe. Mit besonderer Milde konnten weibliche Kombattantinnen nicht rechnen. Während des Zweiten Weltkriegs gerieten rund 5,7 Millionen sowjetische Soldaten in deutsche Kriegsgefangenschaft. 2,5 bis 3 Millionen davon kamen um, vor allem während des Winters 1941/42 verhungerten zahllose Rotarmisten. Vgl. Blank, Beutestücke, S. 22–25; Freytag, Kriegsbeute „Flintenweib"; Streit, Keine Kameraden; Gerlach, Die Verantwortung der Wehrmachtführung; Otto, Wehrmacht, Gestapo und sowjetische Kriegsgefangene.

[226] Oberleutnant zur See Engelbert Endrass (1911–1941), Kapitänleutnant Heinrich Liebe (1908–1997), Hauptmann Herbert Ihlefeld (1914–1995), Gefreiter Helmut Valtiner (1919–1987).

Abbildung 12: Russische Kriegsgefangene (Tagebuch-Fotoseite)

- „General Dietl bei Arbeitsmännern im hohen Norden"
- „Mittagspause"
- „Der General gibt seinen Vorbeimarschierenden Soldaten Zigaretten. Dieses kleine Erlebnis werden sie nicht so schnell vergessen"

**München, 27. September 1941**

Gauappell im Zirkus.²²⁷ Ein Hauptstellenleiter gibt den großen Rechenschaftsbericht. Darnach spricht der Gauchef, Gauleiter Wagner. Er gibt die Befehle für das kommende Jahr. Nach der eindrucksvollen Kundgebung wurde uns Gerhild R[.], die neue Haupt-

---

²²⁷ Gemeint ist der sogenannte Kronebau des Zirkus Krone in München. Das 1919 errichtete und 1944 bei einem Bombenangriff zerstörte Bauwerk wurde neben Zirkusvorstellungen auch für andere Großveranstaltungen genutzt. Hitler sprach seit Anfang der 1920er Jahre häufig im Kronebau. Vgl. Rudloff, Auf dem Weg zum „Hitler-Putsch", S. 99; Auerbach, Hitlers politische Lehrjahre, S. 26.

*Abbildung 13: Eichenlaubträger (Tagebuch-Fotoseite)*

ringführerin von Nord [vorgestellt]. Es tut uns wirklich leid, daß Toni O[.] unseren Hauptring abgibt. Sie hat sich so gut mit uns eingelebt und eingearbeitet.

**München, 30. September 1941**

Heute nachmittags führte Toni O[.] Gerhild R[.] in ihre Arbeit ein. Ihr selbst fällt es schwer, aus unserem Ringverband zu scheiden, aber einen Trost haben wir, West ist nicht weit von Nord. Doch auch mit Gerhild wollen wir tüchtig arbeiten und unseren Ruf als besten Hauptring behaupten. Am heutigen Tag hatten wir aber noch was anderes vor. Gauleiter Wagner hatte heute Geburtstag. Wir marschierten durch die Prinzregenten-

und Schönfeldstraße in die Kaulbachstraße.[228] Wir sangen unsere schönsten Lieder und schmunzelnd dankend fuhr er an unseren Reihen entlang. Wunderschön war der Marsch durch das abendliche München. Schwarz hob sich die Silhouette der Feldherrnhalle gegen den rötlichen Abendhimmel ab. Dieser Marsch stärkte uns alle für unsere kommenden Arbeiten; er zeigt uns die Gemeinschaft. Im Hofgarten sangen wir das Lied „Gute Nacht, Kameraden"[229] ehe wir uns auflösten. Ein schöner Nachmittag ist zu Ende gegangen.

**München, 3. Oktober 1941**

Der Führer eröffnete das K.W.H.W. im Sportpalast zu Berlin. Das K.W.H.W. 1940/41 erbrachte 916 214 000 M.[230]

**München, 5. Oktober 41**

Unsere 10 Jährigen sind ab heute richtige Jungmädel. Sie dürfen jetzt Halstuch und Knoten tragen. Darob sind sie nicht minder stolz. Sie freuen sich nochmehr auf die kommenden Dienste, denn nun gelten sie genau soviel wie die Großen. Nach der Verpflichtungsfeier im Studentenhaus sahen wir den Film „Der Weg zum Führer".[231]

**München, 12. Oktober 1941**

Zur Eröffnung der Jugendfilmstunden im kommenden Winter sahen wir im Luitpoldlichtspieltheater den Film der Nation „Ohm Krüger" mit Emil Jannings in der Titelrolle.[232]

Rumänische Truppen sind in Odessa einmarschiert.

**München, 21. Oktober 1941**

Heute nachts war Fliegeralarm. Nach der Besetzung der Insel Dagö ist der baltische Raum völlig vom Feind befreit.

*4 Fotoseiten:*
- *„Der Führer eröffnet das Kriegswinterhilfswerk, 3. Okt. 41"*
- *„Die Ehrengäste"*
- *„Der Führer während seiner Rede"*

---

[228] In der Kaulbachstraße 15 befand sich in der sogenannten Kaulbachvilla, erbaut 1887–1889 für den Porträtmaler Fritz August von Kaulbach, die Residenz Gauleiter Wagners.
[229] Lied „Gute Nacht, Kameraden" von Hans Baumann (1914–1988), 1938. Baumann war für die Reichsjugendführung tätig und komponierte neben vorgeblich unverfänglichen Liedern wie „Gute Nacht, Kameraden" auch Lieder wie das berüchtigte „Es zittern die morschen Knochen". Vgl. Schreckenberg, Der Hitler-Barde Hans Baumann; Sarkowicz/Mentzer, Literatur in Nazi-Deutschland, S. 80–82; Hillesheim/Michael, Lexikon nationalsozialistischer Dichter, S. 34–51.
[230] Vgl. Rede Hitlers im Berliner Sportpalast anlässlich der Eröffnung des Kriegswinterhilfswerks 1941, 3. 10. 1941, abgedruckt in: Domarus, Hitler. Reden und Proklamationen, S. 1758–1767.
[231] Gemeint ist vermutlich der Film „Der Marsch zum Führer" (1940), der den Sternmarsch der Hitler-Jugend zum Reichsparteitag der NSDAP in Nürnberg in Szene setzt und mit dem Vorbeimarsch der Jugendverbände an Hitler und Baldur von Schirach endet. Vgl. Courtade/Catars, Geschichte des Films im Dritten Reich, S. 280 f.
[232] „Ohm Krüger" (1941), propagandistischer Historienfilm von Hans Steinhoff, der den Burenkrieg und das Leben des südafrikanischen Politikers Paul Kruger thematisiert. Vgl. Courtade/Catars, Geschichte des Films im Dritten Reich, S. 87–93.

- „*Das Staatsbegräbnis für Hugo Bruckmann*"[233]
- „*Frühe Erdbeeren von Ukrainern*", 2 Fotos

**München, 24. Oktober 1941**

Charkow ist in deutscher Hand. Der Zugang zur Halbinsel Krim erzwungen.

**München, 8. November 1941**

Es ist jetzt ½ 1 ʰ morgens. Eben wurde Entwarnung gegeben und wir feiern meinen 16. Geburtstag. Bücher, Karten, ein Kachelbild und Blumen bildeten die schönen Gaben. Gerade heute habe ich die erste Tanzstunde, doch darüber kann ich erst später berichten. Peter ist den ganzen Nachmittag da gewesen. Die erste Tanzstunde bei Valenci war nett und unterhaltend. Wir kamen uns wie die Rekruten vor, die erst das Gehen lernen. Viel zu schnell verging die Zeit und wir freuen uns schon auf die nächste Stunde.

Abends sprach der Führer zur Alten Garde im Löwenbräukeller zu München. Er stellte fest: zum ersten Male kämpft Europa, einig und geschlossen, in einer gemeinsamen Erkenntnis gegen den Weltfeind Bolschewismus.[234]

**München, 9. November 1941**

Heute mußte ich um ½ 9 ʰ am Theresienhof antreten. Inge R[.] wurde gleich mir zur Scharführerin befördert und bestätigt. In einer eindrucksvollen Feier erhielten 93 Führerinnen, darunter auch wir, unsere grünen Schnüre. Darnach begann auf dem Königlichen Platz die alljährliche Kundgebung und Ehrung der Gefallenen des 9. Novembers 1923.

**München, 17. November 1941**

Alfred Rosenberg wurde zum Reichsminister für die besetzten Ostgebiete ernannt.[235] Die Hafenstadt Kertsch auf der Krim wurde genommen.

Ein harter Schlag traf das deutsche Volk, als die Nachricht vom Tode des Generalobersten Ernst Udet bekanntgegeben wurde. Beim Erproben einer neuen Waffe ist er tödlich abgestürzt. Der große Weltkriegsflieger und Generalluftzeugmeister der neuen, jungen Luftwaffe fand den Heldentod. Der Führer ordnete ein Staatsbegräbnis an. Das 3. Geschwader wird ihm zu Ehren seinen Namen tragen.[236]

---

[233] Hugo Bruckmann (1863–1941), Verleger, Altparteigenosse und seit 1932 Mitglied des Reichstags.
[234] Vgl. Rede Hitlers im Löwenbräukeller am Vorabend des 9.11., 8.11.1941, mit Kürzungen abgedruckt in: Domarus, Hitler. Reden und Proklamationen, S. 1771–1781.
[235] Alfred Rosenberg (1892–1946, hingerichtet in Nürnberg), Chefideologe der NSDAP. Er war mitverantwortlich für die Vernichtung der Juden in Osteuropa und die Hungerpolitik gegen die Zivilbevölkerung in den besetzten Gebieten in der Sowjetunion. Seine Vorstellungen einer positiven Germanisierungspolitik unter Bevorzugung der Balten und Ukrainer konnte er kaum durchsetzen. Vgl. Zellhuber, „Unsere Verwaltung treibt einer Katastrophe zu …".
[236] Generaloberst Ernst Udet (1896–1941), der als Generalluftzeugmeister im Reichsluftfahrtministerium für die Ausrüstung der Luftwaffe verantwortlich war, war einer der erfolgreichsten Jagdflieger des Ersten Weltkriegs gewesen. Er erschoss sich, nachdem Göring ihn in einer heftigen Auseinandersetzung als Sündenbock für die Fehlschläge in der Luftschlacht um England verantwortlich gemacht hatte. Udets Selbstmord wurde geheim gehalten. Sein Freund Carl Zuckmayer thematisierte die Ereignisse nach dem Krieg in dem Drama „Des Teufels General". Vgl. Hümmelchen, Generaloberst Ernst Udet.

**München, 22. November 1941**
Im Beisein des Führers fand das Staatsbegräbnis für Generaloberst Udet statt. Mit klaren Worten umriß Reichsmarschall Göring das Leben und Sterben dieses Mannes, seines Freundes. Im Invalidenfriedhof befindet sich neben seinem großen Kameraden Manfred von Richthofen seine letzte Ruhestätte.

Kaum haben wir den Tod Udets überwunden, da trifft uns alle ein zweiter, schwerer Schlag. Oberst Werner Mölders ist bei einem Fluge in einer Maschine, die er selbst nicht steuerte tödlich verunglückt.[237] Werner Mölders, der jüngste Oberst der ganzen deutschen Wehrmacht, einziger Träger der größten deutschen Tapferkeitsauszeichnung soll nicht mehr unter uns sein? Der unbesiegte Held in 115 Luftschlachten. Es ist unfaßbar. Der beste Jagdflieger der Welt, der beste Kamerad seiner Untergebenen ist dahingegangen. Der Führer ordnete ein Staatsbegräbnis an, sein Geschwader, das er von Sieg zu Sieg geführt hat, wird seinen Namen fortan tragen. Die uns wohlgesinnten Völker teilen unseren Schmerz, vor allem Spanien, war er doch der erfolgreichste Jagdflieger der „Legion Condor" im spanischen Bürgerkrieg.

*8 Fotoseiten:*
- *„Der Führer empfing Reichsverweser von Horthy"*
- *„König Boris von Bulgarien bei Generalfeldmarschall List"*[238]
- *„Generaloberst Udet tödlich verunglückt, 17. 11. 42"*
- *„[gedr.] Beim feierlichen Staatsakt im Ehrensaal des Reichsluftfahrtministeriums: der Führer und der Reichsmarschall. An der Trauerfeier nahmen die gesamte Reichsregierung und hohe Vertreter aller Waffen der deutschen Wehrmacht teil. Nachdem die letzten Akkorde der ‚Götterdämmerung' von Richard Wagner verklungen waren, erhob sich der Reichsmarschall, grüßte den Toten und hielt eine Ansprache, die mit dem hohen Lied unvergeßlicher Kameradschaft schloß."*
- *„Oberst Mölders stürzte auf einem Dienstflug tödlich ab. Hier sehen wir ihn bei der Rückkehr vom Feindflug, 22. 11. 41"*
- *Todesanzeige Werner Mölders*
- *„Der Führer empfängt die Staatsmänner der europäischen Länder, 27. 10. 42"*
- *„[gedr.] Der Führer empfing die in Berlin weilenden europäischen Staatsmänner in Einzel-Audienzen: Der Führer im Gespräch mit Finnlands Außenminister Witting"*[239]

**München, 27. November 1941**
Bei einem Staatsakt in der Reichskanzlei wurde die Verlängerung des Antikominternpaktes um weitere 5 Jahre proklamiert und der Beitritt Bulgariens, Chinas, Dänemarks, Finnlands, Kroatiens, Rumäniens und der Slowakei zu diesem Pakt vollzogen.[240]

Der Führer empfing in Sonderaudienz die Staatsmänner der dem Antikomminternpakt angehörigen Länder. Sie haben darnach wieder Deutschland verlassen.[241]

---

[237] Mölders war als Passagier auf dem Weg zum Staatsbegräbnis Ernst Udets, als seine Maschine beim Landeanflug auf Breslau abstürzte.
[238] Zar Boris III. von Bulgarien (1894–1943).
[239] Rolf Johan Witting (1879–1944).
[240] Der Antikominternpakt hatte von Anfang an vor allem symbolische Bedeutung gehabt und war de facto in Europa durch den Dreimächtepakt ersetzt worden. Seine Verlängerung war propagandistische Symbolpolitik, auch wenn Finnland und China nicht dem Dreimächtepakt angehörten.
[241] Vgl. Hillgruber, Staatsmänner und Diplomaten bei Hitler, Bd. 1, S. 638–662.

Dr. Rainer wurde zum Gauleiter von Kärnten, Gauleiter Dr. Schall von Salzburg ernannt.[242]

**München, 28. November 41**

Beim Staatsakt für Werner Mölders waren neben dem Führer die Vertreter des In- und Auslandes anwesend. Reichsmarschall Göring gab das Bild dieses jungen deutschen Helden, des besten Jagdfliegers, der so tragisch ums Leben kam. Mit Mutter, Geschwistern und seiner jungen Gattin trauert das ganze Volk. Tausende von Berlinern umsäumten die Straßen, durch die sich der Trauerzug nach dem Invalidenfriedhof bewegte. In diesem Friedhof, der so viele deutsche Soldaten aufnahm, wird nun auch Werner Mölders die letzte Ruhe finden. Er liegt neben Manfred von Richthofen und Generaloberst Udet gebettet.

„Besitz stirbt, Sippen sterben, du selbst stirbst wie sie.
Doch eines weiß ich was ewig lebt,
der Toten Tatenruhm."[243]

**München, 5. Dezember 41**

Der ungarische Ministerpräsident von Bardossy gibt die Kriegserklärung Englands an Ungarn bekannt. Am gleichen Tage erfolgte die Kriegserklärung Englands an Finnland und Rumänien.[244]

**München, 8. Dezember 1941**

Das japanische Hauptquartier gibt bekannt, daß zwischen Japan und den englischen und U.S.A.-Streitkräften Kriegszustand besteht. Noch am selben Tage fand die Seeschlacht vor Hawaii statt. Japanische Truppen landen auf den Philippinen und beginnen den Angriff gegen Singapur auf der Malaienhalbinsel. Die Schlachtschiffe „Prince of Wales" und „Repulse" wurden vor der Ostküste der Malaien durch japanische Marineflieger versenkt.[245]

---

[242] Friedrich Rainer (1903–1907, hingerichtet in Lubljana), zuvor NSDAP-Gauleiter von Salzburg. SS-Brigadeführer und Generalmajor der Polizei Gustav Adolf Scheel (1907–1979), zuvor Höherer SS- und Polizeiführer Alpenland.

[243] 76. Strophe der Hávamál (Sprüche des Hohen) der Lieder-Edda, einer alt-isländischen Dichtung.

[244] Großbritannien erklärte den mit Deutschland im Krieg gegen die Sowjetunion verbündeten Staaten auf Druck Stalins den Krieg. Vgl. Boog, Die Anti-Hitler-Koalition, S. 39f.

[245] Die USA bemühten sich in Ostasien um eine Eindämmung Japans, unterstützten China im Japanisch-Chinesischen Krieg inoffiziell und waren entschlossen, der weiteren Expansion des Inselstaates Grenzen zu setzen. Anfang 1940 verlegten sie ihre Pazifikflotte demonstrativ von San Diego nach Pearl Harbor auf Hawaii, um den Einmarsch japanischer Truppen in Französisch-Indochina zu verhindern. Als Japan dies dennoch tat, stoppte Roosevelt den für das rohstoffarme Japan dringend notwendigen Export von Erdöl und Stahl und verhängte im Juli 1941 schließlich ein Embargo gegen das Kaiserreich. Da die Rohstoffvorräte knapp wurden und die USA als Grundlage für eine Einigung den Abzug aus China und Französisch-Indochina forderten, entschloss sich Japan zu einer kriegerischen Lösung und zum Angriff auf die rohstoffreichen, aber beinahe schutzlosen niederländischen und britischen Kolonien im Süden. Dazwischen lag allerdings mit den Philippinen eine amerikanische Kolonie, die im Kriegsfall die Nachschubwege bedrohte. Darüber hinaus schien ein Konflikt mit den USA auf lange Frist unvermeidlich und die Gelegenheit angesichts des Krieges in Europa und im Atlantik günstig. Japan führte die diplomatischen Verhandlungen mit den USA zum Schein bis zum 7.12.1941 weiter. Am Morgen des 7.12.1941 griffen 260 Flugzeuge von sechs japanischen Flugzeugträgern aus die amerikanische Pazifikflotte an, die relativ ungeschützt im Hafen von Pearl Harbor lag. Der Angriff traf die Amerikaner völlig unerwartet. Ein Schlachtschiff explodierte, sieben

*2 Bildseiten:*
- *„Der Führer beglückwünscht Generalfeldmarschall Brauchitsch zum 60. Geburtstag"*
- *„Bei einer Besprechung im Quartier des Generalfeldmarschalls"*

**München, 11. Dezember 41**

Führerrede vor dem Deutschen Reichstag. Der Führer verkündet: Deutschland befindet sich nun im Kriegszustand mit dem Vereinigten Staaten.[246] Er gab bekannt: „Die Gesamtzahl der gefangenen Bolschewisten betrug am 1. Dezember 1941 3 806 865, die Zahl der vernichteten oder erbeuteten Panzer 21 391, die der Geschütze 32 541 und die der Flugzeuge 17 322.

Vom 22. Juni bis 1. Dezember hat die deutsche Wehrmacht in diesem Heldenkampf verloren: 162 314 Tote, 571 767 Verwundete und 33 334 Vermißte.["]

Der Duce verkündete auf der Piazza Venezia in Rom, daß auch Italien an der Seite Deutschlands und Japans in den Kampf gegen die U.S.A. getreten ist.

**München, 14. Dezember 1941**

Bulgarien, Kroatien, die Slowakei, Rumänien und Ungarn erklären den Kriegszustand mit den U.S.A. Bulgarien, Kroatien und die Slowakei verbinden mit diesem Schritt ihren Eintritt in den Krieg gegen England.

Heute nachmittags war unser Konzert im Odeon. Das ganze Haus war ausverkauft. Wir haben uns aber alle Mühe gegeben, bis alles soweit war. Beifall rauschte auf als wir im

---

wurden auf Grund gesetzt, zehn weitere sanken oder wurden schwer beschädigt, die meisten amerikanischen Flugzeuge wurden noch am Boden zerstört. Allerdings konnten die meisten Schiffe gehoben, repariert und wieder in Dienst gestellt werden, auch die Besatzungen hatten keine entscheidenden Verluste erlitten. Nachdem sich die USA von ihrem ersten Schock erholt hatten, traten sie nicht, wie von Japan erhofft, in Verhandlungen ein, sondern nahmen den Kampf auf. Vgl. Weinberg, Eine Welt in Waffen, S. 274–293; Müller, Der Zweite Weltkrieg, S. 204–210; Rahn, Der Krieg im Pazifik, S. 219–243.

[246] Mit dem Angriff Japans auf die USA war der Krieg zum Weltkrieg geworden. Die Hoffnung Deutschlands und Japans, beide in den Dreimächtepakt geführt hatte, Amerika werde einen gleichzeitigen Krieg in zwei Ozeanen scheuen und deshalb weder in Europa noch in Ostasien eingreifen, hatte sich nicht erfüllt. Im Westen hatte Roosevelt am 14.8.1941 mit der Atlantik-Charta seinen Willen bekräftigt, Großbritannien beizustehen, und am 11.9.1941 mit seinem *Shoot-on-sight*-Befehl an die US Navy angeordnet, in bestimmten, für die Verteidigung der USA als notwendig erachteten Seegebieten ohne Warnung das Feuer auf Schiffe der Achse zu eröffnen. Eine Konfrontation schien damit über kurz oder lang unausweichlich. Vor diesem Hintergrund und angesichts der sowjetischen Gegenoffensive vor Moskau, die am 5.12. begonnen hatte, entschied sich Hitler, den in seinen Augen unvermeidlichen Krieg gegen die USA selbst zu erklären. Dabei hoffte er wohl, im Windschatten des Pazifikkrieges im Atlantik endlich den amerikanischen Nachschub für Großbritannien abschneiden zu können und so – nachdem der „Blitzkrieg" gegen die Sowjetunion gescheitert war – doch noch England in die Knie zu zwingen. In der Reichstagsrede vom 11.12.1941 griff er vor allem Roosevelt an. Die Stimmung in Deutschland erreichte angesichts der neuerlichen Ausdehnung des Krieges einen Tiefpunkt im bisherigen Kriegsverlauf. In einer Rede vor den Reichs- und Gauleitern der NSDAP kam Hitler einen Tag später auf seine Vernichtungsprophezeiung gegen die Juden vom 30.1.1939 zurück. Tatsächlich kam es im Herbst 1941 zu einer weiteren Radikalisierung der „Judenpolitik". Vgl. Verhandlungen des Reichstags, Bd. 460, S. 93–107; Moll, Steuerungsinstrument im „Ämterchaos"?, S. 219, 238–243; Salewski, Deutschland und der Zweite Weltkrieg, S. 205–226; Wegner, Hitlers Strategie zwischen Pearl Harbor und Stalingrad, S. 115–127; Weinberg, Die deutsche Politik gegenüber den Vereinigten Staaten im Jahr 1941; Kershaw, Hitler, S. 597–601, 613; Kershaw, Der Hitler-Mythos, S. 208–213; Syring, Hitlers Kriegserklärung; Longerich, Politik der Vernichtung, S. 466–468; Friedländer, Jahre der Vernichtung, S. 660f.

1. Teil Lieder aus der Schöpfung vortrugen. Doch das anerkennende Lächeln „vom Brummer" galt uns mehr. Gesang, Orchesterstücke und Solovorträge wechselten in buntem Vorgang ab. Als wir zum Schluß die „Ehre Gottes in der Natur", von Bläsern der Staatsoper begleitet sangen, waren alle Zuhörer restlos begeistert. Dr. Brunner konnte sich oft vor dem Publikum verbeugen und der Blumensegen war kein geringer.

**München, 18. Dezember 1941**

Die Marineabteilung des Kaiserlichen Japanischen Hauptquartiers gibt das Ergebnis der großen Seeschlacht bei Hawaii bekannt. Danach sind 5 U.S.A.-Schlachtschiffe und 2 schwere Kreuzer versenkt, 3 Schlachtschiffe so schwer beschädigt, daß sie nicht mehr reparaturfähig sind, ein weiteres Schlachtschiff ernsthaft beschädigt. Die amerikanischen Flugzeugverluste wurden mit 450 Flugzeugen festgestellt.

*2 Fotoseiten:*
- *„Reichsführer SS. Himmler an der Grenze"*
- *„Der große Treck beginnt"*
- *„An der Grenze"*
- *„Auf der Fahrt geboren"*
- *„Deutsche Bauern aus Wolhynien"*

**München, 21. Dezember 1941**

Der Führer übernimmt nun allein das Oberkommando des Heeres und der Waffen SS. Generalfeldmarschall von Witzleben ist aus gesundheitlichen Gründen von seinem Posten zurückgetreten.[247] Der Führer erließ einen Aufruf an die Soldaten des Heeres und der Waffen SS.

**München, 22. Dezember 1941**

Im Atlantik versenkte ein deutsches U-Boot unter der Führung von Kapitänleutnant Bigalk einen englischen Flugzeugträger.[248]

**München, 24. Dezember 1941**

Weihnachten. Das 3. Kriegsweihnachten feiern wir heute. So still wie bei uns wird es in vielen Familien gewesen sein. Eilen doch unsere Gedanken immer wieder zur Ostfront, die vom Angriffskrieg in die Verteidigung übergegangen ist. Bittere Kälte herrscht jetzt

---

[247] Hier liegt eine Verwechslung mit Generalfeldmarschall Walther von Brauchitsch vor. Für den nicht wunschgemäßen Verlauf des Ostfeldzuges machte Hitler die Generäle und die Führung des zuständigen Oberkommandos des Heeres (OKH) verantwortlich, allen voran Brauchitsch als Oberbefehlshaber des Heeres. Brauchitsch hatte zuvor schon mehrfach um seine Entlassung nachgesucht und war tatsächlich gesundheitlich angeschlagen. Nach seiner Entlassung am 19. 12. 1941 übernahm der Diktator selbst den Oberbefehl über das Heer. Weitere hochrangige Generäle wurden ihres Kommandos enthoben, so die Generalfeldmarschälle von Rundstedt, von Bock und von Leeb. Generalfeldmarschall von Witzleben musste seinen Posten als Oberbefehlshaber West Mitte März 1942 vorgeblich ebenfalls wegen gesundheitlicher Probleme räumen, tatsächlich aber weil er unter dem Verdacht stand, er habe Kontakte zu militärischen Widerstandskreisen. Vgl. Mitcham/Mueller, Generalfeldmarschall Walther von Brauchitsch; Mueller, Generalfeldmarschall Erwin von Witzleben.
[248] Kapitänleutnant Gerhard Bigalk (1908–1942). Es handelte sich um den Geleitflugzeugträger HMS Audacity, ein behelfsmäßig umgebautes, im Frühjahr 1940 gekapertes deutsches Frachtschiff.

*Abbildung 14: Die Familie von König, ca. 1941*

dort und die Soldaten bringen große Opfer.²⁴⁹ Wenn wir an sie denken, dann merken wir nicht, daß der Gabentisch weniger reichhaltig ist als im Frieden oder den beiden letzten Kriegsweihnachten.

Der Schein der Weihnachtskerzen löst auch heute noch in uns die innere Freude aus. Wir sehen uns ins Kinderland versetzt. Die blaue Kerze am Baum gilt den auslandsdeutschen Brüdern und vor allem unseren Soldaten an den weiten Fronten in Ost, West und Süd; sie gilt auch jenen am Nordpol.²⁵⁰ Manü erhielt an Stelle seiner Geschenke, die jetzt nicht zu haben sind ein Postsparbuch mit Inhalt. Mein innigster Wunsch fand seine Erfüllung. Ich erhielt ein Album mit den Bildern von Eichenlaubträgern, verdienten Heerführern und Bildern vom Feldzug in Frankreich. Eine gestickte Dirndlschürze, ein hübscher Brieföffner, Bücher, ein Kerzenhalter und Süßigkeiten erfreuten mich ebenso. Vati bekam ein Hemd, Krawatten und Zigaretten. Mutti freute sich über ein von Vati gemachtes Bild,

---

²⁴⁹ Die deutsche Erwartung, den Feldzug gegen die Sowjetunion bis zum Herbst erfolgreich abgeschlossen zu haben, hatte sich nicht erfüllt. Der deutsche Vormarsch auf Moskau war bis Mitte November erst im Schlamm der herbstlichen Regenperiode steckengeblieben und dann mit Wintereinbruch buchstäblich festgefroren. Zwar waren deutsche Panzerspitzen bis auf 30 Kilometer an Moskau herangekommen. Am 5. Dezember eröffnete die Sowjetunion jedoch eine große Gegenoffensive. Vgl. Müller, Der Zweite Weltkrieg, S. 150–155.
²⁵⁰ Blau symbolisierte traditionell das Auslandsdeutschtum und stand dabei in doppelter Symbolik für die Sehnsucht der Auslandsdeutschen nach der Heimat und die Treue zur Heimat zu den Auslandsdeutschen. Der 1881 gegründete Verein für das Deutschtum im Ausland, seit 1933 Volksbund für das Deutschtum im Ausland (VDA), verkaufte alljährlich blaue Kerzen als „volksdeutsches Weihnachtslicht", das Deutsche Ausland-Institut führte sie als Vereinsemblem. Beide unterstanden seit 1938 der Volksdeutschen Mittelstelle, die ihrerseits im Juni 1941 als Hauptamt in die SS eingegliedert und Heinrich Himmler unterstellt wurde. Vgl. Retterath, Von „deutscher Treue"; Luther, Blau oder braun?, S. 61, 104–108.

eine Schlangenbeschwörerin aus Porzellan und Büchern in ihrer heimatlichen Sprache geschrieben. Da verschwand ich in mein Zimmer, wo auch heute wieder ein kleiner Christbaum steht und zündete die Kerzen an. Manü schätzte die Brieftasche, die ich ihm verfertigt habe, denn, er kann sie gut gebrauchen. Mutti hat mir zwar gezürnt, daß ich mir soviel Arbeit mit der altdeutschen Stickerei der Kissenplatte gemacht habe, aber gefreut hat sie sich doch. Über das Trachtenpaar aus Sperrholz ausgesägt war sie ganz begeistert.

*Fotoseite:*
- *„Weihnachtssammlung 1941", 2 Fotos*
- *„Fabrikeinsatz der deutschen Frau"*

Schade, daß ich nicht mehr haben konnte. Manü schenkte ihr Blumen, nachdem seine Bastelarbeit verunglückt war.

Ich denke jetzt an die vielen Münchner Kinder, die alle ein Spielzeug in den Händen halten, die wir Jungmädel und Pimpfe in langen Heimabenden gebastelt haben.[251] Was waren das für aufregende Wochen für uns. Ein richtiges Wettschaffen war es geworden. Unsere Gruppe fertigte einen Zug nach dem anderen, nebenan wurden Wiegen und Küchen hergestellt. War das ein Wogen und Treiben in der Werkausstellung, doch war auf unserem Weihnachtsmarkt ein noch größeres Gedränge. Alles was ein Kinderherz begehren konnte, konnte die Mutter nun kaufen und der Betrag ging dem W.H.W. zu. Wie stolz waren wir als der Rundfunk während der Nachrichten berichtete: Der Obergau Hochland hat in vorbildlicher Werkarbeit den Weihnachtsmarkt der Stadt München bestellt und den Ausfall der Spielzeugherstellung beglichen und konnte außerdem dem W.H.W. 50 000 M übergeben. Doch die Freude der Kinder ist unser schönstes Dankgeschenk.

„Geben ist freudiger denn nehmen."

**München, 26. Dezember 41**

Britische Bomber versenkten in spanischen Hoheitsgewässern den deutschen Dampfer „Bruno" und beschoßen danach die Rettungsboote. Wieder ein feiger Überfall auf Wehrlose.[252]

**München, 29. Dezember 1941**

Heute habe ich eine große Überraschung erlebt. Als ich auf das heftige Leuten hin die Wohnungstür öffne, wer steht da? Bärbel L[.]! Groß, kräftig und braungebrannt. Sie hat

---

[251] Die Umsteuerung der deutschen Wirtschaft auf die Rüstungsproduktion hatte erhebliche Einschränkungen im Bereich der Konsumgüterversorgung zur Folge. Dies galt auch für die Herstellung von Kinderspielzeug. Um dennoch in diesem für die Stimmung in der Bevölkerung sensiblen Bereich gerade vor den Weihnachtstagen keinen allzu deutlichen Mangel auftreten zu lassen, wurde in den BDM-Gruppen Spielzeug gebastelt und anschließend zugunsten des Winterhilfswerks verkauft. Welchen Umfang diese Bastelarbeiten für die Ersatzversorgung mit Kinderspielzeug annahmen, zeigt die Tatsache, dass Wolfhilde von König bereits Mitte April mit der „Produktion" für das nächste Weihnachtsfest begann. Vgl. den Eintrag zum 17. 4. 1942.

[252] Gemeint ist der Versorgungstanker „Benno" (ein ursprünglich norwegisches Schiff, die „Ole Jacob"), der am 23. 12. den Hafen von Bordeaux verlassen hatte und im Golf von Biscaya von einem britischen Flugzeug durch einen Wasserbombentreffer beschädigt wurde. Am Folgetag sank der Tanker nach einem weiteren Lufttorpedotreffer in flachem Gewässer. Von einer Beschießung der Rettungsboote ist nichts bekannt.

sich herausgemacht, ist nicht mehr das spirlige Mädel der Schulzeit. Ihr macht ihre Arbeit Freude; strahlend berichtet sie, kommt sie doch ihrem Ziel, Herrin auf eigenem Grunde zu sein, immer näher. Wir haben unser Wiedersehen mit einem tüchtigen Plauderstündchen gefeiert. Gestern versuchten die Engländer einen Handstreich auf Norwegen, doch er misslang, ein Zerstörer wurde versenkt.[253] An der Ostfront wurden an allen Abschnitten schwere Sowjetangriffe abgewiesen.

**München, 31. Dezember 1941**

Silvester 1941. Ich überdenke noch einmal das vergangene Jahr. Reich an Siegen und an Kämpfen. Im Frühjahr, der Kampf auf dem Balkan, Kreta fiel; in Nordafrika hatten wir das Gebiet zurückerobert, dann der große Entscheidungskampf im Osten. Englands Schifffahrt wurde schwer getroffen. Seit dem 8. Dezember stehen wir im Kampfe mit den Vereinigten Staaten. Harte Kämpfe und große Opfer mußte das deutsche Volk ertragen. Mancher der Besten erlebt nicht mehr die Jahreswende. Günther Prien und Scheppke kehrten nicht mehr zurück. Kretschmer geriet in Gefangenschaft. Generaloberst Udet und Werner Mölders verunglückten in soldatischer Pflichterfüllung. Doch über allen Opfern steht der eine Wille: Sieg.

Möge uns im kommenden Kriegsjahr der Endsieg beschieden sein. Er wird uns nicht in den Schoß fallen, schaffen und arbeiten müssen wir, aber einmal wird die Friedensglocke klingen.

„Wer jetzig Zeit will leben, der muß haben ein tapferes Herz."[254]

---

[253] Hitler fürchtete, die Westalliierten könnten die Krise an der Ostfront für ein Landungsunternehmen in Norwegen nutzen. Tatsächlich gab es keine solchen Planungen. Die dazu nötigen Kräfte waren vor allem im Mittelmeerraum und Ostasien gebunden. Dennoch verstanden es die Briten, durch kleine Kommandounternehmen den Anschein einer Bedrohung Norwegens zu erwecken und so deutsche Truppen zu binden. Vgl. Bohn, Reichskommissariat Norwegen, S. 372f.

[254] Lied „Wer jetzig Zeiten leben will", entstanden vermutlich im 17. Jahrhundert, erstmals veröffentlicht 1876. Im „Dritten Reich" wurde das sozialkritische Lied als Zeichen deutscher Standhaftigkeit von den Nationalsozialisten vereinnahmt.

## 1942

**Wir stehen hinter unseren Soldaten, so wie unsere
Soldaten für uns einstehen.
Adolf Hitler[255]**

München, 2. Januar 1942

Manila, die Hauptstadt der Philippinen, wurde von den Japanern genommen.

München, 5. Januar 1942

Die Wollsammlung ist nun beendet. Über 67 Millionen Pelz- oder Wollsachen wurden gespendet. Außerdem 1 Million Schier. Die Heimat hat der Front schnell und gut geholfen. In unseren Nähstuben wurde Tag für Tag geschafft. Viele schöne Dinge kamen, die wenigstens ausbesserungsbedürftig [waren]. Hunderte von Schneehemden, Kapuzen und Tournisterhüllen wurden genäht. Unsere Ortsgruppe ist eine der besten.[256]

München, 17. Januar 1942

Generalfeldmarschall von Reichenau ist plötzlich verschieden.[257]
Wir waren heute im Volkstheater: „Das verlorene Herz".[258] Es war ja nur ein Märchenspiel, aber durch das gute Spiel der Darsteller hat es auch uns Großen gefallen.

München, 23. Januar 1942

Kohlenferien. Wir müssen Montag, Mittwoch u. Freitag jeweils 4 Std. nachmittags zur Schule.

München, 28. Januar 1942

Der Führer hat Oberst Galland als 2. Offizier das Eichenlaub mit Schwertern u. Brillanten verliehen. Oberst Galland, der Nachfolger [von] Mölders ist zum Inspektor der Jagdflieger ernannt worden.[259]

---

[255] Rede Hitlers im Berliner Sportpalast anlässlich der Eröffnung des Kriegswinterhilfswerks 1942, 30.9.1942, abgedruckt in: Domarus, Hitler. Reden und Proklamationen, S. 1912-1924.

[256] Dass die optimistischen Planungen der deutschen militärischen Führung einen Winterkrieg nicht vorgesehen hatten, erwies sich als fatal: Den Truppen in Russland fehlte es an entsprechender Ausrüstung und warmer Winterkleidung. Was im Eintrag vom 24.12.1941 unter Hinweis auf die Opfer, die die Soldaten im Osten bringen müssten, in diesem Tagebuch nur leise anklingt, war der logistische Offenbarungseid einer Führung, die ihre Soldaten erst ohne geeignete Ausrüstung in den russischen Winter schickte und dann, kurz vor Weihnachten 1941, zu Kleiderspenden aufrufen musste. Dies ließ sich propagandistisch kaum kaschieren und blieb nicht ohne Folgen auf die Stimmung in der Bevölkerung. Beide, der „geniale" Feldherr Hitler und seine Wehrmacht, verloren vor Moskau den Nimbus der Unbesiegbarkeit. Vgl. Kroener, Der „erfrorene" Blitzkrieg; Kershaw, Der Hitler-Mythos, S. 214-217.

[257] Reichenau erlitt nach einem Waldlauf bei minus 40 Grad Celsius einen Schlaganfall und starb auf dem Lufttransport nach Deutschland. Vgl. Boll, Generalfeldmarschall Walter von Reichenau.

[258] Vgl. Das verlorene Herz. Dem norwegischen Märchenspiel von Barbara Ring nachgedichtet von Stefanie Ginzkey, Salzburg 1933.

[259] Richtig: Inspekteur der Jagdflieger. Tatsächlich lautete die offizielle Bezeichnung seit 7.8.1941, als Mölders das Amt im Oberkommando der Luftwaffe übernommen hatte, „General der Jagdflieger".

**München, 29. Januar 1942**

Sollum bot am 18.1. nach heldenhaftem Widerstand die Übergabe an. Bengasi wurde von deutsch-italienischen Truppen genommen.

**München, 30. Januar 1942**

Der Führer hielt zum 9. Jahrestag der Machtergreifung eine mitreißende Rede im Sportpalast.[260]

**München, 5. Februar 1942**

Reichsmarschall Hermann Göring kehrte von seiner Italienreise zurück, wo er vom König und Kaiser und vom Duce empfangen wurde.

Wir haben heute die Ausstellung „Vom Musketier zum Feldmarschall" besucht.[261]

**München, 12. Februar 1942**

Reichsminister Todt tödlich verunglückt. Beim Staatsbegräbnis würdigte der Führer in einer großen Gedenkrede die Verdienste Dr. Todts u. verleiht ihm nachträglich als dem Ersten einen neugestifteten Orden, der die höchsten Verdienste ehren soll, die der Deutsche sich für sein Volk erwerben kann. Professor Albert Speer ist zu seinem Nachfolger ernannt worden.[262]

**München, 15. Februar 1942**

Singapur von den Japanern genommen. Jugendfilmstunde „Feinde", ein Film vom Kampf der Volksdeutschen vor dem 1. September, 1939. Der Krieg brachte ihnen die Befreiung.[263]

*6 Fotoseiten:*
- *„Generalfeldmarschall von Reichenau gestorben 17.1.42", 2 Fotos*
- *„Sportpalast, 30.1.1942"*
- *„Generalfeldmarschall Rommel in Afrika"*[264]
- *„[gedr.] Drei Afrikakämpfer mit dem Ritterkreuz! Links: Oberleutnant Schwabach, rechts: Wachtmeister Melzer; in der Mitte: Major Fromm [gedruckte Bildunterschrift]", sowie*

---

[260] Vgl. Rede Hitlers im Berliner Sportpalast anlässlich des Jahrestages der „Machtergreifung", 30.1. 1942, mit Kürzungen abgedruckt in: Domarus, Hitler. Reden und Proklamationen, S. 1826–1834.

[261] Vgl. Vom Musketier zum Feldmarschall. Sonderausstellung in der Staatsgalerie vom 17. Dezember 1941 bis 15. Juni 1942, München 1941. Es handelte sich um eine Uniform-Schau.

[262] Fritz Todt (1891–1942) war seit 1940 Reichsminister für Bewaffnung und Munition; er war seit 1933 für den Reichsautobahnbau zuständig und führte die militärisch strukturierte Bautruppe Organisation Todt, die bei nationalen Großbauvorhaben – etwa dem Bau des Westwalls – zum Einsatz kam. Er starb am 8.2.1942 bei einem Flugzeugabsturz auf dem Flugfeld des Führerhauptquartiers „Wolfsschanze" nahe Rastenburg, dessen Umstände nie aufgeklärt wurden. Bei dem neu gestifteten Orden, der erstmals Todt postum verliehen wurde, handelte es sich um den Deutschen Orden der NSDAP. Albert Speer (1905–1981) war Hitlers Architekt und Generalbauinspektor der Reichshauptstadt. Vgl. Kershaw, Hitler, S. 662–665; Seidler, Fritz Todt, S. 365–384.

[263] „Feinde" von Viktor Tourjansky, 1940. Nationalsozialistischer Propagandafilm vor dem Hintergrund der polnischen Ausschreitungen gegen Volksdeutsche in Polen, die den Nationalsozialisten als Vorwand für den Überfall auf den Nachbarstaat dienten. Vgl. Stahr, Volksgemeinschaft vor der Leinwand?, S. 190; Courtade/Catars, Geschichte des Films im Dritten Reich, S. 159f.

[264] Rommel wurde Anfang Februar zum Generaloberst und erst im Juni 1942 zum Generalfeldmarschall befördert.

*„Hauptm. Bach der Verteidiger des Halfayapasses"*[265], *eingedruckte Widmung auf dem Bild: „Den kleinen u. großen Lesern von ‚Hilf mit!' u. d. ‚Deutschen Jugendburg' gez. Fromm"*
- *Porträt Fritz Todt*
- *„Staatsbegräbnis für Reichsminister Dr. Todt, 12. 2. 42"*

**München, 23. Februar 1942**

Theaterring „Die lustigen Vagabunden". Das Spiel der Darsteller machte viel wieder gut, was uns vom Stück nicht gefiel. Schade, daß der Hauptdarsteller plötzlich erkrankte u. ein anderer seine Rolle fortführen mußte.[266]

**München, 24. Februar 1942**

Bolschewistisches Attentat auf Botschafter von Papen in Ankara.[267]

**München, 10. März 1942**

Gruppenwettstreit. Alles hat tadellos geklappt. Das Turnen, Singen u. die Schulung waren gut. Die Werkarbeiten haben der Hilde[268] sicher gefallen u. das Glanzstück, unser selbsterdachtes Märchen ging auch wie am Schnürchen. Wir haben uns wirklich geplagt, etwas zu leisten, haben doch alle den Wunsch, die beste Gruppe zu werden. Daumenhalten und abwarten.

**München, 15. März 1942**

Führerrede zum Heldengedenktag.[269]

**München, 18. März 1942**

Theaterring: Schillers erstes Drama „Die Räuber" konnten wir miterleben. Heute wie damals, sind die Menschen davon begeistert. Je mehr wir uns dem Schlusse näherten, desto mehr wurden wir von der Handlung fortgerissen. Unter den Ehrengästen sahen wir die Reichsreferentin Rüdiger.

*3 Fotoseiten:*
- *„[gedr.] Deutsche Jugend brachte dem Führer Glückwünsche zum Geburtstag, 20. April 42"*
- *„Kapitänleutnant Endraß von Feindfahrt nicht zurückgekehrt, 31. 3. 45"*
- *„Die letzte Ausfahrt"*

**München, 19. März 1942**

Obergauübergabe. Heute fand im Rathaus im Beisein des Reichsjugendführers Artur Axmann u. des Gauleiters Adolf Wagner die Obergauübergabe statt. Martha Stöckl über-

---

[265] Oberleutnant Theo Schwabach (1912–1981), Wachtmeister Reinhard Melzer (1914–1994), Major Werner Fromm (1910–1999), Hauptmann Wilhelm Bach (1892–1942).
[266] „Robert und Bertram oder Die lustigen Vagabunden. Posse mit Gesang und Tanz in vier Abteilungen" von Gustav Räder (1811–1868).
[267] Am 24. 2. 1942 verübten zwei Attentäter, die vermutlich dem sowjetischen Geheimdienst angehörten, auf dem Atatürk-Boulevard in Ankara einen Anschlag auf den deutschen Botschafter Franz von Papen (1879–1969). Ziel des Attentates war vermutlich, die stabilen Beziehungen des Reiches mit der neutralen Türkei zu stören. Vgl. Petzold, Franz von Papen, S. 260; Krecker, Deutschland und die Türkei, S. 201–204.
[268] Hilde B.
[269] Vgl. Rede Hitlers im Berliner Zeughaus anlässlich des Heldengedenktages, 15. 3. 1942, abgedruckt in: Domarus, Hitler. Reden und Proklamationen, S. 1848–1851.

gab ihren Gau, um sich ihren hausfraulichen Pflichten zu widmen. Unter den Gästen befand sich auch Gebietsführer Stöckl. Es tut uns allen Leid, daß Martha den Gau abtritt, denn sie war uns immer eine gute Führerin u. hatte unsere Herzen u. uns selbst im Fluge erobert. Deshalb dürfen wir uns aber nicht vor der neuen Obergebietsführerin Edith Ludwig verschließen. Sie kommt aus der Westmark[270] u. ist mit der Mädelführerin bestens vertraut, sagte der Reichsjugendführer in seiner Rede.[271] Er überreichte Martha das goldene Ehrenzeichen der H.J. Hat sie sich gerade am Aufbau des B.D.M. Werkes besondere Verdienste erworben. Auch der Gauleiter fand warme Worte des Abschieds für Martha u. des Willkommensgruß des neuen Gaues für Edith Ludwig.

### München, 22. März 1942

Heute morgens fand im Zirkus u. im Hofbräuhaus die Verpflichtung der Jugend statt. Die meisten von ihnen treten in das Berufsleben über u. wurden nun auf den Führer verpflichtet.[272] Am Nachmittag veranstalteten wir das zweite Konzert für das K.W.H.W. Es war auch diesmal wieder ein voller Erfolg gewesen. Begeistert sangen wir unsere Lieder. Dr. Brunner erntete viel Beifall.

### München, 31. März 1942

Kapitänleutnant Engelbert Endraß, Träger des Eichenlaubes zum Ritterkreuz ist von seinem letzten Unternehmen nicht zurückgekehrt. Ein hervorragender U. Boots-Kommandant ist mit seiner braven Besatzung vor dem Feind geblieben.

### München, 1. April 1942

Wieder geht ein Trimester zu Ende. Am letzten Samstag verabschiedete die Schule ihre Abiturientinnen. Nach dem „Marsch u. Chor der Priester" aus der „Zauberflöte" sprach eine Reifeschülerin den Dank an die Lehrer und Eltern aus, daß sie eine solche Ausbildung genießen durften. Nach Arbeits- und Kriegshilfsdienst[273] treten sie in einen Beruf. Nach dem Abschiedslied sprach der Anstaltsleiter u. verteilte die Zeugnisse. Dann sangen wir mit den Scheidenden ihr Wunschlied, das „Arioso" von Händel. Noch zwei Jahre

---

[270] Der Reichsgau Westmark umfasste das Gebiet des bayerischen Regierungsbezirks Pfalz und des Saarlandes.
[271] Reichsreferentin Jutta Rüdiger und Artur Axmann (1913–1996), seit 1940 Reichsjugendführer.
[272] Wie auch andere Elemente der Arbeiterbewegung (etwa den 1. Mai), nahm die NSDAP nach 1933 die Tradition der Jugendweihe auf, die eine Alternative zur Feier der kirchlichen Konfirmation bot. Zwischen 1940 und 1942 wurden die vielfältigen parteiregionalen Praktiken vereinheitlicht und in der „Verpflichtung der Jugend" zusammengeführt. Darin gingen auch die Schulentlassungsfeiern des Nationalsozialistischen Deutschen Lehrerbundes (NSLB) und die Überweisungsfeiern vom Deutschen Jungvolk/Jungmädel zu HJ/BDM auf. Die Verpflichtungsformel, die die Vierzehnjährigen zu sprechen hatten, lautete: „Ich verspreche, in der Hitler-Jugend allzeit meine Pflicht zu tun in Liebe und Treue zum Führer und unserer Fahne!". Vgl. Döhnert, Die Jugendweihe, S. 351–353, Zitat S. 353.
[273] Anders als der Reichsarbeitsdienst (RAD) für junge Männer war der Reichsarbeitsdienst für die weibliche Jugend (RADwJ) zunächst freiwillig. Kurz nach Kriegsbeginn wurde der sechsmonatige Arbeitseinsatz im Lager faktisch auch für die jungen Frauen verpflichtend. Seit Ende Juli 1941 schloss sich daran der ebenfalls sechsmonatige Kriegshilfsdienst an, der ebenfalls vom RADwJ organisiert wurde. Die „Arbeitsmaiden" wurden als Ersatz für eingezogene Arbeitskräfte in der Landwirtschaft, in Ämtern, als Straßenbahnschaffnerinnen oder in der Kriegswirtschaft eingesetzt. Vgl. Watzke-Otte, „Ich war ein einsatzbereites Glied in der Gemeinschaft …", S. 85–126; Morgan, Weiblicher Arbeitsdienst in Deutschland, S. 310–440.

dachten wir alle in unserer Klasse, dann schlägt auch für uns die Stunde u. andere singen uns das Abschiedslied. Doch trübe Stimmungen halten bei uns nicht an. Mit allerlei Späßen vertrieben wir uns die Zeit. Ein Glück, dachten wir alle, als eine der fünften Klassen uns zu ihrem Theaterstück einluden. Sie spielten Kleists „Zerbrochenen Krug". Der Adam, hochwichtiger Dorfrichter reizte uns oft zum Lachen, der Schreiber hatte seine gewiß nicht leichte Rolle sehr gut gespielt, der Gerichtsrat, die beiden Mägde, die Bäuerin u. ihre Tochter Eva, ihr Bräutigam u. dessen Vater haben ihre Sache gut gemacht. Sie spielten lebendig u. auch die „Zofenrollen" wirkten echt. Reicher Beifall belohnte die jungen Schauspielerinnen.

**München, 16. April 1942**

Heute war Schulbeginn. Er brachte manche Änderung, sei es durch die Schulzeit, Stundenplan oder Lehrkräfte. Wir spüren nun den Krieg, nur noch die älteren Lehrkräfte u. vor allem Lehrerinnen unterrichten, außerdem müssen sie an anderen Schulen unterrichten. Ich freue mich auf heute abends. Im H.J. Theaterring wird „Protektion" gegeben.

**München, 17. April 42**

Gestern war ich in „Protektion" von Gustav Davis.[274] Wir waren alle begeistert über dieses Lustspiel, dies zeigte sich durch einen immer stärker werdenden Beifallssturm. Besonders Wastl Witt mit seiner bayrischen Ausdrucksweise riß uns zu wahren Lachsalven hin.[275] Er war es auch, dem ein Hitlerjunge einen prächtigen Blumenstrauß überreichte.

Ich mußte die Schar meiner Zehnjährigen, die mir immer große Freude gemacht haben, abgeben. Ich führe jetzt die Schar der Vierzehnjährigen und beginne nun mit dem Basteln von Kinderspielzeug an Weihnachten. Wir müssen noch mehr arbeiten, damit die Spielzeugherstellung vollständig gedeckt ist.

**München, 19. April 1942**

Jedes Jahr nehmen wir am Vortage des Geburtstages unseres Führer die Zehnjährigen auf. Letztes Jahr erhielt ich ihre Führung, heuer bekam sie Hannelore Sch[.]. Im festlich geschmückten Ortsgruppensaal waren Eltern und Lehrer der Jungen und Mädel versammelt. Nach den Führerworten, der Botschaft des Reichsjugendführers sprach der Ortsgruppenleiter. Durch Handschlag wurden die Jungen und Mädel verpflichtet. Das Lied der Jugend und die der Nation beendeten die Aufnahmefeier.[276] Darnach gingen wir Führerinnen zur Feldherrnhalle, um dort die große Feier mitzuerleben. Alle Formationen der Partei waren neben Abteilungen der Wehrmacht u. Waffen SS angetreten. Schnell gliederten wir uns dem J.M. Block an und hatten einen pfundigen Platz erwischt. Nach dem Fahneneinmarsch sprachen Ritter von Epp und Ludwig Siebert.[277] Beide spra-

---

[274] Lustspiel „Katakomben" (1894), später bekannt unter dem Titel „Das Protektionskind" von Gustav Davis (1856–1951), österreichischer Journalist und Dichter.
[275] Wastl Witt (1883–1955), bayerischer Volksschauspieler.
[276] Als Lieder der Nation wurden das Horst-Wessel-Lied als Parteihymne der NSDAP und das Deutschlandlied als Nationalhymne bezeichnet. Im Lied der Hitler-Jugend von Baldur von Schirach sangen die Jugendlichen unter anderem: „Vorwärts! Vorwärts! Schmettern die hellen Fanfaren! […] Jugend kennt keine Gefahren […] Wir sind der Zukunft Soldaten […] Wir marschieren für Hitler […] Ja die Fahne ist mehr als der Tod!"
[277] Franz Ritter von Epp (1868–1947), Reichsstatthalter in Bayern. Ludwig Siebert (1874–1942), bayerischer Ministerpräsident.

chen uns aus der Seele, als sie sagten: „Gott erhalte uns noch recht lange den Führer." Nur diesen einen haben wir, denn er vereint alle Kräfte des Volkes in sich. Er ist unser Vorbild und Lenker. Am Abend veranstaltete die Partei in Berlin eine Feier zum Führergeburtstag, in deren Mittelpunkt eine Rede von Dr. Goebbels stand. In ergreifender Weise machte er sich zum Dolmetsch aller Deutschen innerhalb u. außerhalb des Großdeutschen Reiches. Er fand Worte, die zum Herzen gingen und schloß: „In Dankbarkeit u. Treue senden wir dem Führer unsere Grüße." Wie von einem unzerreißbaren Band fühlen sich Front und Heimat in diesen Stunden umschlungen. Das Deutschtum in aller Welt ist vereint in dem heißen Wunsch, den wir noch jedesmal am Vorabend seines Geburtstages in die Worte zusammenfaßten: „Er soll uns bleiben, was er uns war und ist: unser Hitler."[278]

**München, 20. April 1942**

Heute feiert das ganze deutsche Volk den Geburtstag des Führers. Alle Häuser sind mit reichem Flaggenschmuck versehen. In der Schule fanden wir uns zuerst in der Aula zusammen, um eine Geburtstagssendung aus Braunau zu hören.[279] Darnach hielten die Klassen kleine Gedenkstunden ab, während je 2 in den Schulhof zur Flaggenhissung gingen. Nach der Ansprache des Rektors der Volksschule u. dem Bekenntnislied sangen wir die Nationalen Lieder.

**München, 25. April 1942**

Eben habe ich Generaloberst Rommel geschrieben u. ihn um seine Unterschrift gebeten. Hoffentlich erhalte ich bald Nachricht.

*2 Fotoseiten:*
- *„Reichstagssitzung, 26. 4. 42"*
- *„Führer und Duce in Salzburg 29. 4. 42"*

**München, 26. April 1942**

Der Führer sprach vor dem Reichstag.[280]

**München, 28. April 1942**

Ringappell: Unsere Untergauführerin Gerhild R[.] hat uns dabei verkündet, daß wir die beste Gruppe des J.M. Verbandes sind. Das erfüllt uns alle mit großer Freude, es ist der schönste Lohn für unsere ganze Arbeit. Aber jetzt werden wir nicht auf unseren Lorbeeren ausruhen, sondern schauen, daß wir jetzt immer u. überall unsere Pflicht tun.

---

[278] Rede Goebbels' in der Berliner Philharmonie anlässlich der Feierstunde am Vorabend von Hitlers 53. Geburtstag, 19. 4. 1942, abgedruckt in: Heiber, Goebbels-Reden, S. 112–119, Zitate S. 119.
[279] Geburtsort Hitlers.
[280] In der letzten Sitzung des Deutschen Reichstags beschloss das nationalsozialistische Marionetten-Parlament, Hitler stehe als „Führer der Nation, als Oberster Befehlshaber der Wehrmacht, als Regierungschef und oberster Inhaber der vollziehenden Gewalt, als oberster Gerichtsherr und als Führer der Partei jederzeit" über „bestehenden Rechtsvorschriften" und „vorgeschriebene[n] Verfahren". Damit war der „Führerabsolutismus" vollständig. Der Führerbefehl stand nun nicht nur de facto, sondern auch formell über jedem Gesetz. Vgl. Verhandlungen des Reichstags, Bd. 460, S. 108–120, Zitat S. 119. Vgl. Ruck, Führerabsolutismus und polykratisches Herrschaftsgefüge, S. 54f.; Rebentisch, Führerstaat und Verwaltung, S. 418–422.

München, 29. April 1942

Zusammenkunft des Führers u. des Duce in Salzburg.[281]

München, 1. Mai 1942

Anläßlich des Nationalen Feiertags wurden der Volkswagenkonstrukteur Prof. Dr. Porsche, der Flugzeugkonstrukteur Prof. Heinkel u. Reichswirtschaftminister und Reichsbankpräsident Funk zu „Pionieren der Arbeit" ernannt.[282]

München, 2. Mai 1942

Eben bin ich rechtschaffen müde heimgekommen. Aber es war doch ein schöner Tag. Heute morgens um 9 ʰ traten wir am Hörwartheim an, probten unsere Lieder nochmal durch, dann marschierten wir zum nahegelegenen Reservelazarett im Schwabinger Krankenhaus. Hier wurden wir vom Sanitätsfeldwebel empfangen u. gingen zur Station. Zuerst kamen ganz wenig Soldaten, für die Bettlägerigen machte die Schwester die Türe auf. Sie waren zuerst ganz schüchtern, doch als wir sie zum Mitsingen aufforderten taten sie lustig mit. Am Schluß bekam jeder Soldat sein Blumensträußchen. So ging es von Station zu Station. Inzwischen hatte es sich rumgesprochen u. wir wurden überall schon erwartet. Obwohl es draußen stürmte und schneite, haben wir ein klein wenig den Frühling in die stillen Zimmer gebracht. Als wir das Krankenhaus verlassen hatten, marschierten wir zum Nördlichen Friedhof. Dort trafen wir auf andere Jungmädel, die uns alle beneideten. An der Alten Heide wartete man schon auf uns. Die Kinder liefen uns entgegen u. sangen mit uns Frühlingslieder. Doch damit war unser Tagewerk nicht beendet. Noch ein Lazarett galt es zu besuchen. Um 2 ʰ traten wir am Antonienlazarett an. Auch hierhin brachten wir mit unseren Liedern u. Blumen den Frühling u. machten den Soldaten eine kleine Freude. Das ist schließlich die Hauptsache.

München, 10. Mai 1942

Wochenendschulung. Im Lichtspielhaus Scala hatten wir unsere Wochenendschulung. Zuerst hielt Erika Dannholz eine Schulung über Friedrich den Großen, der uns ja in vielem an den Führer erinnert.[283] Dann lernten wir die Pflichtlieder des Maies. Maßnahmen u. die nächste Arbeit wurden besprochen. Dann marschierten wir zum Studentenhaus. Der Kreisleiter u. Anneliese M. sprachen zu uns. Anneliese gab den Abschlußbericht über den vergangenen Winter u. gab die nächsten Aufgaben bekannt. Kreisleiter Lederer[284] dankte uns für das Geleistete. Auch er gab uns Richtlinien für die Sommerarbeiten. Nicht leicht wird dieser Kriegssommer werden, aber geschafft haben wir es noch jedesmal. Ist es doch nur ein kleiner Bruchteil zum Sieg, aber auch er muß getan werden u. das macht uns froh.

---

[281] Ein müde aussehender Hitler bemühte sich in langen Monologen, Mussolini mit Blick auf den Krieg im Osten optimistisch zu stimmen. Außerdem war es notwendig, sich für die Kriegführung im Mittelmeer und in Nordafrika abzustimmen. Vgl. Lins, Persönliche Begegnungen zwischen Hitler und Mussolini, S. 81–84; Kershaw, Hitler, S. 675f.; Moseley, Zwischen Hitler und Mussolini, S. 168f.; Hillgruber, Staatsmänner und Diplomaten bei Hitler, Bd. 2, S. 65–80.

[282] Ferdinand Porsche (1875–1951), Kraftfahrzeugkonstrukteur und Unternehmer. Ernst Heinkel (1888–1958), Flugzeugkonstrukteur und Unternehmer.

[283] Zur Vereinnahmung der preußischen Geschichte und insbesondere von König Friedrich dem Großen als „Führer"-Gestalt vgl. Kroll, Utopie als Ideologie, S. 67, 242–244, 285–287; Schlenke, Das „preußische Beispiel" in Propaganda und Politik des Nationalsozialismus; Schlenke, Nationalsozialismus und Preußen/Preußentum.

[284] Karl Lederer (1898–1977), 1933–1942 NSDAP-Kreisleiter und Bürgermeister in Freising, seit 1942 Kreisleiter in München.

*2 Fotoseiten:*
- *„Obermeister Hahne, der als Erster das Ritterkreuz zum Kriegsverdienstkreuz erhielt, 20. 5. 42"[285], 2 Fotos*
- *Der Führer beglückwünscht Mannerheim, Finnland zum 75. Geburtstag*

**München, 15. Mai 1942**

Der Gauleiter des Gaues Weser-Ems, Karl Röver ist gestorben.[286] Zu seinem Nachfolger bestimmte der Führer den Stellvertretenden Gauleiter des Gaues Mark Brandenburg, Paul Wegener.[287]

**München, 16. Mai 1942**

Stadt und Hafen Kertsch in deutscher Hand.
Muttertagsingen. Heute nachmittags sangen wir in einer Frauenklinik zum Muttertag. Ganz leise klangen unsere Lieder, denn laut durften wir ja nicht sein. Blumen brachten wir den jungen Müttern, die sich über unseren Besuch sehr freuten. Als wir das Lied sangen „Wenn eine Mutter ihr Kindlein tut wiegen", waren sie alle ganz still und schauten versonnen, lächelnd auf ihre Kinder, die ihnen die Schwester gebracht hatte. Weiter gingen wir durch das stille Haus. Auf einer Station weckten wir durch unsere Lieder die kleinsten Erdenbürger, die in ihren hellen Bettchen lagen, welche Führerin hätte nicht ihre helle Freude daran gehabt? Freude haben wir den Müttern gebracht durch unsere Blumen und Lieder.

„Setzt ihr euren Helden Steine, baut ihr einem Mann ein Mal,
dann vergeßt der Mütter keine, die da starben hundertmal!"[288]

**München, 17. Mai 1942**

Muttertag.[289] Heute vormittags fand die Mütterehrung in der Ortsgruppe statt. Wir Jungmädel holten die Mütter ab, die das Ehrenkreuz erhalten sollten, wie freuten sie sich darüber. Festlich war der Saal mit Blumen u. Girlanden geschmückt. Nach einigen Orchesterstücken u. einem von Karl Steinacker selbstverfaßten u. vorgetragenen Gedicht, sangen wir das Lied „Nun will der Lenz uns grüßen." Nach der Rede des Ortsgruppenleiters erhielten die Mütter das Ehrenkreuz mit der Urkunde u. von der Frauenschaft einen herrlichen Tulpenstrauß. Das Orchester, ein Sänger u. ein kleines Schauspiel gaben der Feier einen festlichen Rahmen.

„Mütter, Euch sind alle Feuer, alle Sterne aufgestellt!"[290]

---

[285] Franz Hahne, Obermeister in der Fa. Rheinmetall-Altmärkische Kettenwerke.
[286] Geschwächt von einer Malaria-Erkrankung erholte sich Carl Röver (1889–1942) nie mehr vollständig von den an sich nicht sehr schweren Verletzungen, die er sich bei einem Autounfall 1937 zugezogen hatte. Zudem wurde eine sogenannte Gehirnerweichung (progressive Paralyse) diagnostiziert. Kurz vor seinem Tod wurde Röver von Hitlers Leibarzt Karl Brand (1904–1948, hingerichtet in Landsberg am Lech) abgeholt und in die Berliner Charité gebracht. Dort starb er offiziell an einer Lungenentzündung. Bald gab es Gerüchte, Röver sei der Euthanasie zum Opfer gefallen oder habe Selbstmord begangen. Vgl. Harms, Der plötzliche Tod des Oldenburger Gauleiters Carl Röver.
[287] Paul Wegener (1908–1993).
[288] Aus dem chorischen Spiel „Den Müttern" von Hans Baumann, 1936.
[289] Vgl. zu der propagandistischen Vereinnahmung des Muttertags Weyrather, Muttertag und Mutterkreuz.
[290] Aus dem Lied „Hohe Nacht den klaren Sternen" von Hans Baumann, 1936.

**München, 27. Mai 1942**

Auf den Stellvertretenden Reichsprotektor, SS Obergruppenführer Reinhard Heydrich wurde in Prag ein Attentat verübt, wobei er schwer verletzt wurde.[291]

**München, 30. Mai 1942**

Heute ist Sportfest gewesen. Lange haben sich unsere Jungmädel darauf gefreut u. trainiert. Gilt es doch die Siegernadel zu erringen. Die Ergebnisse waren gut, der Petrus machte uns auch keinen Strich durch die Rechnung. Einmal im Jahr treten wir mit unserer Sportarbeit in die Öffentlichkeit u. erfüllen dadurch den Wunsch unseres Führers.

*1 Fotoseite: „Staatsbegräbnis für Heydrich, 9. 6. 42"*

**München, 4. Juni 1942**

Der Führer überbringt dem Marschall von Finnland, Freiherrn von Mannerheim, die Glückwünsche des deutschen Volkes u. der deutschen Wehrmacht zum 75. Geburtstag.[292]

**München, 9. Juni 1942**

Staatsakt für dem am 4. Juni verstorben SS Obergruppenführer Heydrich in der Neuen Reichskanzlei. Nach einer würdigen Rede des Reichsführer SS Himmler verlieh der Führer dem verstorbenen stellvertretenden Reichsprotektor, als zweitem Deutschen, die höchste Auszeichnung: die oberste Stufe des Deutschen Ordens.

Wir sind nun die beste Gruppe des Ringverbandes Nord. Voller Stolz blicken wir auf die geleistete Arbeit. Heute kam die Bannmädelführerin Karla M[.], nachdem wir schon von Gerhild R[.] und Hilde B[.] „begutachtet" worden waren. Sie sah sich unsere Werkarbeit an, hörte unsere Lieder u. machte mit uns eine Schulung. Ich glaube, wir haben nicht allzu schlecht abgeschnitten.

**München, 15. Juni 1942**

Ein Vortragsabend im Deutschen Museum. Eine Mitarbeiterin der Trachtenvermittlungsstelle Innsbruck hielt vor uns Führerinnen einen Vortrag über das richtige Tragen des Dirndls oder der Tracht.[293] Wir freuten uns über das Gehörte, erfuhren wir doch endlich den Sinn des Trachtentragens, auch wir Stadtmädel haben eine Verpflichtung, wenn wir ein Dirndl tragen. Es soll möglichst echt u. natürlich sein, nicht überladen und kitschig.

---

[291] Reinhard Heydrich (1904–1942) war außerdem Leiter des Reichssicherheitshauptamtes und damit als zweiter Mann nach Himmler zuständig für die deutsche Polizei und den Mord an den europäischen Juden. Am Morgen des 27. 5. 1942 verübten zwei tschechische Widerstandskämpfer den Anschlag, bei dem Heydrich durch eine Handgranate schwer verletzt wurde. Wenig später fiel er ins Koma und starb am 4. 7. 1942. Als „Vergeltung" wurden wenige Tage nach dem Attentat die tschechischen Dörfer Lidice und Ležáky dem Erdboden gleichgemacht. In Lidice wurden die erwachsenen Männer erschossen und die Frauen in Konzentrationslager deportiert, in Ležáky wurden auch die Frauen ermordet. Die Kinder wurden nach rassischen Kriterien selektiert und zum größten Teil im Vernichtungslager Kulmhof getötet. Zu den über 300 Todesopfern kamen 3188 Tschechen, die im Sommer 1942 zum Tode verurteilt wurden. Vgl. Gerwarth, Reinhard Heydrich, S. 7–31, 337–346; Haasis, Tod in Prag; Ivanov, Der Henker von Prag.

[292] Carl Gustaf Mannerheim (1867–1951), Oberbefehlshaber der finnischen Armee.

[293] Zur Tracht im Nationalsozialismus als „volksbewusste" Kleidung und zur Mittelstelle Deutsche Tracht in Innsbruck vgl. Bertschik, Mode und Moderne, S. 296–302; Schmitt, Theorie und Praxis der nationalsozialistischen Trachtenpflege.

Die Vortragende berichtete über ihre Arbeit, neue Trachten nach alten Vorbildern zu formen, um auch auf dem Lande wieder die einheimische Tracht aufkommen zu lassen.

**München, 21. Juni 1942**

Staatsbegräbnis für den Korpsführer des N.S.K.K. Adolf Hühnlein. Erschüttert waren wir alle, als die Nachricht vom Tode dieses alten Kämpfers des Führers eintraf. Er ist seinem langjährigen Leiden erlegen. Im Senatorensaal des Braunen Hauses wurde er aufgebahrt. Die Trauerfeier selbst fand im Kuppelsaal des Armeemuseums statt. Bevor ich zum Staatsakt ging, hatte ich ein schönes Erlebnis. Vati u. ich gingen gemeinsam die Maximilianstraße entlang, als sich uns eine Wagenkolonne näherte. „Das kann nur der Führer sein," u. tatsächlich, er war es. Ernst u. voll Trauer sitzt er da, wie oft schon mußte er sich zu solcher Fahrt durch eine Stadt rüsten um einem Getreuen das letzte Geleit zu geben. Ich bin froh und glücklich, daß ich den Führer so nahe sehen durfte, jedesmal ist es ein Erlebnis. Mit warmen, herzlichen Worten nahm Dr. Goebbels Abschied. Er schilderte den Lebenslauf dieses alten Kämpfers, der trotz schwerer, körperlicher Leiden seinen Dienst versah für Führer u. Vaterland.[294] Obwohl er dahingegangen ist, uns bleibt er unvergessen. Inge R[.] und ich denken an jenen Sonntagmorgen, als wir bei ihm Lebensmittelkarten austrugen. Der Führer verlieh seinem alten Mitarbeiter nachträglich die höchste Stufe des Deutschen Ordens.

*1 Fotoseite „Unternehmen Scherer:*
- *„[gedr.] Unser General ist unser bester Kamerad"*
- *„Verleihung eines Eisernen Kreuzes durch Scherer"*
- *„[gedr.] Der General auf seiner B[efehls]-Stelle"*

*1 Fotoseite:*
- *„[gedr.] Das erste nach der Landung: Blumen aus der Heimat"*[295]
- *„[gedr.] Ein Kopf taucht auf, mit einem 2-Wochen-Bart"*[296]
- *„[gedr.] Er versenkte die „Ark Royal""*[297]

**München, 23. Juni 1942**

Große Freude u. Jubel erfüllt das ganze deutsche Volk, Tobruk, die größte Wüstenfestung Afrikas ist gefallen. Generaloberst Rommel, der Kommandeur der deutschen u. italienischen Streitkräfte hat seinen größten Sieg erfochten. Tobruk, das lang u. bitter umkämpfte Wüstenfort, ist gefallen.[298] Nur durch die Zähigkeit, Tapferkeit und Ausdauer der deut-

---

[294] Vgl. Rede Goebbels' im Kuppelsaal des Bayerischen Armeemuseums anlässlich des Staatsaktes für Adolf Hühnlein, 21.6.1943, abgedruckt in: Heiber, Goebbels-Reden, S. 120–124.
[295] Kapitänleutnant Robert-Richard Zapp (1904–1964).
[296] Kapitänleutnant Reinhard Hardegen (geb. 1913).
[297] Kapitänleutnant Friedrich Guggenberger (1915–1988).
[298] Britische Truppen hatten die libysche Wüstenfestung am Mittelmeer im Januar 1941 erobert und dabei 50 000 Italiener gefangen genommen. Nach gescheiterten Eroberungsversuchen hatten Rommels Truppen den Ort im April 1941 eingeschlossen und über mehrere Monate belagert. Tobruk verfügte über einen Hafen, so dass die britische Marine die Stadt von der Seeseite her versorgen konnte, und im November gelang es neuseeländischen Truppen, die Garnison zu entsetzen. Anfang Dezember brach Rommel, der seinerseits mit Nachschubschwierigkeiten zu kämpfen hatte, die Belagerung ab. Im Mai 1942 starteten die deutsch-italienischen Truppen einen erneuten Vorstoß nach Ägypten; diesmal konnte die Stadt erobert werden. Vgl. Stumpf, Der Krieg im Mittelmeerraum, S. 623–629.

schen Soldaten konnte dieser einzigartige Erfolg erkämpft werden. Der Führer hat [den] Generaloberst in Anerkennung seiner Verdienste und seines Sieges zum Generalfeldmarschall befördert. Ich bin stolz, daß ich seinen Namenszug erhielt u. wünsche, wie alle Deutschen, sein Soldatenglück möge ihm ferner treu sein u. bleiben.

**München, 25. Juni 1942**

Capucco[299], Sollum, Halfaya genommen.

**München, 27. Juni 1942**

Der Führer beauftragte den Gauleiter des Gaues Westfalen Süd, Giesler, mit der Führung des Gaues München Oberbayern für den erkrankten Gauleiter Adolf Wagner.[300]

**München, 29. Juni 1942**

Heute war es so still und gedrückt in der Klasse. Wir können es uns einfach nicht vorstellen, daß unsere Kameradin Hildegard Lechner gestorben ist. So plötzlich hat es uns alle getroffen, es ist unfaßbar. Meinen wir doch, ihr Platz müsse morgen wieder besetzt sein, ihr helles Lachen ertönen, ihr Gesicht in unserem Kreis erscheinen. Es soll nie mehr sein. Eine heimtückische Krankheit hat ein neues Opfer gesucht und unsere Garri war ihr nicht gewachsen gewesen. Wir teilen die Trauer der Eltern, vor allem der Mutter, die ihre eigene Mutter vor acht Tagen verloren hat. Unser Klaßleiter gedachte der Toten mit ehrenden, warmen Worten, die ihm aus tiefstem Herzen kamen u. die das Wesen unserer lieben Garri kennzeichneten. Sie wird immer in unserem Herzen stehen, besonders uns Alten aus der 5c wird sie unvergessen bleiben. Auch die Lehrkräfte trauern um sie. Alle kannten die Garri, die durch vollendetes Klavierspiel die Schulfeste verschönern half und die noch im letzten Jahr mit ihrem reizenden Xylophonspiel die Zuschauer begeisterte u. reichen Beifall erntete. Eine Lücke wurde gerissen, die Eltern gaben ihre einzige Tochter, wir verloren eine gute Kameradin.

*2 Fotoseiten:*
- *„Im Lazarett"*
- *„Operationszelt in Afrika"*
- *„Unter südlichem Himmel"*

**München, 30. Juni 1942**

Heute machten wir wohl oder übel einen Spaziergang durch den Nymphenburger Schloßpark. Nachmittags versammelte sich die ganze Klasse vor dem Nordfriedhof in Schwabing. Wir konnten es einfach nicht fassen, daß im Sarg unter der riesigen Blumenfülle unser Garri liegt und nie mehr unter uns tritt. Die Mutter stand nun innerhalb kürzester Zeit an der gleichen Stelle. Wir verstanden ihren großen Schmerz. Des Vaters Liebling ist dahingegangen. Am Grabe sprach der Vater ehrende Worte und können unsere tapfere Garri nicht vergessen. Sie wußte, wie es um sie stand, u. kurz vor ihrem Tod schrieb sie den Eltern u. dem Bruder einen Brief, indem sie sagt, „Seid nicht traurig über meinen Tod, ich bin in den Willen Gottes ergeben." Den Bruder fordert sie auf, nun der Eltern

---

[299] Richtig: Capuzzo.
[300] Wagner erlitt im Juni 1942 einen Schlaganfall, von dem er sich nicht mehr erholte und an dessen Folgen er 1944 starb. Paul Giesler (1895–1945, Selbstmord).

Stütze u. Kraft zu sein für sie. Wir erfüllen ihre Bitte, die sie im Brief ausspricht: „Betet für mich." Nach der vollzogenen Beerdigung sprachen wir den Eltern nicht unser Beileid aus, sie wären durch jede von uns jungen Menschenkindern an ihr herbes Leid erinnert worden. Still u. in einzelnen Gruppen verließen wir den Friedhof, wo unsere liebe Garri ihren letzten Schlaf schläft. Eines Tages werden wir uns wiedersehen, so sagte sie in ihrem Abschiedsbrief.

**München, 1. Juli 1942**

Heute morgens fuhren wir zum Seelengottesdienst nach Trudering. Zuerst machten wir einen Spaziergang, denn der Zug hatte uns viel zu früh an unseren Bestimmungsort gebracht. Um 9 $^h$ begann der Gottesdienst, vollzählig nahmen wir hinter den Angehörigen Platz. Nach dem Gottesdienst sprach der Klaßleiter noch einmal das Beileid der Klasse aus u. unterhielt sich eingehend mit den Eltern. Danach luden sie uns in ihren schönen u. großen Garten ein, denn unser Rückzug ging sehr spät. Nun sahen wir das Heim unserer Garri, das Plätzchen im Garten, wo sie immer ihre Aufgaben machte; ihre Hasen und deren putzige Jungen beschnupperten uns. Struppi, ihr Hund, bellte uns an, er vermißt seine Herrin sehr. Die Mutter dankte uns für unsere Teilnahme. Sie ist sehr gefaßt, sie nimmt [es] als Willen Gottes auf, das wird ihr ein wenig Trost bringen. Auch Vater u. Sohn bemühen sich, ihren großen Schmerz zu überwinden.

**München, 2. Juli 1942**

Nach 25 tätigem und erbittertem Ringen wurde Sewastopol, die bisher stärkste Land- u. Seefestung der Welt, bezwungen.[301] Der Führer beförderte von Manstein zum Generalfeldmarschall.

**München, 6. Juli 1942**

Noch 3 Tage Schule und dann hinein in die Ferien. Wir, von der 6. Klasse, erhalten 3 Wochen Ferien und gehen dann in Einsatz. Von Anfang August bis Mitte November. Ich habe 2 Tage eher schulfrei bekommen, damit ich den G.D. Kurs in Bad Wiessee besuchen kann. Es ist dort sicher fein u. vor allem lernt man dort sehr viel für unseren Einsatz.

**München, 7. Juli 1942**

Heute bin ich zum letzten Male beim Dienst; wo werde ich bis November sein? Hoffentlich kann ich in ein Kinderlandverschickungslager u. zwar als G.D. Mädel. Daumen halten u. abwarten.

**München, 9. Juli 1942**

Schulferien. Welch beglückendes Wort? Endlich ist es so weit. Lange werde ich nicht mehr durch das Schultor gehen, sondern irgendwo stehen u. Kriegsdienst leisten. Morgen fahre ich nach Bad Wiessee. Ich freue mich ja schon so darauf.

---

[301] Mehrere Versuche, den Schwarzmeerhafen Sewastopol auf der Krim zu erobern, waren Ende Oktober/Anfang November 1941 gescheitert. Seit Anfang Juli 1942 unternahm die Wehrmacht mit starker Luft- und Artillerieunterstützung einen zweiten großangelegten Versuch, die Stadt einzunehmen, der schließlich auch gelang. Zusammen mit der fast gleichzeitigen Einnahme von Tobruk in Nordafrika wurde die Einnahme der lange umkämpften Stadt in weiten Teilen der deutschen Bevölkerung strategisch überschätzt und als Signal der Hoffnung gewertet. Die deutsche Propaganda, die die Schlacht um Sewastopol zum „Heldenepos" stilisierte, trug dazu erheblich bei. Vgl. Wegner, Der Krieg gegen die Sowjetunion, S. 845–852.

*Fotoseite:*
- *„Hanna Reitsch EK I u. EK II"*
- *„D.R.K. Schwester Elfriede Wnuk EK II"*[302]
- *„D.R.K. Schwester Marga Droste EK II"*[303]

**Bad Wiessee, 10. Juli 1942**

Nach einer heißen u. an Zwischenfällen nicht mangelnden Fahrt sind wir in Bad Wiessee angekommen. Im Hause wurden wir gleich von der Lagerführerin begrüßt u. auf die einzelnen Zimmer verteilt. Zu unserem Leidwesen sind Hilde u. ich nicht in das gleiche Zimmer gekommen. Aber die Kameradin aus Ingolstadt ist sehr nett, verbinden uns doch gleiche Ziele u. Wünsche. Das Haus u. die Zimmer sind urgemütlich eingerichtet. Man kann sich wirklich wohlfühlen. Die Lagerführerin und die anderen Mädels sind sehr nett u. die Herbergseltern sorgen gut für uns.

**Bad Wiessee, 11. Juli 1942**

In der vorigen Nacht ging ein heftiges Gewitter nieder, auch jetzt ist es kühl u. regnerisch. Nach dem Frühstück hatten wir den 1. Unterricht in Anatomie bei einer Medizinstudentin. Man lernt immer wieder Neues dazu. In der Freizeit ging ich mit Hilde W[.] spazieren. Wir haben in der Gegend herumspioniert. Heute abends geht es gemeinsam in das Theater. Hoffentlich kann man viel lachen.

**Bad Wiessee, 12. Juli 1942**

Nach der gestrigen Freizeit hatten wir nochmals Unterricht, wobei das Gehörte wiederholt u. erweitert wurde. Nach dem Essen zogen wir los. Es regnete wieder einmal, aber das konnte uns nicht erschüttern. Das Stück selbst, die „3 Dorfheiligen" war sehr nett u. unterhaltend.[304] Da es ja heute Sonntag ist, durften wir um ½ 8 $^h$ aufstehen. Nach dem Morgensport Fahne, Frühstück. Der Garten lockte zum Singen. Margret[305] erklärte uns die Bedeutung des Gesundheitsdienstes in der H.J. Nach dem Mittagessen fuhren wir mit dem Boot nach Tegernsee um von dort aus auf die Neureuth zu steigen. Der Weg war nicht beschwerlich u. wenn er es auch gewesen wäre, so hat uns der Rundblick überreich belohnt. Nur etwas kühl u. windig war es. Nach einer Kaffeepause stiegen wir wieder ab. Der Abstieg verursachte bei uns einen „Knieschnakler," der sich aber bald wieder legte. Nach einer stürmischen Überfahrt landeten wir wieder im heimatlichen Hafen, wo uns ein gutes Abendessen erwartete. Jetzt lesen oder schreiben wir im Aufenthaltsraum u. gehen dann bald schlafen.

**Bad Wiessee, 13. Juli 1942**

Nach dem Morgensport, Fahne u. Frühstück sangen wir. Dann lernten wir in unseren G.D. Büchern, bis die Studentin kam. Sie sprach mit uns über das Thema Körperpflege. Nach allgemeinen Ausführungen durften wir Fragen stellen, die sie uns dann beantwortete. Nach der Mittagsruhe hatten wir Besuch: der Gebietsarzt Dr. Feser ist gekommen. Er sprach von der Gesundheitsführung im 3. Reich, die vorbeugenden Maßnahmen um die

---

[302] Elfriede Wnuk, erste Rotkreuzschwester und zweite Frau nach Hanna Reitsch, der im Zweiten Weltkrieg das Eiserne Kreuz verliehen wurde; die Verleihung erfolgte am 19. 9. 1942.
[303] Marga Droste (geb. 1915) erhielt das Eiserne Kreuz im September.
[304] „Die drei Dorfheiligen". Bayerischer Schwank von Max Neal und Max Ferner, 1920.
[305] NS-Schwester.

Gesundhaltung unseres Volkes. Er stellte uns unsere praktischen Übungen im Erw[eiterten] Revier Tegernsee in Aussicht, diese Nachricht hat uns wohl am meisten gefreut. Nach dem Kaffee ging der anatomische Unterricht weiter. Hoffentlich schaffen wir es alle bei der Prüfung. Nach dem Abendessen erfüllten wir den Wunsch von Frau Düll: wir pullten ihre Erbsenschoten aus. Wir waren im Anfang allerdings über diese Fülle entsetzt. Aber schnell verschwand der Berg. Daß wir nicht still waren, ist klar. Wir haben tüchtig geschwatzt, aber das hat uns niemand übel genommen. Die gute Hausmutter hat unseren Wink wohl verstanden u. brachte am Schluß zu aller Freude eine Platte voll Brote, die wir nach dem Einholen der Fahne mit Behagen aßen.

### Bad Wiessee, 14. Juli 1942

Heute war ich Mädel vom Dienst. Nach dem allmorgendlichen Singen übten wir Verbände; auch hier gilt der Grundsatz: „Übung macht den Meister." Die einzelnen Verbandsarten erfordern Geschicklichkeit und Geduld. Nach dem Essen kam, wie jeden Tag, der Augenblick der Überraschung: Postverteilung. Auch für mich war diesmal etwas dabei: Mutti hatte mir meine Turnschuhe geschickt, in die sie Süßigkeiten versteckte. Nach der gekürzten Mittagspause hatten wir Unterricht bei Dr. Fordan, einem Arzt in Tegernsee. Wir lernten die ersten Maßnahmen bei den verschiedenen Verletzungen und die Handgriffe bei der Krankenpflege. Nach dem Kaffee Rettungsschwimmen, vorläufig noch auf dem Trockenen. Abends gingen wir zum Schwimmen. Es ist herrlich in die Weite des Sees hinauszuschwimmen. Schnell zogen wir uns an, denn die Außenluft ist kälter gewesen. In der Schule angekommen, mußten wir rasch ins Bett. Manch nächtlicher Spuk geisterte heute umher. Mit Wecker, Klingel, Stoffmanderl und Gesang trieb er sein Unwesen.

### Bad Wiessee, 15. Juli 1942

Nach dem Frühstück lernten wir aus unseren Büchern u. übten Verbände. Dann gingen wir wieder mit Geralda zum Schwimmen. Nachmittags unterrichtete uns eine Studentin über richtige Ernährung u. ihre junge Kollegin lehrte uns weiter in der Anatomie. Nach dem Abendbrot fuhr Geralda im Rettungsschwimmen fort, doch bald gingen wir ins Bett, denn die andern waren vom vielem Sport ziemlich müde. Auch heute geisterte es. Die arme Hilde opferte sich und legte sich unter Margrets Bett. Dort war es sicher sehr unbequem. Wenn der Spuk auch nicht so gut gelungen ist, Spaß hat es sicher doch gemacht.

### Bad Wiessee, 16. Juli 1942

Heute ist der Morgensport ausgefallen, weil das Wetter so schlecht ist. Nach dem Frühstück fuhren wir bei strömendem Regen nach Tegernsee in das Erweiterte Revier hinüber. Dort erklärte uns Margret das Umbetten von Kranken, Packungen u. andere Handgriffe, die wir als G.D. Mädel im Einsatz beherrschen müssen. Bei der Heimfahrt hat sich das Wetter Gott sei Dank aufgehellt. Nach dem Essen hielt eine Studentin einen Vortrag über Heilkräuter. Die meisten Heilkräuter kennen wir ja vom Sammeln in unseren Einheiten. Wir wissen, wie gesund es ist, deutschen Tee zu trinken, dadurch helfen wir auch unserer Wirtschaft, fremder Tee braucht dadurch nicht eingeführt werden. Aber auch Heilkräuter wirken und Beutel sind wohltuend u. helfen heilen. Nach dem Kaffee zogen die andern auf den Sportplatz um ihr Leistungsabzeichen zu machen. Hilde Sch[.] u. ich fuhren nach Tegernsee, um ihre Brille zu holen. Die Überfahrt war wunderschön u. vor allem war es warm. Nach dem Abendbrot ging es zum Rettungsschwimmen an den See. Todmüde und hungrig kehrten die Schwimmerinnen heim.

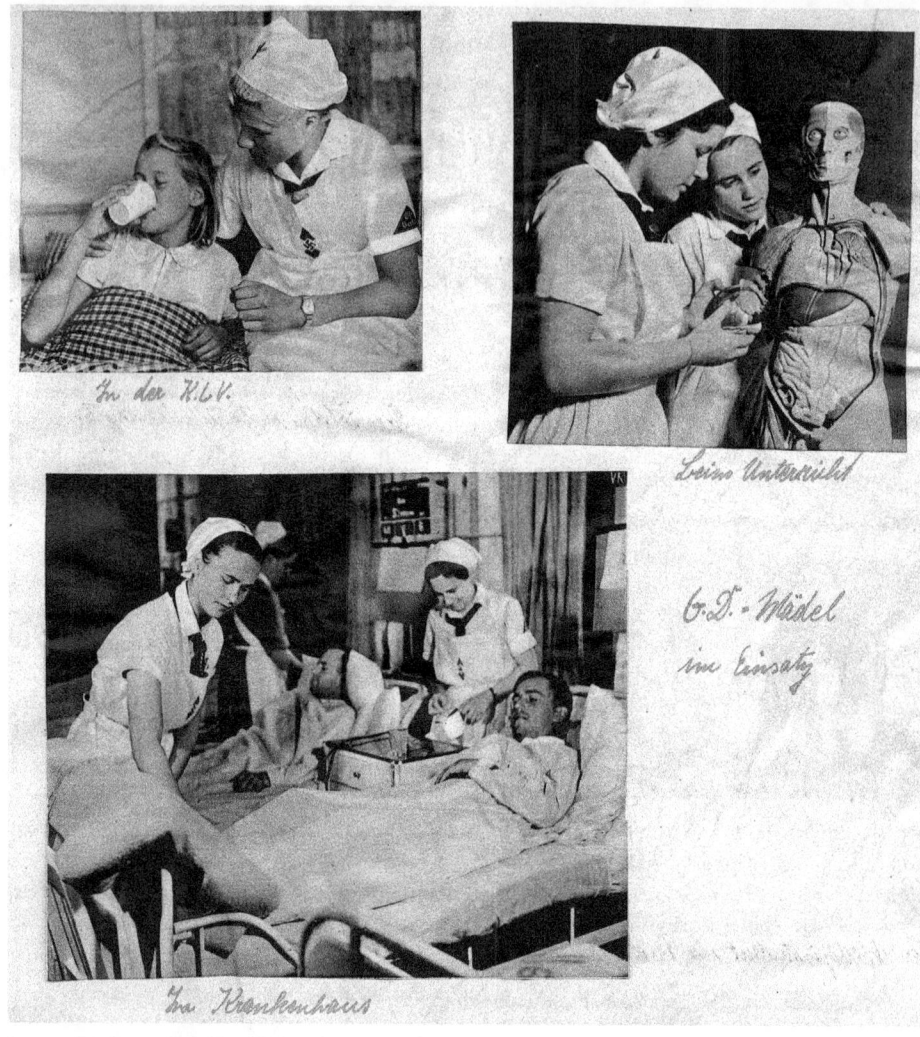

Abbildung 15: GD-Mädel im Einsatz (Tagebuch-Fotoseite)

2 Fotoseiten „G.D.-Mädel im Einsatz":
- „In der KLV"
- „Beim Unterricht"
- „Im Krankenhaus"
- „Im Kinderheim"
- „Der Feldscher, Gehilfe des Arztes"
- „Der Medizinstudent als Feldscher in der KLV"

**Bad Wiessee, 17. Juli 1942**

Die größte und wichtigste Stadt des Donez-Industriegebietes Woroschilowgrad wurde von deutscher Infanterie im Sturm genommen.

Nach dem Frühstück lernten wir bis Geralda kam, die mit uns an den See zum Schwimmen ging. Einige machten ihren Schwimmschein II u. schwammen dazu nach Tegernsee hinüber. Hilde errang sich den Grundschein der D.L.R.G. Ein Platzregen trieb uns nach Hause. Als die Sonne wieder schien, setzten wir uns auf die Freitreppe u. Geralda nahm uns die schriftliche Prüfung für den Grundschein ab. Nach dem berühmten bayrischen Freitagsessen, Rohrnudeln u. Obst, hatten wir Unterricht über Erste Hilfe bei Dr. Fordan. Er machte uns richtige Prüfungsangst. Nach dem Kaffee hatten wir wieder Freizeit, die meisten lernten, haben wir doch alle den Ehrgeiz gut abzuschneiden, schon um Margret keine Schande zu machen. Nach dem Abendbrot, mein Zeitungsbericht war fällig, wurde der Freie Abend freudig aufgenommen. Die meisten gingen in das Kino, doch Rosel, Hilde W[.], Hilde Sch[.] u. ich blieben da. Es war ein wunderschöner Abend. Wir erzählten uns aus unserem Leben, an diesem Abend sind wir einander noch näher gekommen. Als ein Gewitter losbrach gingen wir in unsere Zimmer.

**Bad Wiessee, 18. Juli 1942**

Nach dem morgendlichen Singen übten wir Verbände, Tragetragen, Schienen u. so manches, was ein G.D. Mädel wissen muß. Nach der Mittagsruhe, während der Hilde Sch[.] u. ich nach Wiessee gingen, wir besuchten das vorbildlich eingerichtete Berta-Schwarz-Heim, das vielen Müttern u. Kindern Wochen der Erholung und Entspannung bietet, kam Gunhild u. wiederholte mit uns die Anatomie, Wundbehandlung und Krankenpflege. Sie wünschte uns viel Glück zur Prüfung, na, ich bin ja darauf gespannt. Im Heimabend hörten wir über das Leben zweier großer Ärzte: Paracelsus und Semmelweis, dem Retter der Mütter.[306] Wir wissen jetzt, wie diese Ärzte kämpfen mußten um ihre Ideen u. Methoden durchzuführen. Sie mußten gegen die Quacksalber und Kurpfuscher kämpfen, hat ein heutiger Landarzt nicht auch damit zu kämpfen, mancher Bauer geht noch lieber zum Schäfer. Haben wir G.D. Mädel nicht Schwierigkeiten bei unseren Mädeln. Aber Schwierigkeiten sind dazu da, daß sie überwunden werden. Nach diesem besinnlichen Abend beschlossen wir noch einen Gang in den Abend zu machen. Die Sonne ging gerade unter, alles war still, nur die Kuhglocken auf der Alm waren zu hören. Es war ein schöner Abend in unserem Bayerland.

*2 Fotoseiten BDM-Mädel im Einsatz:*
- *„Im KLV-Lager"*
- *„Im Kindergarten"*
- *„Im KLV-Lager"*
- *„Verkaufshilfe"*
- *„Kräutersammlung"*
- *„Markenkleben"*
- *„Im Kindergarten"*

---

[306] Theophrast Bombast von Hohenheim, genannt Paracelsus (ca. 1493–1541), Schweizer Arzt und Universalgelehrter, der Krankheitsursachen in physikalischen und biochemischen Prozessen im Körper vermutete und durch „ganzheitliche" Behandlungsmethoden Erfolge erzielte, aber im Gegensatz zur damals herrschenden Lehrmeinung stand. Ignaz Semmelweis (1818–1865), ungarischer Arzt und Hygiene-Pionier, führte das Auftreten von Kindbettfieber auf mangelnde Hygiene bei Ärzten und Pflegekräften zurück, war dafür jedoch zeitgenössisch starken Anfeindungen ausgesetzt und starb nach einer leichten Verletzung unter ungeklärten Umständen in einer Klinik.

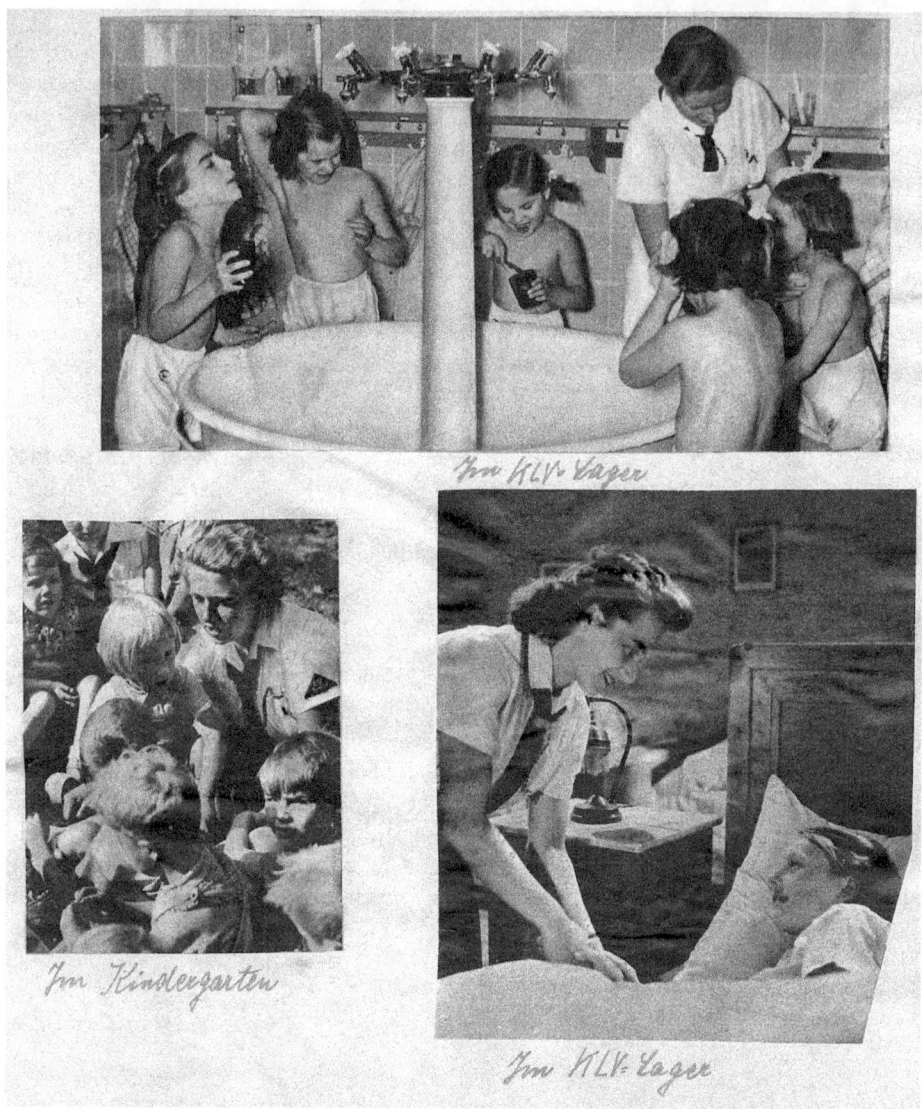

*Abbildung 16: BDM-Mädel im Einsatz (Tagebuch-Fotoseite)*

**Bad Wiessee, 19. Juli 1942**

Nach dem Frühstück hatten wir eine ausgedehnte Singstunde, an die sich ein Geländespiel anschloß. Nach dem Mittagessen erwarteten wir die Obergauärztin Dr. Gisela Burgdorf. Sie sprach von der Aufgabe der B.D.M. Ärztin als Erzieherin zur Gesundheit. Jedes Mädel soll über die Vorgänge in ihrem Körper wissen, klar u. deutlich soll ihr alles sein. Bei dieser Aufklärungsarbeit können wir G.D. Mädel helfen. Weiter klärte sie uns über richtige Gesundheitspflege auf, die eigentlich so selbstverständlich ist u. doch oft nicht durchgeführt wird. Leider mußte sie schon bald wieder weg. Während die anderen sich auf der Wiese beim Völkerballspiel austobten, überlegte ich mit Irmgard die Zeichnung für das Gästebuch. Nach dem Abendbrot stieg ein lustiger Abend. Wir konnten bei den einzelnen Spielen tüchtig lachen. Uns kann der scheußliche Regen nicht erschüttern.

**Bad Wiessee, 20. Juli 1942**

Heute war ein aufregender Tag. Den ganzen Vormittag lernten wir aufs eifrigste. Die Zeit verging so schnell, das Mittagessen stand auf dem Tisch, wir haben uns ausgiebig gestärkt, wenn das Hirn arbeiten soll, muß der Körper auch was haben. Nach der Freizeit kam der gefürchtete Augenblick, wir traten in Uniform im Tagesraum an. Nach dem Begrüßungslied begann die Prüfung. Jede mußte eine Viertelstunde lang Antwort und Rede stehen. Um 4 $^h$ wurde eine Kaffeepause eingelegt, bei der der Doktor auch teilnahm, ihm schmeckte der Kaffee zu seinem Sonntagskuchen. Er sprach von unserer Jugend, dem Volksbewußtsein Deutschlands u. der Judenfrage. Dann ging die Prüfung weiter. Endlich kam ich an die Reihe. Gott sei Dank wußte ich in den gefragten Dingen Bescheid u. mit einem erleichterten Herzen ging ich aus dem Zimmer. Ich freue mich, daß ich die theoretische Prüfung mit 1 bestanden habe. Nach dem Abendbrot gingen wir mit Margret fort. Wir schritten rüstig aus u. bei lustigem Geplauder kamen wir nach Rottach-Egern. Dieser Ort liegt so lieblich da, die Straße führt dicht am Tegernsee vorbei. Es ist ein richtiges Gebirgsdorf, nicht so modern wie Wiessee, aber ich glaube gemütlicher. Bald mußten wir uns wieder auf den Heimweg machen. Margret erzählte uns aus ihrem Leben als N.S. Schwester und schnell waren wir wieder daheim, wo die anderen inzwischen für den Abschiedsabend übten.

**Bad Wiessee, 21. Juli 1942**

Der letzte Tag in unserem schönen „Bayerland." Den Morgen über übten wir Verbände u. guckten uns den Verbandskasten richtig an. Nach der Mittagsruhe kam der zweite Teil der Prüfung, der praktische. Endlich war auch ich an der Reihe. Zuerst mußte ich einige Medikamente u. Instrumente erklären, ihren Sinn u. Zweck. Dann machten wir uns gegenseitig Verbände, führten den Krankentransport, Wiederbelebung u. andere Dinge vor. Nach aller überstandener Angst verabschiedete sich Dr. Fordan u. wünschte uns alles Gute für unseren Einsatz. Nach dem Abendessen wurde fieberhaft gearbeitet. Punkt 8 $^h$ begann der Spaß. Im fröhlichen Reigen holten wir die Hauseltern und das Hauspersonal. Nach einem Anfangslied stieg das Lagergedicht, das uns oft zum Lachen reizte. Nach Kurzscharaden, Gedichten u. Liedern kam der Hauptjux, „Die Rote Kerze" von Weiß Ferdl. Das war eine richtige Hetz. Man konnte Bauchweh kriegen vor Lachen. Dann setzten wir uns im Kreis und machten Heimspiele. Eine besondere Freude für uns war es, daß Herr Düll wie ein Junger mitmachte. Später kam Gundhild H[.], die Medizinstudentin, für die hatten wir eine besondere Überraschung: einen Regenwurm, denn sie sagt immer, „Dann nehmt ihr das arme Würmchen u. geht schleunibus zum Onkel Doktor." Um ½ 11 $^h$ wurde Schlußgemacht, die sorgenden Herbergseltern richteten Brote u. Tee her. Lange wurde es nicht still im Hause bis auch den letzten die Augen zufielen.

**München, 22. Juli 1942**

Heute sind wir zum letzten Male im Lager geweckt worden. Nach dem Frühstück packten wir unsere Koffer und räumten die Zimmer auf. Um ½ 10 $^h$ holten wir die Fahne ein, die jeden Morgen aufgezogen worden ist u. die jeden Abend mit uns zur Ruhe ging. Darauf gab es die Henkersmahlzeit: Kartoffelsalat mit gebackenem Käs. Die Hauseltern hatten für jede ein großes Stullenpaket gerichtet. Zum Abschiednehmen holten wir Herrn und Frau Düll, Fräulein Anni u. Käthe, wir sangen ein paar lustige Lieder und Margret bedankte sich nochmal für alles. Dann mußten wir abziehen. Ein Bauer hatte zuvor unsere Sachen geholt. Mit dem Sonderwagen, der auch die Mütter des Berta-Schwarz-Heimes mitnahmen, fuhren wir nach Gmund. Als wir im Zuge saßen, dachten wir alle: schade, daß die schöne Zeit zu Ende ist. Als ich nach Hause kam, gab es ein ausgiebiges Plauderstündchen, auf das wir uns alle freuten u. ich freue mich auf meinen Einsatz, wo ich zeigen kann, daß ich was gelernt habe.

**München, 27. Juli 1942**

Die als Verkehrs- und Hafenzentrum wichtige Stadt Rostow genommen.[307] Heute morgens waren wir in der großen Kunstausstellung im Haus der Deutschen Kunst.[308] An Hand des Kataloges durchwanderten wir die großen Hallen, in denen die Werke unserer deutschen Künstler ausgestellt sind, ein Zeugnis deutscher Schaffenskraft im Krieg. Viele der Künstler stehen im Feld, ihre Werke sind naturgemäß auf das Kriegsleben beschränkt, sie schenken uns die Bildnisse unserer Soldaten, Ölgemälde, Aquarelle, Büsten und Statuen eines Thorak oder Breker, Porzellan- und Tonschöpfungen wechseln einander in bunter Fülle ab. Der Gang durch die Ausstellung gibt uns einen Einblick in das Kunstschaffen von heute, das trotz Krieg im selben Umfang arbeitet als in den Friedensjahren nach 1933.

**München, 30. Juli 1942**

Heute hat es sich entschieden. Mit noch 3 anderen G.D. Mädels aus unserem Kurs mußte ich zu Dr. Feser ins Gebiet kommen. Nach längerem Warten waren wir dran. Wohin? Das war die große Frage. Die anderen hatten schnell ihr Lager für den kurzfristigen Einsatz. Doch ich kann mich 3 Monate zu Verfügung stellen, nach Reichenhall in ein Lager mit 120 Rendsburger Jungs. Kinder! Kinder! Gerade im Jungenlager sind wir richtig, entbehren sie doch oft die Mutter, besonders in kranken Tagen u. da springen wir G.D. Mädels ein, als „helfende Mütter der Heimat", wie man uns nennt.

**Bad Reichenhall, 3. August 1942**

Nach einer ziemlich heißen Bahnfahrt bin ich nun im schönen Bad Reichenhall gelandet, das für 3 Monate meine Heimat werden soll. Zunächst bin ich in einem Zimmer des Lagerlehrers, er ist gerade in Urlaub, einquartiert. Der Betrieb hier ist sehr groß, soviele

---

[307] Rostow am Don wurde erstmals am 20.11.1941 von deutschen Truppen besetzt, die jedoch die Stadt bereits 8 Tage später angesichts einer sowjetischen Gegenoffensive wieder räumen mussten. Am 24.7.1942 eroberten deutsche Verbände die Stadt erneut, darunter die Waffen-SS-Division Wiking. Die rund 27 000 in Rostow lebenden Juden wurden am 11./12.8.1942 zu einer Schlucht (Smijowskaja Balka, Schlangenschlucht) in der Nähe der Stadt geführt und von der Einsatzgruppe D erschossen. Vgl. Angrick, Besatzungspolitik und Massenmord, S. 312ff.

[308] Hitler hatte am 15.10.1933, dem „Tag der Deutschen Kunst", den Grundstein für das Haus der Kunst in München gelegt. Es sollte symbolisch stehen für die Erneuerung der Kunst im nationalsozialistischen Sinne; eröffnet wurde der Bau am 18.7.1937. Er beherbergte die alljährliche „Große Deutsche Kunstausstellung", die ausgewählte, regimekonforme Werke zeigte, während die „entartete Kunst" in den Magazinen verschwand, verkauft oder sogar verbrannt wurde, und ihre Schöpfer in die Emigration getrieben wurden. Arno Breker (1900–1991) und Josef Thorak (1889–1952) waren Bildhauer, die während der NS-Zeit zahlreiche Aufträge des Regimes erhielten. Vgl. Brantl, Haus der Kunst; Große Deutsche Kunstausstellung 1942 im Haus der Deutschen Kunst zu München. Offizieller Ausstellungskatalog, München 1942.

Jungs zu dirigieren ist eine Kunst, aber ich glaube, daß hier Zucht und Ordnung herrscht. Wir kommen gerade vom Mittagessen, das in der großen Halle eingenommen wurde. Für mich ist alles so neu, der ganze Betrieb ist ja anders als in Wiessee, aber mit der Zeit werde ich mich schon daran gewöhnen. Nachdem ich die ersten Zeilen geschrieben habe, kam ein Junge und fragte nach der „Sanitäterin." Als ich mit ihm ins Krankenzimmer ging, kam ein ganzer Rudel, der verarztet werden wollte. Der Essigsauretonerdeverband trat in Aktion. Das Kartoffelschälen allein kostete 3 Opfer und mir mein kostbares Heftpflaster. Aber sie sind so putzig, diese Zehn- und Elfjährigen, wenn sie voll Vertrauen zu mir kommen. Ich hoffe, daß ich ihnen allen gerecht werde u. ihnen in kranken und gesunden Tagen die Mutter ersetzen kann. Heute nachmittags ging [ich] mit Herrn Henschel ins Krankenhaus um einen kranken Jungen zu besuchen. Ein Halskranker liegt schon in der Krankenstube. Der 1. Tag im KLV Lager ist zu Ende.

**Bad Reichenhall, 4. August 1942**

Heute ging der Tanz in aller Frühe los. Kranke u. Scheinkranke meldeten sich. Doch vom Haferschleim ist niemand begeistert. Der kleine Herbert hat schon genug, der meldet sich nicht mehr krank. All die kleinen Wünsche u. Beschwerden sind schnell erfüllt und behoben. Nach dem Sport gab es manche Aufregung. Ein Junge wurde gebracht, der auf den Rücken gestürzt war. Ein elastischer Verband brachte ihm bald Linderung. Es scheint doch nichts Ernsthaftes vorzuliegen. Ich bin froh, wenn ich ein einheitliches Krankenzimmer habe, in jedem Stockwerk liegt einer. Wenn etwas los ist, ist man nicht dabei. Aber allmählich renkt sich alles ein. Herr San. Rat Dr. Schmidt war heute mittags da. Er ist ein richtiger Onkel Doktor mit buschigen Augenbrauen, aber einem grundgütigen Herzen. Wir sollen jetzt eine N.S. Schwester[309] bekommen zur Hilfe. Mir soll es recht sein.

*Fotoseite:*
- *„Der Bauer dankt der Arbeitsmaid"*
- *„Bei der Heuernte"*
- *„Im befreiten Polen"*

**Bad Reichenhall, 5. August 1942**

Die morgendliche Arbeit läßt einen richtig im Trab laufen. Die alten Patienten müssen versorgt werden, bei den Neuen muß man schnell überlegen, was als nächstes zu tun ist. Aber diese Arbeit macht mir Freude, besonders wenn ich sehe, daß die Jungs sich schnell erholen, es wäre auch zu schade, wenn ihr schöner Aufenthalt hier durch Krankheit verpfuscht wird. Jetzt ist es Abend geworden, unsere Patienten sind alle versorgt. Neben der Pflege gilt es manchmal das Heimweh zu bekämpfen, das ja besonders an kranken Tagen auftritt. Hier sind wir G.D. Mädel am Platze. Wir können trösten u. gut zureden, da ist mancher Schmerz rasch versiegt. Darum bin ich glücklich, mitten in dieser Arbeit zu stehen, die so wichtig u. doch schön ist.

---

[309] Mit der Einrichtung der NS-Schwesternschaft durch die NSV sollten Krankenpflege und Gemeindebetreuung unter Kontrolle der Partei gebracht und kirchlich-christliche Träger verdrängt werden. Die „braunen Schwestern" ahmten dabei die Organisation wie auch die äußeren Formen der Schwestern anderer Organisationen, etwa der Rotkreuzschwestern, nach, und sollten ihre Aufgaben nach den ideologischen Grundsätzen des Nationalsozialismus für die „Volksgemeinschaft" erbringen. Vgl. Vorländer, Die NSV, S. 89–95; Kompisch, Täterinnen, S. 117–122.

**Bad Reichenhall, 6. August 1942**

Heute hatte ich eine große Freude. Sophie Sch[.], eine ehemalige Schulkameradin u. G.D. Mädel in Wiessee besuchte mich. Sie ist in einem Mädellager in der Ramsau. Ich freue mich, daß ich bei Jungs bin u. mich im Lager so ziemlich eingelebt habe, denn Sophie ist von ihrem Lager nicht begeistert.

**Bad Reichenhall, 7. August 1942**

Gestern traf uns alle eine Nachricht sehr empfindlich: der Junge, der im Krankenhaus liegt hat Kinderlähmung, so wurde Lagersperre beantragt. Das ist bitter für die Jungs. Wenn kein 2. Fall eintritt, dauert die Quarantäne nicht so lange. Bis jetzt ist es für die Jungens belustigend und unterhaltend. Daneben läuft mein Dienst weiter u. läßt mich immer auf Draht sein. Die Kinder sind scheinbar das hiesige Klima nicht gewöhnt u. bekommen Krankheiten, die unsere abgehärtete süddeutsche Jugend nicht kennt.

**Bad Reichenhall, 8. August 1942**

Heute fiel der Schiedspruch 14 Tage lang werden wir unter Lagersperre fallen. Die Jungens werden möglichst viele Ausflüge machen ohne auf außenstehende Personen zu stoßen. Der Schiedspruch fiel Gott sei Dank milde aus. Die Jungs u. ich genoßen heute zum ersten Male wieder die warme Sonne. Die Berge traten nah u. klar hervor, so liebe ich sie. Die erste Woche im Lager ist fast zu Ende. Was konnte ich nicht alles lernen u. beobachten? Sehr zu meinem Nutzen. Hoffentlich bringen mir die folgenden Wochen die gleiche Freude und Befriedigung an der Arbeit. Glück auf!

**Bad Reichenhall, 9. August 1942**

Heute hätte Vati kommen sollen, so war es ausgemacht, aber die Lagersperre hat uns einen Strich durch die Rechnung gemacht. Aber wir beide sind mit unserem bay[rischen] Humor darüber hinweg gegangen u. freuen uns auf ein baldiges Wiedersehen. Nachmittags, meine Patienten waren gut versorgt, ging ich mit Herrn Hentschel zum Thunsee. Der Weg dorthin war wunderschön, vor allem die Ausblicke in die Umgebung. Der Thunsee selbst liegt lieblich da, ein Königssee im Kleinen. Vorbei am Seerosenteich geht der Weg am Thunsee entlang. Bald kehrten wir zurück, diesmal auf dem Talwege. Dieser Spaziergang hat mir wieder gezeigt, wie gerne ich meine bayrischen Berge habe, die so viele Fremden durch ihre Lieblichkeit u. Schönheit anlocken, mein schönes Bayerland!

*4 Fotoseiten:*
- *„[gedr.] Vor… und nach dem ‚Eagle'. Zwei charakteristische Bilder von Kapitänleutnant Rosenbaum, vor der Ausfahrt […] und nach der Rückkehr von dem Unternehmen bei dem er den […] Flugzeugträger ‚Eagle' im Mittelmeer versenkte, 15. 8. 42"*[310]
- *„Mißglückter Landungsversuch der Engländer bei Dieppe, 19. 8. 42", 4 Fotos: „Die Landungsboote", „Gefangen"*
- *Stefan von Horty, Ungarn, [gestorben]"*[311]
- *„Staatsakt für dem gefallenen Sohn des ung. Reichsverwesers"*

---

[310] Kapitänleutnant Helmut Rosenbaum (1913–1944). Die HMS Eagle war 1913 als Schlachtschiff auf Kiel gelegt worden, während des Ersten Weltkriegs erfolgte der Umbau zum Flugzeugträger. Im August 1942 war sie im westlichen Mittelmeer zur Deckung alliierter Nachschubkonvois eingesetzt.
[311] Stefan von Horthy (1904–1942), Sohn und Stellvertreter des ungarischen Reichsverwesers. Als Symbol für „gestorben" verwendete Wolfhilde von König an dieser Stelle die umgekehrte nordische

**Bad Reichenhall, 12. August 1942**

Endlich mein eigenes Reich! Bisher habe ich nur probeweise in des Lagerlehrers freiem Zimmer geschlafen. Aber jetzt fühle ich mich noch wohler. Muttis Bild, mein Igel, einige Blumen, so wie ich es zu Hause habe, es ist jetzt heimeliger. Heute war gar nichts los, keine Patienten, dafür ging es trab, trab als die Jungs vom Baden kamen. Fuß verstaucht, Halsweh, Eiterbeulen, Glasscherben im Fuß, u.s.w. aber mit gutem Mut und einem lustigen Wort hilft man sich und die Jungs weiter.

**Bad Reichenhall, 13. August 1942**

Heute war wirklich ein Unglückstag. Ein Junge ist durchgebrannt. Ich hätte es ihm garnicht zugetraut, er war anscheinend ein lieber, netter Kerl. Aber schwupp dich, war er weg. Na, er wird ja doch bald geschnappt werden. Rosl, meine Zimmerkameradin in Wiessee, besuchte mich überraschend. Sie ist in Freilassing. Doch bald mußte sie wieder gehen. Nachmittags kam Schwester Franziska F[.] und stellte sich als Lagerschwester vor. Ich glaube ich werde gut mit ihr auskommen, sie macht einen so mütterlichen Eindruck. Na hoffen wir, daß alles gut geht.

**Bad Reichenhall, 17. August 1942**

Jetzt bin ich nicht mehr alleine. Schwester Franziska ist zu uns ins Lager gekommen. Ich bin nun zwar nicht mehr alleine, aber ich wäre es doch gerne. Wir kommen gut aus, aber ich bin an das Alleinsein gewöhnt. Gestern kam auch Herr Burzig, der Lagerlehrer vom Urlaub zurück. Er ist genau so still wie H. Hentschel, vielleicht noch ruhiger. Deshalb fühle ich mich hier so wohl, im Kreis ruhiger Menschen, die still [sind] u. doch viel Humor besitzen. Am gestrigen Sonntag hatten wir wieder herrliches Wetter. Herr Hentschel u. ich gingen zuerst zur Predigtstuhltalstation u. bewunderten dieses Wunderwerk der Technik. Dies ist die kühnste Seilschwebebahn Deutschlands. Kühn schwingt sie sich von Träger zu Träger. Dann marschierten wir weiter zum reizend gelegenen Saalachsee. Wie hübsch fügt er sich in diese herrliche Landschaft ein. Der südliche Himmel stahlblau, die einzelnen Wölkchen schneeig weiß, die Berge mit ihrem tiefgrünen Waldkleid, dazu der See. Ein Bild des Friedens, das durch kein Geräusch gestört wird. Am Saalachufer entlang führte der Weg nach Berchtesgaden weiter. Die Reiteralpe lag vor uns, der Predigtstuhl unter uns, dazu die wildschäumende Saalach. Dieses Bild fesselte sogar H.H., der für unsere Landschaft nicht viel übrig hat. Leider mußten wir bald umkehren da die Essenszeit im Lager war. Tief befriedigt von diesem herrlichen Spaziergang kehrten wir heim.

*Fotoseite „Auch im 3. Kriegsjahre Bayreuther Festspiele August 1942"* [312]:
- *„Soldaten"*
- *„Rüstungsarbeiter"*

---

Algiz-Rune. Die Algiz-Rune stand in der nordischen Mythologie für Geburt, Leben und Fortpflanzung; sie war Symbol der SS-Organisation „Lebensborn".

[312] Die Bayreuther Festspiele, denen der Wagner-Bewunderer Hitler sehr verbunden war, bemühten sich im Krieg zu betonen, dass die Musik des Komponisten kein elitäres Amüsement, sondern eine Bereicherung für die „Volksgemeinschaft" sei. Anstatt die Festspiele im Krieg abzusagen, wurden Frontsoldaten, Krankenschwestern und Rüstungsarbeiter nach Bayreuth gebracht. Vgl. Müller, Richard Wagner und die Deutschen, S. 170–182.

**Bad Reichenhall, 19. August 1942**

Ein großangelegter englisch-amerikanischer Landungsversuch bei Dieppe wurde durch die deutschen Truppen zurückgeschlagen.[313] Bereits um 10 Uhr war kein bewaffneter Feind mehr an Land.

Der Führer ernannte Dr. Thierack zum Reichsminister der Justiz (20. 8.).[314]

*Fotoseite:*
- *„Marschpause"*
- *„Idyll in Rußland"*

**Bad Reichenhall, 20. August 1942**

Jetzt bin ich wieder glücklich. Alles hat sich zum Guten gewendet. Ich bleibe bei meinen Jungs, Schwester Franziska geht wieder in ihr altes Lager zurück u. kommt nur, wenn ich sie rufe. Es hätte mir aber sehr leid getan, wenn ich mich von meinen Jungens trennen müsste. Sie hängen schon richtig an mir, suchen mich auch um anderer Dinge willen auf. Manche stark mitgenommene Hose wurde stillschweigend geflickt u. der glückstrahlende Blick des Hosenbesitzers war mir der schönste Dank.

**Bad Reichenhall, 26. August 1942**

Lange Zeit habe ich nichts mehr hereingeschrieben, aber so viele Ereignisse stürmten hier auf mich ein. Ich stehe vor dem Abschied aus meinem Jungslager. Schwer fällt mir der Abschied, obwohl ich nur eine kurze Zeit im Lager war. Neue Pflichten rufen mich. Ich werde als G.D. Mädel beim Hopfenzupfen eingesetzt. Neu wird alles sein, aber viel werde ich lernen, u. wenn ich ein Lager aufbauen darf, wird mir alles von großem Nutzen sein. Also: Kopf hoch, Lulu! Das war ein Gehetze bis alles so weit war. Gestern morgens fuhr ich nach München, die Überraschung von Mutti war groß. Das hätte sie nicht gedacht, daß ich so plötzlich heimkomme. Ich war ziemlich geknickt, als ich Dr. Fesers Befehl hörte. Von meinen Jungens weg ins Ungewisse. Aber Dienst ist Dienst. Abends fuhr ich in angenehmer Reisegesellschaft nach Reichenhall. Auch hier traurige, lange Gesichter. Mein Koffer steht nun reisefertig da. Alles ist bereit. Ein neuer Abschnitt beginnt.

**Fahlenbach, 27. August 1942**

Endlich bin ich an meinem Einsatzort gelandet. Nach einer heißen Bahnfahrt kam ich in Wolnzach/Bh. an. Hier erfuhr ich, daß ich in Königsfeld-Fahlenbach eingesetzt bin. Nach langem Hin- u. Herüberlegen habe ich doch den Entschluß gefaßt, den weiten Weg zu Fuß zu machen, da die Bahn erst sehr spät fuhr. „Heiß ist der Sommer u. lang sind die Straßen, aber wir marschieren noch weit."[315] Dieses Lied hat ganz gut zu meiner Wanderung gepaßt. Nach einstündigem Marsch war ich in Königsfeld und von da aus nach einer

---

[313] Die Operation „Jubilee" war als Generalprobe für eine alliierte Landung im Westen gedacht. Die Operation endete für die Westalliierten im Desaster, lieferte wichtige Erkenntnisse für die spätere Landung in der Normandie und machte deutlich, dass eine derartige Operation 1942 noch nicht durchführbar und damit die Eröffnung der von Stalin geforderten zweiten Front noch nicht möglich war. Vgl. Müller, Der britisch-kanadische Landungsversuch bei Dieppe; Boog, Die Anti-Hitler-Koalition, S. 67; Jäckel, Frankreich in Hitlers Europa, S. 235–237.
[314] Otto Thierack (1889–1946).
[315] Aus dem Lied „Im ganzen Land marschieren nun Soldaten" von Hans Baumann, 1936.

weiteren halben Stunde in Fahlenbach, wo ich im Schulhaus am Berg Quartier bezogen habe. Hell, lustig u. freundlich ist das Zimmer. So schön still ist es ringsum, eine Wohltat nach all dem Rummel der letzten Tage. Nur ab u. zu braust ein Zug vorüber. Sonst Stille. Wohin ich schaue Hopfen, Hopfen u. wieder Hopfen. Überall wird schon fleißig gezupft u. immer noch kommen neue Scharen von Helfern, die man so gut brauchen kann. Hoffen wir, daß mein Einsatz auch diesmal erfolgreich ist.

*2 Fotoseiten:*
- *„B.D.M.-Führerin im Deutschen Osten"[316]*
- *„Die Hilfe der Bäuerin"*
- *„Schulhelferinnen"*

**Fahlenbach, 30. August 1942**
Jetzt bin ich schon 4 Tage in der Holledau, die Zeit vergeht wie im Fluge. Aber das Tagesprogramm ist fest eingeteilt u. berechnet, daß man gar nicht an Zeit und Tag denkt. Am Samstagmorgen gondelte ich nach Wolnzach-Markt hinüber zu einer G.D.- und Feldscherbesprechung. Zu meinem Schrecken mußte ich sehen, daß ich das jüngste Mitglied des G.D. Stabes bin. Heidi H[.], Bannmädelführerin Traunsteins, ist das aber gleich.

Gestern, also am Sonntagmorgen suchte ich alle Mädels in den Hopfengärten auf. Meine Hände zeugen davon, daß ich fleißig gezupft habe. Nach einem weiteren Rundgang nach dem Essen fuhr ich nach Niederlauterbach, um Ilse, Ingrid u. Hannelore zu besuchen, es war aber vergebens. So marschierte ich zum Bahnhof hinaus, der eine gute halbe Stunde vom Ort entfernt liegt. Nach dem Abendessen ging ich nach Hause, wo mich ein schönes Plauderstündchen mit der Lehrerfamilie vereinte.

**Fahlenbach, 31. August 1942**
Heute hatte ich eine schöne Überraschung. Als ich beim Mittagessen saß, wer kommt zur Tür herein? Manü. Mutti u. Vati haben ihn mir geschickt. Er brachte einige Dinge mit, die ich notwendig brauche. Mutti macht sich scheints große Sorgen um ihre Tochter, aber Manü wird sie hoffentlich eines Besseren belehren. Vielleicht helfen die Mädels von Königsfeld aus, damit wir gemeinsam abfahren können. Heidi muß jetzt weg, das ist schade, sie war eine nette Kameradin. Ich bin jetzt todmüde. Zuerst hielt ich in Fahlenbach Revierstunde und gab den Mädels Ratschläge, wie sie dies u. das vermeiden oder besser machen können. Dann ging ich schnell nach Königsfeld hinüber u. machte dort den Rundgang. Hier war der Betrieb schon stärker, aber schnell war alles erledigt u. [die] Patienten und ich zogen befriedigt wieder ab.

**Fahlenbach, 1. September 1942**
3 Jahre Krieg! Wer hätte das gedacht als der Feldzug gegen Polen begann? 3 Jahre Krieg! Eine stolze Bilanz können wir vorzeigen: Polen, Norwegen, Dänemark, Belgien, Holland,

---

[316] Erstmals 1940 schickte der BDM 1400 seiner Führerinnen in den gerade ins Reich eingegliederten Reichsgau Wartheland, die dort im Rahmen der sogenannten völkischen Flurbereinigung nach rassischen Grundsätzen die Volksdeutschen betreuten. Sie arbeiteten in Schulen, Kindergärten, als Landhelferinnen und in der Gesundheitsfürsorge. Vgl. zum Osteinsatz des BDM Harvey, „Der Osten braucht Dich!"; Harvey, „Osteinsatz" des Bundes Deutscher Mädel im Krieg.

das besetzte Frankreich, Griechenland, Jugoslawien, Kreta u. Tobruk u. vor allem der gewaltige Ostfeldzug sind die Marksteine dieses 2. Weltkrieges. England u. Rußland stehen in Europa alleine da. Wir haben fast alle europäischen Staaten auf unserer Seite, mehr noch, sie marschieren mit uns. Denken wir doch nur an die Legionen der Freundesstaaten im Osten, von der spanischen Blauen Division bis zu den Freiwilligen Hollands, Belgiens u.s.w.[317] Großes haben unsere Soldaten geleistet, denken wir an ihre überstandenen Strapazen und Opfer des vergangenen Winters. Eine Festung nach der anderen fiel u. wird noch fallen. Hoffen wir, daß der Endsieg bald erfochten wird u. die Völker in Frieden und Ruhe den Wohlstand ihrer Menschen heben und ihnen den Frieden erhalten.

**Wolnzach-Markt, 6. September**

Heute sitze ich schon wieder in einem anderen Quartier. Mein ganzer Bereich fuhr gestern morgens ab. Endlich geschafft. Die letzten Tage ist es aber auch hart hergegangen. Die sommerliche Hitze, kein Regen erfrischte die Luft und doch haben alle Mädel ihren Hopfen heimgebracht. Einige Bauern waren vor der ausgemachten Zeit fertig und diese Mädel halfen dann den anderen weiter zupfen. In diesem emsigen Schaffen dachte keine an das krankwerden. Ich freue mich, daß die Mädels, im Bereich zwei, die Ernte gut gesundheitlich überstanden haben. Am Samstagmorgens, also gestern um 11 Uhr, war GD Schlußbesprechung. Es wurde bestimmt, daß ich bis zur Heimfahrt in Wolnzachmarkt bleiben soll. Nach einem herzlichen Abschied von der Frau Hauptlehrerin, dem Großvater und Buzzi, die mich so gut verpflegt hatten, siedelte ich in mein neues Quartier um, das ich zu meiner Freude mit Marianne U[.] dem Bann G.D. Mädel von Ingolstadt teile. Arbeit gibt es doch hier nicht mehr. Hoffentlich darf ich bald fahren.

**München, 8. September 1942**

Gestern abends bin ich von Wolnzach nach München gefahren. Glücklich wieder daheim. Gestern beim Abschied wurde mir noch eine freudige Überraschung zuteil. Ich erhielt mein erstes selbstverdientes Geld. Tagesgeld in der Höhe von 6 M, Übernachten u. Frühstück wurde bezahlt. Ich habe mir eine ganz hübsche Summe erspart. Hatte ich doch nicht mit einer Bezahlung gerechnet. Nachmittags besuchte ich meine Jungmädel u. ging dann in das Gebiet. Hier lernte ich meine zukünftige Chefin, eine alte Frontschwester, u. die Lagerärztin kennen. Dann wurde ich zu Dr. Feser selbst gerufen, dieser verordnete mir zunächst 2 Tage Erholung u. am Freitag beginnt die Reise wieder. Diesmal leider in ein Mädellager u. zwar nach Einsiedel am Walchensee. Hinein gehts wieder in ein neues Lagerleben u. in neue Arbeit.

---

[317] In Spanien wie auch in anderen Ländern stieß der „Kampf gegen den Bolschewismus" auf Unterstützung. Franco nutzte dies, um Hitler Freiwilligenverbände anzubieten, die in der „Blauen Division", offiziell „División Española de Voluntarios" (Spanische Freiwilligendivision), zusammengefasst wurden. Sie war seit Herbst 1941 vor allem vor Leningrad im Einsatz. 1943 löste Franco die Division auf außenpolitischen Druck hin auf, allerdings blieben zahlreiche Mitglieder zurück, aus denen die „Spanische Legion" der Waffen-SS gebildet wurde. Solche Freiwilligenverbände unter dem Dach der Waffen-SS rekrutierten sich aus zahlreichen deutsch besetzten oder mit Deutschland verbündeten Staaten. Vgl. Müller, An der Seite der Wehrmacht; Wegner, Der Krieg gegen die Sowjetunion 1942/43, S. 835–839.

**Einsiedl am Walchensee, 11. September 1942**

Nach einer kurzen Heimatpause brachte mich der Zug nach Kochel. Nach längerem Wortgefecht landete ich doch im Autobus, der nach Mittenwald fährt. Wunderschön die Fahrt auf den Kesselberg hinauf, den Walchensee entlang, der in stählerner Bläue da lag. Hinter uns lag Walchensee-Ort. Der Bus überwand wieder eine Steigung, dann gings bergab u. vor mir lag meine neue Heimstätte, Hotel Einsiedl am Walchensee. Ein schönes Fleckchen Erde ist es hier. Das Haus direkt am See, beim Essen geht unser Blick über ihn hinweg, zu den nahen Bergen, die ihn umschließen. Wälder, Wälder u. Wälder, wohin ich schaue. Ein Maler wäre entzückt, der blaue Himmel und See, die Wälder und Berge. Man kann sich gar nicht sattsehen daran, dazu die wunderbare Stille. Nur vereinzeltes Kuhgeläute unterbricht die Stille. Das Haus selbst ist ideal gelegen. Jedes Zimmer mit einem Balkon ausgestattet. Die Mädels fühlen sich wohl u. sehen jetzt schon sehr gut aus. Beinahe wäre ich gar nicht in dieses Lager gekommen, denn als ich ankam war außer der Frau Oberschwester eine D.R.K. Helferin da, die ihr half. Doch ein Einberufungsbefehl für Schwester Wally brachte die Aufklärung. Frau Oberschwester Wela u. Schwester Wally sind sehr nett, sie erleichtern mir mein Einleben im Lager sehr, besonders Frau Oberschwester Wela, die in letzter Zeit viel Schweres durchgemacht hat. Die Lagerleiterin kenne ich vom B.D.M. her. Sie führte dort einen J.M. Ring, die beiden Lehrkräfte sind ebenfalls sehr nett. Mit den Führerinnen werde ich mich schon vertragen. Ehrlich gesagt, ein Jungenlager wäre mir lieber.

*6 Fotoseiten Deutsche Jugend in aller Welt:*
– *„Bulgarien" (2 Fotos)*
– *„Portugal"*
– *„Norwegen"*
– *„Deutsche Mädel in Japan" (3 Fotos)*
– *„Spanien"*
– *„Slowakei"*
– *„Niederlande"*
– *„Italien, Deutschland, Spanien"*
– *„Unter der tropischen Sonne Chinas"*
– *„In Rumänien" (2 Fotos)*
– *„Spanien"*
– *„Italien"*

**Einsiedl, 13. September 1942**

Ich sitze auf dem Balkon meines Zimmers. Fünf Schritte davor beginnt hinter der Straße der Wald mit seinen dunkelgrünen Tannen. Selten nur fährt ein Auto oder Rad vorüber. Sonst, die herrliche Stille. Gestern trat das ein, was ich fürchtete: Quarantäne. Die kleine Anneliese hat Scharlach u. damit wurde über unser Lager die Sperre verhängt. Ich komme auch immer zur rechten Zeit. Für 10 Tage ist Elternverbot. Auch die Mädels, die mit Anneliese zusammenschliefen, müssen isoliert werden, ein zweites Revier muß eingerichtet werden. Das bedeutet zwar Mehrarbeit, aber wir haben die Gewißheit, daß nichts passieren kann. Auch wir, Oberschwester, Helferin u. ich müssen getrennt von den andern essen. Hoffen wir, daß kein zweiter Fall vorkommt, sodaß wir bald aus der Sperre entlassen werden können.

**Einsiedl, 14. September 1942**

Gründung des europäischen Jugendverbandes in Wien.[318] – Reichsmarschall Göring ordnet ab 19. Oktober 1942 die Erhöhung der wöchentlichen Fleisch- u. Brotrationen an.

Ein wunderschöner Herbsttag war heute wieder. Gestern abends machten wir drei nach dem Abendessen einen langen Spaziergang am Seeufer entlang. Aber wir müssen die schönen Tage nützen, wird es hier doch bald kühl und regnerisch. Eben komme ich vom See. Ich war wieder in meinem Element. Eine weite Fläche, in die man hinausschwimmen kann, ein Segelboot, das mitten im See vor Anker lag, lockten mich. Welch eine Wonne ist dies. Als ich zurückschwamm, zog ein Gewitter auf. Die letzten Sonnenstrahlen ließen den See wie flüssiges Gold erscheinen. Ein solches Bad erfrischt, gibt uns wieder Freude an der Arbeit. Es kam der Bescheid, daß Schwester Wally bis zum 20. 9. 42 bei uns bleibt u. dann in ein anderes Lager fährt.

**Einsiedl, 20. September 1942**

Eine Woche mit Arbeit u. emsigen Schaffen liegt hinter mir. In der Frühe haben wir die Reviere gesäubert, die Kranken versorgt, ein Spaziergang mit den Isolierten verschafft beiden Teilen Freude u. Erholung. Am Mittwoch und Donnerstag haben wir je zwanzig Mädel gebadet. Das war eine Sache. Daß es lustig dabei zuging ist klar. Köpfe waschen, Mädels einseifen u. dann trocken reiben. Keines der Mädel ist der anderen gleich, jeder Körper ist anders geformt, doch sind sie alle wohlgebaut. Sie nehmen aber auch zu hier. Bei solch einem Badetag lernt man die Mädels viel schneller kennen u. ich glaube, sie fassen schon Vertrauen zu mir. Schwester Wally mußte heute morgens endgültig fort. Sie war Frau Oberschwester u. mir eine gute Kameradin die wir sehr vermissen werden.

**Einsiedl, 21. September 1942**

München hat seinen ersten Großangriff hinter sich.[319] Groß ist der Schaden, den die Engländer unserer Stadt zufügten, schwer die Opfer, die die Zivilbevölkerung bringen mußte. Voll Unruhe wartete ich auf die Nachricht meiner Mutter. Obwohl im Haus manches beschädigt ist, haben wir doch keine Verletzten gehabt. Manü ist bei den Aufräumungsarbeiten eingesetzt. Gebe Gott, daß nicht noch mehr Schaden angerichtet wird u. die Engländer, trotz Flugzettel, die die Vernichtung der Stadt prophezeien, unsere Stadt schonen mögen.

*2 Fotoseiten:*
- *„[gedr.] Dr. Thierack – Reichsminister der Justiz, 24. 8. 42"*

---

[318] Die Gründung des Europäischen Jugendverbandes folgte ideologisch aufgeladenen Vorstellungen von einem faschistisch dominierten Europa. Jugendorganisationen der Achsenmächte und ihrer Satelliten entsandten Vertreter zu der fünftägigen Veranstaltung, die die gemeinsame Kooperation begründen sollte. Vgl. Reulecke, „Baldurs Kinderfest".

[319] Seit Anfang 1942 folgte das Bomber Command der Royal Air Force einer neuen Strategie: Mittels *Area Bombing*, also der Flächenbombardierung, sollten die deutschen Innenstädte verwüstet werden, um die Moral der Zivilbevölkrung, insbesondere der Industriearbeiterschaft, zu brechen. Seit dem missglückten Angriff vom 9. 11. 1940 hatte es keine Fliegerangriffe mehr auf die „Hauptstadt der Bewegung" gegeben. Aus der Vielzahl an Publikationen zum Bombenkrieg vgl. Overy, Der Bombenkrieg; Süß, Tod aus der Luft; Müller, Der Bombenkrieg. Zu München vgl. Richardi, Bomber über München; Permooser, Der Luftkrieg über München, hier S. 118–145.

- „*[gedr.] Der Führer und der Poglavnik Kroatiens, 27. 9. 42*"[320]
- „*[gedr.] Der Führer begrüßt Mihail Antonescu, den stellvertretenden Ministerpräsidenten Rumäniens*"[321]

**Einsiedl, 25. September 1942**

Ich bin nun schon 14 Tage hier im Lager. Die Zeit fliegt nur so dahin. Schnell hatte ich mich eingewöhnt u. fühle mich schon sehr wohl hier. Endlich habe ich mein eigenes Reich. Blumen auf dem Tisch u. auf der Kommode, dazu Bilder meiner Lieben, mein treuer Freund der Igel u. der kleine Kalendermann der mir jeden Tag angibt, wielange wir noch dableiben, machen es heimeliger und gemütlicher. So etwas braucht man hier, nach der Arbeit muß man einen Raum haben, der einem verspricht, wo man sich wohl fühlt. Die Isolierten durften wir nun herauslassen. Unser altes Krankenzimmer ist stets überbelegt, in verschiedenen Zimmern liegen kranke Mädel. Der Tag verfliegt immer so schnell, aber das ist gerade das Richtige. Eine Arbeit löst die andere ab. Bei uns im Krankenzimmer ist es nicht traurig u. bedrückt. Ein frohes Wort, ein Scherz muntert die Mädel auf, läßt sie ihre kleinen Beschwerden vergessen. Ich freue mich jedesmal, wenn ein Mädel wieder gesund das Revier verläßt.

**Einsiedl, 30. September 1942**

Der Träger der höchsten deutschen Tapferkeitsauszeichnung, Hauptmann Marseille, starb unbesiegt den Fliegertod.[322]

**Einsiedl, 1. Oktober 1942**

Gestern abends sprach der Führer zur Eröffnung des K.W.H.W. 1942/43, nachdem Dr. Goebbels den Rechenschaftsbericht erstattet hatte.[323] Mit beißendem Spott kennzeichnete der Führer unsere Gegner. Er dankte Front u. Heimat für ihr Zusammenhalten und -arbeiten. Tosender Beifall unterbrach oft die Rede des Führers, der auf wenige Stunden nach Berlin kam.

Die Tage gehen nur so dahin. Tage voll angestrengter Arbeit liegen wieder hinter uns. Den ganzen Dienstag über hängten wir die Wäsche für 90 Mädels u. Führerinnen auf. 3 Wochen war nicht mehr gewaschen worden, daß da viel zusammenkam ist ganz klar. Es war eine Freude zu sehen, wie schnell sie in der klaren Herbstsonne u. durch den Herbstwind getrocknet wurde. Mittwoch oblag uns dieselbe Arbeit, noch dazu das Baden, da hieß es, sich sputen, wollte man allen gerecht werden. Dazwischen hinein brauchen die Kranken Medizin, Wickel, Thormophor[324], u.s.f. Jeden Abend machen wir nun einen Spa-

---

[320] Der Besuch fand am 24.9.1942 statt. Vgl. Hillgruber, Staatsmänner und Diplomaten bei Hitler, Bd. 2, S. 111-126.
[321] Mihai Antonescu (1904-1946), Außenminister und stellvertretender Ministerpräsident Rumäniens, mit Ion Antonescu nicht verwandt. Hitler empfing Mihai Antonescu am 23.9.1942. Vgl. Hillgruber, Hitler, König Carol und Marschall Antonescu, S. 149; Hillgruber, Staatsmänner und Diplomaten bei Hitler, Bd. 2, S. 106-110.
[322] Hauptmann Hans-Joachim Marseille (1919-1942).
[323] Vgl. Rede Hitlers im Berliner Sportpalast anläßlich der Eröffnung des Kriegswinterhilfswerks 1942, 30.9.1942, abgedruckt in: Domarus, Hitler. Reden und Proklamationen, S. 1913-1924, ebenfalls abgedruckt in: Das Archiv. Nachschlagewerk für Politik – Wirtschaft – Kultur (1942), Heft 97, S. 521-531; Rechenschaftsbericht Joseph Goebbels' zum Kriegswinterhilfswerk 1941/42, in: ebd., S. 537-539.
[324] Richtig: Thermophor (Wärmflasche).

ziergang in die Umgebung. Ein schöner Abschluß eines Arbeitstages. Doch der schönste Lohn für alle Mühe ist das Gutenachtsagen der Mädel. Da sehe ich es deutlich, daß die Mädels schon an mir hängen u. Vertrauen zu mir haben. Gestern kam die Nachricht, daß das Lager bereits am 15. Oktober abfährt. Was mit mir geschieht, weiß ich noch nicht. Vielleicht darf ich bleiben, denn es kommen sofort Hamburger Mädel. Wollen sehen, was die Zukunft bringen wird.

*2 Fotoseiten:*
- *„Hauptmann Marseille, [gestorben] 30. 9. 42 in Afrika"[325]*
- *„[gedr.] Hauptmann Marseille in seinem Wohnwagen, einem gewöhnlichen Lastwagen, auf den mit einfachsten Mitteln ein Holzhäuschen gezimmert wurde. Es ist zugleich Geschäftszimmer des Staffelkapitäns und ‚Casino' der Staffel"*
- *„[gedr.] Der erfolgreichste Afrikajäger, Oberleutnant Marseille, mit seiner Mutter, während seines Urlaubs in Berlin"*
- *„Reichsminister Goebbels in München, 18. 10. 1942"[326]*

**Einsiedl, 3. Oktober 1942**
Heute machen die Mädel eine Wanderung auf den Simmetsberg hinauf. Da ist wenigstens Ruhe im Hause, wenn alles geputzt wird. Gestern kam bei mir die Anfrage an, ob ich noch meinen KLV. Einsatz im Gesundheitsdienst mittue. Endlich dürfen wir G.D. Mädel in der Heimatfront tätig sein. Falls noch mehr Luftangriffe kommen, dürfen wir den Verletzten und Obdachlosen helfen, sie in Sicherheit bringen u.s.w. Das ist eine wunderbare Aufgabe bei der man zeigen kann, daß man ein ganzer Kerl ist. Frohen Herzens habe ich ja gesagt.

**Einsiedel, 4. Oktober 1942**
„Auch im Osten wird der Gegner niedergeworfen werden u. dann Gnade Gott! Dann sprechen wir uns in England wieder. […] Heute ist die Blockade u. Aushungerung, wie sie sich der Gegner einst dachte, nicht mehr möglich." Aus der Rede des Reichsmarschalls zum Erntedankfest.[327]

Erntedanktag: Unsere Mädels sind aus diesem Anlaß nach Walchensee gewandert u. haben dort gesungen. Hell gab das Echo ihren Gesang wieder, als sie die Straße bergan zogen. Auch heute hält das schöne Wetter an. Mutti ist jetzt schon bei Vati in Traunstein, Manü beim Kartoffelklauben, scheinbar in der Nähe von Eichstätt. Ich bin ja gespannt, was er alles erzählen wird.

**Einsiedel, 9. Oktober 1942**
Heute habe ich Frau Oberschwester zur Bahn gebracht. Sie hatte es im Gefühl, daß sie bald nach Wien fahren müsse. Der Mann ihrer verstorbenen Freundin liegt schwer krank darnieder u. deshalb mußte sie nun schnell abreisen. Nun führe ich das Revier alleine weiter, das ist nicht schlimm. Um ½ 6 $^h$ morgens gingen wir bei strömendem Regen nach

---

[325] Erneut verwendet Wolfhilde von Konig für „gestorben" die umgedrehte Algiz-Rune.
[326] Goebbels kam erst am 19. 10. 1942 nach München. Vgl. Die Tagebücher von Joseph Goebbels, Teil II, Bd. 6, S. 147-151.
[327] Rede Hermann Görings zum Erntedankfest, 4. 10. 1942, abgedruckt in: Das Archiv. Nachschlagewerk für Politik – Wirtschaft – Kultur (1942), Heft 97, S. 641-659, Zitat S. 644, 651. Auslassung im Tagebuch.

Walchensee zum Autobus. Ein wenig gruselig war es schon, der Regen, dazu die Finsternis. Aber bald waren wir dort gelandet, wenn wir auch vor Kälte bibberten. In Kochel mußte Frau Oberschwester lange warten, dafür kam sie in München gleich weiter. Es scheint, daß hier das Wetter schlecht wird. Die Blätter fallen in Massen von den Bäumen, es ist gut, daß wir Beschäftigung haben u. beim Basteln vergeht die Zeit [im] Fluge. Gerd, die Lagermädelschaftsführerin, fuhr zurück nach Hamburg. Da sind Tränen geflossen. Gestern wurde ihre Geburtsfeier zugleich Abschiedsfeier. Das kleine Fest stand unter dem Motto „Wie die Leute im Oberlande lustig sind". Jodler, Tänze, Vorgetragenes, u. die Abschiedsscharade wechselten einander in bunter Fülle ab. Nun führt Helga das Regiment bis zum Lagerschluß.

### Einsiedl, 11. Oktober 1942

Eben war Dr. Feser zur Inspektion da. Zuerst ist mir das Herz vor Schreck in die Hosentaschen gefallen. Aber schnell hatte ich mich wieder gefaßt, bei mir ist ja immer Ordnung. Das Revier war aber auch tipp-topp, der Medikamenten- bzw. Instrumentenschrank, den er besonders gründlich durchsah, ließ nichts zu wünschen übrig. Stehen die Medikamentenfläschchen u. Salbentöpfe doch wie Soldaten in einer Reihe da. Meine Kranken waren froh u. zufrieden. Was will ich da noch mehr? Außerdem darf ich nach Lagerschluß ein paar Tage nach Hause. Juchhe!

### Einsiedl, 17. Oktober 1942

5 Wochen bin ich nun schon im Lager. Seit Montag ist mein Revier leer. Ein großes Scheuerfest leitete diesen seltenen Zustand ein. Nun blitzt alles vor Sauberkeit. Die Betten stehen leer u. Arbeit ist keine da. Aber Badetage, Zimmer reinigen und Basteln lassen die Tage schneller vorbeiziehen, als uns lieb ist. Ich sitze nun unten im Eßsaal, dadurch komme ich den Mädels noch näher, muß ich doch jeder fest versprechen mit ihr im Zug zu fahren. Das Lager war schön, aber auf zuhause freue ich mich schon ganz unbändig.

### München, 22. Oktober 1942

Nun bin ich wieder im heimatlichen München. Im Geiste zieht die Lagerzeit an mir vorbei. Glück u. Leid hat sie gebracht, aber alles ist nun vergessen vor dem Wörtchen „daheim". Die letzten Tage verliefen in Vorbereitungen für den Abschiedsnachmittag, der in schönster Harmonie verlief. Unsere Gäste, Nachbarn von Einsiedl und Obernach haben wirklich Freude daran gehabt. Das Lagerlied bildete den Höhepunkt, jeder kam darin vor. Über mich haben sie den Vers verfasst: „Im 1. Stock ist das Revier! Allzeit findet man Wolfhilde hier. Kinder baden, Läuse kämmen, sie nicht aus der Ruhe bringen. Allzeit man sie basteln sah!" Nach dem besonders guten Abendbrot stieg die Überraschung der Heimeltern. Farbfilme von Herrn Stöffelmeier selbst gedreht wurden uns gezeigt. Das war eine Hetz, unsere schöne Heimat, in bunten Aufnahmen. Nach diesem Kunstgenuß wurde auch der Magen nicht vergessen. Apfeltorte mit Kakao u. Pralinen warteten auf das Verteiltwerden, was bald geschah. Schwer waren die Mädels ins Bett zu bringen, aber schließlich siegte doch die Müdigkeit. Nach dem Gute-Nachtsagen erhielten wir Führerrinnen eine Kachel zum Andenken an unseren Walchenseeaufenthalt. Heute nun sind wir von der schönen Bergwelt, die bereits in Schnee gehüllt daliegt, geschieden. Mutti will mich nun nicht mehr weglassen, hoffentlich erhalte ich in München (das mich mit einem Fliegeralarm begrüßte), eine befriedigende Arbeit.

**München, 4. November 1942**
Nach meinem „Urlaub" bin ich wieder unter die arbeitende Menschheit gegangen. In der Gesundheitsabteilung des Gebiets Hochland bin ich nun gelandet. Es ist interessant, diesen weitverzweigten u. vielseitigen Betrieb kennenzulernen. Ich weiß jetzt, was für eine Arbeit bei jeder Forderung und für die Befriedigung eines jeden KLV Lagers notwendig ist. Der Tag verging mit Schreiben, aufräumen, registrieren, u.s.w. Dazwischen wieder das Telephon von Lagern u. Gesundheitsamt. Auch hier gilt der Satz.
„Wo du stehst, ist gleich; wo du stehst, das ist das Entscheidende."[328]

*2 Fotoseiten:*
- *„Ministerpräsident Ludw. Siebert, [gestorben] 5. 11. 42"*[329]
- *Fotoseite: „Staatsbegräbnis für Ludwig Siebert"*

**München, 7. November 1942**
Eben habe ich Frau Oberschwester an die Bahn gebracht, nachdem sie den ganzen gestrigen Tag bei uns war. Sie befand sich auf der Durchreise von Wien nach Kochel. Nachmittags sprach sie bei Dr. Feser vor, der sie in das Erweiterte Revier Urfeld versetzte, bis ihre Lagermannschaft eintrifft. Nun ist sie fort, nachdem wir einige schöne Stunden verlebt hatten. Nun bin ich schon eingeweiht in die verschiedenen Dinge, die ich zu erfüllen habe. Jeder Tag bringt etwas Neues, man kann viel dabei lernen.

**München, 8. November 1942**
Heute begehe ich meinen 17. Geburtstag. In aller Frühe kam Mutti mit dem Geburtstagstisch, der auch dieses Mal wieder so schön ausgefallen war. Das Buch von Norbert Koch, *Der Schimmelreiter*, und ein Hoffmann-Bildband über den 50. Geburtstag des Führers[330] erfreuten mich ebenso wie die 3 Bilderalben über Gotik, Renaissance u. Barok, die Bilder der Eichenlaubträger, der Holzteller von Peter, die Taschentücher u. nicht zuletzt die Leckereien. Es war so richtig ein Tag zum Basteln, den ich fest ausgenützt habe. [Mein] alter Adventleuchter wurde aufgefrischt, eine Weihnachtspyramide habe ich angefangen, ich freue mich schon, wenn sie sich im Kerzenschein der Weihnachtskerzen drehen wird. Jetzt beginnt wieder die Zeit, die ich so liebe, die langen Winterabende, bald wird der Advent, die schöne, geheimnisvolle Zeit beginnen.

**München, 9. November 1942**
Aus der gestrigen Rede des Führers vor seiner Alten Garde: „Denkt ausnahmslos, Mann u. Weib, nur daran, daß in diesem Krieg Sein oder Nichtsein unseres Volkes entschieden wird. Und wenn ihr das begreift, dann wird jeder Gedanke u. jede Handlung von euch auch immer nur ein Gebet für unser Deutschland sein."[331]

---

[328] Gemeint ist offensichtlich „*wie* Du stehst, das ist das entscheidende".
[329] Erneut verwendet Wolfhilde von König für „gestorben" die umgedrehte Algiz-Rune.
[330] Gemeint ist vermutlich Heinrich Hoffmann, Das Antlitz des Führers, Berlin 1939, das allerdings keine Bilder „über" den Geburtstag enthält, sondern Porträtfotografien Hitlers. Es wurde von Hoffmann anlässlich des Geburtstages und als Geschenk für Hitler publiziert.
[331] Rede Hitlers im Löwenbräukeller am Vorabend des 9. 11., 8. 11. 1942, abgedruckt in: Domarus, Hitler. Reden und Proklamationen, S. 1933–1944.

**München, 10. November 1942**

Veranstaltungsring: Heute abends war ich im Konzert in der Tonhalle. Unser Gebietsorchester unter Direktor Trapp bestand seine 1. Konzertprobe. Sie haben es gut gemacht u. unser begeisterter Beifall am Schlusse des auf heiteren Themen aufgebauten Konzerts zeigte ihnen, daß wir mit ihnen zufrieden waren. Besonders die Solospielerin Luise Lehnstätt[332] erhielt reichen Beifall, der seinen Höhepunkt erreichte, als ihr ein prachtvolles Blumengebinde überreicht wurde. Mit doppelter Freude werden die jungen Musikanten an die Arbeit gehen um uns bald wieder eine Probe ihres Könnens zu geben.

**München, 11. November 1942**

Deutsche Truppen überschreiten die Demarkationslinie zum unbesetzten Frankreich zum Schutz des französischen Territoriums gegenüber bevorstehenden britisch-amerikanischen Landungsversuchungen in Südfrankreich. Italienische Truppen besetzten Korsika. Der Führer richtet einen Aufruf an das französische Volk, in dem er zum Ausdruck bringt, daß die deutsche Wehrmacht nicht als Feind des französischen Volkes und seiner Soldaten komme.[333]

*2 Fotoseiten:*
- *„Der Führer inmitten seiner alten Garde, 8. 11. 42"*
- *„Deutsche Truppen marschieren im Unbesetzten Frankreich ein, 11. 11. 42"*

**München, 14. November 1942**

Meine Tätigkeit in der Gesundheitsabteilung ist gestern zu Ende gegangen. Morgen wird die Schule wieder angehen mit ihrem Wissen u. Neuem. Reich sind meine Eindrücke, die ich im Einsatz sammeln konnte. Herzlich war der Abschied von meinen Arbeitskameradinnen, mit denen ich eine Zeitlang Freud' u. Leid geteilt hatte. Auch heute habe ich fleißig gebastelt, damit ich all die vielen Leuchter, Engerln u.s.w. fertig bringe, damit die Soldaten des Lazaretts am 1. Adventsonntag ihre Freude daran haben. „Geben ist seliger, denn nehmen," den Sinn dieses Satzes konnte ich jetzt oft spüren, wenn ich in die Stadt gehe und für meine Lieben u. Freundinnen Geschenke besorge. Glücklich bin ich jedesmal, wenn ich für sie etwas Passendes gefunden habe.

**München, 15. November 1942**

Heute war nun wieder Schule, ein uns noch ungewohnter Begriff. Der Übergang geht eben nicht so schnell, aber froh sind wir alle in unsere Klassengemeinschaft zurückgekehrt. Prof. Zweckstätter gedachte unserer Garri, die unter uns wäre u. die das Schicksal so jäh aus unserer Mitte nahm. Eben komme ich mit Manü aus dem Konzert der Münch-

---

[332] Richtig: Luise Lehnstaedt (1919-1996), Flötistin.
[333] Die Besetzung des bisher unbesetzten Teils Frankreichs durch die Wehrmacht erfolgte als Reaktion auf die Landung alliierter Truppen in Marokko, Algerien und Tunesien am 8. 11. 1942, wo sie nur auf geringen Widerstand der Truppen des französischen Vichy-Regimes stießen und sich die französische Militärverwaltung den Alliierten zur Verfügung stellte. Pétain und Laval wurden von der deutschen Okkupation überrascht, die französischen Truppen leisteten keinen Widerstand. Hintergrund war die nicht unberechtigte Befürchtung Hitlers, die Alliierten planten eine Landung in Frankreich, um eine zweite Front in Europa zu eröffnen. Vgl. Stumpf, Der Krieg im Mittelmeerraum, S. 740-745; Jäckel, Frankreich in Hitlers Europa, S. 234-250; Müller, Der Zweite Weltkrieg, S. 228-230.

ner Philharmoniker unter ihrem Dirigenten Adolf Wannrich. Er spielte für die H.J. in der Tonhalle. Dieser Abend war wieder ein Erlebnis. Der Höhepunkt war die meisterlich gespielte u. dirigierte 5. Symphonie von Anton Dworschak[334], die bei uns hellen Jubel auslöste u. den Dirigenten mit seinen Philharmonikern durch reichen Beifall u. Blumen belohnte.

**München, 16. November 1942**
Deutsche u. italienische Truppen landen im Einverständnis mit den französischen Behörden in Tunesien.[335]

**München, 22. November 1942**
Aus Anlaß des Totensonntags sprach Frau Annemarie Moelders, die Mutter unseres unvergeßlichen Fliegerheldens u. Ernst Baudin, der Vater zweier gefallener Söhne im Rahmen einer Feierstunde.[336] Frau Moelders gedachte ihres Sohnes, der dem ganzen Volke Vorbild ist und im Herzen aller weiterlebt. Sie tröstete die Mütter, die wie sie, Schweres durchmachen mußten, ihr Sohn Viktor ist in englischer Gefangenschaft. Doch tapfer sucht sie ihr Leid zu überwinden u. die Liebe eines ganzen Volkes hilft ihr dabei. Ungezählte Beweise gibt es tgl. dafür. Stets ist sein Grab im Invalidenfriedhof mit Blumen geschmückt – roten Rosen – seine Lieblingsblumen. Ernst Baudin tröstete die Väter, die den Heldentod eines Sohnes beklagen. Stolz sei er auf seine Söhne, die den Heldentod gestorben sind. Ewig werden sie unter uns weiterleben, an ihnen müssen wir erstarken, damit wir ihnen gleichkommen um sie voll u. ganz ersetzen zu können. – Nun liegt das Paket fertiggepackt vor mir. 100 kleine Freudenbringer enthält es. Hundert Kerzen werden leuchten, viele Soldaten an ihre Lieben denken, wenn die Adventkerzen ihren Lichterglanz ausstrahlen; ich bin glücklich, daß ich einen kleinen Teil dazu beitragen kann, um einer Lazarettgemeinschaft diese schöne Zeit zur Freude zu machen.

**München, 26. November 1942**
Eben komme ich vom Theater. „Cäsar", von Hans Schwarz wurde uns gezeigt.[337] Das antike Werk in hervorragender Besetzung zeigte uns das Leben u. Wirken jenes Herrschers, der Rom groß gemacht hatte. Trotz mancher geschichtlichen Entgleisung hat dies Werk unseren ganzen Beifall herausgefordert, der oft spontan ausbrach u. am Schluß des Stückes der auserlesenen Künstlerschar dankte.

---

[334] Antonín Dvořák (1841–1904, böhmischer Komponist).
[335] Tatsächlich handelte es sich um einen Rückzug: Nach der Niederlage von El-Alamein zogen sich Rommels Verbände aus Libyen nach Tunesien zurück. Vgl. Stumpf, Der Krieg im Mittelmeerraum, S. 688–709.
[336] Zur Ehrung der Gefallenen des Krieges, der „Helden" und „Märtyrer für das Vaterland", veranstaltete die NSDAP im Krieg Feierstunden. Die christlichen Riten des Totengedenkens und der Totenehrung sollten dadurch verdrängt werden, und so ist es kein Zufall, dass die mit Annemarie Mölders prominent besetzte Veranstaltung am protestantischen Totensonntag stattfand. Im Zentrum der Feiern standen indes nicht der Trost und die Betreuung der Angehörigen. Sie dienten vielmehr der Sinnstiftung und der Mobilisierung der „Volksgemeinschaft", weshalb der Eindruck einer Trauerveranstaltung zu vermeiden war. Dennoch sollten die Hinterbliebenen eingebunden werden: Ihr Verlust und ihr Schmerz wurden ausgenutzt, um die anderen Anwesenden zu verpflichten. Vgl. Behrenbeck, Der Kult um die toten Helden, S. 494–502; Süß, Tod aus der Luft, S. 469–481.
[337] „Cäsar" von Hans Schwarz (1890–1967), 1940.

**München, 27. November 1942**
Deutsche Truppen besetzten, um Wortbrüchen der Befehlshaber der französischen Flotte zuvorzukommen, auch den bisher unbesetzten Kriegshafen Toulon. Ein Teil der französischen Flotte versenkt sich entgegen dem Befehl der Regierung. – Der Führer erteilte den Befehl zur Demobilisierung von Einheiten der französischen Wehrmacht. „Ich schließe diesen Brief mit der Hoffnung, daß damit nun eine Zusammenarbeit eingeleitet wird, von der wir von seiten Frankreichs nichts anderes erwarten als Einsicht in das Wesen des gemeinsamen Schicksals Europa[s] und Loyalität." Aus dem Schreiben des Führers an Marschall Pétain.[338]

Die Nachricht traf ein, daß mein Adventspaket gut angekommen ist und bei den Soldaten große Freude ausgelöst hat. So haben die kleinen Freudenbringer ihren Zweck erfüllt.

**München, 29. November 1942**
Heute gab der Theaterring „Entführung aus dem Serail" von Mozart. Festlich leuchteten unsere weißen Blusen u. gaben einen Kontrast gegen die blauen Uniformen der Jungs. Auch dieses Stück errang unseren ganzen Beifall, der zuletzt allen Sängerinnen u. Sängern zugute kam. Oft erhielten sie auf offener Bühne Applaus, haben sie aber doch alle ihr Bestes gegeben um uns das unvergängliche Werk unseres großen Komponisten nahezubringen. Blumen für die Darstellerinnen u. immer wiederkehrender Beifall dankte ihnen allen, die uns diesen schönen Nachmittag geschenkt hatten.

Bei Dr. Feser ist ein kräftiger Stammhalter, Peter, angekommen.

**München, 2. Dezember 1942**
In einer Rede stellte der Duce fest: Für das italienische Volk gebe es nur eine einzige Aufgabe, die heiße: Kämpfen, u. zwar kämpfen Schulter an Schulter mit den Verbündeten, kämpfen zusammen mit Deutschland.

**München, 3. Dezember 1942**
Als ich heute von der Schule heimkam, erwartete mich eine große Überraschung. Das Autogramm von Generaloberst Dietl, unserem Gebirgskommandeur im hohen Norden war angekommen. In einem Begleitschreiben läßt er mir vielmals für meine Wünsche danken. Ich bin stolz u. froh, daß ich nun seine Unterschrift besitze.

*2 Fotoseiten:*
– *„Advent in vorderster Linie"*
– *„Weihnacht im Bunker"*

**München, 4. Dezember 1942**
Wieder ist ein Teil der Weihnachtsarbeiten fertig geworden. Frau Oberschwester[339] hat bei mir Kalendermänner u. Kinderspielzeug bestellt. Nun liegen sie vor mir, die putzigen

---

[338] Zweites Ziel der Besetzung Vichy-Frankreichs war es, zu verhindern, dass die französische Flotte zum Feind überlaufen könnte. Hitler plante, die französische Flotte handstreichartig zu übernehmen. Als am Morgen des 27.11.1942 deutsche Truppen in Toulon einmarschierten, entkamen nur drei U-Boote. Der Rest der Flotte versenkte sich selbst. Vgl. Jäckel, Frankreich in Hitlers Europa, S. 250–253.
[339] DRK-Oberschwester Hermine Stolz (gest. 1945). Stolz und Wolfhilde von König lernten sich im August 1942 während einer Bahnfahrt von München nach Rosenheim kennen. Daraus entwickelte sich eine Brieffreundschaft. Vgl. Eintrag vom 19.3.1945.

Sepperln, die ihr Herz in ihrer Hand halten. Der kleine Hund ist bis jetzt noch im Rohbau, aber bald wird ein kleiner Junge seine ganze Freude daran haben.

**München, 6. Dezember 1942**

Nach der Chorprobe hörten wir einen Vortrag von 2 Arbeitsdienstführerinnen über den Arbeitsdienst u. insbesondere über die Führerinnenlaufbahn. Ein Film veranschaulichte dies u. wir sahen den ganzen Betrieb im Lager, Hof u. Freizeit. Mit diesen Problemen werden wir uns bald beschäftigen müssen, ist doch unsere Arbeitsdienstzeit nicht mehr ferne.[340]

**München, 10. Dezember 1942**

Hausmusikstunde. Auch heuer hielten wir unsere Hausmusik ab, die diesmal auf unseren Altmeister Joh. Seb. Bach abgestimmt war. Da wurde so richtig musiziert, im Duett, Trio u. Quartett. Alte Weisen klangen auf, von unseren Mitschülerinnen vorgetragen.

**München, 12. Dezember 1942**

Heute ist das für uns so kurze Trimester zu Ende. Zeugnisse erhalten wir keine, dafür werden wir im nächsten Quartal umso strenger herangenommen. Wie jedes Jahr spielten die Kleinen Weihnachtsmärchen u. luden uns dazu ein. Es ist so hübsch, die Mädel in ihrer Kindlichkeit zu sehen. Ihr Spiel ist so echt u. ernsthaft sind sie alle dabei. Über unseren Beifall haben sie sich sichtlich gefreut. Nach der Flaggeneinholung verabschiedeten wir uns mit den frohen Weihnachts- und- Neujahrswünschen. Wir, von der alten 5c warteten auf Frl. Kleber. Sie wird nach Weihnachten heiraten u. scheidet aus unserer Mitte, was uns allen leid tut. Wir haben sie so richtig liebgewonnen, aber sie folgt ihrem Mann in eine fremde Stadt, sie wird seinen Kindern eine gute Mutter werden. An ihrem Hochzeitstag werden wir zum letzten Mal bei ihr sein.

**München, 13. Dezember 1942**

Heute war ich wieder fleißig am Basteln. Muttis Geschenk ist nun endlich fertiggeworden. Ernas bestelltes Spielzeug ist auch fertig, für Nanales kleine Puppe haben wir ein Winterdirndl gemacht. Sie wird sicher Freude daran haben, so etwas kennt man ja nicht in Berlin.

**München, 18. Dezember 1942**

Weihnachten rückt näher, doch ist es bei uns noch nicht kalt. Den Hausputz haben wir hinter uns. Alle Geschenke sind fertig, der Baum gekauft, Plätzchen und Süßigkeiten erstanden. Unsere Vorfreude wächst auf das deutscheste aller Feste, auf die Weihnacht, die nirgends so innig u. schön gefeiert wird wie bei uns.[341] So wie wir in der Heimat rüsten unsere Soldaten an allen Fronten. Überall sind sie fleißig am Werk, im Osten, in West und Nord, ja selbst im Süden versuchen sie aus Zypressen den Lichterbaum zu zaubern. Ob im Feld, in Lazarett oder Kaserne, in der Familie oder in einer Gemeinschaft werden sich die Menschen in der heiligen Nacht um den Lichterbaum scharen u. sich des Glanzes freuen. Dabei gehen die Gedanken der Heimat an die Front u. der Soldat denkt an seine Lieben daheim. An jenem Abend fühlt sich jeder Deutsche dem andern verbunden.

---

[340] Zur Führerinnenkarriere im RADwJ vgl. Watzke-Otte, „Ich war ein einsatzbereites Glied in der Gemeinschaft ...", S. 189–208.
[341] Vgl. zur nationalen und nationalsozialistischen Aufladung des Weihnachtsfestes Breuer/Breuer, Von wegen Heilige Nacht!

**München, 19. Dezember 1942**

Der Führer empfing Grafen Ciano u. Marschall Cavallero am 18. u. 19. Dezember zur militärischen und politischen Besprechung in seinem Hauptquartier.[342] Der Führer empfing am 19. Dezember in Gegenwart des Grafen Ciano den französischen Regierungschef Pierre Laval.[343]

**München, 21. Dezember 1942**

Als ich mit der gestrigen Eintragung beginnen wollte, da ertönten die Sirenen. Nichts wie runter in den Keller. Bald war die ganze Hausgemeinschaft beisammen. Da hörten wir bereits das Schießen der leichten u. schweren Flak, das sich mit den Bombeneinschlägen vermischte. Verschiedene Fabriken u. das Reservelazarett am Rondell wurden schwer getroffen. 24 Menschen gaben ihr Leben hin, darunter ganze Familien, die Väter stehen im Osten. Über eine Stunde dauerte das Flakfeuer. 10 Flugzeuge wurden dabei abgeschossen.

**München, Weihnachten 1942**

Heiliger Abend. Wie langsam vergeht doch die Zeit, wenn man in Erwartung froher Dinge ist. Endlich war es soweit: die beiden Tannenbäume verbreiten ihren süßen Duft, sie erglänzen in ihrem weihnachtlichen Schmuck. Geheimnisvoll knistert es in allen Zimmern, keiner darf zum andern. Vati zündet die Kerzen an, Manü u. ich stehen vor der Türe. Mutti beginnt, während wir eintreten, das alte deutsche Lied von der heiligen Weihnacht zu spielen. Dann beginnt die Bescherung. Manü freut sich an seinen Büchern, an einer hübschen Krawatte u. Manschettenknöpfen. Sein Geschenk, ein Motor, ist leider […] noch nicht eingetroffen, doch wird er ihm noch viel Freude bereiten. Dann kam ich an die Reihe. Von Vati: Bücher: „Germanien[344], Mädels im Kriegsdienst[345], Der Führer befreit das Sudetenland[346]", auch ich hatte mir Bücher besorgt: „Vom Kaiserhof zur Reichskanzlei[347], Frauenschicksal-Frauengröße[348] u. die Roman Trilogie Paracelsus[349]. Hilde W[.] erfreute mich mit dem Buche „Das Erbe von Bjoerndal"[350]. Lore B[.] hatte mir eine

---

[342] Feldmarschall Ugo Cavallero (1880–1943), Generalstabschef der italienischen Streitkräfte. Angesichts der Krise im Mittelmeerraum und an der Ostfront in Stalingrad sandte der erkrankte Mussolini Ciano zu Hitler, um ihm – vergeblich – einen Separatfrieden mit der Sowjetunion nahezulegen. In der „Wolfsschanze" fand der Außenminister die Deutschen bei gedrückter Stimmung, Hitler selbst sprach gar davon, der Krieg könne verloren sein. Die Verantwortung dafür schob er dem Rückzug der italienischen Truppen zu. Vgl. Moseley, Zwischen Hitler und Mussolini, S. 175–177; Hillgruber, Staatsmänner und Diplomaten bei Hitler, Bd. 2, S. 159–181.

[343] Laval hoffte, die Kollaborationsregierung auf eine neue Grundlage zu stellen und Zugeständnisse zu erhalten, während Hitler seinem Misstrauen gegen Frankreich Ausdruck verlieh und die französischen Generäle in Nordafrika des Verrats bezichtigte. Vgl. Jäckel, Frankreich in Hitlers Europa, S. 260–262; Hillgruber, Staatsmänner und Diplomaten bei Hitler, Bd. 2, S. 182–190.

[344] Vermutlich Ernst Moritz Arndt, Germanien und Europa. Ein Buch an der Schwelle unseres Zeitalters, hrsg. von Ernst Anrich, Stuttgart 1940.

[345] Suse von Hoerner-Heintze, Mädels im Kriegsdienst. Ein Stück Leben, Leipzig 1934.

[346] Vermutlich Heinrich Hoffman, Hitler befreit Sudetenland, Berlin 1938.

[347] Joseph Goebbels, Vom Kaiserhof zur Reichskanzlei. Eine historische Darstellung in Tagebuchblättern. Vom 1. Januar 1932 bis zum 31. Mai 1933, München 1934.

[348] Ulrike Garbe, Heinrich Garbe, Frauenschicksal – Frauengröße. Lebens- und Charakterbilder germanischer Frauen von der Frühzeit bis zur Gegenwart, Stuttgart 1940.

[349] Erwin Guido Kolbenheyer, Paracelsus, 3 Bde.: Die Kindheit des Paracelsus, Das Gestirn des Paracelsus, Das dritte Reich des Paracelsus, München 1939.

[350] Trygve Gulbranssen, Das Erbe von Björndal, München 1936.

Buchhülle gemacht u. das Meisterbuch über Leonardo DaVinci geschenkt. Von Frau Oberschwester erhielt ich die Tablettuntersetzer für ein Likörservice, ein Andenken aus Wien, ein handgeschnitzter Bilderrahmen u. eine zum vorigen passende Konfektschale. Manü vervollständigte meine Sammlung durch viele Karten von Eichenlaubträgern. Doch noch war Muttis Geschenk nicht enthüllt. Was mochte es sein. Auf roter Seide lag eine wunderschöne Bernsteinkette. Eine Kette aus deutschem Gold. Mein inniger Wunsch wurde erfüllt. Vati freute sich über Zigaretten, Hemd und Krawatte. Nach dieser Bescherung zündete ich meine Kerzen am Baum an. Fröhlich spitzen die kleinen Figuren u. Spielsachen der Wintersammlungen hinter dem Lametta vor.

*2 Fotoseiten:*
- *„Weihnachten im Fliegerhorst"*
- *„[gedr.] Reichs-Volksweihnacht feierte Reichsminister Dr. Goebbels mit deutschen Müttern und Soldatenkindern im Theatersaal des Propagandaministeriums. Der Weihnachtsmann, der die Gäste bescheren wird, begrüßt den Minister und seine Gattin"*

Meine Pyramide dreht sich in der Kerzen Wärme. Manü erfreute Mutti mit einer Creme, einem Badevorleger und einer Wassergarnitur. Mit den Büchern über die Kriegsmarine habe ich es richtig erraten, er hat sich mächtig darüber gefreut. Vati begutachtete mit Kennerblicken meine ihm zugedachte Krawatte. Als ich das Tuch vom Sofa wegzog, lagen vor Mutti die beiden gestickten Kissen, die ich angefertigt habe. Ihre Freude war groß, das ist wohl der schönste Dank für die reichlichen Mühen. Die Lichter verlöschen, jeder zieht glücklich mit seinen Schätzen ab.

Am Abend hören wir die [...] Weihnachtsringsendung, die ihren Höhepunkt in der Rede von Dr. Goebbels hatte. Soldaten aus Stalingrad, Tunis, Narvik und Nizza, aus Rschew, von Nordmeer oder Mittelmeerküste, im Vorpostenboot u. vom Flugzeug aus sprachen mit ihren Angehörigen in ihrer Heimat. Der Vater zum Sohn, die Mutter zu ihrem Jungen, Geschwister, Bräute u. Kinder waren glücklich sich funktelegraphisch verständigen zu können. Heimat und Front waren eng verbunden. Dr. Goebbels grüßte sie u. vor allem die Deutschen im Ausland und in Übersee. Sie stehen in stetem Kampf um ihr Volkstum, doch in dieser Nacht denken sie noch stärker an die Heimat, an Deutschland. So sind wir alle geeint in unserem Glauben, alle Deutschen gleichen Sinns.

Weihnachtslicht! In kalte, dunkle Nacht ist uns ein Licht gebracht,
das gibt so hellen Schein in unsere Welt hinein,
O Licht in finsterer Nacht, entfalte deine Kraft!
Erfülle unsere Zeit mit deiner Herrlichkeit!
Laß uns nicht eher ruh'n, bis unser Sein und Tun,
im Lichte mög gescheh'n, u. wir vor dir bestehen. –
Oh, Licht, erfüll uns ganz mit deiner Liebe Glanz!
Deck' alle unsere Not, sei unser Morgenrot!
Durchleuchte unser Herz, verkläre Leid und Schmerz;
laß uns im Lichte stehen, bis wir von hinnen gehen!
Weihnacht, 1942. Hermine Stolz

**München, 27. Dezember 1942**

Gestern vormittags kam Bärbel L[.] auf einen Sprung herauf u. lud mich für den Nachmittag zu sich ein. Dieser Bitte bin ich gerne gefolgt, u. wir haben schöne Stunden des

Plauderns verbracht. Ein Jahr ist ja so lang u. vieles ereignet sich, was erzählenswert ist. Bald kam auch ihr Vater dazu, er freut sich, seine Tochter ein paar Tage daheim zu haben. An Ostern verläßt sie ihre Lehrstelle und kommt auf die Landfrauenschule nach Straßmoos. Von dort kann sie öfter nach München. Heute morgens um ½ 11 $^h$ fand die Trauung Frl. Klebers statt. Viele Freunde und Bekannte, viele frühere Schülerinnen, unter ihnen auch wir von der 5c hatten uns versammelt. Nach den Worten des Pfarrers, der Einsegnung und der darauffolgenden Messen gingen wir in die Sakristei, um dem Brautpaar unsere Glückwünsche auszusprechen. Da stand unsere Lehrerin, neben ihrem stattlichen Bräutigam, umgeben von einer großen Kinderschar, ihre beiden Eigenen u. die ihrer Geschwister. Glücklich ist sie, das hilft ihr über den Abschied hinweg, der ihr schwer fällt.

**München, 28. Dezember 1942**

Ein Abend im deutschen Theater. Das Weihnachtsfestprogramm bot neben ausgezeichneter Akrobatik, Komikerakte, Parodisten, Tanz, Gesang u. Zauberei. Dieses Programm war wirklich schön gestaltet u. erntete großen Beifall.

**München, Silvester 1942**

Das alte Jahr neigt sich dem Ende zu. Im Geiste zieht es noch einmal an mir vorüber. Harte Kämpfe, an deren Ende der Sieg stand, stete Einsatzbereitschaft von Front u. Heimat hatte es gefordert. Zum ersten Male standen wir Mädel der 7. Oberklassen im Einsatz, beim Bauern, im Büro oder KLV-Lager standen wir an einem Platz, an dem wir einen Soldaten ersetzten oder eine Helferin, die nun an die Front konnte. Im nächsten Jahr wird noch mehr von uns gefordert werden, doch wird es uns immer Befriedigung geben, wenn wir daran denken, es ist für Deutschland. Zum vierten Male reift in uns der Wunsch, möge der Frieden kommen. Daß er kommt, dafür müssen wir unermüdlich tätig sein.
  Neujahrswunsch!
  Mit freiem, weiten Blick,
  mit mutigem Herzen u. freudiger Seele
  wollen wir im Leben stehen,
  schaffend u. feiernd zugleich,
  als stünden wir erhaben auf hohem Berg.
  i. Res. Laz. Freudental 1942 Hermine Stolz

## 1943

**Unser Kriegsziel heisst: Die Freiheit unseres Volkes,
Die Größe unseres Reiches und die Sicherheit unserer
Zukunft: Mit einem Wort: Deutschland!
Hermann Göring**[351]

**München, 1. Januar 1943**
Das neue Jahr hat nun begonnen, was wird es uns bringen! Hart wird es werden, vielleicht die Entscheidung herbeiführen; vielleicht wird es von uns immer mehr Opfer verlangen. Aber Heimat und Front stehen zusammen, was auch kommen mag. Der Führer kennt nur Kampf, Arbeit und Sorge. Wir wollen ihm den Teil abnehmen, den wir ihm abnehmen können.

**München, 12.1.1943**
Die Schule nahm heute ihren Anfang, sie brachte nicht viel Neues. Wir werden uns tüchtig anstrengen müssen, um unser Ziel zu erreichen. Aber auch das werden wir schaffen.

**München, 1.2.1943**
Lange habe ich nichts mehr eingetragen, aber die Zeit läuft so dahin und fordert täglich von uns Neues. Der Kampf im Osten geht mit unerbittlicher Härte weiter. Wir hören täglich vom Heldenkampf der Soldaten in Stalingrad, die sich gegen 1000 fache Übermacht halten, die sich opfern um die russischen Truppen hier festzuhalten. Auch an den anderen Frontabschnitten geht der Kampf weiter. Wenn wir auch manchen Stützpunkt aufgeben müssen, so werden wir dennoch siegen und der Endsieg unser sein.[352] Um dieses Ziel zu erreichen, wurden Männer und Frauen vom 16.–65. bezw. 17.–45. Lebensjahr zum Totalen Kriegseinsatz aufgerufen. Wer weiß, wie lange wir noch in der Schule sind, freudig werden wir aber die Pflichten aufnehmen, weil wir wissen, daß es notwendig ist. Ich habe mich heute zur Partei gemeldet in die ich am 20.4.43 aufgenommen werde.[353] Zur Zeit arbeite ich in der G.D. Inspektion des Bannes mit. Ich muß Meta M. vertreten und sie in der G.D. Arbeit unterstützen. Auch heute abends werde ich ihr helfen.

---

[351] Rede Hermann Görings zum Erntedankfest, 4.10.1942, abgedruckt in: Das Archiv. Nachschlagewerk für Politik – Wirtschaft – Kultur (1942), Heft 97, S. 641–659, Zitat S. 659.

[352] Der zweite Feldzug gegen die Sowjetunion im Jahr 1942 basierte auf Hitlers nun veränderter Erwartung eines langen Krieges. Die Hauptstoßrichtung der „Operation Blau" war der Kaukasus und die Eroberung der dortigen Ölfelder. Die Sommer-Offensive brachte zunächst neue deutsche Erfolge, die der Wehrmacht wie auch der Bevölkerung das eigene Überlegenheitsgefühl bestätigten oder, wo dies erschüttert worden war, zumindest zum Teil zurückgaben. Anfang September erreichte die 6. Armee unter General Friedrich Paulus (1890–1957) Stalingrad an der Wolga. Gegen zähen Widerstand gelang es ihr bis Anfang November im Häuserkampf, die Stadt weitgehend unter ihre Kontrolle zu bringen. Am 19. November startete die Gegenoffensive der Roten Armee, die binnen Tagen zur vollständigen Einkesselung der 6. Armee führte: Bereits drei Tage später hatten die sowjetischen Truppen den Ring geschlossen. Die Leser deutscher Zeitungen erfuhren davon zunächst nichts, die deutsche Propaganda verschwieg bis Mitte Januar 1943 die katastrophale Lage der deutschen Truppen in der Wolgastadt, deren Eroberung Hitler voreilig Ende September 1942 bereits verkündet hatte. Vgl. Wegner, Der Krieg gegen die Sowjetunion; Müller, Der Zweite Weltkrieg, S. 218–228; Ueberschär, Stalingrad.

[353] Vgl. Benz, Wie wurde man Parteigenosse?; BArch Berlin, ehem. BDC, NSDAP-Gaukartei, Mitgliedsnr. 9531980. Laut Karteikarte hat Wolfhilde von König die Mitgliedschaft am 21.1.1943 beantragt.

**München, 3. 2. 1943**
Stalingrad ist heute gefallen. „Getreu ihrem Fahneneid bis zum letzten Atemzug haben diese Männer ausgehalten, haben 6 russische Armeen aufgehalten und über 300 000 Russen vernichtet. Das Ende der ruhmreichen 6. Armee war ein großes Opfer, aber es ist nicht umsonst gebracht worden. Stalingrad wird jetzt über unserer Arbeit stehen als Fanal zur Tat. Die 6. Armee ist nicht tot, die Divisionen der neuen Armee sind im Entstehen: es lebe die 6. Armee."[354]

**München, 6. 2. 1943**
Tagung der Bann-G.D. Mädel im Gaugemeinschaftshaus. Dr. Gisela Burgdorf, die Gebietsärztin stellte uns die neue Gebiets-G.D. Referentin Anneliese Sürth vor, nach dem Margret, das liebe alte Haus heiratet. Nach einführenden Worten über Sinn und Zweck dieser Tagung berichteten die Bann-G.D. Mädel über ihre Arbeit, doch wurden wir von Gebietsarzt Dr. Feser unterbrochen, der über unsere Arbeit sprach. Er stellte uns dabei manchen schönen Dienst, vor allem in München, in Aussicht: geeignete G.D. Mädel dürfen im Schwabinger Krankenhaus helfen, lernen und arbeiten. Außerdem will er eine an ein Krankenhaus angeschlossene G.D. Mädelführerinnenschule errichten. In München wollen wir nun eine feste G.D. Gemeinschaft gründen und die vorhandene festigen. Hoffentlich gelingt es uns.

**München, 7. 2. 1943**
Heute nahm die Tagung in der Gebietsdienststelle ihren Fortgang. Nach einer gemeinsamen Morgenfeier vertieften wir unsere Besprechungen auf einigen Gebieten, die uns besonders am Herz liegen. Am Schluß sprach Gebietsmädelführerin Edith Ludwig kurz zu uns. Heute abend gehen wir zum Abschluß in die „Iphigenie auf Delphi" von G. Hauptmann.[355]

**München, 8. 2. 1943**
Die gestrige Theatervorstellung gab den festlichen Rahmen für unsere G.D. Tagung, die für mich außerordentlich lehrreich und schön war. Heute abend habe ich wieder bei den Untersuchungen geholfen; alles geht Hand in Hand, daß bei jedem Mädel nicht viel Zeit verlorengeht. Darnach organisierte ich mir G.D. Schürze und Häubchen für meinen morgigen Einsatz im Theater.

---

[354] Tatsächlich kapitulierte Paulus, der noch am 30. 1. 1943 zum Generalfeldmarschall befördert worden war, am 2. 2. 1943 – entgegen Hitlers ausdrücklichen Befehl. Von den rund 195 000 eingeschlossenen Soldaten starben 60 000 im Kessel von Stalingrad, 25 000 wurden ausgeflogen und 110 000 gingen in russische Kriegsgefangenschaft, aus der nur etwa 5000 zurückkehrten. Die Menschen im Reich hatten das Drama an der Wolga seit dem Herbst 1942 gebannt verfolgt: Standen sich doch hier schon rein symbolisch Hitler und Stalin – dessen Namen die Stadt trug – unmittelbar gegenüber. Die Niederlage ließ sich nicht verheimlichen, und der Diktator konnte diesmal die Verantwortung nicht auf seine Generäle abschieben. Goebbels' Propaganda, die sich bemühte, durch Heroisierung und Überhöhung des Soldatenopfers Sinn zu stiften, wirkte nur begrenzt. Kriegsentscheidend war die Niederlage von Stalingrad nicht, aber sie markierte für viele Zeitgenossen eine tiefe Zäsur und wurde zum Symbol für die Kriegswende. War die Wehrmacht nach dem Scheitern vor Moskau 1942 zunächst wieder erfolgreich in die Offensive gegangen, war das 1943 nicht mehr möglich. Die Wehrmacht hatte die Fähigkeit eingebüßt, groß angelegte Operationen durchzuführen, und die strategische Initiative verloren. Von diesem Zeitpunkt an befand sich das Deutsche Reich in der Defensive, es begann die Zeit der Rückzüge auf breiter Front. Vgl. Müller, Der Zweite Weltkrieg 1933–1945, S. 224; Kallis, Der Niedergang der Deutungsmacht, S. 231–234; Kallis, Nazi Propaganda and the Second World War, S. 125–133; Wette, Das Massensterben als „Heldenepos"; Steinert, Stalingrad und die deutsche Gesellschaft; Behrenbeck, Der Kult um die toten Helden, S. 548–570.
[355] Gerhart Hauptmann (1862–1946).

**München, 9. 2. 1943**
In der Schule war heute „der Tag der schaffenden Jugend." Zu diesem Zweck versammelten wir uns in der Aula. Nach einem einleitenden Fahnenlied sprach der Anstaltsleiter über unsere Pflichten in Schule, Elternhaus und unserem Vaterlande gegenüber. Ursel W[.], die Ringverbandsführerin I. berichtete über unsere Einsätze, über unsere gesteigerte Leistung und Diziplin. Die Lieder der Nation beschlossen diese Feierstunde.

Nachmittags hatte ich eine Unterredung mit Ursel über einen G.D. Kurs, der im Münchener Norden anlaufen soll. Eine Studentin wird den Mädeln, die zufällig alle vom Ring II. sind, den Kurs halten.

„Iphigenie auf Tauris" wurde uns im Theaterring gezeigt. Dieses unvergängliche Werk Goethes erhielt durch das Spiel erster Fachkräfte seinen besonderen Klang. Anna Kersten spielte die Iphigenie und erntete großen Beifall für ihr hervorragendes Können.[356] Diese Veranstaltung zeigte wieder den deutschen Willen, selbst im 4. Kriegsjahr solche Vorstellungen, überhaupt das ganze Kulturleben aufrechtzuerhalten. Und so etwas wollen unsere Feinde zerstören![357]

**München, 12. 2. 1943**
Märchenelternabend im Studentenhaus. Auf Einladung meiner alten Gruppe ging ich mit Manü zum Märchenelternabend des Ringes II. Der Abend verlief so nett, die Mädel haben sich wirklich bemüht etwas Ordentliches zu leisten. Reicher Beifall belohnte die kleinen Spielerinnen, die Märchenspiel, Scharade und Zirkus lebendig und natürlich dargestellt hatten.

**München, 14. 2. 1943**
Eben komme ich von der G.D. Wiederholungsstunde nach Hause. Zwei Studentinnen sprachen über gesunde Ernährung und Körperpflege. Doch dann kam die Eröffnung dessen, was ich schon von Sonntag her wußte. Wir durften uns zum freiwilligen Krankenhauseinsatz melden. Der „Kollege"[358] und ich waren die ersten. Wir freuen uns schon ganz unbändig darauf. Daß wir fest schaffen und lernen müssen, ist klar, aber das Schönste ist doch: „wir helfen"

**München, 20. 2. 1943**
Theaterring: „Don Pasquale." Diese heitere Oper von Donizetti hat uns ganz ausgezeichnet gefallen. Die einschmeichelnde Musik, gepaart mit der vollendeten Kunst der Sänger und Sängerinnen forderte unseren ganzen Beifall heraus. Die Blumen für Frau Anni von Kruswyk war unser aller Dank für dieses künstlerische Erlebnis.

**München, 25. 2. 1943**
Gestern nachts gab es zweimal Fliegeralarm, doch waren bei uns keine Flieger. Nürnberg ist getroffen worden.

**München, 26. 2. 1943**
Auch heute nachts war wieder Fliegeralarm. Nur ganz ferne hörte man Flakfeuer. In Köln muß es wüst zugegangen sein nach dem erneuten Terrorangriff, wobei allein

---

[356] Anne Kersten (1895–1982), Schauspielerin.
[357] Dieser Eintrag greift entsprechende Propagandatopoi vom „barbarischen Kulturvernichtungskrieg" der Alliierten gegen Deutschland auf. Das Thema der Zerstörung jahrhundertealter Kulturgüter durch Luftangriffe war im Übrigen auch in Großbritannien während der deutschen Luftangriffe präsent. Vgl. Süß, Tod aus der Luft, S. 73, 113, 275f., 302–306; Süß, Nationalsozialistische Deutungen des Luftkriegs.
[358] Als „Kollegen" bezeichnet Wolfhilde von König im Folgenden ihre Freundin Hilde W., die ebenfalls im Gesundheitsdienst des BDM tätig war.

8 Krankenhäuser zerstört wurden.[359] Unser Krankenhauseinsatz wird erst nach Ostern beginnen.

**München, 18. 3. 1943**

Ich muß weit ausgreifen um die Ereignisse der letzten Woche zu schildern. In der Nacht vom 9. auf 10. März wurde München von einem schweren englischen Terrorangriff heimgesucht.[360] Um ½ 12 $^h$ heulten die Sirenen, kaum waren wir im Keller, da setzte schon das Flakfeuer ein, das über 2 Stunden währte. Schrecklich waren die Zerstörungen. Noch während des Alarms stellte ich mich meiner Ortsgruppe zur Verfügung. Als ich in den „Hofküchengarten" kam, waren schon die Obdachlosen der Galeriestraße dort versammelt. In jener Straße hat es bös gehaust, auch unsere Gebietsdienststelle soll vernichtet sein. Ruhig und gefaßt saßen die Leute da und waren dankbar für jede Hilfe. Um ½ 6 $^h$ war die erste Arbeit getan und ich konnte nach Hause gehen. Viele Menschen waren in einigen Stunden obdachlos geworden. Als ich in die Schule kam, hörte ich vom großen Verlust, den die Stupsi getroffen hatte. Sie hat so ziemlich alles verloren, ist aber Gott sei Dank gesund heraus gekommen. Uns allen stand der Sinn nicht nach Unterricht, helfen wollten wir und wie eine Erlösung war der Befehl des Rektors, der uns für 1 $^h$ in den Bann bestellte. Schnell heimgegangen und gegessen, das Arbeitszeug angezogen und los gings. Überall das Bild der Zerstörung. Der Dom steht unter Einsturzgefahr, überall Glasscherben und zerstörte Häuser. Im Bann wurde unsere Klasse geteilt, ich führte eine Abteilung ins Nymphenburger Schloß. Freudig wurden wir begrüßt. Brote mußten geschnitten werden, Geschirr gespült und Essen ausgegeben werden. Bald waren wir mitten drin und freuten uns, daß wir helfen konnten. Das war eine Hetz, als das Essen ankam: Griesbrei mit Fleisch. Wir arbeiteten nach einem ganz bestimmten Plan: eine spülte, die andere gab das Brot aus, die 3. den Tee, die anderen das Essen. Um 8 $^h$ war alles fertig, wir fuhren nach Hause. Am anderen Morgen begann ein neuer Arbeitstag. Alle Mädels arbeiteten fleißig mit, was mich am meisten freute. Vormittags zogen wir in den Prinzenhof um; mit Tassen und Töpfen, Milch und Essen gings los. Nach einer lustigen Fahrt auf einem Lastwagen landeten wir im Prinzenhof: „1200 Essen sind bestellt", meldete der Amtsleiter des NSV.[361] „Das kann ja heiter werden", dachten wir uns alle. Schnell richteten wir uns ein, es ging wie am Schnürchen. Mit dem Essen kamen

---

[359] Die Begriffe „Terrorangriff" oder „Bombenterror" wurden von der nationalsozialistischen Propaganda geprägt; sie erzielten weite Verbreitung und wirkten auch nach 1945 nach, weil sie durchaus der Erfahrung vieler „Volksgenossen" entsprachen, die ja tatsächlich das Ziel der Strategie des *moral bombing* waren. Ausgeblendet blieb dabei, dass die alliierten Bomber auch militärische Ziele, Rüstungsbetriebe und Infrastruktur angriffen, ebenso dass die Luftwaffe ihrerseits ebenfalls für zahlreiche „Terrorangriffe" gegen die Zivilbevölkerung verantwortlich war. So befahl Hitler am 1. 8. 1940 in seiner Weisung Nr. 17 für die Führung des Luft- und Seekrieges gegen England: „Terrorangriffe als Vergeltung behalte ich mir vor"; zitiert nach: Hubatsch, Hitlers Weisungen für die Kriegführung, S. 65f. Vgl. Blank, Kriegsalltag und Luftkrieg, S. 362–365; Süß, Tod aus der Luft, S. 502f.

[360] Der erste große Angriff nach über drei Monaten zielte auf die Münchner Innenstadt und die kommunale Infrastruktur. Das Flächenbombardement richtete schwere Schäden an. Vgl. Richardi, Bomber über München, S. 146–157; Permooser, Der Luftkrieg über München, S. 145–158.

[361] Das NS-Regime hatte erkannt, dass eine schnelle Versorgung der „Ausgebombten" von erheblicher Bedeutung für die Stimmung und Haltung der Bevölkerung war. Sie oblag den Ortsgruppen der NSDAP, der NSV und der NS-Frauenschaft, die dabei auch auf Angehörige des BDM zurückgriffen. Die Partei zeigte so Präsenz und konnte ihre Tatkraft unter Beweis stellen. Das Propagandabild der tätigen „Volksgemeinschaft" wurde bestätigt. Vgl. Nolzen, „Sozialismus der Tat"?; Süß, Tod aus der Luft, S. 130–135, 226–229; Süß, Steuerung durch Information?; Beer, Kriegsalltag an der Heimatfront, S. 151–154.

auch schon die ersten Gäste. Flink mußte nun alles gehen. Nach den Obdachlosen kam das Militär, dann die Arbeitsdienstmänner. Das Essen verschwand im Nu. Als wir alles saubergemacht hatten, trat eine kleine Pause ein, die wir ehrlich verdient hatten. Am Freitag war der gleiche Trubel. Ich hatte das Brotschneideamt und hopp, hopp ging der Laden und mit dem Finger in die Brotschneidemaschine hinein. Schnell ausgesaugt, verbunden und weitergemacht. Leider entpuppte sich der Schnitt als Hindernis und ich mußte meine Tätigkeit in Nymphenburg aufgeben. Ich bin aber trotzdem froh, daß ich ein wenig mithelfen konnte, den Menschen die Hab und Gut verloren hatten, den Übergang in ein neues Leben zu erleichtern. Den Opfern des Terrorangriffs wurde eine würdige Grabstätte bereitet. Bei ihrer Beisetzung (Gesamtzahl der Toten 205) nahmen große Teile der Bevölkerung teil.

**München, 23. 3. 1943**
Als ich heute von der Schule kam, mußte ich eine traurige Nachricht empfangen: Oberschwester Wela de Vizkelety ist gestorben. Unerwartet und schnell muß es gegangen sein. Ich bin glücklich, daß ich ihr eine Zeit voll Frohsinn und Unterhaltung verschaffen konnte und ihr durch meinen Briefwechsel Freude gemacht habe. Nur kurz währte unsere Freundschaft, aber sie war auf gemeinsamer Liebe aufgebaut.

**München, 25. 3. 1943**
Theaterrring: „Emilia Galotti" im Schauspielhaus.[362] Die großartig angelegte und meisterhaft dargestellte Handlung forderte unseren Beifall heraus, der sich bis zum Schlusse immer mehr steigerte. Ein erlebnisreicher Abend.

**München, 27. 3. 1943**
Wieder standen 80 Mädel vor ihrer Entlassung aus der Schule. Zu ihrer Abschiedsfeier hatten sich Eltern und Schülerinnen eingefunden. Zwei Bachchöre leiteten die festliche Stunde ein. Nach einem Klaviersolo sprach eine Reifeschülerin den Dank aus, Dank an Eltern und Schule. Wir alle dachten das Gleiche: nächstes Jahr steht eine von uns auf dem Podium. Nächstes Jahr …

**München, 4. 4. 1943**
Großkundgebung der Münchner Mädel im Zirkus. Wir G.D. Mädel machten dort Dienst und hatten wirklich genug zu tun. Die Mädel überwanden zuerst ihre Scheu, aber dann gings los, da und dort wurden wir gerufen und brachten die „Kranken" in das Sanitätszelt. Daß wir diesen Einsatz mit eigenen Kräften bewältigen konnten, erfüllt uns besonders mit Stolz. Gauleiter Giesler und Kreisleiter Lederer forderten uns auf, der kinderreichen Mutter im Haushalt zu helfen und ihr die Sorge um die Kleinen abzunehmen. Seit dem Sonntag wissen die Münchner mehr denn je „in München gibt es deutsche Mädel, die ein deutsches Herz haben und dort helfen wollen, wo sie gebraucht werden". Nach der Großkundgebung, an der über 8100 Mädel teilgenommen hatten, wurde ein Marsch durch die Stadt durchgeführt bis zum Heldenmal vor dem Armeemuseum. Die Kranzniederlegung zum Gedenken an unsere Gefallenen beschloß den erlebnisreichen Vormittag.

**München, 10. 4. 1943**
Theaterbesuch: „Peer Gynt" von Ibsen in der freien Übersetzung von Dietrich Eckardt.[363]

---

[362] Von Gotthold Ephraim Lessing.
[363] Dietrich Eckart (1868–1923), Verleger und Publizist, außerdem früher Anhänger des Nationalsozialismus und Teilnehmer am Hitlerputsch. Seine arisch-christliche Nachdichtung von „Peer Gynt" hatte 1914 Premiere. Vgl. Englert, Magus und Rechenmeister, S. 52–54; Hillesheim/Michael, Lexikon nationalsozialistischer Dichter, S. 133–138.

**München, 12. 4. 1943**
Erster G.D. Dienst im Norden. Wenn auch nicht so viele Mädel da waren, doch sind die, die gekommen sind, sicher brauchbar und wollen ernstlich im Gesundheitsdienst mitarbeiten. Hoffen wir, daß wir unsere Pflichten und Aufgaben erfüllen können.

**München, 13. 4. 1943**
Konzert in der Tonhalle unter Oswald Kabasta.[364] Er dirigierte die Ouvertüre zu Thannhäuser[365], Till Eulenspiegel von Richard Strauß und Beethovens 3. Symphonie „Die Eroica". Unsere Begeisterung offenbarte sich am Schluß durch den lang anhaltenden Beifall. Ein Hitlerjunge überreichte dem Meister einen herrlichen Blumenstrauß. Ein schöner Abend!

**München, 15. 4. 1943**
Als wir gestern von einem Theaternachmittag in der Schule heimkamen, lag ein Fernschreiben da, das uns Theos Besuch ankündigte. Wie haben wir uns gefreut? Abends machten wir uns auf, an den Bahnhof zu gehen. Doch kein Theo schien gekommen zu sein. Als Vati und ich nach Hause kamen schwante uns schon etwas. Theo war bereits da. Wir hatten ihn beide nicht erspäht. Über dem Erzählen verging die Zeit im Nu, Mitternacht war schon längst überschritten, da! Sirenengeheul. Nichts wie runter in den Keller. Es scheint doch nichts Ernsteres geschehen zu sein. Schade, daß Theo gleich in der Frühe nach Berlin zurückmußte. Hoffentlich kommt er recht bald wieder.

**München, 18. 4. 1943**
Mit dem heutigen Tag bin ich Parteigenossin.[366] Wir jungen Parteianwärter wurden innerhalb der Geburtstagsfeier des Führers im Kreis München vor der Feldherrnhalle in die Partei aufgenommen. Nach der Rede unseres Kreisleiters Lederer, der mit ehrenden Worten gedachte, verpflichtete er uns in die Partei. Nach der Eidesformel nahm uns ein Ortsgruppenleiter mit Handschlag in die Partei auf und überreichte uns das Parteiabzeichen: „Wir bekennen uns zu den Forderungen des Führers und versprechen, sie getreulich und verantwortungsbewußt zu erfüllen, so lange wir leben. Wir wollen uns des Vertrauens würdig erweisen, das der Führer in uns setzt."

**München, 22. 4. 1943**
Für kurze Zeit schloß die Schule ihre Pforten. Im totalen Krieg gilt für uns das Gesetz: „Dein Arbeitsplatz für den Sieg ist die Schule." Nach den Ferien beginnt ein Leistungswettkampf zur Steigerung unserer schulischen Leistung, der seinen Höhepunkt in der Verleihung einer Siegernadel finden wird.[367]

Heute nachts hatte ich zum 1. Male Nachtwache in der Schule. Gemütlich richteten wir uns ein. Auch auf hartem Stroh läßt es sich gut schlafen.[368]

**München, 2. 5. 1943**
Kreistag in Fürstenfeldbruck. Mit Anneliese Sürth fuhr ich zum Kreistag nach Fürstenfeldbruck. Zum 1. Mal machten die GD Mädel dort ihren Dienst und waren ganz glücklich

---

[364] Oswald Kabasta (1896–1946), Dirigent der Münchner Philharmoniker.
[365] Von Richard Wagner.
[366] Vgl. BArch Berlin, ehem. BDC, NSDAP-Gaukartei, Mitgliedsnr. 9531980.
[367] In Anlehnung an den Reichsberufswettkampf, den die DAF und die HJ seit 1935 gemeinsam für Lehrlinge durchführten, wurden ähnliche Wettbewerbe auch für Schüler und Studenten durchgeführt. Vgl. Kater, The Reich Vocational Contest.
[368] Mehrere ältere Schüler teilten sich reihum die nächtliche Luftschutzwache. Im Falle eines Luftangriffs war es ihre Aufgabe, nach Ende der Bombardierung kleinere Brände zu löschen, ehe diese sich ausbreiten konnten.

über ihre Schürzen und Häubchen. Schade für sie, daß sie nicht viel Arbeit hatten. Die Bannmädelführerin war stolz auf ihre Jungmädel und Mädel die dem Gauleiter Lieder vorsangen und zur Belohnung 10 Ziehharmonikas bekamen. Mit Anneliese konnte ich mich über alle Dinge unterhalten die uns G.D. Mädel angehen. Dieser Kreistag war in jeder Hinsicht für mich von Nutzen.

**München, 3. 5. 1943**
Morgen beginnt wieder die Schule, es heißt fleißig sein, was mir nicht so schwer fallen wird, da ich mein Ziel: Ärztin zu werden vor Augen habe und darauf sicher lossteuern will.
G.D. Schule Berchtesgaden eröffnet.

**München, 29. 5. 1943**
Eben komme ich aus den Theater: Goethes Faust I. Eine symbolische Handlung geht seit langem jeder Vorstellung voran. Alle erheben sich und grüßen zur Mittelloge hinauf, wo Verwundete Platz genommen haben: ein Gruß unseren Ehrenbürgern der Nation. Darnach nimmt die Vorstellung ihren Anfang. Reicher Beifall lohnte die Künstler, die uns durch ihr hervorragendes Spiel Goethes Tragödie näherbrachten.

**München, 7. Juni 1943**
Ortsgruppenversammlung. Da ich ja nun auch zu den Parteigenossen unserer Ortsgruppe gehöre, erhielt ich eine Einladung zur diesjährigen Mitgliederversammlung. Nach Begrüßungsworten des Ortsgruppenleiters sprach Gauredner Pg. Meister über die Aufgaben des Nationalsozialisten im Kriege. Wir müssen uns stets an die Kampfzeit zurückerinnern, dann wird unsere Arbeit leichter sein.

**München, 8. 6. 1943**
Theaterring: „Robinson soll nicht sterben". Dieses Schauspiel von Friedrich Forster bringt uns die Armut und das Leben Daniel Defoes näher, des unvergänglichen Verfassers des Robinson Crusoe.[369] In flüssiger Handlung wird sein Lebensabend dargestellt. Der Sohn läßt seinen Vater in Armut zurück, nimmt ihm sein Letztes, den handgeschriebenen Robinson, der dann nach langer Irrfahrt wieder in des Alten Hände zurückkommt. Die Kinder helfen ihm dabei und prägen den Ruf „Robinson soll nicht sterben". Aus vollem Herzen dankten wir den Darstellern für ihr natürliches Spiel, vor allem Gustav Waldau, Inge Schmitt und den Jungen.[370]

**München, 22. 6. 1943**
Zwei Jahre Krieg mit der Sowjetunion. 2 lange Jahre sind seit dem Tag vergangen, an dem der Führer den Sowjets zuvorkam und damit Deutschland und Europa vor der Gefahr aus dem Osten bewahrt hat. Zwei lange entbehrungsreiche Jahre für unsere Ostfrontkämpfer, die harte Winter durchmachten, Schlammperioden und glühende Hitze überstanden. Sie erkämpfen uns den Frieden und bewahren uns vor dem Schrecken des Bolschewismus.

**München, 3. Juli 1943**
Kreisappell München: Treuebekenntnis zum Führer. Wir Bann-G.D. Referentinnen sicherten die gesundheitliche Betreuung der angetretenen Führerinnen, leider ist aber nichts vorgekommen. Nach Begrüßungsworten des Kreisleiters sprach Gauleiter Giesler, der in warmherzigen Worten der Jugend und ihrer Betreuung gedachte, der Jugend, die

---

[369] „Robinson soll nicht sterben", Waldfried Burggraf (1895-1958), Pseudonym: Friedrich Forster, 1932.
[370] Waldau, Gustav (eigentlich: Gustav Freiherr von Rummel, 1871-1958), Schauspieler.

ihm so an das Herz gewachsen ist. Begeisterter Beifall unsererseits dankte ihm für seine Worte. Seine Rede war ein Rechenschaftsbericht: viel wurde schon geschafft, noch mehr muß geleistet werden. Nach solch mitreißender Rede fühlt man sich wieder gestärkt zum Kampf, den der Alltag bringt.

**München, 4. 7. 1943**
Großkundgebung vor der Feldherrnhalle mit Paul Giesler und Dr. Ley. Ein strahlend schöner Sommertag, die Sonne schien heiß auf den weiten Platz, der südlich blaue Himmel zeigte keine Wölkchen. Trotz aller Hitze haben wir bei den Mädels nicht allzu viel Übelkeitsgefühle gehabt. Im Einvernehmen mit dem D.R.K. brachten wir die Betroffenen in die D.R.K. Sammelstelle, wo sie weiter behandelt wurden. Dr. Ley zeigte uns vor allem den Kampf auf, den die Bevölkerung in den luftgefährdeten Gebieten täglich führen muß. Der Haß gegen die Engländer, den Mord- und Brandstiftern wächst beständig. Aber sollen wir ruhig bleiben, wenn diese Mordbrenner den Kölner Dom bombardieren, sinnlos auf Krankenhäuser, Kinderheime und Kirchen, Wohnviertel und Siedlungen zielen, täglich viele Menschenleben fordernd. Befreit werden wir aufatmen, wenn die Vergeltung kommt für all die Freveltaten.[371] Nach der mit Beifall aufgenommenen Rede des Reichsorganisationsleiters fand der Vorbeimarsch der Formationen vor dem Gauleiter und seinem Gast statt, daran schloß sich ein Platzkonzert an. Der Kreisappell München war ein Bekenntnis der Heimat zur Front, ein Bekenntnis zum Führer. München besteht vor dem großdeutschen Reich, ja auch vor der ganzen Welt, die unsere Stadt und ihre Menschen mit den schändlichsten Gerüchten besudelt. Wir stehen zusammen: die Hauptstadt der Bewegung.

**München, 10. 7. 1943**
Gebietssportfest 1943. Heuer ist uns Petrus gar nicht wohlgesinnt. Unser Sportfest verregnet er gründlich. Heute Samstag waren die Bann-und Gebietsmeisterschaften. Für uns G.D. Mädel gab es außer ein paar Schürfwunden und ähnlichen kleinen Verletzungen nichts Ernstlicheres zu tun.

**München, 11. 7. 1943**
Auch heute regnet es ununterbrochen weiter. Im Stadion ist man sich nicht schlüssig gewesen, absagen oder weitermachen. Aber schließlich wurden die Vorführungen und Wettkämpfe doch abgebrochen. Gott sei Dank ist mit der G.D. Schule Berchtesgaden alles klar. Wir dürfen die Schule besuchen, im Dietrich Eckart-Krankenhaus lernen und arbeiten. Ich freue mich ja schon so darauf.

**München, 12. 7. 1943**
Heute abends wollte Anneliese Sürth in meinen GD Dienst kommen, aber nach kurzem Hin und Her entschlossen wir uns, in das Konzert der Spielschar Hochland zu gehen, im Hof des Kultusministeriums. Ein hübsches Bild bot sich uns dar. Hinter der Grünanlage mit dem Springbrunnen standen die Jungen und Mädel der Spielschar, während ihre Kameraden vom Gebietsorchester halb versteckt von den Hecken ihre Weisen spielten. Reicher Beifall belohnte die jungen Musikanten und Sänger, die ihre Madrigale und

---

[371] Angesichts der weitgehenden Hilflosigkeit der deutschen Luftabwehr gegen die britischen und amerikanischen Luftangriffe setzte die deutsche Propaganda seit Frühjahr 1943 auf das Versprechen, gegen die Angreifer werde demnächst mit Hilfe kriegsentscheidender neuer Wunderwaffen Vergeltung geübt. Angesichts ausbleibender Erfolgsmeldungen von der Front wurde der „Haß" gegen die Feinde mehr und mehr zum wichtigsten integrierenden Moment. Vgl. Blank, Kriegsalltag und Luftkrieg, S. 433–436; Boog, Strategischer Luftkrieg in Europa, S. 380–385; Kallis, Nazi Propaganda and the Second World War, S. 160–168.

Volkslieder in die laue Sommernacht klingen ließen. Die festlichen Stunden aus Anlaß des 15-jährigen Bestehens des Gebietes Hochland klangen damit aus.

**München, 14.7.1943**
Das Schuljahr 1942/43 hat nun sein Ende gefunden. Für uns war es nur ein kurzes, nach dem das 1. Trimester fast ganz ausfiel. Ostern hatte Emil Klein[372] zum Leistungskampf der Münchner höheren Schulen unter dem Motto „Buch und Schwert" aufgerufen. Die Siegesfeier mit der Übergabe der Siegernadel versammelte alle Schülerinnen der Anstalt in der Aula. Nach dem „Pariser Einzugsmarsch"[373] und dem Lied „Oh Deutschland hoch in Ehren"[374] sprach unser Rektor über den Sinn und Zweck des Leistungskampfes. Unsere Klasse steht an 3. Stelle unter den 25 Klassen. Für eine 7. Klasse[375] immerhin eine schöne Leistung. Stolz holte Hilde die Urkunde. Dann erhielten die 3 besten jeder Klasse in Anerkennung der ganzen Klasse die Siegernadel. Diegs ist die beste Schülerin der ganzen Schule. In die Klasse zurückgekehrt, verteilte Prof. Zweckstätter die übrigen Nadeln nach Platzziffern, wobei ich den 14. Platz erhielt, also noch zur besseren Hälfte zähle. Mit dem Zeugnis „beladen" gingen wir auseinander mit den besten Wünschen für unsere Erholung bis wir wiederkehren zum letzten Streich …

**München, 15.7.1943**
Heute hat es sich entschieden, daß wir nun doch nicht nach Berchtesgaden dürfen, sondern unsere Schule im Hochlandlager[376] abhalten müssen. Hoffentlich gibt es auf der Krankenstation etwas zu tun. Dem Feser sind wir in die Seele hinein böse. Rache ist süß.

**München, 3.8.1943**
Morgen sind es 3 Wochen Ferien. In letzter Minute durfte ich nun doch nicht ins Hochlandlager. So verbringe ich meine Zeit mit lesen, schreiben, Weihnachtshandarbeiten, denn in der Schulzeit wird mir während dem Dienst und Schule nicht viel Zeit übrig bleiben. Außerdem sind die Luftschutzmaßnahmen immer wieder zu verstärken. Sand herbringen, Wasserbottiche aufstellen usw. Maßnahmen, die durch den stets wachsenden Luftterror bedingt sind. Hamburg wurde auf das Schwerste getroffen, ebenso andere Städte im Westen des Reiches. Die Bombengeschädigten kommen bei uns mit ihrer geringen Habe an und wohnen in den Gebirgsorten, um sich vorerst einmal zu erholen.[377] Diese Wunden reißt dieser Krieg, wir müssen aber stark bleiben, den Haß gegen unsere Feinde im Herzen tragen, die kein einiges Reich wollen. Während ich diese Zeilen schreibe, erklingt die Sirene: „Luftwarnung."

---

[372] Emil Klein (1905–2010), HJ-Obergebietsführer Bayern.
[373] Marsch von Johann Heinrich Walch (1775–1855), gespielt anlässlich des Einmarsches der verbündeten Truppen in Paris 1814 am Ende des sechsten Koalitionskrieges gegen Napoleon. Erneut gespielt beim deutschen Einmarsch in Paris 1940. Als Symbol deutschen Triumphes über Frankreich im „Dritten Reich" beliebt.
[374] Soldatenlied, Text von Ludwig Bauer (1832–1910), Melodie von Henry Hugo Pierson (1815–1873), 1859.
[375] Die Zählung begann mit dem Übertritt an die weiterführende Schule nach vier Grundschuljahren neu. Die 7. Klasse entspricht also der 12. Klasse nach heutiger Zählung.
[376] Das Hochlandlager war ein Großzeltlager, das das HJ-Gebiet seit 1934 in der Nähe von Königsdorf nahe des Starnberger Sees abhielt. Vgl. Wagner, „Zum Sterben für Deutschland geboren".
[377] Dort waren die Evakuierten meist wenig beliebt, die die Sozialstruktur der Orte durcheinanderbrachten, die Versorgungslage verschlechterten und landsmannschaftlich „fremd" blieben. Vgl. Klee, Im „Luftschutzkeller des Reiches"; Krause, Flucht vor dem Bombenkrieg; Kramer, Volksgenossinnen an der Heimatfront, S. 270–305.

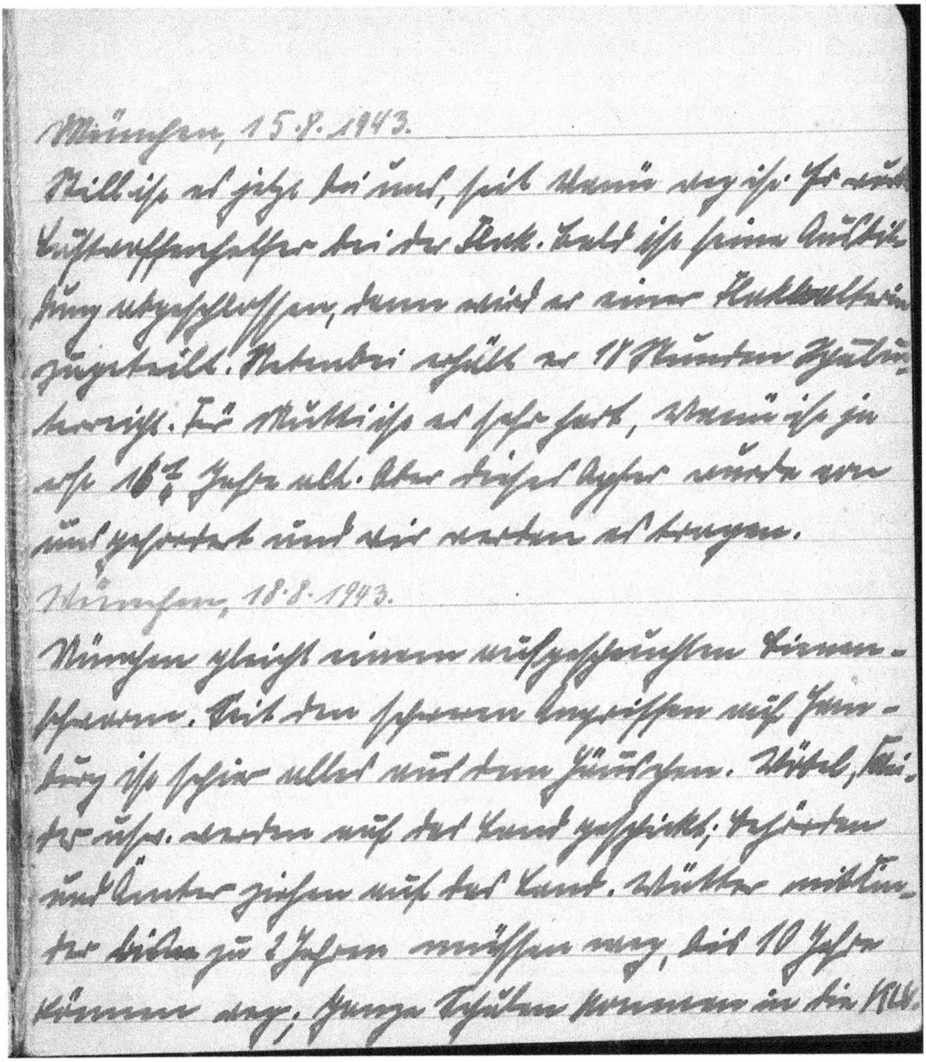

*Abbildung 17: Tagebucheinträge vom 15. und 18. August 1943*

**München, 15. 8. 1943**
Still ist es jetzt bei uns, seit Manü weg ist. Er wurde Luftwaffenhelfer bei der Flak. Bald ist seine Ausbildung abgeschlossen, dann wird er einer Flakbatterie zugeteilt. Nebenbei erhält er 18 Stunden Schulunterricht.[378] Für Mutti ist es sehr hart, Manü ist ja erst 16 ¼ Jahre alt. Aber dieses Opfer wurde von uns gefordert und wir werden es tragen.

---

[378] Emanuel von König war von Juni 1943 bis Juli 1944 Flakhelfer bei der 5. Batterie der schweren Flakabteilung 457. Seit Februar 1943 wurden Oberschüler im Alter zwischen 15 und 17 (also der Jahrgänge 1926 bis 1928) als Luftwaffenhelfer (LWH) zur Luftwaffe eingezogen, um die Soldaten, die bisher die Flugabwehrgeschütze bedient hatten, für den Dienst im Heer oder in der Marine freizustellen.

**München, 18.8.1943**
München gleicht einem aufgescheuchten Bienenschwarm. Seit den schweren Angriffen auf Hamburg[379] ist schier alles aus dem Häuschen. Möbel, Kleider usw. werden auf das Land geschickt; Behörden und Ämter ziehen auf das Land.[380] Mütter mit Kindern bis zu 2 Jahren müssen weg, bis 10 Jahre können weg; ganze Schulen kommen in die KLV. Ich bin gespannt was sie mit meiner Schule anfangen. Am letzten Montag war Einsatzbesprechung des Hopfenstabes. Ich komme nicht gleich hinaus, sondern begleite KLV-Transporte. Wieder eine neue Arbeit, die mir sicher Spaß und Freude machen wird; noch dazu fährt der Kollege mit mir. Für den Katastrophenfall ist ebenfalls bestens gesorgt. Geeignete G.D. Mädel werden zum Katastrophendienst herangezogen; sie unterstützen das D.R.K. und alle sonstigen Rettungsmannschaften.

**München, 19.8.1943**
In der Schule hat sich wenig geändert. Bis auf Hanni und Toni Gisser sind alle wieder gekommen. Ich finde alles nicht so schlimm, nur die Aufregung und Gerüchtemacherei bringt alles durcheinander.[381] Im Westen und Norden des Reiches stehen die Menschen trotz schwerster Verluste gerade und tapfer da, so müssen wir auch sein und bleiben, dann wird alles ein gutes Ende nehmen.

**München, 20.8.1943**
Für uns G.D. Mädel hebt die ersehnte Einsatzzeit an: Hopfen und KLV-Transporte. Ich bin heute zwar redlich müde, aber ich will doch von meinem ereignisreichen Tag erzählen. Morgens packten wir in der Virchowapotheke Koffer mit Medikamenten, Verbandstoffen usw. Dann gings zum Bahnhof. Nach langem hin und her bei Koffer- und Radabgabe kommen wir gerade in letzter Minute in den Zug, endlich war es so weit. Nach einer heißen Bahnfahrt kamen wir in dem so berüchtigten, für mich manche Erinnerung bringenden Wolnzach-Bahnhof an. Nach dem Mittagessen waren Frau Dr. Willms und die Medizinstudentinnen eingetroffen und das Bereichseinteilen und die Medikamentenabgabe konnte beginnen. Per Rad, Auto oder Bahn ging die Reise der G.D. Mädel weiter. Bald

---

Der Einsatz erfolgte klassenweise im Rahmen des Kriegshilfsdienstes der HJ – die Jungen selbst allerdings verstanden sich angesichts ihres gefährlichen Einsatzes in den Flugabwehrstellungen mehr als Soldaten denn als Hitlerjungen. Als die alliierten Luftangriffe zunahmen, erfolgte Schulunterricht oft nur noch eingeschränkt. Entlassen wurden die Luftwaffenhelfer, wenn sie zum Reichsarbeitsdienst oder zum Wehrdienst eingezogen wurden. Sie erhielten dann in der Regel ein Abgangszeugnis mit Reifevermerk, das sogenannte Notabitur, das nach dem Krieg indes meist nicht anerkannt wurde. Vgl. Schreiben der Deutschen Dienststelle (WASt) an Sven Keller, 14.7.2014; Ludger Tewes, Jugend im Krieg; Nicolaisen, Der Einsatz der Luftwaffen- und Marinehelfer; Beer, Kriegsalltag an der Heimatfront, S. 69–86; Finger, „Das nationalsozialistische Wollen zur Volksgemeinschaft", S. 406–410.

[379] In der „Operation Gomorrha" legten britische und amerikanische Bomber in einer Serie von Luftangriffen zwischen dem 25.7. und dem 3.8.1943 weite Teile Hamburgs in Schutt und Asche. Rund 34000 Menschen starben, 125000 wurden verletzt, fast 280000 Wohnungen wurden zerstört. In den Tagen und Wochen nach dem bisher schwersten Bombenangriff auf eine deutsche Stadt registrierte das Regime überall im Reich eine erhebliche Beunruhigung der Bevölkerung. Vgl. Büttner, „Gomorrha"; Büttner, „Gomorrha" und die Folgen; Overy, Der Bombenkrieg, S. 470–488.

[380] Die Evakuierung von Behörden war aus Sicht des NS-Regimes indes problematisch, haftete ihr doch der Ruch von Defaitismus an. Vgl. Keller, Volksgemeinschaft am Ende, S. 105f.

[381] Die Unruhe in der Bevölkerung, die das Regime nach den Luftangriffen auf Hamburg aufmerksam registrierte, befeuerte zahllose Gerüchte. Diese Gerüchte wurden tendenziell umso schrecklicher, je weiter entfernt von Hamburg sie kursierten. Die Bekämpfung der Gerüchte wurde deshalb zu einer zentralen Aufgabe der NSDAP, die ihrerseits mit „Flüsterpropaganda" gegenzusteuern suchte. Dazu wurden auch die Angehörigen des BDM eingesetzt. Vgl. Süß, Tod aus der Luft, S. 71–76.

werden sie sich eingewöhnt haben, und die Arbeit ihnen ebensoviel Freude machen wie mir voriges Jahr. Wenn ich mit meinen Transporten fertig bin, komme ich nach und übernehme die Sanitätshauptstelle als „Schwester." Der Kollege und ich fuhren dann nach Wolnzach-Markt, die Koffer auszuleeren usw. Der „Kongoexpreß" brachte uns nach W.B. und nach heißer Rückfahrt nach München. Morgen geht es nun „Taten" entgegen.

**Bad Wiessee, 21. 8. 1943**
Den ersten Transport hätten wir überstanden. Als wir um ½ 11 $^h$ im Holzkirchener Bahnhof ankamen waren Kinder und Mütter gerade beim durchgehen. Aber bald hatten sich die Wogen der Erregung gelegt und jedes Kind hatte seinen Platz gefunden. Bald ertönte der Ruf „G.D. Mädel hierher". Ein Kind mit schwerem Herzfehler hatte sich natürlicherweise sehr erregt und Übelkeit war die Folge. Wenn nur der Zug abgefahren wäre. Aber erst um 12$^{30}$ gings los. Nachdem der erste Abschiedskummer überwunden war, wurde es meiner kleinen Patientin gleich besser und fröhlich sah sie sich die Welt an, die draußen an uns vorüber flog. In Gmund mußten wir umsteigen und nach 2 Stunden Verspätung konnten wir den Autobus besteigen. Eine der Lehrerinnen war die Schwester vom Zweck. Wir beide mußten oft alle Kraft zusammennehmen, um nicht loszulachen. Im Hotel „Albrecht" wartete ein gutes Essen auf uns, dann gings in die Quartiere. Haus „Schabernack" liegt direkt am See, ist reizend eingerichtet. Hier muß es den Mädeln ja gefallen. Nach dem Abendessen bummelten wir beide in dem uns so bekannten Abwinkel[382] herum und trafen später Herrn Hoser mit Frau und Söhnchen, ein goldiges Kerlchen, der kleine Werner. In der „Post" verlebten wir ein paar fröhliche Stunden im Kreise der Lehrerschaft. Auf dem Heimweg wölbte sich über uns der wolkenlose, klare Sternenhimmel. Unser erster Transporttag ist zu Ende.

**München, 22. 8. 1943**
Eben komm ich nach Hause. Das Nest ist leer. So habe ich es mir gemütlich gemacht. Heute morgen um 7 $^h$ schlichen wir im Badeanzug zum Haus hinaus und an den Badesteg. Wunderschön war das Schwimmen, die Sonne schien, der Himmel klar und hell, und weit und breit niemand, der uns störte. Erfrischt gingen wir wieder an Land, zogen uns an und gingen mit den anderen zum Frühstück. Danach verabschiedeten wir uns von den Lehrkräften, der Kollege badete nochmals, und ließen uns später auf der Fähre nach Tegernsee bringen. Wir beide waren reichlich müde und haben im heißen Zug redlich gegen unsere Müdigkeit angekämpft. Nun sitze ich auf dem kühlen Balkon und schreibe. Morgen wird der Tag wieder Neues bringen.

**München, 23. 8. 1943**
Nach anfänglichem Irrtum über Transport usw. fanden wir unseren richtigen Zug, der diesmal mit Jungen besetzt war. Sicher würde nichts passieren und so war es auch. Schade nur, daß es geregnet hat. Von Bruckmühl fuhren wir über Rosenheim im Sonderzug zurück nach München. Morgen ist Ruhetag, dann gehts wieder weiter.

**Berchtesgaden, 25. 8. 1943**
Transport nach Berchtesgaden. Morgens 9 $^{36}$ ging es los Richtung Berchtesgaden. Gut, daß wir diesmal durchgehen konnten, sonst hätten wir die kleinen „Gebrechen" nicht heilen können, die hie und da doch auftraten. Nach einer angenehmen Bahnfahrt kamen wir in Berchtesgaden an. Petrus schien gut Freund zu werden, wenn auch die Berggipfel in Dunst lagen. Frohen Mutes fuhren wir mit dem KLV-Lager in die Schönau in das

---

[382] Richtig: Abwinkl.

KLV-Lager Hochwaldbahn. Die Mädels haben es hier wirklich schön. Das Haus, zweckmäßig und hübsch eingerichtet, dazu die herrliche Umgebung, weite Tummelplätze. Hier können sie sich sicher erholen und sind in Sicherheit. Ein herrliches Fleckchen Erde unser Berchtesgadener Landl, seine Berge und Seen, Matten und Wälder, dazu die göttliche Ruhe, die über allem liegt. Ich hab es von Herzen gern, dieses Kleinod unserer Heimat. Aber jetzt ist der Petrus ganz böse, es regnet „Spitzbuben". Von den Bergen ist nichts mehr zu sehen. Schade, es könnte so schön sein. Hoffen wir auf morgen.

**München, 26. 8. 1943**
Wir sind gestern doch noch nach München gefahren. Das Wetter wurde immer ärger, die Aussicht auf Verpflegung geringer. Nach langer Fahrt gelangten wir wieder in München an. Nach einem kleinen Intermezzo lag ich dann doch in meinen Federn und schlief den Schlaf der Gerechten. Heute morgens rechneten wir unsere Reisekosten ab. Wir haben beide vor, nun in den Hopfen zu gehen, wir wollen wirklich arbeiten, wenn wir schon nicht in der Schule sind.

**Wolnzach-Markt, 29. 8. 1943**
Glücklich sind wir in der Holledau gelandet. Das Wetter ist regnerisch, trübe, zum Zupfen aber geradezu herrlich. Im Revier habe ich mich schon ganz gut eingewöhnt. Arbeit gibt es eigentlich nur morgens, mittags und abends zu den Revierstunden. Aber dann richtig, da bin ich ganz in meinem Element; so müsste es den ganzen Tag sein, dann wäre es richtig. Man geht der Ärztin, die ein ganzer Kerl ist zur Hand, führt Verordnungen aus, verbindet und massiert. Schade nur, daß man nicht allzu viel dabei lernt. Ich hoffe aber im Stillen immer noch auf einen Krankenhauseinsatz. Nun ist die morgendliche Reinigung des Reviers beendet, die Kranken versorgt und die leidige „Betriebsruhe" eingetreten. Aber ich muß mich mit dem Grundsatz trösten: „Es ist gleich wo du hingestellt bist, nicht gleich aber, wie du dazu stehst."

**Wolnzach-Markt, 31. 8. 1943**
Das Leben hier geht seinen Weg weiter, ohne sich um die Außenwelt zu kümmern. Wichtig ist hier nur der Hopfen, der rein muß, koste es was es wolle. Gut nur, daß ich abends Radio hören kann, damit ich weiß was in der Welt geschieht. – Auch bei uns in der Hauptsanitätsstelle geht der Laden weiter. Zwischen Revierstunde, Saubermachen, Gerätereinigen, Mittagessen, Revierstunde, Abendessen, Hauptrevierstunde fällt nun die Krankenpflege. Unsere Krankenabteilung ist z. zt. überbelegt. Aber Spaß und Freude macht mir die ganze Arbeit doch. Es ist schön die Fortschritte der Genesung beobachten zu können und man wieder einen gesund entlassen kann. Wir lassen uns nicht übermäßig beeindrucken, wenn einer sich bei einer Besichtigung wichtig macht und brüllt. Die Sanitätshauptstelle schweigt eisern.

**Wolnzach-Markt, 2. 9. 1943**
Heute bin ich noch rechtschaffen müde, heute nachts bis 1 $^h$, außerdem im Revier auf Stroh gelegen, gest. nachts bis 1 $^h$, sonst bis 11 $^h$. Aber schön ist es doch. Heute nachts brachte ich mit dem „San.-Kra."[383] einen Jungen mit Oberarmbruch nach Pfaffenhofen ins Krankenhaus. Der Junge hat mir leid getan bei der Schaukelei, aber tapfer hat er jeden Schmerz unterdrückt und verleugnet. Dann holten wir einen Verletzten in Königsfeld und brachten ihn ins Revier. – Den Schlaf habe ich jetzt so ziemlich überwunden, nachdem ich von 6 bis ½ 10 $^h$ schlief. Das Revier blitzt vor Sauberkeit, alle sind gut aufgelegt.

---

[383] Sanitätskraftwagen.

Eben war die Presse da, ein ganzer Schwung kam hinter Heinz Müller her, eifrig schrieben sie mit, was Frau Dr. Willms ihnen über die gesundheitliche Betreuung der eingesetzten Jungen und Mädel berichtete. Nun sind wir in Erwartung des Gauleiters. – Jetzt ist er doch nicht zu uns ins Revier gekommen. Auf dem Marktplatz fand eine Kundgebung statt. Paul Giesler sprach vor der versammelten Jugend von der Wichtigkeit ihres Einsatzes. „Gerade in schwerer Zeit müssen wir doppelt zusammenhalten und werden es auch tun. Wir sind vergänglich, Deutschland aber muß leben." (Adolf Hitler)

**München, 4. 9. 1943**
Das heimatliche München hat mich wieder. Eigentlich wollte ich erst morgen abends fahren, aber nun hatte ich leider die Pflicht meinen Kollegen ins Schwabinger Krankenhaus zu bringen. Der arme Kerl hat sich das linke Wadenbein gebrochen. Wieder am linken Bein. So packte ich meine Sachen und fuhr mit meiner Patientin, zu der sich noch drei Mädels mit Di[384]-Verdacht hinzugesellten im „San-Kra" nach München. Im Schwabinger Krankenhaus nahm man sich sofort Hildens an. Die drei anderen brachten wir in das Hilfskrankenhaus an der Maria Wardstraße.[385] Nun stand noch das Schlimmste bevor, die Meldung an Hildes Eltern. Doch auch dies ging vorüber. Muttis Überraschung mich so frühzeitig wieder zu haben, war groß. Die schöne Einsatzzeit ist nun vorbei, manches konnte ich doch wieder dazu lernen und sehen, neue Behandlungsarten kennenlernen. Außerdem konnte ich an wichtiger Arbeit mithelfen.

**München, 6. 9. 1943**
Das Schulgehen paßt mir noch gar nicht, obwohl ich nicht allzu viel nachlernen muß, es geht halt nicht so schnell mit dem Eingewöhnen. Der Kreis der Kameradinnen wird immer kleiner, die dieses halbe Jahr gemeinsam zum Ziele gehen, bevor es hinausgeht ins Leben.

**München, 7. 9. 1943**
Terrorangriff auf München.[386] Nach 12$^h$ klangen die Sirenen. Nicht lange darnach fielen die ersten Bomben und das Flakfeuer setzte ein. Ein plötzlicher starker Luftdruck ließ uns ahnen, daß in der Nähe eine Sprengbombe niedergegangen war. Als die Luft einigermaßen rein war, stellte der Kontrollrundgang fest, daß es lediglich Fensterscheiben gekostet hat und die nicht zu knapp. Dafür muß es im Süden der Stadt böse aussehen. Phosphor- Brand- und Sprengbomben waren in großer Zahl niedergegangen. Vor allem soll der Sachschaden sehr groß sein. 53 Flugzeuge wurden beim An- und Abflug sowie bei der Abwehr abgeschossen, davon kann Manüs Batterie einen für sich buchen. Mutti ist z. zt. in der Gauküche beim Kochen für die Obdachlosen. In vorbildlicher Weise wird für die Bombengeschädigten gesorgt. Haltung, Mut und Entschlossenheit der Bevölkerung waren ausgezeichnet. Der Münchner meckert gern, aber in der Not steht er seinen Mann.

**München, 10. 9. 1943**
Eben klingen die Lieder der Nation aus. Der Führer hat von seinem Hauptquartier aus zum deutschen Volk gesprochen und dabei Stellung genommen zum Zusammenbruch

---

[384] Diphterie.
[385] Nach Kriegsausbruch mussten die städtischen Münchner Krankenhäuser 1300 Krankenbetten zur Verfügung stellen, um Wehrmachtslazarette einzurichten. Zum Ausgleich wurden Hilfslazarette eingerichtet, eines davon im Institut der Englischen Fräulein in der Maria-Ward-Straße im Stadtteil Nymphenburg. Vgl. Christians, Amtsgewalt und Volksgesundheit, S. 238–245.
[386] Vgl. Richardi, Bomber über München, S. 173–176; Permooser, Der Luftkrieg über München, S. 164–174.

Italiens. Seit dem Sturze Mussolinis am 25. Juli bereitete sich der neue Verrat Italiens unter seinem König und Marschall Badoglio vor. Italien hat mit den Alliierten einen Waffenstillstand beschlossen, seinen treuen Verbündeten in Stich gelassen. Der Führer hat sofort die Gegenmaßnamen getroffen. Deutsche Truppen haben Rom genommen; der Widerstand wurde überall gebrochen. „Unser" Rommel ist in Italien um mit seinen Divisionen Ordnung und Ruhe zu schaffen.[387] Wir in der Heimat aber müssen trotz Bombenterror noch enger zusammenstehen, alle Deutschen den gleichen Willen haben: „Führer befiehl, wir folgen!"

**München, 11. 9. 1943**
Der Abschied von unserem Klaßleiter, der erneut einrücken muß, wäre überstanden. Es ist ihm und uns schwer gefallen; die letzten 5 Monate müssen wir nun ohne ihn, mit einer fremden Lehrkraft zu Ende führen. Zum Abschied überreichten wir ihm einen stattlichen „Freßkorb", zu dem jede gestiftet hatte. Wen hätte so etwas nicht erfreut? Die letzten beiden Stunden haben wir richtig geklönt; was es einmal zwischen ihm und der Klasse gegeben hat, ist vergessen. Nur die angenehmen Stunden bleiben in der Erinnerung stets lebendig. Mit den beiderseitigen besten Wünschen schieden wir voneinander.

**München, 12. 9. 1943**
Nun bin ich schon den 5. Tag „Hausfrau," nachdem Mutti noch immer in der N.S.V.-Großküche tätig ist. Durch tadellose Organisation wird hier für Zehntausende gekocht. Es

---

[387] Die deutschen und italienischen Truppen in Nordafrika hatten im November 1942 bei El Alamein eine entscheidende Niederlage erlitten, und gleichzeitig hatten Amerikaner und Briten durch ihre Landung in Marokko und Algerien in ihrem Rücken eine zweite Front eröffnet. Libyen, seit 1934 italienische Kolonie, ging verloren. Das bedeutete einen schweren Schlag für Mussolinis Prestige. Um die Front in Nordafrika zu stabilisieren, zog Hitler sogar Material und Truppen von der Ostfront ab. Dennoch brach der deutsch-italienische Widerstand im April 1943 zusammen, im Mai kapitulierten die letzten Truppen der Achsenmächte in Nordafrika, rund 275 000 Soldaten gingen in Gefangenschaft. Damit kontrollierten die Alliierten den Mittelmeerraum und hatten eine Basis für ihr Landungsunternehmen auf Sizilien am 10. 7. 1943 gewonnen. Nach dem Verlust Siziliens beschnitt der Faschistische Großrat die Macht des gesundheitlich schwer angeschlagenen und kaum noch handlungsfähigen „Duce" , woraufhin konservative Kräfte im Zusammenspiel mit König Viktor Emanuel Mussolini stürzten und verhafteten. Marschall Pietro Badoglio (1871–1956) übernahm das Amt des Ministerpräsidenten. Italien bereitete nun einen Waffenstillstand mit den Alliierten vor, der am 3. 9. 1943 abgeschlossen wurde. Am gleichen Tag setzten die alliierten Truppen von Sizilien auf die italienische Halbinsel über. Am 8. 9. gaben der alliierte Oberkommandierende in Europa, General Dwight D. Eisenhower (1890–1969), und Badoglio den Kriegsaustritt Italiens bekannt.
Hitler hatte nach der Krise in Nordafrika mit einem Zusammenbruch des Faschismus in Italien gerechnet und den „Fall Achse" vorbereiten lassen; mehr als 20 deutsche Divisionen befanden sich mittlerweile unter dem Oberbefehl Erwin Rommels in Italien. Die Wehrmacht entwaffnete nach dem 8. 9. in Italien und den italienischen Besatzungsgebieten die italienischen Truppen und nahm die Soldaten gefangen; viele von ihnen wurden als „Militärinternierte" nach Deutschland verschleppt und mussten dort Zwangsarbeit leisten. Die Wehrmacht ging dabei brutal vor: Auf der griechischen Insel Kephallonia etwa erschossen rund 5200 italienische Soldaten, die sich nicht schnell genug ergeben hatten. Am 10. 9. besetzten deutsche Truppen Rom. Am 13. 10. 1943 erklärte Italien Deutschland den Krieg. Damit hatte Hitler seinen wichtigsten Verbündeten verloren; zahlreiche Divisionen blieben in Italien gebunden, wo Partisanen bald erbitterten Widerstand gegen die brutale deutsche Besatzungsherrschaft leisteten.
Vgl. Radioansprache Hitlers aus Anlass des Kriegsaustritts Italiens, 10. 9. 1939, abgedruckt in: Domarus, Hitler. Reden und Proklamationen, S. 2035–2039; Schreiber, Das Ende des nordafrikanischen Feldzuges; Woller, Geschichte Italiens, S. 186–199; Klinkhammer, Zwischen Bündnis und Besatzung; Schreiber, Deutsche Kriegsverbrechen in Italien; Gentile, Wehrmacht und Waffen-SS im Partisanenkrieg; Schreiber, Kephalonia 1943; Meyer, Blutiges Edelweiß, S. 289–441; Müller, Der Zweite Weltkrieg, S. 228–231; Schreiber, Das Ende des nordafrikanischen Feldzuges.

ist ein einfaches, aber kräftiges Eintopfgericht, das hier vorbereitet wird und dann auf die vielen Obdachlosensammelstellen verteilt wird. Die N.S.V. leistet wirklich Großes. Hier die kostenlose Verpflegung, dort die erneute Verschickung von Frauen und Kindern. Die Partei erfüllt die Forderung des Führers: sie ist Vorbild.

**München, 14. 9. 1943**
Die Welt ist noch ganz erfüllt von der Nachricht über die Befreiung des Duce durch Waffen SS und Fallschirmtruppen. In kühnem Handstreich gelang es dem Obersturmbannführer Skorzenik und seinen SS-Männern Mussolini unverletzt in unsere Hand zu bekommen und damit in Sicherheit. Selbst die Feinde müssen zugeben, daß die Deutschen Treue mit Treue vergelten, daß sie Italien seinen Führer wiedergeben, der es wieder zu dem machen wird, was es war. Das nationale Italien kämpft weiter mit seinen Verbündeten.[388]

**München, 18. 9. 1943**
Hauptprobe zum Tag der Wehrertüchtigung 1943[389], der zugleich Beginn der Leistungswoche im Gebiet Hochland sein sollte. Nach anfänglichem Schönwetter begann plötzlich ein Platzregen, sodaß wir uns in den Aufenthaltsraum der Flaksoldaten flüchten mußten, den diese uns liebenswürdig zur Verfügung gestellt haben. Dafür mußten wir ihnen oberbayrische Lieder vorsingen, die ihnen, den Norddeutschen gut gefallen haben. Aus unserer gemeinsamen Übung mit den Feldscheren ist nichts geworden. Hoffen wir, daß es wenigstens morgen schön wird.

**München, 19. 9. 1943**
Auch heute wollte Petrus bocken, bis er es sich doch besser überlegte. Um ½ 10 ʰ begannen die Vorführungen, nachdem der Gauleiter mit seinen Gästen eingetroffen war. Der Infanterieübungsplatz sah heute ein anderes Bild als gewöhnlich. Die Jungen aller Formationen zeigten ihr Können, zeigten den Geist, der in ihnen steckt, ihre Freude und Anteilnahme an allen technischen und militärischen Dingen. Segelflugmodellbau und -Flug, Turnervorführungen, Geländedienst der W.E.-Lager, Hindernisstaffeln, Motorenfahrt der Motor-H.J., Stellungsbetrieb einer mit Flakhelfern besetzten Batterie bei Tiefangriff, bunte Wiese aller Formationen, Kabellegen der Nachrichten-H.J., und, nicht zuletzt, unsere Feldscher-G.D. Übung wechselten einander in bunter Folge ab und gaben einen Einblick in die Arbeit der H.J. im Kriege. Nach diesen Vorführungen fand zum Abschluß der Vorbeimarsch am Gauleiter, von Epp usw. statt. Manü mit seiner Batterie ist auch mitmarschiert.

---

[388] SS-Hauptsturmführer Otto Skorzeny (1908–1975) hatte im April 1943 einen SS-Sonderverband für Kommandounternehmen aufgestellt. Es gelang ihm, Mussolinis geheim gehaltenen Internierungsort auf dem Gran Sasso zu lokalisieren. Die Befreiung erfolgte durch ein Fallschirmjäger-Bataillon; Skorzeny nahm teil, hatte die Aktion aber weder geplant noch angeführt. Allerdings bestand er darauf, Mussolini anschließend zu Hitler zu begleiten, und wurde für die Befreiung des „Duce" zum SS-Sturmbannführer befördert und mit dem Ritterkreuz ausgezeichnet. Mussolini fungierte fortan als deutscher Marionettendiktator der Repubblica Sociale Italiana (RSA) in Norditalien (nach ihrem Regierungssitz am Gardasee auch Republik von Salò), die zur Bemäntelung der deutschen Besatzungsherrschaft diente. Vgl. Klinkhammer, Zwischen Bündnis und Besatzung; Woller, Geschichte Italiens, S. 191–194; Gagliani, Diktat oder Konsens?.

[389] Die „Wehrertüchtigung" war seit jeher eines der Erziehungsziele der Hitler-Jugend. Seit 1942 wurden Hitlerjungen ab 16 Jahren in sogenannten Wehrertüchtigungslagern (WEL) von Offizieren der Wehrmacht oder der Waffen-SS vormilitärisch ausgebildet. Erstmals 1943 wurde der „Tag der Wehrertüchtigung" durchgeführt, an dem Vorführungen wie Segelflugschauen oder Feuerlöschübungen veranstaltet wurden. Vgl. Buddrus, Totale Erziehung für den totalen Krieg, S. 204–215.

*Abbildung 18: Die Thierschstraße in München nach einem Bombenangriff, ca. 1943/44*

**München, 4. Oktober 1943**
Wieder hat ein schwerer Terrorangriff München heimgesucht. Wir haben diesmal unheimliches Glück gehabt. 60 Meter neben uns sind Sprengbomben, Benzol- und Phosphorkanister niedergegangen. Nach Abflauen des Angriffs ging ich in die Ortsgruppe, die völlig zerstört wurde um meinen Einsatzbefehl zu empfangen. „Helfen auf eigene Faust", heißt die Parole. Als wir nach der Entwarnung hinaufstiegen und die Verwüstung unserer Wohnung sahen, nicht räumen konnten, da das Licht kaputt war, gingen wir hinunter, um dort bei der Eimerkette zu helfen. Nach 2 stündigem Mühen sahen wir ein, daß nichts mehr zu helfen war. Nun achteten wir, daß der Brand bei dem starken Wind nicht auf das nächste Haus übergriff; wieder Eimerkette gebildet und weiter gings. Als hier die Gefahr gebannt war, gingen wir hinauf und legten uns 2 Stunden hin, zuerst entfernten wir den Mörtel aus unseren Betten. Man darf garnicht darandenken, was bei diesem Angriff zerstört wurde: die Oper, teilweise Residenz, Wohnblocks, Krankenhäuser und Schulen. Sinnlose Zerstörung, wohin man schaut. In der Wohnung sind wir mit dem größten Dreck fertig. Kübelweise haben wir den Mörtel hinuntergetragen. In allen Zimmern sind die Decken heruntergefallen, Türen und Fenster herausgerissen, alle Fensterscheiben entzwei. Wir leben und haben noch ein Dach über dem Kopf, was andere nicht mehr haben.

**München, 15.10.1943**
Das Leben geht weiter. Jeder sucht sich sein Heim einzurichten, so gut es geht. Wir sind aus dem großen Wohnzimmer „ausgezogen" und haben mein Zimmer zum Wohnen ausgesucht, so ist es wärmer, wir haben ja noch keine Scheiben, nur in meinem Zimmer sind

sie schnell gerichtet worden. Die Arbeit läuft weiter, nur die Ruinen erinnern an das, was geschah.

**Garmisch-Partenkirchen, 17. 10. 1943**
Bann-G.D.-Referentinnentagung 1943 in Garmisch. In der hübsch eingerichteten Pension fühlten wir uns bald heimisch. Manche Bekannte traf ich, doch sind mir die meisten fremd. Uns hat der Kopf richtig geraucht bei all den neuen Dingen: Handakte, Katastropheneinsatz nach norddeutschem Muster. Aber nach solchen Stunden findet man wieder die Kraft, weiterzuarbeiten, man fühlt, daß es nicht umsonst ist, was wir täglich für den G.D. schaffen, sondern, daß wir täglich mehr schaffen müssen um den Stand zu erreichen, der in den anderen Gebieten Selbstverständlichkeit ist. Wir kommen gerade von der Partnachklamm, zu der wir plaudernd hinauswanderten, man kommt sich so viel näher, wenn man einander von seinen Sorgen sprechen kann, Ratschläge austauscht. Dieses Zusammensein hat uns allen gut getan. Um 7 $^h$ fuhren wir mit dem Zug zurück nach München.

**München, 28. 10. 1943**
Die Arbeit in Schule, Haus und Dienst geht weiter. Täglich wachsen die Anforderungen. In der Schule geht es merklich dem Ende zu. In 8 Monaten ist Schluß. Aber bis dahin heißt es noch fest schaffen. Aber dann ist das 1. Ziel auf dem Wege ins Leben und in den gewählten Beruf erreicht.

Zweimal habe ich schon Bahnhofsdienst gemacht. Die Dienststunden fliegen nur so dahin. Dort ist eine Mutter mit kleinen Kindern an den Zug zu bringen, hier muß Milch aufgewärmt werden. Ein alleinreisendes Mädel möchte einen Rat haben, und die eindringenden Soldaten müssen an das D.R.K. verwiesen werden. Wenn man abends todmüde nach Hause kommt, weiß man aber mit Gewißheit, man konnte Volksgenossen helfen, ihnen zeigen, daß die Jugend ihnen helfen will und es frohen Herzens tut. Ich konnte beobachten, wie durch ein fröhliches Wort unsererseits, ein Lächeln das müde Gesicht einer Mutter erhellte; wie froh sie war, daß wir ihr die Kinder abnahmen, daß sie sich dadurch ein wenig erholen konnte und ihre Besorgungen ohne Angst um ihre Kinder erledigen konnte. Diesen Dienst machen meine G.D. Mädel alle gern. Meine „Großen" werden nun von den Jüngeren abgelöst, dafür soll für sie der so heiß ersehnte Krankenhauseinsatz beginnen. Hoffen wir, daß es wahr ist, ansonsten machen wir einen Krankenpflegekurs durch, der in der Mütterschule in der Hildegardstraße durchgeführt wurde. So haben wir dann gleich die theoretische Schulung.

**München, 8. 11. 1943**
Zum 5. Male feiern wir meinen Geburtstag im Kriege. Hoffen wir, daß der nächste in den ersehnten Frieden fällt. Auf meinem Geburtstagstisch fand ich den Lichterkranz: 18 Kerzen verbreiteten ihren lichten Schein. Erfreut gewahrte ich meine Bücher: von Rudolf Thiel „Männer gegen Tod und Teufel"[390], das Behring-Gedächtnisbuch der Philips Universität Marburg/Lahn[391], die Geschichte der Berliner Oper und das Leben „Prinz Eugens"[392]. Inge erfreute mich mit einem hübschen Taschentuch, Manü mit den Eichenlaubträgern, Hei mit einem herrlichen Rosenstrauß.

---

[390] Rudolf Thiel, Männer gegen Tod und Teufel. Aus dem Leben grosser Ärzte, Berlin 1930.
[391] Emil von Behring (1854–1917) war Bakteriologe und Seriologe. 1901 erhielt er den ersten Nobelpreis für Medizin.
[392] Mehrere Bücher kommen in Frage. Wahrscheinlich Hellmuth Rössler, Der Soldat des Reiches Prinz Eugen, Oldenburg/Hamburg 1934 oder Walter Elze, Der Prinz Eugen. Sein Weg, sein Werk und Englands Verrat, Stuttgart/Berlin 1940.

**München, 9.11.1943**
Heute ist der 20. Gedenktag des Marsches vom 9.11.1923. Zur Freude aller sprach gestern der Führer zu seiner Alten Garde im Löwenbräukeller.[393] In einer mitreißenden Rede legte der Führer unsere Lage dar. Die Parole: „weiter bis zum Sieg, wir kapitulieren nicht", wird für die nächste Zeit bestimmend sein. Für mich geht es in ein neues Lebensjahr hinein, was wird es bringen, Abitur, R.A.D., KHD usw. Bertl schrieb in ihr Buch „Versuche zu leben, wage es, glücklich zu sein", Goethe

**München, 26.11.1943**
Eigentlich bin ich rechtschaffen müde, aber trotzdem trage ich die heutigen Erlebnisse ein. Der Führer hat die deutsche schaffende Jugend zum Kriegsberufswettkampf[394] aufgerufen. Aus diesem Anlaß wollte Reichsjugendführer Artur Axmann zu uns sprechen. Um 5 h versammelte sich die Hitlerjugend Münchens in der großen Montagehalle des Reichsbahnausbesserungswerkes Freimann. Der Kollege und ich, die wir G.D. Dienst hatten, haben uns einen herrlichen Platz erobert und standen im Spalier in der 1. Reihe. Nach Begrüßungsworten eines Hitlerjungen sprach der Reichsjugendführer und forderte die berufstätige Jugend zur Teilnahme am K.B.W.K.[395] auf. Er sprach von der Haltung der Jugend auf dem Lande, bei den Terrorangriffen, im Kriegseinsatz und im Beruf. Gemeinsam gesungen klang das Jugendlied „Vorwärts, vorwärts" wie eine Antwort auf die Rede Axmanns.[396] Nach dem langen, naßkalten Heimweg war ich kaum zu Hause: Alarm. Nichts wie runter in den Keller. Der Terrorangriff nimmt wieder zu. Besonders die Reichshauptstadt hat in letzter Zeit schwere Angriffe durchgemacht. Einzigartig war die tapfere Haltung der Bevölkerung.

**München, 28.11.1943**
Heute feiern wir den ersten Advent in diesem Jahr. Reichhaltig war heute mein gesamter Arbeitsplan, doch konnte ich alles schön fertigbringen. Der Stoffelefant für die kleine C.[397] ist glücklich vollendet, die Pyramide, Muttis Spielzeug, wieder aufgestellt, Feldpostpäckchen versandfertig gemacht, Handarbeiten und Schulaufgaben gemacht. So ein Sonntag ist nach meinem Geschmack, man schafft und ist glücklich dabei. Bevor wir ins Bett gehen, werden die Kerzen angezündet und die Weihnachtspyramide wird sich leise drehen. 1. Advent ...

**München, 5.12.1943**
2. Adventssonntag. Heute erhielten wir endlich die ersehnte Nachricht von Vati, der seit dem 24.11.43 wieder eingerückt ist. Z.Zt. ist er noch in Belgien. Wer weiß, wohin er dann kommt. Vorläufig geht es ihm gut, er ist gesund. Allmählich gewöhnen wir uns an das Alleinsein. Mit Vatis Post kam auch ein Brief von DRK Oberschwester Hermine Stolz. Sie bittet mich, ihr Theaterstücke zu senden, die sie an Weihnachten aufführen lassen kann. Sie hat inzwischen die Führung eines Kurlazaretts in den französischen Vogesen

---

[393] Vgl. Rede Hitlers im Löwenbräukeller am Vorabend des 9.11., 8.11.1943, mit Kürzungen abgedruckt in: Domarus, Hitler. Reden und Proklamationen, S. 2050–2059.

[394] Seit 1934 wurde für Jugendliche aller Berufe von DAF und HJ der Reichsberufswettkampf durchgeführt. Die Wettbewerbe sollten sowohl die Jugendlichen zu höheren Leistungen anspornen als auch die Ausbildungsarbeit der Betriebe kontrollieren und vereinheitlichen. Vgl. Buddrus, Totale Erziehung für den totalen Krieg, S. 513–541.

[395] Kriegsberufswettkampf.

[396] Lied „Vorwärts! Vorwärts! schmettern die hellen Fanfaren", Fahnenlied der HJ, Text von Baldur von Schirach.

[397] König, C. von, Tochter von Margaret und Theodor von König, Vornamen geändert und gekürzt.

übernommen und ist glücklich bei ihrer Arbeit. Hoffentlich kann ich ihren Wunsch erfüllen.

**München, 15. 12. 1943**
Der Unterrichtsraum der Mütterschule war heute festlich geschmückt mit Tannengrün und kleinen Sternen. Nach der 1. Unterrichtsstunde, die über Medikamente und Ausführung ärztlicher Verordnungen ging, legten wir eine kleine Pause ein. Die Mädels mußten hinaus und nun gings um ein Richten und Schmücken. Ein Tannenkranz kam auf eine weiße Tischdecke, drum herum Kerzenleuchter aus Tannengrün, kleine Engel und Zwerge. Wir zündeten die Kerzen an, öffneten weit die Türe und mit strahlenden Gesichtern kamen die Mädel herein. Lieder der Weihnacht erklangen, Gedichte und eine Weihnachtsgeschichte wechselten einander ab. Frl. Obermeier, unsere liebenswürdige Lehrerin war überrascht über das kleine Päckchen, das sie an ihrem Platze vorfand. Frl. Obermeier sagte am Schluß unserer schlichten Vorweihnachtsfeier: „Man muß auch in dieser schweren Zeit, da Terrorbomber stündlich die Menschen bedrohen, ein Herz behalten für unsere deutschen Bräuche und unser schönstes Fest, die Weihnacht, sinnvoll und schlicht feiern."

**München, 18. 12. 1943**
Das Weihnachtstrimester ist zu Ende; unsere letzten Ferien haben begonnen, sie wollen ausgekostet werden …

Abends feierten wir unseren Nikolaustag. Wochen vorher haben wir schon überlegt, gebastelt und gedichtet um unsere Feier so schön als möglich zu gestalten. Frau Neigele, die Gaukindergruppenleiterin, lieh uns den Lichterbogen mit den germanischen Sinnbildern, wir arbeiteten Leuchter aus Tannenzäpfchen und grüne Tischkarten ergänzten den festlichen Tischschmuck. Daß sich alle gefreut haben und nachher so lustig waren, ist unser schönster Dank für unsere Müh und Arbeit. Dr. Feser, der mit Hilde M[.] und Elli erschienen war, dankte uns am Schluß, er hat sich auch gefreut über unsere schlichte, durch einfache Mittel doch wirkungsvolle Feier. Als dann der „gestrenge" Nikolaus erschien, war der Höhepunkt erreicht. Die kleinen Sünden wurden vorgehalten, auch da gab es schon manches zu lachen, denn nichts war vergessen worden. Dann gings hinein in den „Sack", d. h. der Krabbelsack war dran. Als sich der Nikolaus verabschiedet hatte, begann der inoffizielle Teil des Festes, eine Schmauserei in Plätzchen, Äpfeln und Nüssen, die Dr. Feser gestiftet hatte. Der Nikolaus, den Manü sehr gut gemacht hatte, wurde dazu eingeladen. Um uns ein wenig zu verschnaufen, machten wir Gesellschaftsspiele, bei denen selbst Dr. Feser mitmachte. Es war manchmal so lustig, daß uns das Zwerchfell weh tat. Leider mußte Dr. Feser mit seiner „Gefolgschaft" gehen. Er sagte in seiner kurzen Rede, daß wir Mädel immer mehr die Stellen der Jungen einnehmen müssen, die vorzeitig ausscheiden. Durch die Spiele „hungrig" geworden, wurde der Rest der Plätzchen verspeist. Eine „freiwillige Arbeitskolonne" hat das Heim wieder blitzsauber gemacht. Mit fröhlich, aufgeschlossenem Herzen gingen wir nach Hause. „Freue dich, 's Chriskind kommt bald …"

**München, 19. 12. 1943**
4. Advent, noch fünf Tage, dann ist Weihnachten. Vati ist z. Zt. auf Sylt kommandiert. Er lernt das Meer kennen, die „wilde Nordsee." Ein langgehegter Wunsch ist ihm erfüllt. Sonst geht es ihm gut. Es wird das erste Weihnachten ohne ihn sein, aber tausend andere teilen das gleiche Schicksal.

**München, Weihnachten 1943**
5. Kriegsweihnacht … Manü richtete die Tanne auf, ich schmückte sie, so wie Vati es immer getan hat. Wenn wir auch schon halb erwachsene Leutchen sind, so erfasste

uns doch die Freude und Erregung auf die Bescherung. Endlich war es soweit. Manü brummte hie und da ein paar Takte des Weihnachtsliedes mit. Trotz der 5. Kriegsweihnacht war der Gabentisch reich gedeckt. Manü fand auf seinem Platz einen wunderschön gearbeiteten Geldbeutel, einen Rasierapparat und Bücher und seine Süßigkeiten. Mutti schenkte mir eine aus Ohrringen umgearbeitete Brosche und mit meinem Namen geprägtes Briefpapier. Die arme, gedankenlose Mutti hat sich dabei etwas geleistet: sie ließ Th[ierschstraße] 33, statt 34 drucken, aber dies konnte meiner Freude keinen Abbruch tun. Vati hat mir ebenfalls einen langgehegten Wunsch erfüllt: Bücherhalter aus italienischem Marmor, außerdem Bücher. Manüs Traditionsgeschenk: die Eichenlaubträger. Mein Kollege schenkte mir eine reizend geschnitzte Dose, darinnen lag auf Watte: ein Ring, den gleichen trägt sie auch. Nach dem Abitur lassen wir das Datum eingravieren. Inge gab mir eine hübsch gearbeitete Buchhülle, für mich Leseratte wie geschaffen. Evi erfreute mich mit einem Spiegel-Kammtäschchen für meine Handtasche, Peter durch einen Serviettenständer, Lore mit einem Gedichtband von Gerhard Schumann[398]; Fanny mit einem aus Leder gefertigten Taschentuchbehälter. Nicht vergessen darf ich Tante Idas Geschenk: ein Parodienbuch über alle Klassiker. Mutti war ganz entzückt über Manüs Lesezeichen, das er ihr mit einem Schreibblock schenkte. Ich hatte für Mutti einen neuen Kaffeewärmer und ein Deckchen in Brügger Häkelei gearbeitet. Während der Weihnachtsringsendung, die Heimat und Front verband, dachten wir an unseren fernen Vati, wie wird er das Fest verlebt haben, hoffentlich hat er wenigstens einen Brief von uns erhalten. Seit seinem Einrücken noch kein Lebenszeichen von uns. Sicher dachte er an uns, so wie wir an ihn. Dr. Goebbels hielt um 21$^h$ seine traditionelle Weihnachtsrede, in der er die Verbundenheit aller Deutschen kundtat. Front und Heimat stehen in dieser Nacht noch enger miteinander verbunden. „Hohe Nacht der klaren Sterne, die wie weite Brücken stehen, heut muß sich die Welt erneuern wie ein neugeboren Kind."[399] 5. Kriegsweihnacht ...

**München, 29. 12. 1943**
Das alte Jahr neigt sich seinem Ende zu. Gar nicht winterlich ist es heuer. Es regnet einmal, dann ist es wieder kalt, aber kein Schnee bedeckt die Dächer ringsum. Ich vertreibe mir die Ferienzeit mit Lesen, Schreiben und Basteln. Besuche kommen, Besuche werden gemacht, so vergeht die Zeit. Bald muß ich mit dem Lernen anfangen. Ist es doch mein Ehrgeiz ein gutes Abitur zu machen.

**München, 31. 12. 1943**
Übernacht ist es nun Winter geworden. Draußen stürmt und schneit es. Frau Holle ist fleißig bei der Arbeit. Ich könnte stundenlang diesem tollen Schneetreiben zusehen. Der Schnee legt über alles eine weiße Decke, er deckt die Ruinen zu, die Schutthaufen überzieht er mit seiner Schneedecke. Jetzt ist der Winter wirklich da.

---

[398] Gerhard Schumann (1911–1995), Schriftsteller und NS-Kulturfunktionär. Vgl. Bautz, Gerhard Schumann; Bartels, Gerhard Schumann.
[399] Aus dem Lied „Hohe Nacht der klaren Sterne" von Hans Baumann. 1938 erschien eine von der Reichsjugendführung herausgegebene Sammlung von Weihnachtsliedern unter dem gleichen Titel. Der Erfolg des Liedes im Nationalsozialismus beruht auf dem sublimen Transport nationalsozialistischer Ideologieelemente, die den Text dennoch auch für christliche Interpretationen offenhielten. Vgl. Hohe Nacht der klaren Sterne. Ein Weihnachts- und Wiegenliederbuch, zusammengestellt von Katrin Engelmann, hrsg. von der Reichsjugendführung, Wolfenbüttel, Berlin 1938; Gajek, „Hohe Nacht der klaren Sterne".

Gestern war nachmittags mein Kollege da, wir verbrachten fröhliche Stunden zusammen. Von Vati kam wieder ein Feldpostbrief, die Verbindung klappt jetzt, er berichtet von seiner Weihnachtsfeier, die er gemeinsam mit seinen Kameraden erlebte. Er kommt jetzt bald auf eine Marinefachschule, dann hofft er nach München versetzt zu werden. Vielleicht gelingt es.

Silvester 1943 … Ich blicke zurück auf das Jahr, das uns manch schwere Stunde brachte, und mit den Freudenachrichten kargte. Eines aber hat es gebracht, das ganze deutsche Volk vereinigte sich zum Totalen Krieg: alte Männer, Frauen sind in die Fabriken gegangen oder ersetzen die Soldaten in Büros und Kommandostellen. Wir stehen z. zt. an dem Punkt, bei dem es heißt, durchhalten und wenn es noch so schwer ist. Der Terror nimmt stetig zu, selbst Süddeutschland, unser schönes Innsbruck wird schwer bombardiert, die Reichshauptstadt erlitt schwerste Schäden, und doch: in all diesen Städten geht das Leben weiter, die Menschen gehen ihrer Arbeit nach, zäher und verbissener denn je. Wir wissen, wir müssen Stand halten, und geht ein Stützpunkt nach dem anderen verloren, das Volk von 1943 braucht nicht zu hungern, es wird für ihn nach jeder Bombennacht gesorgt, die Kinder sind in Sicherheit. Der schönste Beweis der Lebensbejahung unseres Volkes liegt im steten Aufsteigen der Geburtenziffer.[400] Unser Volk will leben und damit es in Frieden leben kann, muß es diesen Kampf kämpfen bis zum Endsieg. Ich schließe eine Jahresübersicht an:

**1.1.43.** Aus dem Aufruf des Führers zum Jahreswechsel: „Es kann kein Zweifel darüber bestehen, daß am Ende dieses Kampfes der Nationalsozialistische Staat als ein unerschütterlicher und unzerstörbarer Block in Europa bestehen wird."[401]

**9.1.43.** Erklärung der Kaiserlich-Japanischen Regierung: „Die Nationalregierung der Republik China hat heute am 9.1.1943 den U.S.A. und dem britischen Empire den Krieg erklärt" …[402]

**20.1.43.** Vertrag zwischen Deutschland und Japan über die wirtschaftliche Zusammenarbeit.

**30.1.43.** Zehnter Jahrestag der Machtergreifung. In einer Sportpalastkundgebung verliest Reichsminister Dr. Göbbels eine Proklamation des Führers.[403]

**3.2.43.** „Das Ringen um Stalingrad beendet. Ihrem Fahneneid bis zum letzten Atemzug getreu, ist die 6. Armee unter der vorbildlichen Führung des Generalfeldmarschall Paulus der Übermacht des Feindes und der Ungunst der Verhältnisse erlegen. Das Opfer der Armee war nicht umsonst. Sie starben, damit Deutschland lebe."

---

[400] Tatsächlich zeigen die Erhebungen des statistischen Reichsamtes, dass die Zahl der Geburten pro 1000 Einwohner seit Kriegsbeginn rückläufig war; sie sank von 20,4 (1939) auf 18,6 (1941). Vgl. Statistisches Jahrbuch für das Deutsche Reich 59 (1941/42), Berlin 1942, S. 66.

[401] Vgl. Neujahrsaufruf Hitlers, 1.1.1943, mit Kürzungen abgedruckt in: Domarus, Hitler. Reden und Proklamationen, S. 1967–1971.

[402] Gemeint ist das von Japan im besetzten Nanjing eingesetzte Marionettenregime. Die nationalchinesische Regierung unter Chiang Kai-shek befand sich im Krieg mit Japan und war mit Großbritannien und den USA verbündet. Vgl. Weinberg, Eine Welt in Waffen, S. 97.

[403] Hitler kam – kurz bevor die Katastrophe von Stalingrad bekannt wurde – nicht nach Berlin, sondern ließ seine „Proklamation" von Goebbels verlesen. Nach Stalingrad zog sich der Diktator immer mehr aus der Öffentlichkeit zurück, während Goebbels versuchte, die daraus resultierende Leerstelle nach Kräften zu füllen. Vgl. Proklamation Hitlers, verlesen von Joseph Goebbels im Berliner Sportpalast anlässlich des Jahrestages der „Machtergreifung", 30.1.1943, teilweise abgedruckt in: Domarus, Hitler. Reden und Proklamationen, S. 1976–1980; Kershaw, Der Hitler-Mythos, S. 271f.

**5. 2. 43.** Tagung der Reichsleiter und Gauleiter im Zeichen der Zusammenfassung aller Kräfte der Nation für die totale Kriegsführung. Am 7. 2. 43 sprach der Führer vor der versammelten Parteiführerschaft.[404]

**18. 2. 43.** Totale Mobilisierung der Heimat: In einer großen Sportpalastkundgebung gab Dr. Goebbels die Maßnahmen für die vollständige Erfassung aller Kräfte für den Totalen Krieg bekannt: Freimachung von Soldaten für die Front, Freimachung von Arbeitern und Arbeiterinnen für die Rüstungswirtschaft, Einführung einer weitschichtigen Arbeitspflicht für Frauen. In seiner Rede erklärte Dr. Goebbels: „Ich gebe meiner Überzeugung Ausdruck, daß das deutsche Volk durch den tragischen Schicksalsschlag von Stalingrad innerlich auf das tiefste geläutert worden ist. ... Und darum lautet die Parole: Nun, Volk, steh auf, und Sturm, brich los!"[405]

**24. 2. 43.** Aus der Proklamation des Führers zum 23. Parteigründungstag: „Die gigantischen Masse des deutschen Volkes steht heute hinter dem neuen Reich. Sie ist entschlossen, der neuen Reichsidee und der sie erfüllenden nationalsozialistischen Gedankenwelt bedingungslos zuzustimmen. Die Partei aber ist die unerschütterliche Verkörperung dieser Macht geworden und heute der innere Garant nicht nur der Erringung des Sieges, sondern damit der Erhaltung unseres Volkes für die Zukunft.["][406]

**21. 3. 43.** In seiner Rede zur Heldengedenkfeier im Berliner Zeughaus gibt der Führer die bisher im zweiten Weltkrieg Gefallenen bekannt: 542 000 deutsche Männer starben den Heldentod.[407]

**25. 3. 43.** Reichsführer von Tschammer und Osten erlag einer langjährigen Krankheit.[408]

**13. 4. 43.** Das bolschewistische Verbrechen von Katyn wird der Welt bekannt gemacht. Im Wald von Katyn bei Smolensk sind die Leichen von etwa 12 000 ehemaligen polnischen

---

[404] Anders als vor Kriegsbeginn nahm Hitler an den Versammlungen der Parteiführerschaft während des Krieges nicht mehr selbst teil, sondern empfing die Teilnehmer zum Abschluss und hielt dabei eine Ansprache. Die Tagung am 5./6. 2. 1943 fand in Posen statt, das möglichst nahe am Führerhauptquartier in Ostpreußen, der „Wolfsschanze", lag. Noch ganz unter dem Eindruck der Katastrophe von Stalingrad, sollte sie die Parteiführer auf den „Totalen Krieg" einschwören. Am 7. 2. empfing Hitler die Gau- und Reichsleiter. Vgl. Moll, Steuerungsinstrument im „Ämterchaos"?, S. 228, 249–253.

[405] Die Mobilisierung der ökonomischen und personellen Ressourcen der Heimatfront für Rüstung und Kriegführung blieb im Deutschen Reich lange Zeit hinter den Vergleichswerten der Alliierten zurück. Das hatte vor allem ideologische Gründe: Die Stabilität der „Volksgemeinschaft" sollte nicht durch zu starke Belastungen für die Bevölkerung im Reich gefährdet werden, um so einen Zusammenbruch der Heimatfront, wie ihn die Nationalsozialisten für die Niederlage von 1918 verantwortlich machten, zu vermeiden. Nach den krisenhaften Entwicklungen an der Ostfront im Winter 1942/43 rief Goebbels die Deutschen in seiner bekannten Rede im Sportpalast am 18. 2. 1943 zum „Totalen Krieg" auf. Von zentraler Bedeutung war für die nationalsozialistische Vorstellung des Totalen Krieges indes nicht nur die ökonomische, sondern vor allem die ideologische Mobilisierung und Aktivierung. Dem Willen zum Durchhalten und der Opferbereitschaft maßen die Nationalsozialisten kriegsentscheidende Bedeutung bei. Vgl. Keller, Volksgemeinschaft am Ende, S. 62–75; Kroener, „Nun Volk, steh auf...!"; Moltmann, Goebbels' Rede zum Totalen Krieg; Longerich, Joseph Goebbels und der Totale Krieg; Fetscher, Joseph Goebbels im Berliner Sportpalast 1943.

[406] Hermann Esser (1900–1981), Staatssekretär im Propagandaministerium und einer der „alten Kämpfer" aus München. Vgl. Proklamation Hitlers, verlesen von Hermann Esser im Münchner Hofbräuhaus anlässlich des Jahrestages der Parteigründung, 24. 2. 1943, abgedruckt in: Domarus, Hitler. Reden und Proklamationen, S. 1990–1993.

[407] Der Heldengedenktag war auf Anordnung Hitlers um eine Woche verschoben worden, weil er für seinen ersten öffentlichen Auftritt in Berlin seit der Katastrophe von Stalingrad auf einen Erfolg an der Ostfront hoffte. Tatsächlich gelang die Wiedereroberung von Charkow. Vgl. Rede Hitlers im Berliner Zeughaus anlässlich des Heldengedenktages, 21. 3. 1943, abgedruckt in: Domarus, Hitler. Reden und Proklamationen, S. 1999–2002.

[408] Hans von Tschammer und Osten (1887–1943), Reichssportkommissar.

Offizieren, die von den Bolschewisten erschossen worden sind, in Massengräbern gefunden worden.[409]

**2. 5. 43.** Der Stabschef der SA Viktor Lutze erlag in Potsdam seinen bei einem Kraftwagenunfall erlittenen Verletzungen.[410]

**13. 5. 43.** Der Feldzug in Afrika beendet. Das OKW berichtet dazu: „Der Heldenkampf der deutschen und italienischen Afrikaverbände hat heute sein ehrenvolles Ende gefunden. Die letzten in der Umgebung von Tunis fechtenden Widerstandsgruppen, seit Tagen ohne Wasser und Verpflegung, mußten nach Verschuß ihrer gesamten Munition den Kampf einstellen. Sie sind schließlich dem Mangel an Nachschub erlegen, nicht dem Ansturm des Feindes, der die Überlegenheit unserer Waffen auch auf diesem Kriegsschauplatz oft genug hat erkennen müssen. Die Afrikakämpfer Deutschlands und Italiens haben trotzdem die ihnen gestellten Aufgaben erfüllt. Durch ihren Widerstand, der dem Feind in monatelangen, erbitterten Ringen jeden Fußbreit Boden streitig machte, fesselten sie in Nordafrika stärkste Kräfte des Feindes und brachten ihm schwerste Menschen- und Materialverluste bei. Die damit erreichte Entlastung an anderen Fronten und die gewonnene Zeit kamen der Führung der Achsenmächte im höchsten Masse zugute. Der Führer hat seinen Truppen einen Funkspruch gesen[det."]

**5. 6. 43.** Auf einer großen Kundgebung im Berliner Sportpalast, bei der neun Männern der Arbeit das Ritterkreuz zum Kriegsverdienstkreuz überreicht wurde, gab Reichsminister Speer einen Bericht über die Leistung der Rüstungsindustrie, während Reichsminister Dr. Goebbels die politisch-militärische Situation in einem umfassenden Überblick umriß.[411]

**12. 6. 43.** Die Besatzung der Mittelmeerinsel Pantelleria kapituliert. Am folgenden Tag gibt Lampedusa den Widerstand auf.[412]

**26. 6. 43.** Die 7. große Kunstaustellung im Haus der Deutschen Kunst in München wird vom Reichsminister Dr. Goebbels eröffnet.[413]

**7. 7. 43.** Der O.K.W. Bericht meldet: „Die Schlacht im Raum von Belgorod und Orel zeichnet sich in ihren gigantischen Konturen ab. Sie beibt lange Zeit von unerhörten Panzerverlusten der Bolschewisten gekennzeichnet, die an manchen Tagen 300, ja 400, 500 oder mehr Panzer einbüßten.["][414]

---

[409] Zwischen Anfang April und Mitte Mai 1940 ermordete der sowjetische Geheimdienst NKVD auf Befehl Stalins in einem Wald nahe des ostpolnischen Dorfes Katyn etwa 4400 polnische Offiziere. Ähnlichen Massenmorden fielen 24 000 bis 25 000 polnische Offiziere, Polizisten und Intellektuelle zum Opfer. Die Wehrmacht entdeckte die Massengräber im Februar 1943. Ab April nutzte die nationalsozialistische Propaganda die Morde, um die Anti-Hitler-Koalition zu schwächen. Stalin leugnete jedoch die sowjetische Verantwortung und beschuldigte stattdessen das NS-Regime. Vgl. Fox, Der Fall Katyn und die Propaganda des NS-Regimes; Ruchniewicz/Ruchniewicz, Katyn 1940.
[410] Viktor Lutze (1890–1943).
[411] Rede Goebbels' im Berliner Sportpalast anlässlich einer Verleihung von Ritterkreuzen zum Kriegsverdienstkreuz, 5. 6. 1943, abgedruckt in: Heiber, Goebbels-Reden, S. 218–239.
[412] Der Angriff auf die beiden italienischen Inseln markierte den Beginn der alliierten Invasion Siziliens.
[413] Vgl. Rede Joseph Goebbels' zur Eröffnung der 7. Großen Deutschen Kunstausstellung, 26. 6. 1943, abgedruckt in: Das Archiv. Nachschlagewerk für Politik – Wirtschaft – Kultur (1943), Heft 111, S. 5209f.; Große Deutsche Kunstausstellung 1943 im Haus der Deutschen Kunst zu München. Offizieller Ausstellungskatalog, München 1943.
[414] Dort waren am 5. 7. 1943 bei Kursk starke Panzerkräfte der Heeresgruppen Mitte und Süd zum „Unternehmen Zitadelle" angetreten. Schon am 13. 7. brach Hitler die Schlacht ab und verlegte das II. SS-Panzerkorps nach Italien. Obwohl die deutschen Truppen der Roten Armee große Verluste zugefügt hatten, waren diese mit relativ hohen eigenen Verlusten erkauft, die nicht mehr ersetzt werden konn-

**8. 7. 43.** Die Liga für die Indische Unabhängigkeit in Ostasien hat eine Armee unter dem Namen Indisches Nationalheer aufgestellt. Subhas Chandra Bose ist ihr Befehlshaber.[415]

**10. 7. 43.** In der Nacht zum 7. 10. 43 hat der Feind mit Unterstützung starker See- und Luftstreitkräfte den Angriff auf Sizilien begonnen.

**14. 7. 43.** In der Serie ihrer Bombenangriffe fielen die Briten über die historischen Denkmäler Aachens her.[416]

**17. 7. 43.** Die Zahl der in der deutschen Kriegswirtschaft einschließlich der Kriegsgefangenen eingesetzten ausländischen Arbeitskräfte wird mit 12,1 Millionen beziffert. Bei Kriegsbeginn betrug sie nur 500 000.[417]

**20. 7. 43.** Umfangreiche Massengräber bei Winniza wurden von einer internationalen Kommission bekanntester Gerichtsmediziner untersucht; das Ergebnis war, die meisten Leichen hätten Nackenschüsse aufzuweisen und seien vor etwa fünf Jahren in den 110 Gruben verscharrt worden.[418]

**22. 7. 43.** Im Wehrmachtsbericht wird die gesamte Front vom Asowschen Meer bis in den Kampfraum Orel angesprochen.[419]

**23. 7. 43.** Der Feind dehnte seine Großangriffe an der Ostfront auf weitere Abschnitte aus. Am Kubanbrückenkopf und südlich des Ladogasees begannen ebenfalls Angriffe.[420]

---

ten. Im Osten war die Wehrmacht damit auch zu operativen Durchbrüchen nicht mehr in der Lage. Vgl. Müller, Der Zweite Weltkrieg, S. 234–239; Frieser, Die Schlacht im Kursker Bogen; Töppel, Kursk.

[415] Richtig: Indische Unabhängigkeitsliga in Südost-Asien (Indian Independence League, IIL). Subhas Chandra Bose (geb. 1897, seit 1945 vermisst, vermutlich bei einem Flugzeugabsturz getötet), war ein Anführer der indischen Unabhängigkeitsbewegung. Bose protestierte gegen den Einsatz indischer Ressourcen im Krieg durch die Kolonialmacht Großbritannien und wurde inhaftiert. 1941 floh er über Moskau, wo er keine Unterstützung erhielt, nach Deutschland. Dort gab es zwar rassische Vorbehalte gegen die indische Unabhängigkeitsbewegung, im Mai 1942 wurde er jedoch von Hitler empfangen. Dieser erklärte sich nur bereit, aus indischen Kriegsgefangenen ein Freiwilligenkorps innerhalb der SS – die Legion „Freies Indien" – aufzustellen. Anfang Februar brachte ihn ein U-Boot ins japanisch besetzte Singapur, wo er die *Indian National Army* aufbaute, die der japanischen Armee unterstand. Tatsächlich überschritt Bose mit seinen Truppen die indische Grenze, musste seinen Vormarsch auf die Hauptstadt Delhi aber abbrechen, als Japan im August 1945 kapitulierte. Vgl. Kuhlmann, Subhas Chandra Bose.

[416] Der Flächenangriff auf die alte Kaiserstadt mit 200 Bombern kostete 297 Menschenleben und wurde wegen seiner historischen und kulturellen Symbolik von der Propaganda besonders aufgegriffen. Vgl. Hoffmann, Aachen in Trümmern.

[417] Die Zahl der insgesamt zwischen 1939 und 1945 in Deutschland eingesetzten ausländischen Arbeitskräfte wird auf rund 13,5 Mio. Menschen geschätzt, darunter ausländische Zivilarbeiter, Kriegsgefangene, italienische Militärinternierte, Häftlinge aus Konzentrationslagern und Arbeitslagern. Die von Wolfhilde von König genannte Zahl bezieht sich nur auf die ausländischen Zivilarbeiter, deren Gesamtzahl über den gesamten Zeitraum des Krieges hinweg 8,5 Mio. betrug. Vgl. Spoerer, NS-Zwangsarbeiter im Deutschen Reich, S. 665; zur Zwangsarbeit allgemein: Herbert, Fremdarbeiter; Spoerer, Zwangsarbeit unter dem Hakenkreuz; Heusler, Ausländereinsatz.

[418] Die Toten waren 1937/38 dem „Großen Terror" Stalins zum Opfer gefallen. Wie schon im Fall Katyn leugnete die Sowjetunion die eigene Täterschaft. Vgl. Bajohr/Pohl, Der Holocaust als offenes Geheimnis, S. 106.

[419] Vgl. Wegmann, Das Oberkommando der Wehrmacht gibt bekannt, Bd. 2, S. 522f. Nach deutschen Anfangserfolgen in der Schlacht von Kursk seit dem 5. 7. 1943 begann die Rote Armee am 12. 7. ihre Gegenoffensive; nachdem am 10. 7. die Alliierten auf Sizilien gelandet waren, brach Hitler das Unternehmen Zitadelle am 13. 7. ab, am 18. 7. waren die deutschen Truppen in ihre Ausgangsstellungen zurückgedrängt. In den folgenden Wochen dehnte die Rote Armee die Operationen auf die gesamte Breite der Ostfront aus. Vgl. Müller, Der Zweite Weltkrieg, S. 238–242.

[420] Im Dezember 1942 hatte Himmler die im Sommer begonnene Operation Blau, also den Vormarsch auf die kaukasischen Ölfelder, abgebrochen. Die deutschen Truppen wurden von der Roten Armee Richtung Schwarzes Meer und Krim zurückgedrängt. Weil Hitler nach wie vor überzeugt war,

**25. 7. 43.** Die Briten richteten in der Nacht einen Terrorangriff gegen Hamburg, der schwere Verluste und starke Zerstörungen von Wohnvierteln, Kulturstättten und öffentlichen Gebäuden verursachte.

**26. 7. 43.** Die amtliche italienische Agentur Stefani teilt mit: „Der König und Kaiser von Italien hat eine von Benito Mussolini angebotene Demission vom Amt des Regierungschefs und Ministerpräsidenten angenommen. Er hat zu seinem Nachfolger den Marschall von Italien, Badoglio, ernannt." In Wahrheit war Mussolini durch feigen Verrat gegen seinen Willen abgesetzt, verhaftet und verschleppt worden. Der Verräter log in seinem 1. Aufruf: „Der Krieg geht weiter." Seine 1. inneritalienische Maßnahme war die Verhängung eines brutalen Ausnahmezustandes.

**28. 7. 43.** Starke feindliche Bomberverbände setzten ihre Terrorangriffe gegen die Stadt Hamburg fort.

**31. 7. 43.** In den Hauptkampfabschnitten der Ostfront nahm die Kampftätigkeit an Stärke weiter zu.

**2. 8. 43.** 125 amerikanische Flieger versuchten das rumänische Ölgebiet anzugreifen: „Über die Hälfte des gestarteten Verbandes ist nicht zurückgekehrt."[421]

**17. 8. 43.** Das OKW. teilt mit, daß die planmäßige Räumung von Sizilien seit 14 Tagen im Gange war.[422]

**18. 8. 43.** Der Führer beauftragte den S.A. Obergruppenführer Wilhelm Schepman, den bisherigen Führer der S.A. Gruppe Sachsen, mit der Führung der Geschäfte des Stabschefs der S.A.[423]

**23. 8. 43.** Charkow, das im Laufe des Ostfeldzuges bereits mehrfach den Besitzer gewechselt hat und heute nur noch ein Trümmerfeld ist, wurde im Rahmen einer planmäßigen Absetzungsbewegung abermals geräumt.[424]

---

wieder in die Offensive gehen zu können, hielt die deutsche 17. Armee zwischen Januar und Oktober 1943 am Unterlauf des Flusses Kuban einen Brückenkopf. Im Herbst konnten die deutschen Truppen geordnet auf die Krim evakuiert werden. Im Norden scheiterte die Rote Armee in der 3. Ladoga-Schlacht (22. 7. bis 22. 8. 1943) bei dem Versuch, das belagerte Leningrad zu entsetzen. Vgl. Weinberg, Eine Welt in Waffen, S. 493–496; Frieser, Das Ausweichen der Heeresgruppe Nord von Leningrad ins Baltikum, S. 278f.

[421] Am 1. 8. 1943 griffen in der Operation Tidal Wave 177 amerikanische Bomber die rumänischen Ölfelder und Raffinerien bei Ploieşti an. Nach früheren, erfolgreichen Angriffen war dort die Luftabwehr verstärkt worden. Die alliierten Bomberverbände verloren etwa ein Drittel der 167 angreifenden Maschinen, zahlreiche weitere wurden schwer beschädigt. Vgl. Boog, Strategischer Luftkrieg in Europa, S. 53 f.

[422] In der Diktion der Wehrmachtsberichte und der deutschen Propaganda war stets von „planmäßigen Räumungen", „Absetz-" und „Ausweichbewegungen" oder „Frontbegradigungen" die Rede, wenn die deutschen Truppen sich angesichts gegnerischer Offensiven zurückziehen mussten oder sogar ganze Frontabschnitte zusammenbrachen. Gegnerische Erfolge kamen allenfalls in bagatellisierter Form zur Sprache. Wer sich die Ereignisse auf einer Landkarte vergegenwärtigte oder hinterfragte, warum sich die Wehrmacht ständig „planvoll" zurückzog, ließ sich davon freilich nicht blenden. Vgl. Kallis, Nazi Propaganda and the Second World War, S. 168–172; Schröder, Der Kriegsbericht als propagandistisches Kampfmittel, S. 164 f.

[423] Wilhelm Schepmann (1894–1970) war Nachfolger des nach einem Autounfall verstorbenen Viktor Lutze.

[424] Durch die erneute Einnahme von Charkow konnte die Wehrmacht nach der Niederlage von Stalingrad im März 1943 den Südabschnitt der Ostfront stabilisieren, der unter der Offensive der Roten Armee zusammenzubrechen drohte. Hitler erlaubte erst nach langem Zögern die Räumung der Stadt, als die Nachschublage katastrophal und die sowjetische Übermacht erdrückend war. Wegner, Der Krieg gegen die Sowjetunion 1942/43, S. 1075–1082.

**24. 8. 43.** Starke britische Bomberverbände richteten in der Nacht nun auch einen schweren Terrorangriff gegen die Reichshauptstadt.[425]

**25. 8. 43.** Zum Reichsprotektor in Böhmen und Mähren ernannte der Führer den Reichsminister des Innern Dr. Frick. Zum Reichsminister des Innern den Reichsführer SS Himmler. Der Staatssekretär beim Reichsprotektor in Böhmen und Mähren Karl Hermann Frank, wurde zum Staatsminister ernannt und im Rang dem Reichsminister gleichgestellt.[426]

**28. 8. 43.** Der König von Bulgarien, Zar Boris III., der Einiger seines Volkes, starb nach kurzer, schwerer Krankheit. Der siebenjährige Thronfolger Prinz Simeon bestieg als Simeon III. den Thron. Es wird ein Regentschaftsrat aufgestellt.[427]

**30. 8. 43.** In den schweren Schlachten, die seit dem 5. Juli fast ohne Unterbrechung im Osten anhalten, ist es den Sowjets trotz ihrer großen, zahlenmäßigen Überlegenheit an Menschen und Material nirgends gelungen, die deutsche Front zu durchbrechen und aufzurollen. Wo Ausweichbewegungen vorgenommen wurden, geschah dies in voller Ordnung nach Zerstörung aller für den Feind wichtigen Objekte.[428]

**1. 9. 43.** Starke britische Fliegerkräfte griffen Berlin an.

**3. 9. 43.** Englische Truppen landen an der SW Spitze Kalabriens.

**4. 9. 43.** Erneuter Terrorangriff auf Berlin.

---

[425] Der Angriff vom 23. 8. 1943 war der Auftakt des „Battle of Berlin", einer Serie von 16 schweren Luftangriffen auf die Reichshauptstadt, die nach zwei Auftaktangriffen am 23. 8. und am 4. 9. zwischen November 1943 und März 1944 durchgeführt wurden. Parallel wurden Angriffe auf andere deutsche Städte geflogen, um eine Massierung der Luftabwehr in Berlin zu verhindern. Die Angriffsserie erwies sich als verlustreich für die britische Bomberflotte, während das Ziel, einen entscheidenden Schlag gegen die Moral der deutschen Bevölkerung, die Infrastruktur, das administrative Zentrum und die Rüstungsindustrie der Reichshauptstadt zu führen, nicht erreicht wurde. Im Verlauf des Angriffs wurde Wolfhilde von Königs Cousin Theodor in Berlin ausgebombt. Der SS-Sturmbannführer wurde mit seiner Familie nach Müncheberg evakuiert, wo er bis Januar 1945 als SS-Standortältester fungierte. Vgl. BArch Berlin, ehem. BDC, SSO I, VBS 286/6400022778; Middlebrook, The Berlin Raids, S. 29–76; Girbig, Im Anflug auf die Reichshauptstadt, S. 81–141; Boog, Strategischer Luftkrieg in Europa, S. 75–87.

[426] Die Ernennung Himmlers zum Reichsminister des Innern war eine Reaktion des Regimes auf den Sturz Mussolinis und die militärischen Krisen im Osten und im Süden. Sie löste ein größeres Revirement aus: Der bisherige Innenminister Frick wurde Nachfolger Konstantin von Neuraths (1873–1956), der bis 1938 Reichsaußenminister gewesen war und seit der deutschen Besetzung der Tschechoslowakei und der Einrichtung des Reichsprotektorats Böhmen und Mähren als Reichsprotektor amtiert hatte. 1941 war Neurath offiziell aus gesundheitlichen Gründen dauerhaft beurlaubt worden; tatsächlich jedoch agierte er Hitler nicht rigoros genug. Die Amtsgeschäfte übernahm Neuraths Stellvertreter als Reichsprotektor, Reinhard Heydrich. Nach dessen Ermordung amtierte bis zur Ernennung Fricks Kurt Daluege (1897-1946, hingerichtet in Prag), gleichzeitig Chef der Ordnungspolizei im RSHA. SS-Obergruppenführer Karl Hermann Frank (1898-1946, hingerichtet in Prag) war seit 1939 Höherer SS- und Polizeiführer im Protektorat und für die Vergeltungsaktionen nach Heydrichs Tod verantwortlich. Obwohl nominell Frick unterstellt, übte der Mann Himmlers de facto die Macht aus und war damit der eigentliche Nachfolger Heydrichs. Vgl. Keller, Volksgemeinschaft am Ende, S. 66–69; Brandes, Die Tschechen unter dem deutschen Protektorat; Küpper, Karl Hermann Frank.

[427] Simeon II. (geb. 1937). Vermutlich starb Boris III. an Herzversagen. Dennoch hielten sich hartnäckige Gerüchte, er sei vergiftet worden. Vgl. Hoppe, Bulgarien, S. 146f.

[428] Tatsächlich begann die Wehrmacht, sich Ende August 1943 schrittweise aus dem wichtigen ukrainischen Industriegebiet im Donezbecken zurückzuziehen. Entlang des Dnjepr war hastig eine neue Verteidigungslinie, die Panther-Stellung, errichtet worden. Anfang Oktober hatte die Rote Armee die Deutschen im Süden der Ostfront um durchschnittlich 250 Kilometer zurückgedrängt. Vgl. Weinberg, Eine Welt in Waffen, S. 645; Frieser, Die Rückzugsoperationen der Heeresgruppe Süd in der Ukraine.

**8.9.43.** Der schmähliche Verrat der Badoglioregierung am deutschen Waffenbruder wird bekannt. Schon am 3.9.43 hatte das feige Subjekt einen hinterhältigen Waffenstillstand mit Eisenhower geschlossen. Das O.K.W. gibt bekannt: „In Südfrankreich, Italien und auf dem Balkan, wo deutsche und italienische Truppen gemeinsam gekämpft haben, sind alle Maßnahmen im Gange, die durch den Verrat der Regierung Badoglio notwendig wurden.["]
**10.9.43.** Das OKW. teilt mit: „Die italienische Wehrmacht besteht nicht mehr." Der Führer hielt eine Rundfunkansprache an das deutsche Volk zu den italienischen Ereignissen.[429]
**12.9.43.** Eine Sondermeldung gab bekannt: der Duce befindet sich in Freiheit. Die vereinbarte Auslieferung an die Amerikaner ist damit vereitelt. Benito Mussolini hat wieder die oberste Leitung des Faschismus übernommen.
**19.9.43.** Nach restloser Zerstörung aller wichtigen Anlagen wurden die aus Kalabrien und Kapulien[430] zurückgezogenen Truppen mit den Divisionen im Raum von Salerno vereinigt. Der Duce stattete sofort nach seiner Befreiung dem Führer einen mehrtägigen Besuch ab.
**22.9.43.** Der Generalkommissar von Weißruthenien, Gauleiter Wilhelm Kube, fiel in Minsk einem bolschewistischen Mordanschlag zum Opfer.[431]
**2.10.43.** Nach gründlicher Zerstörung aller kriegswichtigen Einrichtungen wurde Neapel dem Feind überlassen.[432]
**5.10.43.** Sardinien und Korsika befehlsgemäß geräumt. In zweitägigen Kämpfen wurde die Insel Kos besetzt.[433]
**8.10.43.** Auf einer Tagung der Reichsleiter, Gauleiter sprach der Führer: das ganze Volk wisse, daß es um Sein oder Nichtsein geht.[434]

---

[429] Vgl. Radioansprache Hitlers aus Anlass des Kriegsaustritts Italiens, 10.9.1943, abgedruckt in: Domarus, Hitler. Reden und Proklamationen, S. 2035–2039. Das Zitat entstammt der Bekanntmachung des Oberkommandos der Wehrmacht, die mit dem Satz endete: „Die italienische Wehrmacht besteht nicht mehr. Was aber für ewige Zeiten bestehen bleiben wird, ist die Verachtung der Welt für die Verräter." Zitiert nach: ebd., S. 2039.
[430] Richtig: Apulien.
[431] Wilhelm Kube (1887–1943), Gauleiter von Brandenburg und Generalkommissar für Weißruthenien in Minsk, wurde durch eine Bombe getötet, die eine als Dienstmädchen eingeschleuste Partisanin unter seinem Bett versteckt hatte.
[432] Nach dem Waffenstillstand Italiens mit den Alliierten hatten deutsche Truppen Neapel besetzt. Nachdem der deutsche Oberbefehlshaber in Italien, Generalfeldmarschall Kesselring, 20 000 Männer deportieren lassen wollte, begann am 27.9.1943 ein Aufstand, dem es in viertägigen Häuser- und Barrikadenkämpfen gelang, die deutschen Besatzer aus der Stadt zu vertreiben, noch ehe am 1.10.1943 die alliierten Truppen eintrafen. Vor ihrem Abrücken verminten die Deutschen zahlreiche Gebäude und sabotierten die Wasserversorgung. 663 Neapolitaner starben. Vgl. Mazower, Hitlers Imperium, S. 462f.
[433] Nach dem Kriegsaustritt Italiens landeten britische Truppen auf einer Reihe von Inseln der Dodekanes. Um zu verhindern, dass von dort aus Operationen gegen den deutsch besetzten Balkan durchgeführt werden konnten, eroberte die Wehrmacht die Inseln im Rahmen des Dodekanes-Feldzuges gegen schwache britische Kräfte. Vgl. Hall, War in the Balkans, S. 97f.
[434] Die Tagung fand erneut in Posen statt. Dort hielt der neue Reichsinnenminister, Reichsführer-SS Heinrich Himmler, zwei Reden. Am 4.10. sprach er unter anderem über die Vernichtung der europäischen Juden: „Ich will hier vor Ihnen in aller Offenheit, auch ein ganz schweres Kapitel erwähnen. Unter uns soll es einmal ganz offen ausgesprochen sein, und trotzdem werden wir in der Öffentlichkeit nie darüber reden. […] Ich meine jetzt die Judenevakuierung, die Ausrottung des jüdischen Volkes. Es gehört zu den Dingen, die man leicht ausspricht. – ‚Das jüdische Volk wird ausgerottet', sagt ein jeder Parteigenosse, ‚ganz klar, steht in unserem Programm, Ausschaltung der Juden, Ausrottung, machen wir.' […] Von allen, die so reden, hat keiner zugesehen, keiner hat es durchgestanden. Von Euch werden die meisten wissen, was es heißt, wenn 100 Leichen beisammen liegen, wenn 500

**9.10.43.** Im Zuge der Zurücknahme der Ostfront ist auch der vorgeschobene Kuban-Brückenkopf geräumt worden.

**22.10.43.** Es wird bekannt gegeben, daß der Führer die Mitglieder des bulg. Regentschaftsrates, Prinz Kyrill u. Filov empfing.[435]

**31.10.43.** Zum Reichsberufswettkampf der deutschen Jugend erließ der Führer einen Aufruf, in dem er sagte: „Zum Kriegseinsatz gehört die Leistung im Betrieb[436]. [...] Euer Einsatz im Reichsberufswettkampf sei ein Beweis für euren unerschütterlichen Glauben an den Sieg.["][437]

**3.11.43.** Zur Erinnerung an die heldenhaften Kämpfe auf dem Kubanbrückenkopf stiftete der Führer einen „Kubanschild".[438]

**8.11.43.** Am Vorabend des Marsches zur Feldhernhalle sprach der Führer in München. Am Schlusse sagte er: „Das, was wir jetzt an Blut vergießen, wird unserem Volke einst reichlich vergolten werden. Es wird in neuen Heimstätten Millionen Menschen wieder ihr Dasein geben können.["][439]

**13.11.43.** Das OKW. teilt die geglückte Landung deutscher Truppen auf der Insel Leros mit, außerdem gute Fortschritte bei Gegenangriffen im Raum von Shitomir.[440]

**23.11.43.** Shitomir genommen. Insel Samos besetzt. Britische Bombenverbände haben einen schweren Terrorangriff gegen die Reichshauptstadt geführt. Durch Abwurf zahlreicher Spreng- und Brandbomben entstanden Verwüstungen in mehreren Stadtteilen. Unersetzliche Kunststätten wurden vernichtet.

**28.11.43.** Bei einer Rede zur Eröffnung der neuen Jugendfilmstunden sagte der Reichsminister Dr. Goebbels: „Es gibt in Deutschland keine stürmischere Forderung als die, den Verbrechern an der Themse einmal mit Zins und Zinseszinsen heimzuzahlen, was sie uns antun. Das deutsche Volk kann darüber beruhigt sein, Tag und Nacht wird mit fieberhaftem Fleiß an den Vorbereitungen zu dieser Vergeltung gearbeitet."[441]

---

daliegen oder wenn 1000 daliegen. Dies durchgehalten zu haben, und dabei – abgesehen von Ausnahmen menschlicher Schwächen – anständig geblieben zu sein, das hat uns hart gemacht und ist ein niemals geschriebenes und niemals zu schreibendes Ruhmesblatt unserer Geschichte." Vgl. Kommuniqué zur Rede Hitlers auf der Tagung der Reichs- und Gauleiter in Posen, abgedruckt in: Domarus, Hitler. Reden und Proklamationen, S. 2045; Dokument 1919-PS, in: Der Prozeß gegen die Hauptkriegsverbrecher, Bd. 29, S. 110–173, Zitat S. 145. Moll, Steuerungsinstrument im „Ämterchaos"?, S. 255–258.

[435] Prinz Kyrill von Bulgarien (1895-1945, hingerichtet in Sofia). Vgl. Hoppe, Bulgarien, S. 148f.; Hillgruber, Staatsmänner und Diplomaten bei Hitler, Bd. 2, S. 314–330.

[436] Im zitierten Original: Beruf.

[437] Vgl. Aufruf Hitlers zum Kriegsberufswettkampf der deutschen Jugend, 30.10.1943, abgedruckt in: Domarus, Hitler. Reden und Proklamationen, S. 2047. Auslassung im Tagebuch.

[438] Ärmelabzeichen für die Teilnehmer an den Kämpfen um den Kuban-Brückenkopf.

[439] Vgl. Rede Hitlers im Löwenbräukeller am Vorabend des 9.11., 8.11.1943, mit Kürzungen abgedruckt in: Domarus, Hitler. Reden und Proklamationen, S. 2050–2059.

[440] Im Raum Kiew erzwang die Rote Armee zwischen Oktober 1943 und dem Jahresende einen Übergang über den Dnjepr, hinter den sich die deutschen Truppen zurückgezogen hatten, und befreite Kiew. Sie musste dabei erheblichen Widerstand der deutschen 4. Panzerarmee brechen und eine Reihe von Rückschlägen hinnehmen. Unter anderem gelang es der Wehrmacht, das bereits befreite Shitomir kurzzeitig nochmals zu besetzen. Dies blieb jedoch Episode: Am 10.11.1943 verlor beispielsweise die der 4. Panzerarmee unterstellte 8. Panzerdivision ihren letzten Panzer. Vgl. Frieser, Die Rückzugsoperationen der Heeresgruppe Süd in der Ukraine, S. 370–378.

[441] Vgl. Rede Goebbels' zur Eröffnung der Jugendfilmstunden, 28.11.1943, abgedruckt in: Das Archiv. Nachschlagewerk für Politik – Wirtschaft – Kultur (1943), Heft 116, S. 594–599, Zitat S. 595.

**29.11.43.** Der Führer sprach zu 20 000 jungen Offizieren über ihre Aufgaben in Heer, Marine und Luftwaffe.[442]

**4.12.43.** Bei einem neuen Terrorangriff auf Berlin wurden 53 Feindbomber abgeschossen. Arbeitstagung der Presse.[443]

**9.12.43.** In einer Rede vor den deutschen Eisenbahnern sagte Dr. Goebbels: „Niemand bei uns denkt überhaupt daran sich dem feindlichen Terror zu beugen."[444]

**11.12.43.** Die Kunstschätze des Klosters Montecassino wurden päpstlichen Behörden übergeben.[445] Die am 5. Dezember durchgeführte Haussammlung des KWHW ergab als Antwort des deutschen Volkes auf die Terrorangriffe 60 Mill., die höchste bisher zusammengekommene Summe.

**19.12.43.** Zehnjahrestag des „Kraft durch Freudewerkes".[446]

**24.12.43.** Am Weihnachtsabend hält Dr. Goebbels über den Rundfunk eine Rede an das deutsche Volk.[447]

Der Führer hat Reichsminister Speer als Nachkriegsaufgabe den Wiederaufbau der vom Bombenangriff getroffenen Städte übertragen; mit der Planung und Vorbereitung soll sofort begonnen werden.[448]

Unter Ausdehnung seiner Angriffe auf weitere Abschnitte begann am Weihnachtsabend die russische Winteroffensive.[449]

---

[442] Hitlers letzte Ansprache vor Offiziersanwärtern fand bereits am 20.11.1943 statt. Wegen der Bedrohung durch alliierte Bomber wurde die Veranstaltung nicht wie üblich im Berliner Sportpalast, sondern in der Jahrhunderthalle in Breslau durchgeführt. Das Kommuniqué wurde erst am 29.11.1943 ohne Datums- und Ortsangabe veröffentlicht. Vgl. Rede vor Offiziersanwärtern in der Jahrhunderthalle in Breslau, 20.11.1943, abgedruckt in: Domarus, Hitler. Reden und Proklamationen, S. 2060–2062.

[443] Vom 4. bis 8.12.1943 fand in Weimar eine Kriegsarbeitstagung der deutschen Presse statt. Redner war unter anderem Heinrich Himmler.

[444] Rede Goebbels' im Theater des Volkes anlässlich der Großkundgebung zum Tag des deutschen Eisenbahners, 7.12.1943, abgedruckt in: Heiber, Goebbels-Reden, S. 305–313.

[445] Die Initiative zur Rettung ging auf zwei deutsche Offiziere zurück, die ohne Rücksprache handelten. Nachdem die zuständigen deutschen Stellen davon erfahren hatten, erfolgte die Übergabe an den Vatikan unter dem Eindruck britischer Radiomeldungen über den „Kunstraub" nur zögerlich und unvollständig: Teile der Sammlung wurden nach Kriegsende in einem Stollen bei Altaussee in Österreich aufgefunden, in dem geraubte Kunstwerke aus ganz Europa lagerten. Vgl. Klinkhammer, Die Abteilung „Kunstschutz".

[446] „Kraft durch Freude" (KdF) war eine Unterorganisation der DAF, die der ideologischen Durchdringung der Freizeitgestaltung der Deutschen diente. Sie organisierte unter anderem Theaterabende, Ausflüge und Reisen. Seit Kriegsbeginn war die KdF nur noch eingeschränkt tätig. Vgl. Weiß, Ideologie der Freizeit; Buchholz, Die nationalsozialistische Gemeinschaft „Kraft durch Freude"; Reichel, Der schöne Schein des Dritten Reiches, S. 243–254.

[447] Vgl. Rundfunkansprache Joseph Goebbels' zum Weihnachtsfest, 24.12.1943, abgedruckt in: Das Archiv. Nachschlagewerk für Politik – Wirtschaft – Kultur (1943), Heft 117, S. 677–681.

[448] Am 11.10.1943 beauftragte Hitler per Erlass Speer mit der Vorbereitung des Wiederaufbaus bombenzerstörter Städte nach dem Krieg. Daraufhin wurde in Speers Rüstungsministerium ein entsprechender Arbeitsstab eingerichtet, der sich zu mehreren Tagungen traf. Viele Architekten und Großstadtskeptiker sahen die Zerstörung der deutschen Städte durch die alliierten Bomber als Chance zur Verwirklichung ihrer Vorstellungen von urbanem Raum und zur Umsetzung von Stadtplanungskonzepten, die bereits vor dem Krieg ausgearbeitet worden waren. Hinzu kamen die nationalsozialistischen Großprojekte wie der Ausbau Berlins zur Reichshauptstadt „Germania". Vgl. Süß, Tod aus der Luft, S. 238–245.

[449] Die sowjetische Winteroffensive richtete sich gegen die Heeresgruppe Süd, in deren Abschnitt es schon während des Sommers und Herbstes 1943 schwere Kämpfe gegeben hatte. Der Roten Armee

**26. 12. 43.** Im tapferen Kampf beim Angriff auf ein für die Sowjetunion bestimmtes Geleit ist das Schlachtschiff „Scharnhorst", bis zur letzten Granate feuernd, im Nordmeer gesunken.

**27. 12. 43.** Der Führer verlieh dem Grenadierregiment „List" als hohe Auszeichnung für seinen tapferen Einsatz einen Ärmelstreifen mit Aufschrift Infanterieregiment: „List". Der vorletzte Kommandeur Eichenlaubträger Josef Heindl, war ein Arbeitskamerad von Vati; er ist am 10. Oktober gefallen.[450]

**29. 12. 43.** Die Zerschlagung kommunistischer Banden auf dem Balkan geht planmäßig unter hohen Verlusten für die Banditen weiter.[451]

**31. 12. 43.** Reichsminister Dr. Goebbels sprach an der Jahreswende zum deutschen Volk: „Um den Führer geschart, stehen wir Volk der Deutschen am Ende dieses harten Kriegsjahres und tun mutig den Schritt in die noch unbekannte Zukunft. Wir wissen, es wird unsere Zukunft sein. Das Schicksal schenkt sie uns nicht, wir müssen sie uns erkämpfen.["][452]

---

gelang es mehrfach, deutsche Großverbände einzukesseln. Bis Ende April war die Ukraine fast ganz befreit. Vgl. Frieser, Die Rückzugsoperationen der Heeresgruppe Süd in der Ukraine, S. 385–450.

[450] Oberstleutnant d. Res. Josef Heindl (1904–1943). Das Grenadierregiment 199 „List" war im Oktober 1942 aus dem Infanterie-Regiment 199 „List" hervorgegangen, dessen Heimatstandort Augsburg war. Der Traditionsname geht auf das Königlich-Bayerische Reserve-Infanterie-Regiment 16 „List" zurück, in dem Hitler im Ersten Weltkrieg gedient hatte, und das seinerseits nach seinem ersten, 1914 in der Flandernschlacht gefallenen Kommandeur Oberst Julius List benannt war. Vgl. Weber, Hitlers erster Krieg, S. 23–43.

[451] Nach dem deutschen Angriff auf Jugoslawien bildete sich schnell eine Partisanenbewegung. Vor allem die kommunistischen Partisanen unter der Führung von Josip Broz Tito (1892–1980) operierten erfolgreich gegen die deutschen Besatzer. Die Wehrmacht ging zunehmend brutal gegen die Widerstandskämpfer (im NS-Jargon „Banditen") vor. Als der Erfolg ausblieb, griffen die Besatzer auf „Sühneaktionen" und Geiselerschießungen zurück, denen nicht nur Kommunisten und Partisanen, sondern auch Zivilisten, vor allem Juden sowie Sinti und Roma, zum Opfer fielen. Dabei wurden für einen getöteten Deutschen bis zu 100 Opfer getötet. Allein bei der Liquidierung der beiden Dörfer Kraljevo und Kragujevac durch Wehrmachtsverbände starben rund 4000 Menschen. Vgl. Schmider, Partisanenkrieg in Jugoslawien; Manoschek, Kragujevac 1941.

[452] Vgl. Rundfunkansprache Joseph Goebbels' zum Jahreswechsel, 31. 12. 1943, abgedruckt in: Das Archiv. Nachschlagewerk für Politik – Wirtschaft – Kultur (1943), Heft 117, S. 681–685, Zitat S. 685.

## 1944

„Unser einziges Gebet an den Herrgott soll nicht sein,
dass er uns den Sieg schenkt, sondern dass er uns gerecht
abwägen möge in unserem Mut, unserer Tapferkeit,
unserem Fleiß und nach unseren Opfern."[453]
**Adolf Hitler**

**München 1.1.1944.** Wir schreiben nun das Jahr 1944. Nach des Führers Worten dürfen wir zuversichtlich in die Zukunft blicken, die uns sicher noch manch harte Stunden bringen wird, aber am Ende wird der Sieg stehen.

**10.1.44.** Heute ist der letzte Ferientag gewesen, morgen beginnt wieder „Ernst des Lebens." Eben komme ich vom „G.D. Kriegseinsatz" nach Hause. Die Reichsapothekerkammer hatte G.D. Mädel angefordert, ihr bei ihrer plötzlich angehäuften Arbeit zu helfen. So fanden sich dann um 2$^h$ 6 G.D. Mädel in der Seidlstr. ein. Droben wurden wir schon erwartet und flink gings an die Arbeit. Stempeln, sortieren, stempeln ... Nach und nach hatte sich wohl die ganze Dienststelle bei uns eingefunden um das neuartige Ereignis anzusehen. Alle waren sehr freundlich zu uns, an 1. Stelle der Leiter der Reichsapothekerkammer. Zu guter Letzt wurden wir „ausbezahlt." Hilfsarbeiterlohn 0.5 [M] pro Stunde. Unsere Arbeit fand damit eine kleine Anerkennung. Durch unser Dazutun wird es gelingen, in kürzester Zeit die Apotheken Deutschlands mit dem Material zu beschicken, das z. zt. in München lagert. So ist dieses wertvolle Gut auf viele Stellen verteilt und kann nicht Fliegerschaden nehmen.[454]

**12.1.44.** Die Schule hat ihre Pforten wieder geöffnet. Für uns das letzte Mal. Der Endspurt hat begonnen, der hoffentlich für alle das Abs [Abitur] bringen wird. Der Dienst in der R.A.K.[455] geht weiter. Fröhlich schaffen wir unsere Arbeit, es ist nicht viel und großartig, was wir tun, aber es muß gemacht werden. Nun sitz ich hier im gemütlichen Unterrichtsraum der Mutterschule und warte auf meine Mädels. Nicht mehr lange, dann haben wir den Kurs geschafft.

**16.1.44.** Endlich hat es sich geklärt mit dem R.A.D. Ich bin für den studentischen Ausgleichsdienst bestimmt worden.[456] Nun weiß ich wenigstens bescheid, wie ich dran bin. Am Montag gehe ich zur Studentenführung, hoffentlich erfüllt sich mein Wunsch und ich darf in ein Hilfskrankenhaus der K.L.V., am liebsten in das Hilfskrankenhaus Berta in Reichenhall, bei Frau Dr. Willms könnte ich bestimmt viel lernen.

---

[453] Vgl. Neujahrsaufruf 1944, mit Kürzungen abgedruckt in: Domarus, Hitler. Reden und Proklamationen, S. 2071–2074, Zitat S. 2074.
[454] Solche Maßnahmen zur „Auflockerung" regional oder reichsweit zentralisierter Strukturen wurden als Präventionsmaßnahme gegen die alliierten Luftangriffe in vielen Bereichen vorgenommen. Behörden wurden ebenso in weniger gefährdete Gegenden „verlagert" oder auf verschiedene Standorte vor Ort verteilt wie Betriebe der Rüstungsindustrie oder Krankenhäuser. Vgl. zu den Verlagerungen im Münchner Gesundheitssektor Christians, Amtsgewalt und Volksgesundheit, S. 251–261.
[455] Reichsapothekerkammer.
[456] Abiturienten mussten zwingend den Reichsarbeitsdienst leisten, ehe sie zum Studium zugelassen wurden. Für körperlich Untaugliche wurde der Studentische Ausgleichsdienst eingerichtet. Vgl. Patel, „Soldaten der Arbeit", S. 139f.; Klinksiek, Die Frau im NS-Staat, S. 43.

**26.1.44.** Die Ereignisse überstürzen sich, die Studentenführung hat es nicht gestattet, daß ich in die K.L.V. gehe. Ausgleichsdienst ist nur in der N.S.V. gestattet.

Das Abitur hat heute begonnen, nachdem es um ein ganzes Monat vorverlegt wurde. Bereits am 15.2.44 soll unsere Schlußfeier sein. Das Latinum wäre hinter uns. Hoffentlich ist es bestanden. Morgen werden die übrigen Fremdsprachen geprüft. Mit Schwung geht es in das Unabänderliche.

**31.1.44.** Gestern war der 30. Januar, der 11. Jahrestag der Machtergreifung. Der Führer sprach von seinem Hauptquartier aus zu seinem Volk. Zuversichtlich sprach er von den kommenden Tagen und Monaten, die uns noch manche Entbehrung aber auch den Sieg bringen wird.[457]

Das Abitur wäre nun geschafft. Alle Aufregung ist vorbei. 12 Tage Ferien liegen vor uns, die wir uns redlich verdient haben. In 11 Tagen ist die Schulzeit zu Ende. Jetzt wird es erst gemütlich werden, die letzten Tage des Zusammenseins wollen genossen sein.

**5.2.44.** Die Zeit läuft immer weiter und bringt täglich Neues. Alle Prüfungsangst ist verflogen und bald heißt es Abschiednehmen voneinander mit denen man 9 Jahre und noch länger zusammenwar. – Das Latinum mußten wir nochmals machen, nachdem ein kleiner Schwindel unterlaufen war. Aber jetzt ist es Schluß. Nächste Woche werden wir noch Chöre üben und dann gehts hinaus ins Leben, hoffentlich nach Reichenhall. Draußen ist es wieder Winter geworden, dicht fällt der Schnee und kalt pfeift der Wind. Ein richtiger Winter halt, wie er sein muß. – Vati ist z. zt. in Wilhemshaven auf der Verwaltungsschule der K.M.[458]; durch die Terrorangriffe auf die Stadt ist die Post verzögert, man macht sich Sorgen und hofft, daß nichts geschehen ist. Nicht jede Kugel trifft.

**12.2.44.** Der Schlußstrich ist gezogen. 8 lange Jahre des Lebens vorbei und ein neuer Lebensabschnitt beginnt. Um 10$^h$ versammelten sich Lehrer und Eltern in der festlich geschmückten Aula. Nach einem Beethovenchor sprach Traudl K[.] im Namen aller Abiturientinnen den Dank an Eltern und Lehrer aus. Sie gedachte unserer Garri, die diesen Tag nicht mit uns feiern darf. Mit launigen Worten rollte sie das Bild unseres Werdeganges auf. Nach der Hymne von Gluck sprach unser Rektor, ernste Worte waren es diesmal, durch das Kriegsgeschehen bedingt. Ohne Übergang werden wir in das Leben treten, sei es da oder dort. Aber dennoch werden wir es frohen Herzens tun. Das Reifezeugnis hatte für mich manche freudige Überraschung. Ich kann stolz auf meinen Abschluß sein.[459] Der 1. Schritt zum Studium erreicht. Ein Frühlingschor und ein altes Loblied folgten der Zeugnisverteilung. Die Lieder der Nation beschlossen die kurze, ernste Feierstunde.

Tagung der Bann-G.D. Referentinnen. Nachdem alle anwesend waren, sprach Dr. Hönig über Erste Hilfe und gab dazu Erläuterungen aus seiner Landpraxis. Florian Seidl[460] las uns aus seinen Gedichten, Balladen und Novellen vor. Seine packende Art zu erzählen ließ uns seine Geschichten lebendig vor uns erscheinen.

**13.2.44** Der Kollege und ich holten die Gebietsmädelführerin Inge Piroß an der befohlenen Stelle ab. Angeregt unterhielten wir uns mit ihr. Die Morgenfeier stand ganz im

---

[457] Vgl. Rundfunkansprache Hitlers anlässlich des Jahrestages der „Machtergreifung", 30.1.1944, abgedruckt in: Domarus, Hitler. Reden und Proklamationen, S. 2082–2086.

[458] Kriegsmarine.

[459] Wolfhilde von König hatte sich in einer Reihe von Fächern gegenüber den Noten des 1. Trimesters verbessert, so in Deutsch von 4 auf 3, in Mathematik von 5 auf 4 und in Musik von 3 auf 2. Vgl. Abiturzeugnis, 12.2.1944, und Zeugnis über die Abschlussprüfung in der lateinischen Sprache, 12.2.1944, in: StadtA M, Schulen, St.-Anna-Gymnasium, Karton K, Schülerakt Wolfhilde von König.

[460] Florian Seidl (1893–1972), völkischer Schriftsteller und Dichter.

Zeichen des bevorstehenden Kampfes. Wir Mädel müssen stark und fest bleiben, komme, was kommen mag. Frau Dr. Vogel sprach über „Fußschäden und Haltungsfehler." Ein Thema, das jederzeit zu gebrauchen ist. Dr. Feser berichtete aus der laufenden Arbeit, alle wichtigen Fragen wurden erörtert. Das gemeinsame Essen schloß sich an. Abends gingen wir geschlossen in den Liederabend Horst Taubmanns.[461]

**Berchtesgaden, 15. 2. 1944** Nun bin ich in den „Winter" gefahren. Das Berchtesgadener Land prangt in schönstem Schneeschmuck. Und immer noch schneit es. Nach einer beschwerlichen Kletterei war ich auf Schloß Fürstenstein angelangt, doch umsonst. Niemand da. In den „Vierjahreszeiten" fand sich Schwester Mathilde bereit, mir meine neue Heimstätte zu zeigen. Ich wurde dem Stiftskeller zugeteilt und muß noch ein weiteres Lager betreuen. So lerne ich Berchtesgaden kennen. Arbeit gibt es bereits: ein Mädel mit 40,5 [Fieber] liegt im Revier, ich erwarte jeden Augenblick den Arzt. Sicher muß die Kleine weg ins Krankenhaus. Nun sitze ich in meinem Zimmer, das ich mit einer Führerin teile, habe meine neuen Pantoffeln an und versuche mich einzuleben. Bald wird die Arbeit mir Freude machen und mich ganz erfüllen.

**20. 2. 44** Jetzt bin ich erst sechs Tage hier und doch dünkt es mich eine Ewigkeit. Ich hatte mich so gut im „Stiftskeller" eingewöhnt und mußte nun in das „Parkhotel" übersiedeln. Ich habe mich schon eingewöhnt in Berchstesgaden; der tägliche Weg zur „Schönsicht" hinauf bereitet mir stets Freude, es ist so still um mich her, nur Schlittenglocken höre ich hie und da, die Sonne scheint und taucht die Berge in ihr mildes Licht. Ich könnte stets in diese winterliche Pracht sehen. Mein Zimmer hier ist hell und geräumig, hat einen Balkon davor und ist auf der Südseite mit Blick zum Watzmann. Hier spürt man nichts von Krieg und Bombenterror. Friedlich das Bild der Natur. Meine Arbeit ist nicht allzu groß. Morgen erst werde ich die anderen Lager besuchen.

**21. 2. 44** Gestern verlebte ich mit Bertl einen schönen Nachmittag am Königssee. Die Wege rund um den See sind sehr gefährlich, aber bis zum „Malerwinkel" kamen wir schon durch. Er ist doch der schönste See Deutschlands. Unergründlich dunkel liegt er da, eingebettet in die Berge, die sich in ihm spiegeln. Dauernd wechselt die Stimmung, einmal trüb, einmal klar und durchsichtig. Der Nachmittag war eine große Freude für mich. – Nun habe ich fünf Lager zu besuchen. Stiftskeller, Schönsicht, Haus Körber, Bavaria und Parkhotel. Die Unfälle mehren sich zur Zeit, ebenso die Erkältungskrankheiten. Zwischen die Besuche fallen die Gesundheitsappelle mit anschließendem Laufen, so vergehen die Tage und doch dünken sie mich eine Ewigkeit. Aber ich komme täglich meinem Ziele näher.

**26. 2. 44** Die letzten Tage brachten manche Arbeit mit sich. Die kleine Berta hat sich nun doch den Unterschenkel gebrochen, das war eine Fahrt mit dem Schlitten hinauf zum Krankenhaus, noch dazu umsonst. Gestern sind wir dann mit dem Auto hinaufgefahren und sind dann weiter zum Revier Haus Kathrein in Bischofswiesen. Heute habe ich mit der kleinen Marei eine Kranke hinüber gebracht und jetzt sitze ich auf meinem Balkon und freue mich der Landschaft, die so herrlich im Sonnenschein daliegt. Heute nachmittags bummelte ich mit Brigitte zum Dietrich-Eckardt-Krankenhaus[462]. Noch 34 Tage … Der Spaziergang zum Dietrich-Eckardt-Krankenhaus hat mich sehr beglückt. Meine künftige Arbeitsstätte ist einfach fabelhaft. Schade, daß alles getarnt ist, aber das ganze Haus scheint aus Glas zu sein. Die Landschaft kommt in die Zimmer herein. Schlicht und ein-

---

[461] Horst Taubmann (1912–1991), Opernsänger.
[462] Richtig: Dietrich Eckart-Krankenhaus.

fach ist der Bau, im oberbayrischen Stil, er gliedert sich den Häusern ringsum an und paßt in die Landschaft hinein. Es muß dort ein schönes Arbeiten sein.

**28. 2. 44** Nun bin ich schon acht Tage im Hause und habe mich recht gut eingewöhnt. Ich habe einen Wirkungskreis, der mich voll und ganz erfüllt, eine freundliche Umgebung und bin in einer herrlichen Winterlandschaft. Was will ich da noch mehr. Gestern abends bin ich spät ins Bett gekommen, die kleine Amalia bekam Blindarmentzündung und mußte in das Krankenhaus gebracht werden. Das kleine Hascherl hat sich recht tapfer gehalten auf dem schwierigen Weg zum San.-Auto hinunter. So bringt jeder Tag seine Arbeit und Sorgen, die überwunden werden wollen.

**3. 3. 44** Heute heißt es scheiden, der Abschied von den Mädels fällt mir zwar sehr schwer, aber die Vorfreude auf das kommende läßt mich leichter darüber wegkommen. Oswald [war] vorgestern nachmittags hier und als er gerade gehen wollte rief Frau Dr. Willms an, ich wäre ja zu ihr versetzt worden und käme nach Reichenhall nach Haus Berta. Ach ich freue mich schon so. Meine geheimsten Wünsche wurden damit erfüllt. Ich freue mich auf die Arbeit und das Leben in Reichenhall.

**[Bad Reichenhall] 4. 3. 44** Nun ist die ganze „Hopfenstimmung" wieder da und die Erinnerung an eine vergangene, verschworene Gemeinschaft läßt uns manche Plauderstunde hinziehen. Es war eine schöne Kameradschaft, die sich damals gebildet hatte. – Ich bin zwar nicht ins Revier gekommen, sondern muß 17 KLV-Lager betreuen. Ich muß mich richtig tummeln, wenn ich durchkommen will, da 7 Lager in Bayrisch-Gmain liegen, aber wo ein Wille ist ein Weg. Dafür bin ich ja da, daß ich arbeite und schaffe, außerdem winkt immer als Belohnung ein Plauderstündchen mit Frau Dr. Willms, die mich hier so warm empfangen hat und mich von Dr. Feser abgefordert hat. Heute bin ich rechtschaffen müde, bin ich ja schon durch alle Lager gekommen. Aber nun kenne ich meine Arbeit und freue mich, wenn ich am Montag richtig anfange.

**8. 3. 44** Die Zeit fliegt so schnell dahin. Man weiß oft nicht wie es kommt. Wenn ich so alleine durch die Gegend marschiere, durch den hohen Schnee stampfe, dann befällt mich ein glückliches Gefühl hier helfen zu können, den Kindern, die schon lange von zu Hause fort sind wenigstens in den kranken Tagen beistehen zu können. Abends bin ich jedenfalls todmüde, aber ich weiß, daß der Tag nicht umsonst war, daß die kranken Kinder meiner bedurften und dieses Wissen beschwingt meine Arbeit und läßt sie leichter erfüllen. – Der Winter meint es gut mit uns, es schneit und schneit und will schier nicht mehr aufhören. Mir gefällt aber das tolle Treiben draußen und nicht selten kehre ich als Schneemann von meinen Rundgängen zurück.

**12. 3. 44** Heldengedenktag.[463] Ich denke an die Lieben draußen, an Bekannte und Freunde, die gefallen sind für Führer und Volk. Es sind ihrer schon viele, die ihr Leben opferten. Ich denke der Toten der Heimat, die bei den täglichen Angriffen ihr Leben ließen. An sie alle denke ich heute. Ihr Opfer soll nicht umsonst gewesen sein.[464] Nun bin ich

---

[463] 1943 hatte der Heldengedenktag letztmals in der im „Dritten Reich" üblichen Form stattgefunden. Angesichts der Kriegslage befahl Hitler für 1944, auf die Gedenkstunde im Zeughaus ebenso zu verzichten wie auf die Beteiligung der Bevölkerung. Auch sprach er nicht mehr selbst. Stattdessen sprach Großadmiral Karl Dönitz (1891–1980), der Oberbefehlshaber der Marine, während einer „Feierstunde des deutschen Rundfunks". Auch bei der Kranzniederlegung ließ sich der Diktator vertreten. Vgl. Kaiser, Von Helden und Opfern, S. 192f.

[464] In Deutschland gab es eine Tradition, die Gefallenen im Krieg als „Opfer für das Vaterland" und als Verpflichtung für die Lebenden zu interpretieren. Vgl. Levsen, „Heilig wird uns Euer Vermächtnis sein!"; Levsen, Elite, Männlichkeit und Krieg, S. 266–273.

schon über 8 Tage hier in Reichenhall. Täglich freue ich mich darüber, daß ich hier schaffen darf. Die Arbeit schaffe ich leicht, morgens in Reichenhall, oder morgens Bayrisch-Gmain, nachmittags Reichenhall. Bald werde ich Schw. Gretl vertreten und Frau Dr. Willms in der Sprechstunde zur Hand gehen, wobei ich sicher viel lerne. Abends gibt es meist ein fröhliches Plauderstündchen oder wir gehen aus. „Wer arbeiten will, muß fröhlich sein." Dieser Satz ist bei uns richtungsgebend. Gestern kam meine Einberufung nach Berchtesgaden in die G.D. Schule. Wie ich mich freue, noch 20 Tage der Vorfreude, aber auch des Beisammenseins mit Frau Dr. Willms.

**15.3.44** Eigentlich bin ich sehr betrübt, aber so lange der Mensch noch hofft, geht es. Die Gaustudentenführung hat mir einen Strich durch die Rechnung gemacht. Der Urlaub wurde mir nicht genehmigt. Dadurch ist der Besuch der G.D. Schule sehr in Frage gestellt. Hoffentlich nimmt mich Anneliese wenigstens für 13 Tage, dann ist nämlich Stationswechsel, so hätte ich wenigstens eine Ahnung von diesem Betrieb. Vielleicht gelingt es.

Sonst geht das Leben hier seinen Gang weiter, morgens besuche ich meine Lager, helfe in der Sprechstunde, nachmittags gibt es Einkäufe, oder wie heute Hilfeleistung bei Untersuchungen usw. Heute abends ist in Villa Berta „Bunter Abend", damit unsere kleinen Patienten wieder auf andere Gedanken kommen. Eifrig wird geübt, und dabei vergessen sie alles Heimweh, das sich trotz aller Pflege einschleichen will.

**16.3.44** Manü hat heute Geburtstag. 17 Jahre und schon Soldat der Heimatflak. Da er seine ROB[465]-Prüfung bei der Kriegsmarine in Stralsund bestanden hat, rückt er im Oktober ein. Sein Wunsch geht ihm in Erfüllung. Möge das neue Lebensjahr ihm Gesundheit, Frohsinn und Erfüllung seiner Ziele bringen.

Der „Bunte Abend" gestern zeigte uns, wie wohl sich unsere Patienten im Haus Berta fühlen. Sie haben sich wirklich geplagt etwas Ordentliches zu bringen, und das ist ihnen gelungen. Wir mußten oft bis zu den Tränen lachen. Tanzvorführungen, Liedervorträge und kleine Theaterstücke wechselten einander in bunter Folge ab. Diesen Abend werden die Kinder wenigstens nicht so schnell vergessen, und glücklich und willig ließen sie sich ins Bett bringen.

**20.3.44.** Die Tage gehen dahin und sind erfüllt von Arbeit, aber auch von Befriedigung. Ich habe nun auch Schwester Gretls Arbeitsbereich übernommen und arbeite in der Sprechstunde. Ich kann so viel dabei lernen, jeder Tag bringt neues, Frau Dr. Willms zeigt mir auch alles so schön, daß es eine Lust ist zu lernen. München hatte einen Tagesangriff, der wieder viel Schaden angerichtet hat und manches Menschenleben gefordert hat. Von Mutti ist noch keine Nachricht da, doch hoffe ich das Beste.

Ich bin nun an meiner letzten Station angelangt. Zum 4. Mal sehe ich mich in eine neue Umgebung versetzt. Aber dieses Mal ist es am schönsten. Mein gemütliches Zimmerchen liegt neben dem von Frau Dr. Willms. Schwester Resi ist nun wieder vom Urlaub zurück und hat mir die Reichenhaller Lager abgenommen. So kann ich mich ganz der Sprechstunde und den Bayrisch-Gmainer Lagern widmen. Bis zum 1. April, dann geht es wieder weiter …

**23.3.44** Jeder Tag hier vergeht so schnell, morgens nach dem Frühstück Visite, Sprechstunde oder Marsch nach Bayrisch-Gmain. Nach dem Kaffee Untersuchungen, Wiegen und Messen. Dazwischen sind die Patienten abzufertigen wie heute zwei Armbrüche, die

---

[465] Reserveoffizier-Bewerber.

gleich ins Krankenhaus kamen. Es gibt immer zu tun. Da ist eine Urinuntersuchung zu machen, dort die Blutsenkung genau zu beobachten, die Verbandspulen müssen stets aufgefüllt sein und die Instrumente blitzen vor Sauberkeit. Abends bin ich dann meist rechtschaffen müde und bis zum Schlafengehen sitze ich mit Frau Dr. Willms gemütlich zusammen, dann wird fest geplaudert von Vergangenem und Zukünftigem. Noch neun Tage, dann heißt es wieder Abschied nehmen von lieben Menschen um einen neuen Arbeitsbereich kennenzulernen.

Beim letzten Alarm haben wir ja manches durchgemacht in München. In nächster Nähe ist wieder eine Bombe gefallen. Mutti ist nichts geschehen, Gott sei Dank. In der Stadt selbst soll es böse aussehen. Vati ist wieder auf Sylt, wo es ihm ausgezeichnet gefällt. Manü wird hoffentlich bald aus dem Lazarett entlassen.[466]

**25. 3. 44** Vati feiert heute seinen 50. Geburtstag. Meine Gedanken wandern zu ihm hin auf Sylt. Ich wünsche ihm von Herzen, daß die nächsten Lebensjahre ihm Frieden und Ruhe bringen, daß er gesund bleibt. Auch wir im Haus Berta haben ein Geburtstagskind im Hause. Diese Tatsache ließ uns heute eine Viertelstunde eher aufstehen. Frau Dr. W. holte ihre Briefmarken und eine Führerkarte hervor, wir suchten ein Buch aus, Albine holte Tannenzweige und vor seinem Platz wurde dann alles schön aufgebaut. Ein frohes Liedchen weckte unser Geburtstagskind und eine Kerze brannte beim Frühstück. Ganz glücklich war der arme, kleine Reinhold und freute sich richtig.

**27. 3. 44** Die letzte Woche in Reichenhall ist angebrochen. Unfreundlich kalt und naß ist es draußen. Der Regen putzt den Schnee weg. Hier im Hause geht alles sein Gleichmaß. Morgens Sprechstunde und Krankenbesuche, nachmittags Untersuchungen usw. Alles hilft zusammen, da das Hilfskrankenhaus voll belegt ist und die beiden Schwestern allein sind. So wird jedes mit der Arbeit fertig. Oswald muß nun einrücken, unser kleiner Hopfenkreis schwindet immer mehr. Noch 6 Tage … dann stehe auch ich in meinem anderen Arbeitsbereich, in einer neuen Umgebung.

**Berchtesgaden, 3. 4. 44** Ich muß weit ausholen um die Ereignisse der letzten Tage zu schildern. Diese sind in Reichenhall viel zu schnell vergangen, sie waren angefüllt mit Arbeit und Freude, die kleine Abschiedsfeier vereinigte unseren so schnell liebgewordenen Kreis zum letzten Mal. Es wurde geplaudert, gehandarbeitet u. Tee getrunken. Am 1. 4. 44 war die Sprechstunde abzuhalten, zum letzten Mal durfte ich bei der Visite mitmachen. Nachmittags trudelte ich mit Cläre B[.] in B'gaden an. Anneliese und Lieselotte St[.] begrüßten uns herzlich und verrieten mir, daß ich stellvertretende Schulführerin sei. Noch dazu am ersten Tag F.v.D.[467] und Besuch von Dr. Feser. Es ist aber besser gegangen als ich dachte. Nach dem Mittagbrot gingen wir bei herrlichem Wetter zum Königssee, es war eine Wonne. Nach diesem ausgedehnten Spaziergang waren wir alle reichlich müde. Abends teilte ich Schürzen und Häubchen aus, aufgeregt war die ganze Bande. – Heute morgens wurde früh geweckt, Fahne und Frühstück und Abmarsch zum Lazarett. Dort wurden wir von der Oberin begrüßt und auf die einzelnen Stationen verteilt. Ich kam auf die Chirurgische Frauenabteilung. Schwester Rosemarie wies uns in die Arbeit ein: Kaffeeausteilen, Staubwischen und dann kam die richtige pflegerische Arbeit: Verbände mitanlegen, Instrumente reinigen, auskochen, Verbandswagen richten, dann war es Zeit zur Essensausgabe. Um ½ 1 ʰ war Dienstschluß. Reich an neuen Eindrücken verließen wir das

---

[466] Über diesen Lazarett-Aufenthalt gibt es auch in Emanuel von Königs Erinnerungen keine näheren Informationen. Vgl. von König, Supplement to the Diary, S. 286f.
[467] Führerin vom Dienst.

Haus, in dem wir nun täglich arbeiten und lernen werden. Heute nachmittags ist Unterricht bei Anneliese.

**3. April 1944** Die Tage hier fliegen nur so dahin. Morgens von 7$^h$ bis 1$^h$ Uhr im Lazarett gibt es immer zu rennen, Verordnungen auszuführen, Verbände zu erneuern, Patienten müssen in die Röntgenabteilung oder in den Operationssaal gebracht werden. Dazwischen Frühstück, 2. Frühstück und Mittagessen ausgeteilt werden. Doch täglich gibt es Neues zu sehen wenn man nur seine Augen aufmacht. Heute durfte ich zum 1. Mal beim Gipsen zusehen; alle Hände greifen da ineinander, wie bei einem Uhrwerk läuft alles ab. Es ist herrlich dieses Lernen und Schauen. Viel Elend und große Tapferkeit lernen wir in diesen Tagen kennen. Soldaten mit amputierten Gliedern sind dankbar für jede kleine Hilfe, viele Neue sind auf unserer Station, auf ihren Gesichtern stehen noch die Strapazen geschrieben von der langen Fahrt, den erlittenen Schmerzen, oft dankt nur ein kleines Lächeln, so schwach sind sie. Glücklich macht mich diese Arbeit, hier ein wenig helfen zu können.

**10. 4. 44** Ostern 1944. Diesmal verlebe ich es nicht zu Hause, sondern feiere es in dem Kreise der Mädel und Soldaten. Am Karsamstag gingen wir in die Wälder und holten Moos, Tannengrün und Blümchen, die ersten Frühlingsboten und richteten alles hübsch auf Tellerchen her. Auf der Station schmückten wir dann Vasen und bereiteten dann alles vor. Gestern, am Ostersonntag sangen wir zusammen mit den Schwestern Morgen- und Frühlingslieder. Mit einem fröhlichen Ostergruß brachten wir den Soldaten den Frühlingsteller und die Blumen. Die Festtagsstimmung hielt den ganzen Tag an und zeigte sich auch bei der Arbeit. Nach dem Mittagessen zogen wir los zum Platterhof hinauf. Unser größter Wunsch, den Führer zu sehen, ging nicht in Erfüllung.[468] Aber trotzdem war es ein schöner Spaziergang in unserer Bergwelt gewesen. Abends war Freizeit und bald ging es ins Bett. Heute hat uns der Petrus einen Strich durch die Rechnung gemacht. Wir wollten nach Salzburg fahren, müssen dieses Vorhaben aber verschieben. So machen wir uns einen gemütlichen Tag, es gibt ja immer so viel zu schreiben und zu richten. Morgen geht es dann mit neuen Kräften an die Arbeit.

**18. 4. 44** Lange habe ich nichts mehr eingetragen, aber anstatt die Soldaten zu pflegen, liege ich selbst im Bett und lasse mich pflegen. Ich habe anscheinend eine ordentliche Erkältung, es geht mir schon viel besser, wenn ich nur zu den Mädels zurückkönnte.

**München, 26. 4. 44** Ich muß weit ausgreifen um alle Ereignisse der letzten Tage zu schildern. Am 22. 4. endlich wurde ich aus dem KLV-Hilfskrankenhaus entlassen, nachdem sich der Verdacht auf Flecktyphus Gott sei Dank in ein Nichts aufgelöst hat. Die Untersuchungsergebnisse waren negativ. Frohen Herzens fuhr ich in die Schönfeldspitze zurück. Mit Jubel wurde ich dort begrüßt. Die Mädels allerdings waren weg, aber die Bann-GD-Referentinnen hatten sich zu einer Tagung zusammengefunden. Unter ihnen ein Gast aus dem Gebiet Düsseldorf, die Bann-G.D.-Ref. Hilde Wroßen, die uns oft vom Einsatz ihrer G.D. Mädels in den Bombennächten erzählte. Sie war uns schnell eine gute Kameradin geworden, nicht leicht war es, sie zum Erzählen zu bringen, wie sie sich das Kriegsver-

---

[468] Seit 1928 hielt sich Hitler regelmäßig auf dem Obersalzberg bei Berchtesgaden auf, wo er seit 1928 ein Haus gemietet hatte. 1933 kaufte er das Anwesen, das großzügig umgebaut wurde und von nun an „Berghof" hieß. Das „private" Refugium des Diktators, in dem freilich immer Politik gemacht wurde, entwickelte sich zu einem Wallfahrtsort für begeisterte Hitler-Anhänger, die hofften, einen Blick auf ihren „Führer" erhaschen zu können. Der Platterhof lag knapp außerhalb des „Führersperrgebiets" und beherbergte seit 1940 ein Luxushotel, das seit 1943 als Lazarett genutzt wurde. Vgl. Feiber, „Filiale von Berlin"; Dahm u. a., Die tödliche Utopie, S. 124–129.

dienstkreuz erworben hatte. Sie sprach immer nur von ihren Mädeln. Sie führte auch die Arbeitsgemeinschaft „Soforteinsatz, Vorbereitung und Ausführung," zu der Cläre und ich gehörten. Manchen Abend und Nacht haben wir „verklönt," aber es war zu schön ihr zuzuhören. Der Sonntag war ein strahlend schöner Tag, so fuhren wir zum Königssee, machten die Rundfahrt zur Saletalpe, vorbei an St. Bartholomae. So viel Schönheit birgt unsere Heimat, ein strahlend blauer Himmel, die Berge, die den See einschließen und er selbst, der tiefgrüne Königssee. Nachmittags waren Schulungen. Auch am Montag war uns Petrus wohlgesinnt. Endlich wieder einmal in Salzburg, der Mozartstadt. Von neuem beglückt, ließ ich mich vom Reize dieser herrlichen Stadt gefangennehmen. Mirabell, ein Blütenmeer, überall frohe Menschen, in dieser Stadt muß man fröhlich sein, wo jedes Haus fast eine Erinnerung an vergangene Zeit ist. Abends waren wir im Landestheater: „Der Goldene Dolch", ein japanisches Schauspiel. Der Heimweg war trotz unserer Müdigkeit und der vorgerückten Stunde wunderschön. Eine klare Nacht, der Himmel übersät mit Sternen. Wir haben unsere Freude daran gehabt, den Münchnern wurde er zum Verderben. Kaum waren wir nämlich in der Schönfeldspitze, Alarm. München hatte einen Angriff und dies nicht zu knapp. Als ich gestern nachts mit Mühe in die Stadt hereinkam, überall brennende Häuser. Ich hatte nur den einen Gedanken, wie finde ich unsere Wohnung vor? Ich kam an Hildes Haus vorbei, ausgebombt, und so ging es weiter. Wie habe ich aufgeatmet, als ich von der Brücke aus keinen Feuerschein in unserer Richtung entdeckte. Und doch haben wir etwas abbekommen. Im Schlafzimmer hat es gebrannt, doch dank Manüs Hilfe konnte der Brand eingedämpft und bekämpft werden, sodaß der Schaden nicht allzu groß ist. Nun hat mich das heimatliche München wieder, wo werde ich eingesetzt werden?

**28. 4. 44** Die Zeit eilt dahin und bringt täglich Neues. Trotz aller Zerstörung in München geht das Leben weiter. Auf dem Markt wurde unter freiem Himmel Fisch verkauft, überall ist man mit Aufräumungsarbeiten beschäftigt, Geschäfte werden notdürftig hergerichtet, das Leben geht weiter ... Ich habe mich schon wieder eingewöhnt, wenn mir die Berge auch sehr abgehen. Es war doch eine herrliche Zeit gewesen. Reich an Eindrücken und Erlebnissen, reich an neuen Erfahrungen. Die Erinnerung bleibt an eine Zeit des Lernens und Schauens, der Arbeit und der frohen Kameradschaft. Wie auch mein nächster Einsatz sein wird, er wird mich immer bereit finden, zu helfen und zu arbeiten.

**7. 5. 1944** Heute ist ein richtiger verregneter Sonntag, ich fühle mich aber in meinen 4 Wänden so glücklich, daß mich das Wetter nicht verdrießen kann. Seit Donnerstag bin ich Ausgleichsstudentin und arbeite im Beratungsdienst des Studentenwerkes. Ich bin so froh, daß ich mit Hannchen zusammen bin. Ich bin ein Schreibergesell geworden, wenn unsere Tätigkeit auch interessant ist. Die Soldaten fragen über Abitur u. Studium. Sie wollen Rat haben und sind glücklich, wenn wir ihnen antworten.[469] Wir schlagen eine Brücke zwischen Front u. Heimat. Draußen, der Soldat, der trotz Kampf an sein Fortkommen denkt, wir in der Heimat, die wir ihm mit Rat beistehen. Ein ander Mal sind Listen für Kriegsgefangene auszuschreiben. Sie wollen sich in der Eintönigkeit des Lagers weiterbilden. In manchen Lagern haben sich direkte Schulen gebildet. Der deutsche Mensch kann nicht untätig sein. Er muß immer schaffen und werkeln.

---

[469] 1943/44 kehrten zahlreiche Studenten und Studienbewerber von der Front zurück, die kriegsversehrt von der Wehrmacht entlassen oder beurlaubt worden waren. Vgl. Grüttner, Studenten im Dritten Reich, S. 424.

**15.5.44** Nun habe ich mich schon so ziemlich in meinem neuen Wirkungskreis eingelebt. Morgens um 8 $^h$ beginnt unsere Tätigkeit. Briefe werden geschrieben, Broschüren versandt, Akten bearbeitet, Diktate werden aufgenommen, Post erledigt, Telefongespräche abgenommen. Im Nu ist der Mittag da und wir sind jedesmal froh, wenn wir wieder ein Stück weitergekommen sind. Um 2 $^h$ ist dann Sprechstunde. Ratsuchende müssen zuerst Anmeldekarten ausfüllen, dann werden sie beraten. Vielseitig ist unsere Tätigkeit, denn bei jedem ist es anders. Außerdem werden wir selbst in das akademische Leben eingeführt, kommen mit allen Berufen in Berührung. Jeden Tag nach Dienstschluß streichen wir frohen Herzens den Kalendertag an: wieder ein Tag. Am Samstag war Zahltag: zum 1. Mal festes Gehalt: 80 RM im Monat. Soviel hatten wir uns gar nicht erwartet. Stolz betrachteten wir unsere Lohntüte und vor 3 Monaten noch in der Schule.

**20.5.44** Gestern war nach langer Zeit wieder G.D. Dienst. Die G.D. Mädel organisieren unseren Katastropheneinsatz nach dem Vorbild unserer Kameradinnen in Düsseldorf. Der Nordosten trifft sich im Zirkus Krone, der Südosten am Max-Weberplatz. Jedes Mädel hat sein Verbandszeug; unsere nächste Aufgabe wird es sein, alle Mädel noch einmal gründlich durchzuschulen. Bereit sein, heißt alles. Wenn die Pflicht uns ruft, werden wir genau so tapfer wie tausend andere Mädel sein, den Menschen zu helfen, denen der Bombenterror zugesetzt hat. – Noch eine große Freude brachte dieser erste Dienst. Am 1. Juni beginnt unser Krankenhauseinsatz. Jeden 2. Sonntag werden wir G.D. Mädel im Schwabinger Krankenhaus Dienst machen. In 3 Wochen, dann bin ich an der Reihe.

**21.5.44** Muttertag. Ehrentag der Mütter. An diesem Tag werden im ganzen Reich die Mutterehrenkreuze verliehen. Stolz blicken wir auf unsere Mütter, die trotz der Erschwernisse, die der Krieg und Bombenterror mit sich bringen, immer fröhlich und guter Dinge sind, die die Kraft finden, in diesem Kriege Kindern das Leben zu schenken. Wir gedenken der Mütter, die ihre Söhne hingaben für Führer und Volk, der Mütter in der Rüstung, der Bäuerinnen und der kinderreichen Mütter. Ihnen gehört unsere Liebe und Verehrung. Eine Mutter ist die Seele der Familie. „Wenn eine Mutter ihr Kindlein tut wiegen, schaut der Mond in ihre Kammer herein."[470] – „Mütter euch sind alle Feuer, alle Sterne aufgestellt, Mütter, tief in eurem Herzen schlägt das Herz der ganzen Welt."[471]

**Königsdorf, 27.5.44** Hochlandlager, wer kennt es nicht im Gebiet Hochland? Tausende haben dort schon ein Lagerleben mitgemacht. Nun sollte es für 3 Tage die Führer und Führerinnen des Gebietes Hochland zu einem Führerlager aufnehmen.[472] Clärle und ich waren Nachzügler. Fröhlich zogen wir des Wegs, in dieser schönen Frühlingslandschaft zu gehen, war eine Lust. Wir waren noch nicht lange im Lager, als wir zum Empfang des Gauleiters Giesler am Adolf-Hitlerplatz antraten. Unter den Fanfarenklängen des Musikzuges schritt er die Front unserer Reihen ab. Dann ging es zum Thingplatz, wo der Gauleiter zu uns sprach in seiner kernigen Art, die so treffende Worte zu finden weiß. Jubel unterbrach oft seine Rede, die ganz nach unserem Herzen war. Nachmittags sprach Oberbannführer Miller über „Sport und Spiel stählt deinen Körper." Die Leibeserziehung steht in unserer Erziehungsarbeit an erster Stelle. Pg. Hagwind behandelte das Thema

---

[470] Aus dem Lied „Wenn eine Mutter ihr Kindlein tut wiegen" von Gottfried Wolters (1910–1989). Wolters war Chorleiter und Komponist zahlreicher HJ-Lieder. Vgl. Klee, Das Kulturlexikon zum Dritten Reich, S. 675.
[471] Aus dem Lied „Hohe Nacht der klaren Sterne" von Hans Baumann.
[472] Vgl. Wagner, „Zum Sterben für Deutschland geboren", S. 407, der die Führerlager auf der Grundlage eines Zeitzeugengesprächs nur bis 1943 nachweisen kann.

Volkslied und Volkstanz. An praktischen Beispielen erläuterte er den Gegensatz zwischen deutschem Tanz und uns artfremdem Tanz. Alle Führer und Führerinnen tanzten dann unter seiner Anleitung eine Polonaise. Wir sollen wieder deutsche Tänze tanzen lernen.[473] Nach dem Abendbrot vereinigte uns am Thing Platz eine Feierstunde: Hauptmann Simmet: der frühere Bannführer von Garmisch, jetzt Hauptmann der Gebirgsjäger sprach zu uns, seinen jungen Kameraden. Nach ihm sprach Emil Klein. Beide hatten die deutschen Begriffe der Treue, Ehre und Tapferkeit zum Inhalt ihrer Reden gestaltet. Um 20 $^h$ war Zapfenstreich.

**28.5.44** Die erste Nacht im Zeltlager wäre überstanden. Um 8.30 traten wir zur Morgenfeier an: „Von deutscher Art" hieß das Leitwort der Stunde, deren Höhepunkt die Lesung Herbert Böhmes[474] gewesen ist. Die Hochlandspielschar umrahmte die festliche Stunde mit ihrem Spiel. Dann fanden wir uns zum Volkstanz zusammen. Hagwind war auch hier geduldiger Meister. In fröhlichem Tanze drehten sich die vielen Paare. Zu einem oberbayrischen Mädel oder Buben gehört nun einmal der Volkstanz. Nach dem Mittagessen sprach SS-Hauptsturmführer Weinheber. Er gab einen politischen Lageunterricht über das Geschehen unserer Tage. Daran anschließend hatten die Jungens ein Geländespiel, die Mädels übten sich in der Grundgymnastik. Nach dem Abendessen stieg ein feiner oberbayrischer Abend, den die Spielschar Hochland gestaltete. Oberbayrische Lieder und Tänze, Schuhplattler von 10 jährigen Berchtesgadener Buben getanzt, eine köstlich gespielte Scharade und ein Kasperlspiel lösten einander in bunter Folge ab. Fröhlichkeit herrschte unter den Jungen und Mädel. Alles passte zusammen. Die liebliche Landschaft, das herrliche Wetter und die Kameradschaft der Lagerinsassen. In ungezwungener Stimmung zogen Führer und -innen in ihre Lagerbanne zurück. Wir Münchner zogen durch das Lager, das uns allen so schnell Heimat geworden war. Im Abenddämmern sangen wir gemeinsam Lieder bis wir auseinandergingen. Der Mond schien und überall war Friede. Ein ungewohntes Bild für einen Großstadtmenschen.

**München, 29.5.44.** Die schönen Tage der Kameradschaft sind wieder vorbei. Heute morgens war im Lagerbann II Morgenfeier. Inge Wünsche sprach über das Thema: „Reif werden und rein bleiben, das ist höchste und schwerste Lebenskunst." Mit behutsamen und doch offenen Worten berührte sie dies heikle Thema. Anschließend fand eine Vorstellung statt. Dabei wollte mich Inge wieder für das B.D.M. Studium interessieren. Ich glaube aber nicht, daß ich dies auf diesem Weg erreichen werde. Ich möchte im B.D.M. weiter arbeiten, aber doch unabhängig bleiben.[475] Um 11 $^h$ war Schlußappell am Adolf-Hitlerplatz mit der Flaggeneinholung. Unter den Fanfarenklängen wurde die Lagerfahne eingeholt und mit der Fahne in unserer Mitte zogen wir am Gebietsführer und an Inge

---

[473] Zur ideologischen Instrumentalisierung des Volkstanzes im Nationalsozialismus vgl. Walsdorf, Bewegte Propaganda.

[474] Herbert Böhme (1907–1971), Schriftsteller, Dichter und hochrangiger NS-Kulturfunktionär, u. a. Reichsleiter der Fachschaft Lyrik in der Reichsschrifttumskammer und Abteilungsleiter für Dichtung am Reichssender Berlin. Vgl. Hillesheim/Michael, Lexikon nationalsozialistischer Dichter, S. 75–84.

[475] 1933 bzw. 1939 hatte der BDM Reichsführerinnenschulen in Potsdam und Braunschweig eingerichtet, die ein längerfristiges Studienprogramm für junge Frauen boten, die für Führungsaufgaben in den Gauen oder in der Reichsjugendleitung in Frage kamen. In Braunschweig etwa wurde ein zweijähriger Kurs angeboten. Danach wurde von dem dann hauptamtlichen Führungspersonal erwartet, für zwölf Jahre in der HJ tätig zu bleiben. Vgl. Willmot, Zur Geschichte des Bundes Deutscher Mädel, S. 117; Kaufmann, Das kommende Deutschland, S. 36, 100.

vorbei. Damit war das Lager zu Ende. Tage der Kameradschaft haben ein neues Band geknüpft. Reicher sind wir zurückgekehrt.

**3. 6. 44** Nach sechs monatiger Abwesenheit ist Vati auf Urlaub gekommen. Es ist mir so, als ob er gar nicht weg gewesen wäre. Nun wollen wir die kurzen Stunden des Beisammenseins genießen.

**11. 6. 44.** Heute bin ich reich an neuen Eindrücken heimgekommen. Der erste, so lang herbeigesehnte Krankenhauseinsatz liegt hinter mir. Gestern von $14^h$ bis $19^h$ und heute von $7^h$ bis $14^h$ dauerte der Dienst. Glücklich, diese Arbeit an kranken Menschen tun zu dürfen, folgte ich willig den Anweisungen der Schwester, der ich an die Hand ging. Bettenrichten, Schüsselreichen, Fieber messen und pulsen, dann Essen austeilen, hier trösten, dort helfen, füttern und aufheitern, Medizinausteilen, Spritzenzubereiten, all diese Dinge füllen die Zeit aus, dazu kommen die Extrawünsche der Patienten, Lichtbogen und Inhalierkasten, Rheumapackungen und Wickel. Diese Dinge lerne ich auf der Inneren Frauenstation, die Doktor Feser führt. Kranke, hilfsbedürftige Menschen liegen in den Betten, es ist eine schöne Pflicht ihnen zu helfen, und sie zu erheitern, alle vierzehn Tage werde ich nun mit den G.D.-mädeln den Schwestern auf der Station helfen. Ich freue mich schon auf das nächste Mal.

Das Bild der Lage hat sich seit der letzten Eintragung wesentlich verändert. Die lang besprochene Invasion gegen die nordfranzösische Küste hat begonnen. Aber schon erkennen die Amerikaner, daß sie vergebens gegen unseren Atlantikwall anstürmen. Nur mit Mühe kommen sie an die Küste und bilden im Raum von Cherbourg bis Dünkirchen Brückenköpfe, die aber stets von uns eingeengt werden. Die Entscheidung wird bald fallen.[476]

**15. 6. 44** Innerhalb von fünf Tagen hat München 2 Terrorangriffe erlebt.[477] Beide Male ging es um ½ $10^h$ morgens los. Gott sei Dank kam der Hauptpulk nicht bis in die Innenstadt, sondern warf seine Bombenlast weiter in den Außenbezirken ab und doch sind die Schäden sehr schwer und die Toten sehr zahlreich. Aber ungebrochen geht es weiter. Meine Dienststelle im Studentenhaus ist schwer beschädigt, nach den gröbsten Räumarbeiten geht unsere Tätigkeit weiter. Den Obdachlosen wird alle mögliche Hilfe zuteil und

---

[476] Nach Stalingrad und Kursk suchte Hitler den Schlüssel zum Sieg nicht mehr im Osten. Von nun an schenkte er vor allem der Westfront seine Aufmerksamkeit. Der deutschen Führung war klar, dass die Landeoperation in Italien noch nicht die „zweite Front" eröffnet hatte, die Roosevelt und Churchill Stalin zugesagt hatten. Die Invasion des Kontinents würde im Westen stattfinden. Als die alliierten Landeoperationen (Operation Overlord) am Morgen des 6. 6. 1944 begannen, war der Diktator glücklich und aufgeregt wie selten: Er sah endlich die Chance gekommen, durch die Abwehr der Invasion das Ruder herumzureißen und dem Kriegsverlauf eine entscheidende Wendung zu geben. Mit ihm hatten viele in der militärischen Führung, aber auch in der ganzen Bevölkerung den Tag der Invasion herbeigesehnt: Mancher allerdings weniger, weil er an die Kriegswende glaubte, sondern dadurch ein Ende des Krieges näher rückte – zum Guten oder zum Schlechten. In den ersten Tagen nach der Landung in der Normandie war die Stimmung in Deutschland teils euphorisch – dieses moralische Zwischenhoch hielt allerdings nicht lange an. Den Landungstruppen gelang es schnell, Brückenköpfe zu bilden. Zwar fügten die Verteidiger den Invasoren erhebliche Verluste zu, doch Ende Juli hatten die Alliierten bereits 1,5 Millionen Mann angelandet. Binnen weniger Wochen war Frankreich für das Deutsche Reich verloren. Vgl. Lieb, Unternehmen Overlord; Salewski, Deutschland und der Zweite Weltkrieg, S. 274–289; Müller, Der Zweite Weltkrieg, S. 307–321; Kershaw, Der Hitler-Mythos, S. 262.

[477] Nach der Landung in der Normandie verstärkten die alliierten Bomber ihre Angriffe im Reich. Ziele waren das Verkehrsnetz und die Luftrüstung. Der erste Angriff hatte am 9. 6. 1944 stattgefunden und vor allem Reichsbahnanlagen und Bahnhöfe am Stadtrand getroffen. Der zweite Angriff am 13. 6. zielte auf das Industriegebiet im Münchner Norden. Vgl. Richardi, Bomber über München, S. 258–267; Permooser, Der Luftkrieg über München, S. 230–237.

sie werden vorbildlich versorgt. Denn wir sind ein Volk das nach dem Grundsatz lebt: „Alle für einen, einer für alle."

**16. 6. 44.** Die Vergeltung gegen England hat begonnen. Pausenlos beschießen schwerste Sprengkörper London und Südengland. V.1, die Vorstufe zur weiteren Vergeltung. Deutschlands neue, vernichtende Geheimwaffe hat unsere Gegner und die ganze Welt in Erstaunen gesetzt. Die „führerlosen Flugzeuge" sind den Engländern ein Rätsel, für uns sind sie die Vergeltung für den Terror gegen Frauen u. Kinder.[478]

**23. 6. 44** Vatis Urlaub ist zu Ende. Wie schnell ist doch die Zeit vergangen. Schweren Herzens ist er wieder weg[ge]fahren. Aber wir fügen uns in die Notwendigkeit. Wir alle müssen mithelfen am Endsieg und da haben wir persönliche Opfer zu bringen. Wir hoffen alle auf ein baldiges Ende des Krieges und dann werden wir wieder zusammensein.

**1. 7. 44.** Tiefe Trauer erfüllt das ganze deutsche Volk. Generaloberst Dietl, der Held von Narvik ist bei einem Fluge tödlich verunglückt.[479] Der volkstümlichste General, an dem seine Gebirgsjäger mit abgöttischer Liebe hingen ist in die große Armee eingegangen. Die neue große Aufgabe, Finnland in seinem Kampf zu unterstützen, die ihm der Führer übertragen hat, kann er nicht mehr durchführen. Der Führer selbst ehrte den großen Soldaten, dem er nachträglich die Schwerter zum Eichenlaub verliehen hatte, durch seine Anwesenheit und Rede beim Staatsakt für den Verstorbenen. Ich bin stolz und glücklich, daß ich seinen Namenszug und einen kurzen Gruß von ihm besitze. Sein Wahlspruch im Vertrauen zum Führer hieß: „Je schwieriger der Kampf, desto mehr vertraue ich ihm."

**9. 7. 44.** Wie schnell geht doch die Zeit dahin. Vierzehn Tage sind so schnell vorbei und der Dienst am Samstag/Sonntag ist wieder da. Freudig begrüßt von den Schwestern beginnt die Arbeit. Wir sind stolz darauf, daß wir bereits je eine Schwester vertreten und diese zusätzlichen Urlaub erhält. Wir lernen die Krankenpflege und den Umgang mit den Kranken gründlich, denn nichts bleibt uns erspart. Aber so lernen wir jede Arbeit und sind stolz, wenn wir etwas alleine machen dürfen, so das Fiebermessen und Pulsen der ganzen Station. An eine Spritze habe ich mich noch nicht gewagt, aber nächstes Mal bestimmt. – Am Sonntagmorgen machten wir Krankenbesuch bei Dr. Feser. Er hat sich sehr gefreut über unseren Besuch und die schönen Rosen der Kollegen. Ein schöner Einsatz war es wieder.

**10. 7. 44.** Nun sind Mutti und ich ganz alleine. Manü, der seit einem Jahr bei den LWH war, ist zum R.A.D. gekommen, ins Protektorat.[480] Er geht einem neuen Lebensabschnitt

---

[478] Die deutsche Luftwaffe verfügte über keine Bomber. Große Hoffnungen verknüpften sich deshalb mit den raketengetriebenen Flugbomben V1 und V2. Die „Vergeltungswaffen" sollten die angloamerikanischen Luftangriffe kontern, ihr Einsatz wurde von der Propaganda seit Monaten versprochen. Im Winter 1943/44 waren Basen in Nordfrankreich errichtet worden, von denen aus erstmals am 15. 6. 1944 244 V1-Flugbomben auf London abgeschossen wurden. Die Vergeltungswaffen erwiesen sich als wenig zuverlässig, wurden häufig abgefangen und waren im Vergleich zu den alliierten Bombern ineffektiv: Die Sprengstoffmenge, die sie insgesamt nach England transportierten, entsprach in etwa der eines einzigen angloamerikanischen Angriffs auf eine deutsche Großstadt. Kurzfristig war die V-Waffen-Propaganda durchaus geeignet, die Stimmung zu heben – langfristig aber blieb die Wirkungslosigkeit der Waffen nicht verborgen: Bald stand „V" im Volksmund für „Versager". Vgl. Boog, Strategischer Luftkrieg in Europa, S. 380–415; Hölsken, Die V-Waffen; Kallis, Nazi Propaganda and the Second World War, S. 160–168; Kershaw, Der Hitler-Mythos, S. 262.

[479] Dietls Flugzeug war bereits am 23. 6. 1944 auf dem Weg zum Obersalzberg an einem Berghang in den Alpen zerschellt. Vgl. Knab, Generaloberst Dietl.

[480] Emanuel von Königs Dienstzeit im RAD dauerte von 11. 7. bis 5. 10. 1944, sein Einsatzort war Mělník, nördlich von Prag. Schreiben der Deutschen Dienststelle (WASt) an Sven Keller, 14. 7. 2014.

entgegen und tut es frohen Herzens, denn er hat sein Ziel, Seeoffizier zu werden, immer vor Augen. Mutti ist der Abschied schwer gefallen, aber sie wird sich an das Abschiednehmen gewöhnen müssen.

**12. 7. 44.** München hat zwei schwere Terrorangriffe hinter sich.[481] Gestern Mittag und heute mittag suchten die feindlichen Flugzeuge die Stadt heim. Besonders den Norden und Westen, teilweise den Süden und Osten hat es erwischt. Beim heutigen Angriff geriet das Studentenhaus in Brand. Ich konnte nicht durchdringen durch das Flammenmeer, das sich dort gebildet hat. Groß wird wieder die Zahl der Obdachlosen sein, aber allen wird geholfen, denn eine Volksgemeinschaft hilft zusammen.

**13. 7. 44.** Zum dritten Mal, innnerhalb von 48 Stunden, erfolgte ein Terrorangriff schwerster Art über München. Die Einschläge der fallenden Bomben waren ganz in unsere Nähe. Welle über Welle flog über uns hinweg. Als es endlich stiller wurde, erfolgte der 1. Kontrollgang: Sprengbombe auf Nr. 38, Brandbomben auf das Rückgebäude von 36. Alle Mann raus zum Löschen bezw. Ausräumen unseres Hinterhauses. Schnell waren die gefährdeten Wohnungen leer. Das Anwesen 36 brannte so ziemlich aus, nur weniges konnte gerettet werden. So, wie in unserer Straße sieht es überall aus, nur schlimmer. Wo man hinsieht, Feuer, Schutt und Trümmer. Groß ist bestimmt die Zahl der Toten, der Verletzten und der Obdachlosen. Und doch ist die Haltung der Menschen tapfer. Die Hauptsache: „wir leben," so sagen alle. Denn das Leben ist das kostbarste Gut des Menschen. München ist ohne Strom, ohne Wasser und ohne Gas. Kerzen, Gulaschkanonen und Trinkwasserbehälter müssen die Not steuern helfen. Und es geht auch so. In den Geschäften, soweit sie noch in Ordnung sind, wird verkauft. Das Brot wird von Würzburg, Nürnberg usw. gebracht. Sonderzüge mit Müttern und Kindern, Nichtberufstätige verlassen München. Die kleinen Schäden werden gemeinschaftlich ausgebessert. So versuchen wir Münchner, genau wie in den anderen Luftnotgebieten, unser Leben weiterzuführen und wenn morgen die Regensburger Domspatzen singen, dann werden sie andächtige Zuhörer haben, denn der deutsche Mensch empfindet auch in Trümmern das richtige Gefühl für Kunst und ist dankbar, wenn er in ihr Trost finden kann.

**16. 7. 44** Wieder hat ein schwerer Terrorangriff München heimgesucht. Zum 4. Male innerhalb weniger Tage warfen die Nordamerikaner wahllos Brand- und Sprengbomben. Und wieder hat es unser Viertel getroffen. Die Adelgunden- und die Mannhardtstraße wurden schwer getroffen. Doch kaum war die Entwarnung da, so begannen die Aufräumungsarbeiten. Jeder sucht sich sein Heim wohnlich zu erhalten, bis zum nächsten Mal … Die vielen Obdachlosen empfinden dankbar die Hilfe, die ihnen vom Staat zuteil wird. Die Hilfszüge „Hermann Göring" und „Dr. Goebbels" sind in München eingesetzt worden.[482] Sie verteilen Essen, Glühwein oder Tee mit Rum, Kleidungstücke für die ganze

---

[481] Die amerikanische Luftwaffe flog am 11. 7., 12. 7., 13. 7., 16. 7., 19. 7., 21. 7. und 31. 7. Tagangriffe gegen München, die in allen Stadtteilen schwerste Schäden verursachten. Eigentlich zielten die amerikanischen Angriffe auf das Schienennetz und die Rüstungsindustrie, das schlechte Wetter verhinderte allerdings die eigentlich geplanten zielgenauen Bombardements. Der Juli 1944 brachte München die verheerendsten Zerstörungen des Luftkrieges. Ende des Jahres hatte sich die Bevölkerungszahl der Stadt im Vergleich zum Vorkriegsstand annähernd halbiert. Vgl. Richardi, Bomber über München, S. 268–280; Permooser, Der Luftkrieg über München, S. 249–285.

[482] Insgesamt gab es im Reich zehn solcher Hilfszüge. Sie bestanden aus jeweils 20 bis 30 Lastkraftwagen mit Anhängern und sollten die Menschen nach Bombenangriffen mit dem Nötigsten versorgen. Neben Lebensmittelvorräten führten sie Wassertankwagen, mobile Küchen und Notstromgeneratoren mit. Vgl. Beer, Kriegsalltag an der Heimatfront, S. 158.

Familie usw. Schnelle Hilfe tat not, und schnelle Hilfe kam. Auch der vierte Angriff konnte uns unseren Lebensmut nicht nehmen, wir schaffen weiter …

*[Zeitungsausschnitt] „Besonders in München, gegen das der Feind innerhalb von fünf Tagen bei für die eigene Abwehr ungünstiger Wetterlage vier Großangriffe führte, entstanden zum Teil empfindliche Schäden und Verluste. Die Haltung der Bevölkerung war vorbildlich."*

**18.7.44** Eben kommen wir wieder aus dem Keller herauf. Die feindlichen Kampfverbände sind wieder nach Tirol abgedreht.[483] Den ganzen Vormittag habe ich damit verbracht, meine Bücher in Kisten zu packen, die Matratzen und Kissen in Tücher zu nähen. So viel als möglich haben wir in den Parterre heruntergeschafft. Jeder müht sich einiges zu retten. Auch hilft man dadurch dem Staat, der soviel ersetzen muß. Ungestört der beschädigten Umgebung arbeitet die Natur weiter. An meinem Fenster blüht der Kaktus in einer herrlichen Blüte, schneeweiß mit vielen kleinen Zäpfchen hebt sie sich gegen den Igel-Kaktus ab. Die Natur …
**19.7.44** Wieder heulten die Sirenen über die Stadt hin. Nach längerer Zeit begann die Feindtätigkeit, die sich aber Gott sei Dank mehr am Rande der Stadt abspielte. Nach über drei Stunden war die Entwarnung. Was für Stunden müssen Vati und Manü erleben. Hoffentlich haben sie bald Nachricht von uns. Manü ist in Prag eingesetzt; es gefällt ihm ganz gut. Er tut sich leichter, denn er ist den milit. Drill gewohnt.
**20.7.44** Mordanschlag auf den Führer, er selbst blieb unverletzt. Die Vorsehung hat hier gewaltet. Seine Begleiter haben alle mehr oder minder schwere Verletzungen davon getragen. Ich bin so glücklich, daß der Führer lebt. Was wäre geworden ohne ihn. Er muß uns noch recht lange erhalten bleiben. Der Führer lebt, Gott sei es gedankt.[484]
Alarm von ½ 11$^h$ bis 12$^{30}$ (ohne Bombenwurf auf die Stadt).
**21.7.44** München machte den 6. Terrorangriff innerhalb 10 Tagen durch. Wieder fielen die Bomben, Brand und Phosphor vernichteten Hab und Gut. Menschen mußten ihr Leben lassen. Leider konnten wir nirgends mithelfen in den Rettungsstellen oder den Obdachlosenstellen. Diese anhaltenden Angriffe sollen uns schwächen, der Anschlag auf den Führer sollte unserer Langmut ein Ende machen, doch die Vorsehung bestimmte es anders, und die Dankbarkeit und Liebe zum Führer ist noch stärker geworden, im Glauben an den Endsieg stehen wir hinter ihm.
**26.7.44** München hat einige Tage der Ruhe, bis auf wenige Alarme, die uns auch nachts herausholen. Diese Tage werden zum Wiederaufbau von Geschäften und Dienststellen benützt. Unser Büro muß neu errichtet werden, gestern haben wir uns Büromöbel ausgesucht, sie gesäubert, verladen und unsere neue Stätte eingerichtet. – Überall arbeiten Sol-

---

[483] Am 18.8.1944 war ein weiterer großer amerikanischer Bomberverband im Anflug auf München gewesen, der jedoch bei gutem Wetter von deutschen Jagdfliegern zum Abdrehen gezwungen werden konnte. Vgl. Richardi, Bomber über München, S. 286.
[484] Am 20.7.1944 führte Oberst Claus Schenk Graf von Stauffenberg (1907–1944, hingerichtet in Berlin) im Führerhauptquartier „Wolfsschanze" ein Sprengstoffattentat auf Hitler aus. Dieser überlebte jedoch den Anschlag. Damit war der geplante Umsturzversuch der Verschwörer um Stauffenberg und Generalmajor Henning von Tresckow (1901–1944, Selbstmord) gescheitert. Der Anschlag löste eine Welle der Empörung in der deutschen Bevölkerung aus und stabilisierte den nach den Krisen der Jahre 1943/44 bröckelnden „Hitler-Mythos" ein letztes Mal – allerdings nur vorübergehend. Die Bindung zwischen dem „Volk" und dem praktisch ganz aus der Öffentlichkeit verschwundenen „Führer" begann, sich zu lösen. Vgl. Benz, Der deutsche Widerstand gegen Hitler; Ueberschär, Stauffenberg; Kershaw, Der Hitler-Mythos, S. 263–268.

daten, säubern die Straßen, bergen Möbel, die Bahnen werden instandgesetzt. Wasser läuft in vielen Stadtteilen, Licht brennt wieder. In all dieser Arbeit vergessen wir die Trümmer ringsum, die Ruinen, in die unsere Stadt verwandelt wurde. Gestern war ich zum ersten Male wieder in einem Kino. Beglückt empfand ich die Schönheit des Kulturfilms, die Wochenschau berichtete vom Tage und der Spielfilm „Ich brauch Dich" ließ uns für zwei Stunden unsere Umwelt vergessen.[485]

**27. 7. 44.** Der Führer hat Dr. Goebbels zum Generalbevollmächtigten für den totalen Krieg ernannt.[486] Dr. Goebbels hat eben über den deutschen Rundfunk gesprochen. Er hat einen Rechenschaftsbericht über den 20. 7. abgelegt und die Folgerungen daraus gezogen.[487] Totaler Krieg ist das Gebot der Stunde, neue Waffen werden in Einsatz kommen, Heimat und Front holen zum letzten Schlag aus. Volk ans Gewehr.

**29. 7. 44.** Eben lese ich in der Zeitung, daß unsere Gretl Brugger gefallen ist. Gretl war uns stets eine treue Kameradin gewesen, die trotz aller Arbeit immer wieder zum Dienst im G.D. kam, der ihr so am Herzen lag. Uns bleibt die Erinnerung an gemeinsame, frohe Stunden, die sie mit ihrem Humor und ihren Liedern reichmachte. Sie opferte ihr Leben für Führer und Volk, das sie so heiß liebte. Sie wird in unseren Reihen weiter leben.[488]

[Todesanzeige] *„Durch Terrorangriff am 11. Juli 1944 haben wir unsere liebe Tochter verloren. Parteigenossin Gretl Brugger Damenschneiderin, [geboren] 7. 2. 1925. [gestorben] 18. 7. 1944, München. Josef und Anny Brugger mit Verw."*

**31. 7. 44** Erneut war München das Ziel der feindlichen Flugzeuge. Heute mittag um ½1 h Uhr war Fliegeralarm. Gott sei Dank kamen sie nicht in die Stadt herein sondern mußten

---

[485] „Ich brauche Dich" von Hans Schweikart (1895–1975), 1944. Die „Volksgenossen" für kurze Zeit „die Umwelt vergessen" zu lassen, war eines der Ziele der NS-Filmpolitik in der zweiten Kriegshälfte; viele Spielfilme beinhalteten kaum noch NS-Symbolik und präsentierten die Illusion ziviler Normalität statt Kriegsrealität. Vgl. Stahr, Volksgemeinschaft vor der Leinwand?, S. 232–236.

[486] Wie schon 1943 mit der Ernennung Himmlers zum Innenminister reagierte Hitler auf die äußere und innere Krise des Jahres 1944, indem er den Einfluss der nationalsozialistischen Weltanschauung stärkte, vertreten durch namhafte NS-Führer. Neben Goebbels waren dies vor allem erneut Himmler, der nun auch noch das Amt des Befehlshabers des Ersatzheeres übernahm, Martin Bormann als Leiter der Partei-Kanzlei (1900–1945) sowie Albert Speer. Die Krise, so die Logik, müsse durch mehr Nationalsozialismus und einen größeren Einfluss der Partei überwunden werden. Neben der inneren Krise in Gestalt des Hitler-Attentats und im Windschatten der erfolgreichen Invasion im Westen entfaltete sich just in diesen Tagen im Osten die größte militärische Katastrophe der deutschen Geschichte: Die sowjetische Sommeroffensive, die am 22. 7. 1944 begann, überraschte die vollkommen auf die Ereignisse in Frankreich fixierte Wehrmachtsführung. Erst Tage später erfasste man auf deutscher Seite Ausmaß und Tragweite der „Operation Bagration", in deren Verlauf die Rote Armee die deutsche Ostfront auf rund 1100 Kilometern Breite kollabieren ließ. Bis September verlor das deutsche Heer im Schnitt täglich 5750 Mann, insgesamt waren allein in diesen drei Monaten über eine halbe Million Gefallene zu beklagen – fast ein Fünftel der Gesamtverluste im Osten bis Ende 1944. Praktisch hörte die Heeresgruppe Mitte binnen weniger Wochen auf zu existieren. Vgl. Keller, Volksgemeinschaft am Ende, S. 55–75; Kunz, Wehrmacht und Niederlage, S. 67–69; Frieser, Der Zusammenbruch der Heeresgruppe Mitte; Overmans, Deutsche militärische Verluste, S. 279.

[487] Die Rundfunkansprache wurde am Abend des 26. 7. 1944 gesendet und am Folgetag von der Tagespresse abgedruckt. Vgl. Rundfunkansprache Goebbels', 26. 7. 1944, abgedruckt in: Das Archiv. Nachschlagewerk für Politik – Wirtschaft – Kultur (1944), Heft 124, S. 342–359.

[488] Wolfhilde von König folgt hier der nationalsozialistischen Diktion, die die Opfer des Luftkrieges mit den Gefallenen an der Front gleichsetzte, sie heroisierte und ihrem Tod dadurch Sinn zu verleihen suchte. Vgl. Echternkamp, Im Kampf an der inneren und äußeren Front, S. 68; Süß, Tod aus der Luft, S. 446.

ihre Bomben in der Umgebung, den Vororten abwerfen. Wieder schändeten die Mordbrenner Kulturdenkmäler, Krankenhäuser und Wohnviertel. Hoffentlich ist die Zahl der Toten diesmal nicht so hoch. – Es sind bereits umfassende Maßnahmen zum Totalen Krieg bereits im Gange. Wie zu erwarten war, ist die Frist des Arbeitseinsatzes bei den Frauen auf 50 Jahre herauf gesetzt worden. Die Scheinarbeitsverhältnisse sind aufzulösen. In rascher Zeit muß viel Geschaffen [werden]: „Waffen und Soldaten".[489]

**6. 8. 1944.** Heute war die Trauerfeier für Gretl Brugger. Das H.J.-Heim Moelders war festlich geschmückt worden und die Fahnen der Pimpfe gaben dem Raum die Weihe. Kameraden und Kameradinnen, G.D. Mädel und geladene Trauergäste nahmen ihre Plätze ein. Nach einleitender Musik folgten Merksprüche vom Sinn des Opfers als Prüfung des Lebens. „Heilig Vaterland in Gefahren". Ein Redner der Partei gedachte unserer Gretl, die gefallen war im Glauben an den Führer, den sie heiß und innig liebte. Wir Nationalsozialisten empfinden den Tod nicht als Strafe, sondern als Erfüllung eines Lebens, und wirklich, die „Bruggermutti" wie Frau Brugger ob ihrer tatkräftigen Hilfe in allen Notfällen genannt wird. Sie findet ihren Trost darin, daß Gretl nicht umsonst fiel und sie sagte, wir müssen denken, sie wäre ein Soldat gewesen und morgen schon will Frau B. wieder ihren Ehrendienst in der Muna[490] weiterführen. Eine tapfere deutsche Mutter. Nach dem Lied von dem Guten Kameraden erklangen die Nationallieder. Ich bin glücklich, daß ich der leidgeprüften Mutter (die noch nicht wußte, daß ihre eigene Mutter inzwischen gestorben war) mit meiner Anwesenheit eine kleine Freude gemacht habe.[491]

**Berchtesgaden, 12. 8. 44** Nach einer langen Bahnfahrt kamen wir in unserem schönen Berchtesgaden an. Für 3 Tage nichts sehen und hören von der Stadt, das wird wunderschön und doch wandern meine Gedanken ständig nach Hause, haben die dort Strom oder nicht? – Das Wetter hier ist herrlich, nur sehr warm, aber dagegen gibt es Abhilfe. Die Mädels sind zum Singen auf den Platterhof gegangen. Wir zwei, Clärle und ich faulenzen richtig, lagern im Schatten und schreiben nun Briefe.

**13. 8. 1944** Der gestrige Abend hat mir noch eine besinnliche Stunde gebracht. Ich ging mit meinem kleinen Spatzen spazieren. Sie drückt irgendein Kummer, aber sie ist verschlossen und es kostet Mühe näher in sie zu dringen, aber ich werde trotzdem versuchen

---

[489] Die Frage der Frauenarbeit war ein Gradmesser für die Kriegslage und den „Totalen Krieg". Goebbels hatte schon seit dem Winter 1941/42 – als der Vormarsch auf Moskau scheiterte und sich ein langer Krieg abzeichnete – vergeblich gefordert, die Arbeitsquote von Frauen zu erhöhen – sei es durch eine Arbeitspflicht oder moralischen Druck. Ein Umdenken bei Hitler zeichnete sich erst nach der Katastrophe von Stalingrad ab, als eine Dienstpflicht auch für Frauen zwischen 17 und 45 Jahren eingeführt wurde. Die Mobilisierung für den Arbeitseinsatz in der Kriegswirtschaft stieß auf zahlreiche praktische Hindernisse. In der zweiten Kriegshälfte leisteten Frauen zudem in zunehmendem Maße Kriegsdienst, etwa als Wehrmachthelferinnen oder Flakwaffenhelferinnen. Vgl. Echternkamp, Im Kampf an der inneren und äußeren Front, S. 37-44; Kramer, Haushalt, Betrieb, Ehrenamt, S. 45-50; Hagemann, „Jede Kraft wird gebraucht"; Maubach, Helferinnen im „totalen Krieg"; Eiber, Frauen in der Kriegsindustrie.

[490] Munitionsanstalt.

[491] Neben der Diktion, die sinnstiftend die (männlichen wie weiblichen) Luftkriegsopfer den Gefallenen an der Front gleichsetzte, bemühte sich das Regime, die öffentliche Trauer um die Toten zu monopolisieren. Individuell-private oder konfessionelle Trauerformen und Bestattungsriten wurden durch einen volksgemeinschaftlichen Totenkult ersetzt, Trauerfeiern wurden zu Totenfesten, die den Schmerz um den Verlust kanalisieren, in Wut gegen den Feind und eigene Opferbereitschaft umwandeln sollten. Dies geschah nach Großangriffen anlässlich von Massenbestattungen, oder wie hier im kleineren Rahmen anlässlich einer individuellen Totenfeier. Vgl. Süß, Tod aus der Luft, S. 455f., 469-481; Echternkamp, Im Kampf an der inneren und äußeren Front, S. 69-71.

ihr zu helfen. – Statt dem Gute-Nachtsagen veranstalteten wir eine lustige Szene. Wir spielten Visite. Evi und Fränzi als Ärzte, wir übrigen als Schwestern. Es war zum Totlachen. – Heute war ein herrlicher Tag gewesen, voll Sonnenschein und Heiterkeit. Mit einer kleinen Morgenfeier an der Fahne begannen wir den Tag, der so klar und hell begann. Wir waren wieder richtig faul, lasen, sonnten uns und machten Unfug mit den Kindern des Hauses, die sich um uns scharten. Um 11$^h$ kam Dr. Feser mit Frau Dr. Schütz, sie besuchten die Mädels im Lazarett und das Mittagessen vereinte alle im festlich geschmückten Speisesaal. Dr. Feser sprach über die G.D. Arbeit. – Nach dem Kaffeetrinken, gingen wir zu dem Aschauer Weiher zum Baden. Drückend schwül war es geworden, sodaß das Bad wohltat. Nach dem Abendbrot war Heimabend: „Mädel, wahre deine Ehre." Kunststücke, Prosalesungen leiteten zu dem Bekenntnis eines Soldaten über, der in einem Brief seine Meinung über Liebe und Ehe darlegt. An dieses Bekenntnis schloß sich eine lange Aussprache an. Während draußen ein Gewitter losbrach und die ersehnte Kühle brachte, entfachte sich bei uns eine heftige Debatte über Für und wider.[492] Das Lied: „in den Krieg will ich reiten"[493] beschloß diese Stunde. Nach der Fahne gingen wir alle still zu Bett. Ein Erlebnis hat uns reicher gemacht.

**14.8.44** Wir stehen vor dem Abschiednehmen von den Menschen, zu denen wir gingen und von den Bergen, die wir so lieben. Heute morgens fuhren wir nach Reichenhall. Clärle packte Margits Sachen zusammen, ich besuchte Haus Berta, Frau Dr. Willms, Gretl, Albine, Schw. Josephine. Die Stunden eilten so rasch dahin. In Berchtesgaden wieder angekommen, setzte ich mich mit Hannas Bruder in Verbindung, um 12$^h$ holte ich ihn im Lazarett ab und begleitete ihn nach B. hinab, wo Hannas Mutter, Hanna und Toni schon warteten. Wir verbrachten eine lustige Stunde zusammen. – Nach dem Mittagessen holte ich Fr. Dr. W. in Bischofswiesen ab. Der lange Weg verging uns rasch, denn es gibt zwischen uns beiden soviele Punkte, die uns interessieren und die wir besprechen. Fr. Dr. Willms sprach über Periodenstörungen, zuvor über die häufigsten Erkrankungen im Hopfen und ihre Bekämpfung. Als ich von der Bahn zurückkam hieß es auch für uns packen und nun geht es nach München, mit frischen Kräften wieder an die Arbeit.

**München, 16.8.44.** Eben kommen wir wieder vom Keller rauf, Fliegeralarm. Es war aber Gott sei Dank nichts. Ich habe mir eine Infektion an der l[in]k[en] kl[einen] Zehe geholt, die durch die weiten Märsche in B'gaden nicht besser geworden war. Nun kuriere ich sie mit Umschlägen, da der Entzündungsherd weiter um sich greift. Bis zum Hopfen muß alles gut sein.

**Wolnzach-Markt, 25.8.44** Urlaub: welch ein Wort. Ich hatte nie gedacht, daß ich den Begriff „Urlaub" einmal so hoch einschätzen würde. Urlaub, das sind 10 Tage, die man rausgeht aus der Stadt, man tut etwas anderes als Schreibmaschinenschreiben. Mein Urlaub

---

[492] Die Frage, ob vorehelicher Geschlechtsverkehr und außereheliche Mutterschaft moralisch verwerflich seien, oder es sich dabei nicht um im nationalsozialistischen Sinne überkommene bürgerliche Wertvorstellungen handelte, war auch unter Nationalsozialisten umstritten. Aus völkisch-biopolitischer Perspektive war das entscheidende Kriterium, ob die Schwangerschaft einer Frau für die „Volksgemeinschaft" wünschenswert war, nicht die Ehe, sondern Rasse und Erbgesundheit. Viele Eltern befürchteten, der BDM leiste sexueller Zügellosigkeit Vorschub, entsprechende Gerüchte waren zahlreich. Tatsächlich gab es für Jungen und Mädchen, die an sich streng getrennt blieben, am Rande des Dienstes, von Lagern oder Einsätzen durchaus die Gelegenheit, sich näherzukommen. Vgl. Herzog, Die Politisierung der Lust, S. 15–83; Willmot, Zur Geschichte des BDM, S. 146–148; Kater, Hitler-Jugend, S. 94f.
[493] Lied „In den Krieg will ich reiten" von Hans Baumann.

führt mich in die Holledau wie voriges Jahr. Dieser Einsatz ist Zeit schönster Diensterfüllung. 3 Tage sind schon verstrichen, die Zeit geht im Fluge dahin. Die G.D. Mädel sind in ihre Bereiche abgefahren, Fr. Dr. Willms ist angekommen und nach einer Nacht auf Stroh und Gesprächen mit den Kameradinnen fanden wir eine bessere Unterkunft; Gretl und ich hausen nun in unserem kleinen Zimmer.

**27. 8. 44.** Sonntagmorgen. Wir sitzen in dem Gastzimmer des Hotels Post und schreiben. Zuweilen geht unser Blick auf den Marktplatz mit der Kirche, die sich gegen den blauen Himmel abhebt, davor die Trauerweide, das Kriegerdenkmal, die Hopfenwagen fahren über den Platz, Kirchgänger verlassen die Kirche, die Männer finden sich zum Plaudern in den Gaststätten ein. Das ländliche Leben geht seinen Gang. Gestern war Großreinemachen. Das ganze Revier blitzt vor Sauberkeit soweit dies möglich war. Nun warten wir auf das Sanitätsmaterial und die Betten.

**1. 9. 44** 1. September – 5 Jahre Krieg. Was waren das für Jahre, erfüllt von Siegen und Rückschlägen, Bombenkrieg und Vergeltung. Zu Beginn des Krieges drei Kriegsmächte, nun schon bald die ganze zivilisierte Welt. Zu Beginn des 6. Kriegsjahres steht Deutschland, obwohl rund von Gefahren umgeben, sicher und fest, Heimat und Front im Totalen Kriegseinsatz. Bald muß die Entscheidung fallen: Sieg oder Untergang.[494] Das Kriegsgeschehen hat auch in unsere Familie gegriffen. Vati wieder eingerückt. Manü bereits im RAD. F[.][495] in Frankreich, durch die Luftangriffe wurde unsere Wohnung beschädigt. Die mannigfaltigen Kriegseinsätze habe ich hinter mir, ich bin froh und glücklich, daß ich beweisen durfte, was in mir steckt und daß ich schon vielen Menschen helfen durfte sei es in der KLV, Bahnhofs- oder Krankenhausdienst. – Hier in Wolnzach merkt man nicht allzuviel vom Krieg. Wenn wir abends nicht den Wehrmachtsbericht hören würden, wüßten wir nichts von dem, was in der Welt geschieht. Hier geht es morgens Sprechstunde mit 60 bis 70 Besuchern, dann „Stationsdienst", ich habe die Mädelstation, Kochen, Revierreinigen, Mittagessen, Mittagsruhe oder: Dienst, abends Sprechstunde mit 150 bis 200 Jungen, dazwischen Krankenpflege. Und den ganzen Tag kommen Jungen und Mädel mit ihren kleinen Leiden. Viele Drückeberger sind darunter und die wirklich Kranken sind tapfer und nett. Unser Haus ist meist voll, mehr Jungen als Mädchen. Die Tage fliegen nur so dahin, sie sind erfüllt von Arbeit, aber auch von Freude. Diesmal ist es eine wunderschöne Kameradschaft, Schwester Thilde, ein pfundiger Mensch, Kamerad und auch Vorgesetzte, Gretl, Inge und ich sind das G.D. Quartett dazu kommen noch 3 Feldschern und die San.-Hauptstation ist vollständig.

**8. 9. 44 München.** Mein Urlaub ist zu Ende. Welch schöne Stunden der Gemeinschaft durfte ich verleben. Das gemeinsam gekochte Mittagessen schmeckte doppelt so gut als im Gasthaus, der selbstgebackene Kuchen am letzten Sonntag war einfach herrlich. Wir haben die Mühe nicht gescheut und neben unserer Arbeit gekocht und gebacken. Am Mittwoch gingen wir alle gemeinsam zum Hopfenzupfen. Fr. Dr. Willms und ich zupften zwei Metzen voll. Das waren lustige Stunden auf dem Hopfenacker. Gestern fuhr ich mit

---

[494] Die nationalsozialistische Propaganda, der es längst an positiven Nachrichten mangelte, versuchte durch eine radikale Dichotomisierung der Zukunftsoptionen die deutsche Bevölkerung zu mobilisieren, zum „Durchhalten" zu bewegen und „Kraft durch Furcht" zu generieren. Am wirksamsten war dabei antibolschewistische Gräuelpropaganda, aber auch die Forderung der Alliierten nach bedingungsloser Kapitulation wurde aufgegriffen. Viele fürchteten, nach einer Niederlage werde Deutschland von den Siegern keine Schonung zu erwarten haben. Vgl. Keller, Volksgemeinschaft am Ende, S. 55–62; Kallis, Der Niedergang der Deutungsmacht, S. 242–245.

[495] F[.] von König (geb. 1913), Cousin Wolfhilde von Königs.

Fr. Dr. Willms und Direktor Kaitel durch das Hopfengebiet, kreuz und quer durch die Holledau ging es von Pfaffenhofen nach Freising und zurück nach Wolnzach. Der Abschied fiel mir sehr schwer von diesen Menschen, die kameradschaftlich, gerade und aufrichtig sind. Nun bin ich wieder in München. Im Büro ist die 60 Stunden-Arbeitszeit eingeführt worden.

**14.9.44** Die Tage waren wieder reich gesegnet von Alarmen und Kukuksrufen.[496] Zu ernsterem Angriff ist es Gott sei Dank nicht gekommen. So tragen wir mit Humor die Maschinen rauf und runter. Ich denke bei all diesen Alarmen immer an Hilde, die z. zt. nur in Fliegeralarmen lebt und arbeitet. Viel erlebt sie jetzt, sei es am Krankenbett oder im Op. Sie lernt und arbeitet gern, denn sie hat Freude daran. – Wenn es heißt Einflug in Böhmen und Mähren, dann denke ich an unseren Manü, der bald zurückkommt, noch 11 Tage ... Vati glaube ich, hat noch die wenigsten Alarme. Er sitzt auf seiner bald vom Sturm umtobten Insel, und tut dort seine Pflicht. Mutti hat die Führung einer Soldatennähstube übernommen und arbeitet somit kriegswichtig.

**17.9.44** Nach langer Zeit habe ich wieder Krankenhausdienst gemacht und – habe wieder tiefe Befriedigung gefunden. Unsere Arbeit auf der Station ist gewachsen, denn einige Patienten sind nun ständig im Keller und müssen mitbetreut werden. Die neuen Schwestern sind sehr nett und unsere Zusammenarbeit ist herzlich. Besonders mit der N.S. Schwester komme ich sehr gut aus. Diese Arbeit macht mir stets von Neuem Freude und ich bin froh, daß ich schon jetzt all die Arbeit kennenlerne, die für mich später sehr nützlich ist. Wenn alles gutgeht, werde ich wieder regelmäßig Dienst machen.

**22.9.44** Heute war wieder ein schwarzer Tag in der Geschichte Münchens. In den Mittagsstunden ging der Tanz los.[497] Vor allem das Bahnhofsviertel ist getroffen worden. Mancher Bunker erhielt einen Volltreffer und viele Menschen ließen ihr Leben. Uns ist Gott sei Dank nichts geschehen. Ich bin immer so glücklich, wenn ich am Max II-Denkmal[498] um die Ecke schaue und unsere Burg steht noch. Das Leben geht weiter ...

**26.9.44** Wir sind in großer Angst um Manü, seit dem 8. 9. haben wir nichts mehr von ihm gehört. Er soll diese Woche nach Hause kommen. Wir wollen das Beste hoffen. Jetzt ist Gott sei Dank das tolle Hannchen wieder gekommen. Es ist so viel schöner und lustiger zusammen. Unsere Arbeit geht indes weiter und die Beratungen beschränken sich z. zt. auf die Kriegsversehrten und überhaupt auf die Soldaten, denn nur sie dürfen ja studieren. Ich weiß nicht, ob wir wegmüssen nach Erlangen, denn die Universität soll verlegt werden. Abwarten ... Vom Kollegen habe ich auch so lange nichts mehr gehört, sie hat ja immer Alarm und die Post geht verloren. Hoffentlich ist ihr nichts geschehen.

**27.9.44** Wieder beklagen wir den Verlust einer lieben Kameradin. Hilde ist von ihrem schweren Leiden erlöst worden. Bei meinem letzten Dienst habe ich sie noch besucht. Sie hatte wieder Hoffnung geschöpft, denn ihr Zustand hatte sich nicht gebessert und nicht verschlechtert. Sie wäre nie mehr geworden und ihre Krankheit wäre ihr bei ihrem Berufswunsch im Wege gestanden. Der Schmerz der Eltern ist groß, die einzige Tochter, dazu ein lieber, tapferer Kerl, stets fröhlich und hilfsbereit, wirklich eine gute Kameradin.

---

[496] Luftlagemeldungen im Radio oder über die Drahtfunksysteme begannen mit einem Kuckucksruf, wenn mit Feindeinflügen gerechnet werden musste.
[497] Vgl. Richardi, Bomber über München, S. 325–329; Permooser, Der Luftkrieg über München, hier S. 286–292.
[498] Das Denkmal für Maximilian II., auch Maxmonument, steht dort, wo Maximilianstraße und Thierschstraße sich kreuzen.

Im G.D. Dienst fand sie Befriedigung und Freude, alle Lager und Heimabende hat sie mitgemacht und war immer guter Dinge. Stets wird sie in unserer Erinnerung bleiben. Ich habe den Eltern brieflich mein Beileid ausgesprochen, denn es ist mir so furchtbar am Begräbnis eines mir liebgewordenen Menschen teilzunehmen. Ich denke lieber in stiller Trauer an ihn.

*Todesanzeige: „Gott, der Lenker aller Geschicke, hat unsere edle, einzige Tochter und Schwester Hildegard Hilsendegen, Absolventin der Städt. Oberschule am St.-Anna-Platz, im Blütenalter von 19 Jahren nach schwerem, geduldig ertragenem Leiden in die ewige Heimat geholt. München (Welfenstr. 1/I), 27. 9. 1944. In unsagbarem Weh: die trostlosen Eltern Otto und Franziska Hilsendegen; Stiefbruder Alfred Hamann u. Verw. Beerdigung: 29. 9. 44, 15 Uhr, Ostfriedhof. Der Gottesdienst wird am Grabe bekanntgegeben."*

**29. 9. 44** Heute heißt es Abschiednehmen. Toni H. muß mit Herrn Dr. Schuh nach Salzburg, in die Mozartstadt. Nach Büroschluß richteten wir eine festliche Kaffeetafel her und bei fröhlichem Geplauder gingen die Stunden dahin. Es ist ein seltsam Ding ums Abschiednehmen. Man kann nie viel Worte drum machen und trägt es im Herzen. Toni geht schließlich nicht weit weg, aber ein lieber Mensch aus unserem Arbeitskreis ist gegangen. Wir wünschen ihr viel Glück für ihre neue Arbeit.

**1. 10. 44.** Wieder liegen 12 Stunden Krankenhauseinsatz hinter mir. Gestern habe ich die erste Spritze verbrochen. Alles war gar nicht so schlimm als ich meine Hemmung überwunden hatte. Heute habe ich Dr. Feser im Labor geholfen, er hat Urin auf Zucker geprüft. Er hat uns alles erklärt. Anschließend half ich ihm bei einer Blutentnahme, dann machte er noch eine intravenöse Injektion. Der Dienst war diesmal ziemlich leicht, da wir wenig Patientinnen hatten. Es war wieder richtig schön.

Erntedank – Dank des Volkes an seine Landbevölkerung, das trotz aller Schwierigkeiten und Mühe die Versorgung sicherstellt.

**2. 10. 44.** Hochzeitstag von Vati und Mutti. Vor 22 Jahren schlossen sie den Ehebund, aus dem Manü und ich hervorgingen. 2 weitere Geschwister würden unseren Kreis bevölkern, doch das Schicksal wollte es anders. 22 lange Jahre, voll Kummer und Sorgen und doch von Freude und Hoffnungen. In den letzten Jahren wären wir auch wirtschaftlich besser gestellt gewesen, da kam der Krieg. Der Vati rückte ein, kam wieder und ist seit 24. 11.[1943] wieder eingerückt. Hoffen wir von Herzen, daß der nächste Hochzeitstag gemeinsam begangen werden kann.

**4. 10. 44.** Kaum sind 12 Tage vergangen, da sucht ein neuer Angriff München heim.[499] Im Büro das übliche Bild, zertrümmerte Fensterscheiben, Schmutz und Kälte. Zu Hause ist Gott sei Dank nichts geschehen. Dafür hat manch anderer Stadtteil wieder böse gelitten. Nymphenburg mit seinem Schloß, das Bahnhofs- und Pasinger Viertel weisen wieder böse Schäden auf. Das Gas ist auch wieder futsch, wir hatten es seit den Juliangriffen nicht mehr und es muß auch gehen. Die ganze Heimat leidet unter diesen Angriffen, jetzt mehr denn je, da der Feind an allen Grenzen des Reiches steht. Da sie uns nicht mit Waffen besiegen können, versuchen sie es mit dem Nervenkrieg. Der Münchner, der gewiß

---

[499] Wie schon während der Angriffe im September zielte die US Air Force vor allem auf die Münchner Verkehrsinfrastruktur, insbesondere die Bahnanlagen: Hauptbahnhof, Schienennetz und Rangierareale. Vgl. Richardi, Bomber über München, S. 329–333; Permooser, Der Luftkrieg über München, hier S. 292–296.

ein ruhiges Gemüt hat, wird allmählich von einer Wut auf diese Luftgangster erfaßt, daß es eine wahre Freude ist.

**6. 10. 44.** Manü ist überraschend gekommen. Gestern Nacht ist er aus Brünn gekommen. Nun hat die RAD-Zeit [ein Ende], die ihm zwar manch schwere Arbeitsstunden, aber auch sehr viel Freude an der Landschaft, an den Kameraden und Kameradinnen brachte. Jetzt geht es einem neuen Ziel zu, und das gern sehr bald. Das Schöne daran ist, daß er nach Flensburg-Mürwik kommt, eine Stunde von Vati weg. So können die beiden sich öfter treffen und oben zwei und unten zwei sind beisammen. Die kurze Zeit seines Hierseins will ausgenützt sein.

**10. 10. 44** Heute ist Manü wieder abgefahren. So kurz war die Zeit des Zusammenseins. Er freut sich schon unbändig auf die Schule, auf die neuen Kameraden, die alle das gleiche Ziel anstreben und auf die neuen Pflichten und Arbeiten, die ihm der Dienst in der Marine bringen wird. – Als der Krieg begann, war Manü ein kleiner Junge von 12 Jahren und nun ist er eingerückt. Anfang Januar schon kommt er zur Frontbewährung auf ein Schiff. Das Soldatenglück soll ihn begleiten. Das ist mein innigster Wunsch bei seinem Scheiden.

**14. Oktober 44. Gmund am Tegernsee.** Ich sitze auf dem Balkon der Villa Mark, vor mir liegt der Tegernsee in hellem Sonnenschein, die Bergwälder ringsum tragen das bunte, herbstliche Kleid und heben sich gegen die Nadelwälder ab; alles ist in das milde Licht der Sonne getaucht, die die Türme des Klosters Tegernsee am anderen Ufer aufblitzen lassen. Ringsum ist es wunderschön still, es tut wirklich gut nach dem Lärm der Großstadt und der Bahnfahrt, die Geduld gefordert hat. So friedlich und lieb ist hier alles, nichts stört den Frieden der Natur. Neben dem Haus rauscht ein Bach, Kuhglocken läuten, sonst Stille. Unser Voralpenland, Berge und Seen, Wälder und Wiesen, so ist es unser geliebtes Bayerland. – Hier in der Schule scheint der Laden nicht zu klappen. Ich bin die Erste und Einzige, kein Mensch weiß etwas von einer Tagung. Das kann ja heiter werden. Bin gespannt, wie es weiter geht.

**15. Oktober 1944 München.** Ich mußte wieder zurück nach Hause. Nach einer langen, abenteuerlichen Fahrt bin ich um $12^h$ nach Hause gekommen. Mutti wollte und wollte nicht hören, erst um ½ 7 Uhr fand ich Einlaß. Nichts wie ins Bett, zuerst habe ich aber richtig gefuttert. Zum Mittagessen bin ich ausgeruht aufgestanden. Jetzt schreibe ich Briefe, arbeite an meiner Erinnerungsmappe, die die Bilder unserer G.D. Mädel und meiner Einsätze enthalten wird. Es macht richtig Spaß, sich die Bilder zusammenzusammeln. Eine Arbeit, die mir Freude bereitet. Eben meldet der Nachrichtendienst, daß Generalfeldmarschall Erwin Rommel seinen Verletzungen erlegen ist. Ein großes Soldatenleben hat damit sein Ende gefunden. Nationalsozialist, ein wahrer Heerführer führte er seine Armeen in Afrika zu stets neuen Siegen, bis ihm durch die Italiener ein Ende im Vormarsch gesetzt wurde. Von seiner Erkrankung genesen, wurde er Inspekteur militärischer Einrichtungen. In Frankreich wurde er bei einem Luftangriff schwer am Kopf verletzt.[500] Ich bin stolz darauf, seine Unterschrift zu besitzen.

---

[500] Rommel, der mittlerweile die Heeresgruppe B in Frankreich führte, wurde am 17. 7. 1944 bei einem Tieffliegerangriff in Frankreich schwer verwundet. Er musste seinen Oberbefehl niederlegen. Nach dem Attentat auf Hitler vom 20. Juli 1944 wurde er verdächtigt, mit dem militärischen Widerstand in Verbindung zu stehen und den Anschlag befürwortet zu haben. Am 14. 10. 1944 suchten Hitlers Chefadjutant General Wilhelm Burgdorf (1895–1945) und der im Heerespersonalamt für Ehrenangelegenheiten zuständige General Ernst Maisel (1896–1978) Rommel in seinem Haus in Herrlingen auf und stellten ihn vor die Wahl, entweder Selbstmord zu begehen oder sich vor dem

**18.10.44.** Heute vor 131 Jahren fand die Völkerschlacht ihr siegreiches Ende. So wie damals ein Volkssturm gebildet wurde, so gründete der Führer heute den Deutschen Volkssturm, der alle wehrtüchtigen Männer von 16 bis 60 Jahre umfassen soll. Sie werden weiterhin bei ihrem Beruf bleiben, in der Freizeit ausgebildet und wenn Not am Mann ist, eingesetzt. Der Feind steht an Deutschlands Grenze, Deutschland sammelt seine Volkskraft um den Ansturm abzuwehren und, wenn die Zeit günstig, die Führung wieder auf unsere Seite zu schlagen. „Volk ans Gewehr."[501]

**20.10.44.** Wieder einmal ertönten über der Stadt die Sirenen. Am Montag wurde die reizende Mozartstadt an der Salzach angegriffen, das Mozarthaus, Dom und Mozarteum wurden vernichtet. Welche Stadt wird es heute getroffen haben? Nach 2 Stunden war der Alarm zu Ende. Sicher ist Regensburg an der Reihe gewesen.[502]

**22.10.44** Heute war ein richtiger Sonntag zum Daheimbleiben, wenigstens für mich. Ich habe Manüs Weihnachtsgeschenk, ein kleines Maskottchen fast fertig bekommen. Ein Seemann muß seinen Talismann haben. Hoffentlich hat er Spaß an dem Dirndl aus dem Bayernland. – Nachmittags kam eine Familie aus Küstrin, die in München keine Unterkunft finden kann, zu uns, wärmte sich auf. Schlafen tun sie bei Kainz unten. Mir hat das kleine Kind leid getan. Wenigstens haben sie es jetzt warm, morgen werden Mutter und Kind evakuiert. Der Vater geht wieder an die Stalinfront. Er weiß Frau und Kind in Sicherheit.

**23.10.44.** Alarm. Wieder scheint es Regensburg und Augsburg getroffen zu haben.[503] An allen Fronten halten wir den Feind auf, er will uns aber mit allen Mitteln zwingen, zu kapitulieren, daher der verstärkte Bombenkrieg. Wir werden durchhalten, weil wir müssen.

**27.10.44.** Manü hat einen begeisterten Brief über sein jetziges Leben [geschickt], das zwar hart und streng ist, ihn aber täglich die Beglückung über seinen selbstgewählten Beruf spüren läßt. Er wird sein Ziel erreichen, denn er ist mit Leib und Seele dabei.

**28.10.44** Krankenhausdienst in Schwabing. Leider war nicht sehr viel los und wenig zu tun, denn das ganze Haus ist kalt, da das Kesselhaus am 4.10. schwer getroffen worden ist. Oberschwester Ingeria schickte uns deshalb nach Hause. Nächstes Mal wird es wieder Arbeit geben, ich freue mich schon.

Alarm, mehrere Kampfflugzeuge über der Stadt. Heftiger Flakbeschuß. Bomben scheinen keine gefallen zu sein.

**29.10.44** Terrorangriff über München. Um ½ 12 h Voralarm mit darauf folgendem Vollalarm. Und schon fielen die ersten Bomben. In unserem Stadtteil wurden keine Schäden verursacht. Auch gestern abend sind Bomben abgeworfen worden.[504]

---

Volksgerichtshof zu verantworten. Rommel tötete sich selbst, indem er auf eine von den beiden Generälen mitgebrachte Zyankalikapsel biss. Vgl. Lieb, Erwin Rommel.

[501] Der Deutsche Volkssturm wurde am 26.9.1944 durch einen vorläufig noch geheim gehaltenen Führererlass ins Leben gerufen. Er sollte unter Führung der Partei alle Männer im Alter von 16 bis 60 Jahren zusammenfassen, die nicht in der Wehrmacht dienten. Die Miliz sollte als Instrument des „Volkskrieges" zwar der Reichsverteidigung dienen, mindestens ebenso wichtig wie der militärische Aspekt war die ideologische Mobilisierung und die Disziplinierung der Bevölkerung durch die NSDAP. Angesichts eklatanter Mängel an Tauglichkeit, Ausrüstung und Bewaffnung sollte programmgemäß der Fanatismus das wichtigste Rüstzeug sein; auch wenn zumindest Teile der Bevölkerung die Bildung des Volkssturms zunächst begrüßten, wurden schnell Zweifel laut, wie Untaugliche, Jugendliche und alte Männer leisten sollten, wozu die Wehrmacht nicht in der Lage war. Vgl. Keller, Volksgemeinschaft am Ende, S. 131–135.

[502] Tatsächlich war Regensburg an diesem Tag Ziel eines Luftangriffs.

[503] Tatsächlich waren Regensburg und Augsburg an diesem Tag Ziel eines Luftangriffs.

[504] Vgl. Permooser, Der Luftkrieg über München, S. 295f.

**31.10.44** Mein Kollege ist wieder da. Begeistert erzählte sie von ihrer Arbeit in Bad Dürkheim. Schwer ist ihr der Abschied gefallen. Hoffentlich findet sie Befriedigung in ihrer neuen Arbeit, die ihr der Ausgleichsdienst bringen wird. Jetzt ist sie wieder da und die lange Trennung ist überstanden. Hilde sucht ihren großen Schmerz über den Verlust, der ihre Familie getroffen hat, tapfer zu tragen. Sie hat Onkel, Tante und deren Kinder durch den Terrorangriff am Sonntag in der Schellingstraße verloren. Eine ganze Familie wurde damit ausgelöscht. Und doch, das Leben muß weiter gehen, wir Überlebenden müssen uns enger aneinanderschließen.

**3.11.44** Fliegeralarm.[505] Kaum ertönte das Sirenengeheul, ging das liebliche Konzert an. Hanna und ich sind trotzdem nach Hause gerannt, wenn auch ohne Puste. Verschiedene Krankenhäuser usw. wurden angegriffen. Eine Stunde später wieder Alarm. So geht es jetzt dauernd dahin. Einzelne Störflugzeuge nahen sich unserer Stadt, werfen ihre Bomben ab und alles geschieht in solcher Windeseile, daß man noch nicht im Keller ist. – Unsere Luftabwehr hat einen großen Erfolg zu verbuchen: gestern wurden über Deutschland 132 Flugzeuge, darunter 128 viermotorige abgeschossen. Hoffentlich können wir diesen Luftkrieg jetzt bekämpfen. – Ich darf nun ein bis zweimal in der Woche statt im Büro, in Schwabing draußen arbeiten. Ich freue mich schon unbändig. Denn an einem Vormittag lerne ich ja viel mehr und außerdem ist mein Tag dann ausgefüllt.

**4.11.44** Terrorangriff über München. Feindliche Kampfverbände haben in den Mittagsstunden München angegriffen und wahllos Spreng- und Brandbomben abgeworfen. Dadurch entstanden wieder große Schäden, vor allem im Süden und Westen der Stadt, und Verluste unter der Bevölkerung. So lautet der sachliche Bericht über den letzten Angriff. Wie viel Leid und Elend entstand, wieder ganz zu schweigen von den großen Schäden. Und doch, es muß weitergehen, schnellstens wird die Bahn ausgebessert, Türen und Fenster verschalt. Das Notwendigste in Ordnung gebracht.

**8.11.44** 19. Geburtstag. Zum 6. Mal feiere ich im Krieg meinen Geburtstag. Das Buch von August Heisler, „Dennoch Landarzt"[506], eine Hölderlinbiographie[507], ein Geldgeschenk von Vati, Ritterkreuzträger von Manü, einen bayerischen Kunstdruck und ein reizendes Deckchen vervollständigten neben Süßigkeiten den Geburtstagstisch. Reich war das letzte Lebensjahr an Erlebnissen. Im Februar das Abitur, die KLV Zeit in Berchtesgaden und Reichenhall, dann der Besuch der Feldscherführerschule, Salzburg, den Königssee durfte ich sehen und kennenlernen. Mein Ausgleichsdienst begann und führte mich in den Beratungsdienst. Bombenangriffe verwüsteten unsere Stadt, wir zogen mit der Dienststelle 2 mal um. Dann ging es in den Hopfen, vorher noch einmal nach Berchtesgaden für drei kurze Ferientage. Ein Jahr voll Arbeit, aber auch voll Erlebnisse und Eindrücke liegt hinter mir. Was wird das neue bringen. Ich sehe den Dingen ruhig entgegen und will weiter meine Pflicht tun für Führer und Volk.

---

[505] Im November setzten die amerikanischen Bomberflotten ihre Angriffe auf die Verkehrsinfrastruktur fort. Es kam zu mehreren Angriffen, so am 3.11., 4.11., 16.11., 22.11., 24./25.11., 29./30.11.1944. Vgl. Richardi, Bomber über München, S. 346–350; Permooser, Der Luftkrieg über München, S. 296–302.

[506] August Heisler, Dennoch Landarzt! Erfahrungen und Betrachtungen aus der Praxis, München 1928.

[507] Die NS-Propaganda reduzierte Hölderlins Dichtung auf deren hymnisch-patriotische Elemente, nach der Katastrophe von Stalingrad dominierte das „Heroische" die zahlreichen „Hölderlinfeiern" zum 100. Todestag des Dichters 1943. Die Hölderlin-Gesellschaft in Stuttgart wurde gegründet, eine Werksausgabe in Angriff genommen und seine Gedichte als Feldpostausgabe gedruckt. Vgl. Bautz, Gerhard Schumann, S. 222–277; Albert, Hölderlin.

**9.11.44** 9. November 1944. Wir gedenken der Toten vom 9. November 1923.[508] Die Inschrift am Mahnmal gilt für unsere schwere Zeit wie damals: „Und ihr habt doch gesiegt." Wie damals am Ende der langen Kampfzeit der Sieg stand, so wird es auch am Ende des Krieges sein.[509]

**12.11.44** Heute bin ich wirklich sehr müde vom Dienst heimgekommen, aber trotzdem war es sehr schön. Ich bin richtig gern auf unserer Station. Immer gibt es dies und jenes zu tun. Gestern kamen kurz hintereinander zwei Neuaufnahmen. Die eine Patientin ist bald darauf gestorben. Es ist ein eigenes Gefühl einen Menschen sterben zu sehen und ihm nicht mehr helfen zu können. Daß sie von einem schweren Leiden erlöst wurde, ist der Trost des Sohnes, der sie begleitet hat. Heute erlebte ich den ersten Alarm im Krankenhaus. Die gehfähigen wurden in Windeseile angezogen, die anderen schnell an den Aufzug gebracht. Daneben gilt es das wichtigste Instrumentar auf einem Wagen zu verstauen und ebenfalls in den Keller zu bringen. Gott sei Dank sind keine Bomben gefallen. Durch den Alarm hat sich alle Arbeit verzögert. Wir sind aber doch ganz schön zur richtigen Zeit fertiggeworden. Ich freue mich schon, wenn ich nun unter der Woche kommen kann und helfen. Wir feiern heute das Gedenken des 9. Novembers 1933[510], gedenken der vielen Toten des Weltkrieges, des jetzigen Krieges und der Opfer des Luftterrors. Zugleich wurden die Volkssturmmänner vereidigt. Im ganzen Reich marschierten die Bataillone auf. Alte Männer und Hitlerjungen, Männer aller Berufe und jeden Alters. In München legte Gauleiter Giesler den Kranz des Führers am Mahnmal und an den 16 Sarkophagen der Ehrentempel nieder. Um 14$^h$ fand die Großkundgebung im alten Versammlungsraum, dem Zirkus Krone statt. Gauleiter Giesler sprach zu den Männern. Danach verlas Reichsminister H. Himmler die Proklamation des Führers.[511] Die Vereidigung der Volkssturmmänner beschloß die Feierstunde. Über dem Sinn des Volkssturms steht der Kampfruf Dietrich Eckardts: „Sturm, Sturm, Sturm, läutet die Glocken von Turm zu Turm! Läutet daß die Funken zu sprühen beginnen, Jude erscheint, das Reich zu gewinnen! Läutet, daß blutig die Seile sich röten, Rings lauter Brennen und Martern und Töten – läutet Sturm, daß die Erde sich bäumt unter dem Donner der rettenden Rache! Wehe dem Volk, das heute noch träumt! Deutschland erwache!"[512]

**14.11.44** Die Tage waren wieder reich an Alarmen und heute war wieder ein schwerer Terrorangriff über unserer Stadt. Es ist jedesmal ein Gehetze bis wir zur Hanna kommen, aber es wird durch die Sicherheit belohnt, die wir in diesem Keller haben. In allernächster Nähe gingen die Bomben nieder, wir haben wirklich wieder Glück gehabt. Zu Hause ist Gott sei Dank nichts geschehen. Das Prinzregententheater ist getroffen, in Schwabing

---

[508] 1944 fanden die üblichen Feierlichkeiten zum Jahrestag des Hitler-Putsches in München nicht am 8./9.11. statt, sondern wurden auf den 12.11. verlegt.

[509] Das NS-Regime neigte sowohl intern wie auch in seiner Durchhaltepropaganda zur „Selbsthistorisierung", also zur Rückbesinnung auf die eigene Geschichte in Form einer geradezu allgegenwärtigen Romantisierung der „Kampfzeit" vor der „Machtergreifung", als die NS-Bewegung schon einmal eine schier aussichtslose Lage am Ende siegreich gemeistert habe. Mommsen, Die Rückkehr zu den Ursprüngen, S. 314; Keller, Volksgemeinschaft am Ende, S. 210f.

[510] Gemeint ist: 1923.

[511] Vgl. Proklamation Hitlers, verlesen von Heinrich Himmler, 12.9.1944, abgedruckt in: Domarus, Hitler. Reden und Proklamationen, S. 2160–2167.

[512] Lied „Sturmlied" von Dietrich Eckart, 1919–1923. Das Kampflied war die Hymne der SA, ehe es Anfang der 1930er Jahre durch das Horst-Wessel-Lied ersetzt wurde. Der wohl einflussreichste Vers aus dem Lied ist „Deutschland erwache!", der zu einem der wirkungsvollsten nationalsozialistischen Propagandaslogans wurde.

und Westend muß es auch böse aussehen. Bei der eingetretenen Kälte reicht es ja schon, wenn die Fensterscheiben kaputt sind und das Dach abgedeckt wurde, so wie bei Frau Meunier.

**19.11.44** Draußen ist ein strahlend-schöner Novembertag. Und doch ist die Ruhe und Freude dahin, da man die Flieger befürchtet und das mit Recht. Wir haben schon drei Stunden Voralarm hinter uns, einen kurzen Vollalarm. Für heute wird dann hoffentlich Ruhe sein. Ich habe mich nicht stören lassen und weitergebastelt, eine Briefmappe und ein kleines Photoalbum für Manü, zwei weitere Photomäppchen, alles aus meinem Kasten. Aber es macht mir große Freude, wenn doch etwas Nettes entsteht, und ich damit mir nahestehenden Menschen eine Freude machen kann. Abends habe ich noch ein kleines Deckchen für die Oberschwester auf der Station angefangen. So gehen meine Gedanken hinaus zu den Menschen, denen ich eine kleine Überraschung bastle, man ist durch Gedanken mit ihnen verbunden. Gerade dieses Weihnachten soll man feiern, als deutsches Fest der Besinnlichkeit in einer Zeit, die Schweres von einem fordert. Dieses Fest wird uns Kraft geben und wir werden in all den Ruinen und Trümmerstätten zu uns selbst finden, denn wir sind Deutsche.

**22.11.44** Terrorangriff. Heute war München wieder das Ziel eines feindlichen Bombenangriffs. Der Dom, unser altes, liebes Wahrzeichen unserer Heimat und die St. Michaelskirche, eine der schönsten Renaissancekirchen der Welt, fielen ihm zu Opfer.[513] Nichts tut dem Münchner so weh, als zu sehen, wie sein Dom mit den weltbekannten Türmen, die einem von weitem bereits begrüßten, wenn man wieder nach München kam, ein Opfer des Bombenterrors wurde. Außerdem wurden Krankenhäuser, Schulen, öffentliche Gebäude usw. zerstört. Es traten Menschenverluste ein. Ein Stück nach dem anderen unseres schönen München geht dahin. Man kann fuchsteufelswild werden und der Haß gegen diese Mordbrenner, die die Zeugnisse unserer abendländischen Kultur vernichten, steigert sich und daraus erwächst mit die Kraft gegen diese Feinde zu kämpfen bis zum Letzten.

**25.11.44.** Krankenhausdienst. Diese 14 Tage waren lang, denn ich hatte immer damit gerechnet unter der Woche Dienst machen zu können. Nun war es wieder so weit. Zu- und Abgänge ließen uns rumsausen, ich durfte bei einer Punktion zusehen, Dr. Feser hat mir Röntgenbilder erklärt. Dann waren wieder die verschiedensten Dinge zu tun. Am Abend zogen wir befriedigt nach Hause.

**26.11.44.** G.D. Appell im Deutschen Museum. Heute Morgen versammelten sich die Münchner G.D. Mädels im Deutschen Museum. Dr. Feser sprach zu uns über die Pflichten und Rechte des G.D. Mädels, über die vielseitigen Aufgaben, die uns der Krieg stellte. Er dankte uns für unsere bisherige Arbeit und spornte uns zu neuer Tätigkeit an. Lieder und eine Vorlesung über „Das tapfere Herz" beschlossen diese Feierstunde. Wir vom „Stamm-G.D." durften dann mit Anneliese verschwinden. – Ich bin froh, daß ich mich im G.D. einsetzen kann, einer Arbeit, die mir Freude macht und in der ich mich voll einsetzen kann.

---

[513] Der Angriff der amerikanischen Bomber galt eigentlich den großen Rangierbahnhöfen im Norden der Stadt, schlug aber wegen schlechter Sicht, technischer Probleme und aufgebrochener Formationen (ein Teil der Bomberstaffeln war schon vor München umgedreht und hatte stattdessen Regensburg, Rosenheim und Salzburg bombardiert) vollkommen fehl. Der Angriff fiel deswegen deutlich schwächer aus als geplant, traf aber statt der Infrastrukturziele die Innenstadt. Vgl. Permooser, Der Luftkrieg über München, S. 298–300.

**27.11.44** Ich bin heute richtig müde. In den Morgenstunden war München wieder das Ziel eines feindlichen Terrorangriffs.[514] Diesmal hat es auch unser Viertel wieder erwischt. Die N.S.V. Gauamtsleitung, die St. Annavolksschule und das Lyceum, die angrenzenden Häuser, Gegenüber die Steinsdorfstraße, überall Sprengbombentrichter und Großbrände. Ich hätte heute im Schwabinger Krankenhaus arbeiten dürfen, aber nun war meine Hilfe in der Obdachlosenstelle wichtiger. Wir gaben den ganzen Tag Essen aus, Brote wurden gerichtet und Kaffee ausgeschenkt. Es ist richtig zugegangen. Aber all diesen Menschen soll rasch und wirksam geholfen werden. Die einen sind dankbar, die anderen unzufrieden. Man lernt die Menschen kennen.

**28.11.44** Ein Tag vergeht so schnell, wenn man dauernd schafft und hilft; Unzählige Fragen beantwortet; Essen ausgibt, Obst und Zigaretten verteilt. Man kennt jetzt schon „seine Kundschaft", freut sich mit ihnen, wenn sie glücklich eine Unterkunft gefunden haben, tröstet, wenn die Trauer über das Verlorene von Neuem durchbricht. Mich macht solche Betreuungsarbeit froh und glücklich und wenn ich auch am Abend hundemüde bin, ich bin glücklich.

**3.12.44** 1. Advent. Zum 6. Male in diesem Kriege beginnt die stille, geheimnisvolle Vorweihnachtszeit. Wenn die Menschen auch große Sorgen haben, Bombenterror sie heimsucht, in dieser Zeit denken sie an Weihnacht, an eine lichte Zeit. Ich habe die beiden Spitzendeckchen auf Goldpappe aufgenäht und ein neues Photoalbum gemacht. Dann arbeitete ich einen kleinen Rauschgoldengel und machte kleine Bildchen, die von Kinderhänden mit Garn ausgestickt werden können. So ist mir der Tag schnell hingegangen und bald kommt die Zeit, in der wir die Kerzen der Pyramide anzünden und diese dreht sich dann in der Wärme. „Für uns ist eine Zeit angekommen, die bringt uns große Freud."

**9.12.44** Wieder ist eine Woche dahingegangen, voll Arbeit und Alarmen. Aber alles ist noch gut abgegangen und nach den Alarmen ging es wieder ins Büro. Heute nun hatte ich wieder Dienst in Schwabing. Traudl N[.], die sonst immer mit mir Stationsdienst hat, liegt nun selbst im Zimmer 46. Es ist zum Lachen. Gott sei Dank geht es ihr wieder besser. Die Arbeit am Krankenbett macht mir stets die gleiche Freude und besonders freut es mich, wenn ich etwas selbständig durchführen kann, ohne die Schwestern lang darum zu fragen und den Patienten doch Erleichterung schaffen kann. Die Arbeit der Schwestern hat sich verdoppelt, 10 Patientinnen liegen im Keller, und es ist ein ewiges Hin und Her zwischen Station und Keller.

**10.12.44** 2. Advent. Die Stationsarbeit brachte auch heute viele Mannigfaltigkeiten und der Alarm ließ die ganze Arbeit verschieben. Als wir glücklich die Suppe ausgeteilt hatten, kam die Entwarnung und die Wanderung aus dem Keller nach oben begann. – Heute Nachmittag war Peter da, die ich seit dem Abs nicht mehr gesehen hatte. Sie arbeitet in einer Apotheke als Praktikantin. Über dem Plaudern aus unserer Schulzeit und den anderen, die in alle Winde zerstreut sind, verging die Zeit im Nu. Auch Liese suchte mich auf, unsere Arbeitsmaid, die bei der Flak ist. Nun soll sie wegkommen, nach West oder Ost? Es ist immer nett, wenn man sich nach längerer Zeit wieder sieht und ausspricht. Gerade in unserer Zeit sucht man das Band der Freundschaft enger zu knüpfen.

**15.12.44** Die Zeit geht so schnell dahin, die Tage vergehen im Nu, sie sind auch ausgefüllt, wenn ich abends aus dem Büro heimkomme, dann wird gegessen und darnach beginnen die schönen Stunden des Tages. Ich höre Radio und schreibe Weihnachtsbriefe,

---

[514] Dieser Angriff wurde nach langer Zeit wieder von britischen Bombern geflogen und war als Flächenangriff auf die Innenstadt geplant. Vgl. Permooser, Der Luftkrieg über München, S. 307–309.

die zu all den lieben Bekannten gehen, denen ich noch verbunden bin. Heute an meinem „Haushaltstag" werde ich meine Photos holen und sie Vati und Manü schicken. Dann besorge ich mir noch eine Fahrkarte nach Berchtesgaden. Ich freue mich ja schon so darauf, auf diese beiden Tage in den Bergen. Hoffentlich macht mir der Tommy[515] keinen Strich durch die Rechnung.

**16. 12. 44** Nun kann ich doch nicht nach B'gaden fahren. Die Strecke ist gestern vollkommen zerstört worden. So bleibe ich halt da und arbeite weiter an meinen kleinen Weihnachtsüberraschungen, damit sie endlich einmal fertigwerden.

**17. 12. 44** Ich bin heute in richtiger Weihnachtsstimmung, habe meine Weihnachtsbriefe geschrieben an all die Lieben draußen im Reich. Habe für Hanna ein kleines Weihnachts- und Verlobungsgeschenk gebastelt und meine Päckchen fertiggemacht.

**18. 12. 44** Ich bin todmüde, möchte aber doch noch die Eindrücke der letzten Nacht und des heutigen Tages wiedergeben. Gestern Abend um 10$^h$ ließ uns die Sirene aus der schönsten Weihnachtsstimmung heraus zum 3. Male an diesem Tage in den Keller gehen. Kaum waren wir unten, ging es los. Ununterbrochen erfolgten die Bombeneinschläge.[516] Es war wirklich entsetzlich, so schlimm war es noch nie gewesen. Eine Mine mußte in allernächster Nähe heruntergekommen sein. Endlich hörte diese Hölle auf und man konnte hinausgehen um Nachschau zu halten. Wie sah es da aus!! Die Häuser der Steinsdorfstraße 5, 6 und 7 einfach verschwunden, das Eckhaus 8 vollkommen in Brand. Unsere Wohnung, einfach ein Chaos: keine Türen und Fenster mehr, Wände eingestürzt, Decken heruntergefallen. Es war ein trauriges Bild der Zerstörung. Viel konnte man nicht machen, wir holten uralte Winterfenster herauf, sodaß wenigstens eine Seite den Zug abhielt.

Morgens gingen wir in die Obdachlosenstelle und halfen austeilen. So wird sich unser Leben jetzt zwischen Obdachlosenstelle und Wohnung abspielen.

**22. 12. 44** In 2 Tagen ist Weihnachten. Nur wenige denken daran und innerlich zieht uns das Fest doch in seinen Bann. Wir werden es gemeinsam mit den Obdachlosen feiern, die alles verloren haben. In der Wohnung haben wir alle Türen vernagelt, so gut es ging, neue Verdunkelungen gemacht. So lebt man weiter und arbeitet, damit man wieder in Schuß kommt.

**24. 12. 44** Weihnachtsabend. Welch ein Zauberwort bei Groß und Klein. Morgens haben Mutti und ich unsere kleine Tanne geschmückt. Ich habe das Zimmer schön aufgeräumt. Den großen Christbaum in der Obdachlosenstelle haben wir gestern schon gerichtet. Zu Abend gab es kaltes Essen und alle waren über die großen Portionen erstaunt.[517] Es hat ihnen allen sehr geschmeckt. Außerdem waren die Tische alle sehr schön geschmückt mit Apfel, Reisig und Kerze auf weißem Papier sah es sehr festlich aus. Als die Kinder da waren, wurden die Kerzen des Baumes angezündet. Alle Menschen waren ergriffen über den Anblick des Lichterbaumes, der uns Deutschen Sinnbild und Zeichen des wiedererstandenen Lichtes ist. Als wir aufgeräumt hatten, gingen auch wir nach Hause. Die 6 Kerzen auf unserem Bäumchen leuchteten uns zur Weihnacht. Wir dachten an Vati, der zum

---

[515] Bezeichnung für einen britischen Soldaten. Gemeint sind hier die britischen Bomber.
[516] Der britische Flächenangriff war der bisher schwerste auf München. Vgl. Richardi, Bomber über München, S. 375–383; Permooser, Der Luftkrieg über München, S. 310–315.
[517] Zwar waren Nahrungsmittel auch während des Krieges rationiert und nur gegen Lebensmittelmarken erhältlich, die Versorgungslage blieb aber bis weit in das Jahr 1944 zufriedenstellend. Die Deutschen ernährten sich vor allem auf Kosten der besetzten Länder. Vgl. Müller, Albert Speer und die Rüstungspolitik im totalen Krieg, S. 485–493.

2. Mal Weihnachten im Kameradenkreis verbringen mußte, wir dachten vor allem an Manü, der vielleicht zu dieser Stunde auf See fährt, wir haben seit Wochen keine Nachricht mehr von ihm. Das Buch von Margarete Rohrer, „Im Krieg gegen Wunden und Krankheit"[518], von Louis Trenker, „Leuchtendes Land"[519]; Holbeins Werke im Kanterbüchlein[520] und ein Photoalbum, 2 Keramikvasen und Plätzchen erfreuten mich. Mutti erhielt Briefpapier und eine Lebensmittelmarkentasche. Wenn der Gabentisch auch heuer sehr einfach war, so haben wir beide doch große Freude gehabt. Wir haben nur den einen Wunsch, daß wir weiterleben und weiterschaffen dürfen. Jetzt kommt es auf alle an. 6. Deutsche Kriegsweihnacht.

**31. 12. 44** Sylvester, Jahresende. Schnee liegt draußen, ruhig fallen die Flocken, decken den Schutt und die Ruinen zu. Die Weihnachtswoche ist mit helfen und arbeiten vergangen. Briefe von Freunden und Angehörigen kamen, erzählen von Weihnacht, wünschen Glück im neuen Jahr. Das alte Jahr hat uns Menschen viel Leid gebracht, für den einzelnen, für das ganze Volk, aber wir leben tapfer weiter und nach dem ersten Schock rappeln wir uns wieder auf und weiter geht es, nach dem Gesetz des Krieges. Dieses Jahr haben wir zum größten Teil ganz allein verbracht. Vati ist auf Sylt, Manü war im RAD, war in Flensburg, und fährt bereits auf hoher See. Sein Wunsch ging in Erfüllung, er ist glücklich dabei, wir müssen uns fügen und wochenlang auf Post warten. Möge das Geschick ihm gnädig sein. Meinen kleinen Talismann kann er wohl gebrauchen und hat sich sehr darüber gefreut. Das alte Jahr neigt sich seinem Ende zu, es war reich an Arbeit und Sorge, für mich war es reich an neuen Eindrücken und Erlebnissen. Was wird das neue Jahr 1945 bringen, wir wissen es nicht, aber wir vertrauen der Zukunft und werden weiterschaffen im Glauben an Deutschland und an unseren Sieg. Mit dem Wort von Agnes Miegel, „Laß in Deine Hand, Führer uns vor aller Welt bekennen, Du und wir nie mehr zu trennen, stehen ein für unser deutsches Land"[521], wollen wir in das neue Jahr eintreten. In das Jahr der starken Herzen.

---

[518] Margarete Edle von Rohrer, Im Krieg gegen Wunden und Krankheit, Brünn/München/Wien 1940. Rohrer (1893–1969) verarbeitete in dem Buch ihre Erfahrungen als Rotkreuzhelferin im Ersten Weltkrieg.

[519] Luis Trenker, Leuchtendes Land, München 1941. Trenkers (1892–1990) Buch erschien im nationalsozialistischen Eher-Verlag. Hitler war ein Verehrer des Bergsteigers, Schauspielers und Schriftstellers, der sich seinerseits um die Gunst der NS-Führung bemühte. Vgl. Leimgruber, Luis Trenker.

[520] Der Königsberger Kanter-Verlag legte Klassiker und NS-Literatur in sogenannten Feldpostausgaben auf, einem besonders preisgünstigen und leichten Taschenbuchformat.

[521] Vers eines Gedichts aus der Anthologie „Dem Führer", 1938, von Agnes Miegel (1897–1964).

# 1945

**Mit freiem, weitem Blick, mit mutigem Herzen und
freudiger Seele wollen wir im Leben stehen, schaffend und
feiernd zugleich, als ständen wir erhaben auf hohem Berg.
Hermine Stolz**

München, den 3.1.1945. Das neue Jahr hat begonnen und mit ihm der „Ernst des Lebens." Im Büro müssen wir wieder von vorne anfangen. Ein Tisch, ein paar Stühle, das ist alles. Es wird uns diktiert und wir schreiben zu Hause auf Tischschreibmaschinen. So muß es weitergehen. Noch 12 Wochen, dann Beratungsdienst ade. Dann ist mein Ausgleichsdienst zu Ende und ich werde dem Arbeitsamt überwiesen. Hoffentlich erhalte ich einen Einsatz, der mir mehr zuspricht, wo ich lernen kann und mehr schaffen kann als jetzt im Büro. – Doch vorher wird Hanna heiraten und die Vorbereitungen halten uns alle in Atem. Ich stricke ihr z. zt. die Jackenvorderteile. Dann muß ich noch ein kleines Geschenk ausarbeiten. Die Zeit bis zum 27. wird im Nu vergehen.

6.1.45. Der erste Krankenhausdienst im neuen Jahr. Festlich geschmückt sind die Zimmer noch. Krippen und Bäume brachten den Weihnachtszauber in die Krankenzimmer. Arbeit gab es heute genug. Nun liegen schon 20 Patientinnen im Keller, ebensoviele oben, da heißt es schnell arbeiten, wenn man allen gerecht werden will. Aber man lernt immer wieder dabei und wird selbstständiger. Wenn nämlich so viel Arbeit da ist, darf man vieles selbstständig ausführen. – Traudl liegt immer noch auf 46; Gott sei Dank geht es ihr besser.

7.1.45. Ich bin heute richtig müde. Der Dienst in Schwabing war wieder anstrengend; dazu kommt noch der Hin- und Herweg, da heute kein Autobus ging. Und trotzdem liegen Stunden der inneren Befriedigung hinter mir und ich freue mich schon auf das nächste Mal.

8.1.45. Terrorangriffe über München.[522] Gestern abend um 8 h ertönten die Sirenen. Kaum waren wir mit allem Luftschutzgepäck im Keller, als das Konzert auch schon anfing. Einschlag auf Einschlag erfolgte und ließ die Kellerwände erzittern. ¾ Stunden, dann war Ruhe eingetreten. Oben war alles taghell erleuchtet von den vielen Bränden. Unser Haus selbst war verschont geblieben. Da hieß es: neue Anflüge, alles wieder in den Keller. Zum 2. Male ertönte die Sirene. Die Leute mußten ihre brennenden Häuser im Stich lassen und den Keller aufsuchen. Und weiter ging das schaurige Konzert der pfeifenden und orgelnden Bomben, die nun pausenlos fielen. 3 Stunden haben die beiden Angriffe gedauert und was haben sie aus München gemacht? Einen Trümmerhaufen. Unser Viertel ist diesmal nicht so arg erwischt worden. 300–400 Obdachlose wurden bei uns betreut. Die Innenstadt, Schwabing, wo man hinsieht, Trümmerfelder und Brandstätten. Es ist ein trauriges Bild der Zerstörung. Auch Hanna ist schwerbeschädigt. Unsere Dienststelle ist ebenfalls wieder vollkommen zerstört. Es scheint im Augenblick alles lahmgelegt zu sein. Es gibt kein Brot, keine Lebensmittel. Es gibt auch keine Zeitungen. Es fahren keine Verkehrsmittel. Gerettete Möbel stehen auf den verschneiten Straßen. Verpflegungswagen der NSV bahnen sich ihren Weg durch Schutt. Die Feuerwehren arbeiten fieberhaft und

---

[522] Dabei handelte es sich um den letzten Großangriff britischer Bomberverbände. Vgl. Richardi, Bomber über München, S. 413–429; Permooser, Der Luftkrieg über München, S. 318–326.

wie oft ist das Wasser eingefroren? Man kann nicht löschen. München ist nun endgültig Frontstadt geworden.

**14.1.45.** Das Leben in der Stadt kommt allmählich wieder in Gang. Der Winter mit seiner grausamen Kälte verdoppelt alles Leid. Die Menschen ziehen auf Schlitten ihre letzte Habe hinter sich her, suchen eine Unterkunft. Groß ist das Elend in der Stadt. Bagger arbeiten, bergen die Toten. Soldaten und Gefangene räumen Häuser, machen wieder die Straßen frei.[523] Da und dort haben Zeitungsverkäuferinnen einen improvisierten Stand aufgemacht: ein Stuhl, drauf die Zeitungen. Im Nu sind alle ihre Zeitungen verkauft. Man richtet den Blick nach Westen, wo unsere Soldaten wieder im Vordringen sind.[524] Im Osten die harte Abwehr.[525] Über dem großen Geschehen vergißt man für einige Augenblicke das Leid der letzten Tage. – Die Verpflegung in der Betreuungsstelle ist zu Ende. Es gab viel Arbeit und doch tut man es mit Freude, wenn man diesen armen Menschen helfen kann.

**15.1.45.** Endlich einmal Krankenhausdienst an einem Wochentag. Unsere Station ist überbelegt: 70 Patientinnen, davon 20 im Keller. Da heißt es klaren Kopf haben und flinke Beine. Zuerst werden Wickel, Glühlichtbestrahlungen, Injektionen, am Tage vorher verordnet, gegeben, dann ist Visite, die neuen Verordnungen werden ausgeführt. Dazwischen kommt das 2. Frühstück. Um 11$^h$ das Mittagessen. Das Austeilen muß schnell gehen, damit die Kellerpatienten auch warmes Essen bekommen. Man muß genau aufpassen, damit jeder das Richtige erhält. Die Zuckerkranken bekommen ihr Kästchen, die Fieberkranken leichte Kost usw. Was dem einen nützt würde dem anderen schaden. – Kaum war alles Essen verteilt: Krankensicherung, die nichtgehfähigen Patientinnen werden auf Tragen, Liegebetten und Gartenstühle gebettet und an den Aufzug gebracht. Endlich ist alles unten. Ein Wagen mit den wichtigsten Instrumenten, wie Mikroskop und

---

[523] Zur Trümmerräumung wurden regelmäßig ausländische Zwangsarbeiter, Kriegsgefangene und KZ-Häftlinge herangezogen. Vgl. Fings, Krieg, Gesellschaft und KZ; Treber, Mythos Trümmerfrauen, S. 43–62.

[524] Seit Sommer 1944 hatte Hitler unter Schwächung der Ostfront alle noch verfügbaren Kräfte nach Westen verlegt, um Briten und Amerikanern eine strategische Niederlage beizubringen und sie zu zwingen, den Krieg im Westen zu beenden. Am 16.12.1944 traten 24 deutsche Divisionen in der Ardennenoffensive gegen anfänglich weit unterlegene alliierte Verbände an. Es gelang der Wehrmacht, den Gegner zu überraschen, und schlechtes Wetter neutralisierte die feindliche Lufthoheit. Nach Anfangserfolgen wendete sich nach Weihnachten 1944 das Blatt. Als Wolfhilde von König ihren Tagebucheintrag schrieb, war die Offensive bereits gescheitert. Ende Januar entsprach der Verlauf der Westfront im Großen und Ganzen wieder der Frontlinie sechs Wochen zuvor. Die Ardennen-Offensive hatte den alliierten Vormarsch im Westen also bestenfalls um wenige Wochen verzögert. Deutsche wie Alliierte, vor allem die Amerikaner, erlitten in diesen sechs Wochen erhebliche Verluste an Menschen und Material. Die Amerikaner konnten ihre Verluste jedoch schnell ersetzen, während die Deutschen die letzten Reserven aufgeboten hatten. Vgl. Henke, Die amerikanische Besetzung, S. 312–343.

[525] Während die Westalliierten die Reste der Ardennen-Offensive niederkämpften, begann im Osten die Rote Armee zwischen dem 12. und 14.1.1945 die größte Offensivoperation des Zweiten Weltkrieges. Entlang der gesamten Ostfront durchbrachen die sowjetischen Verbände die nur noch schwachen deutschen Verteidigungsstellungen, Ostpreußen und Schlesien wurden geradezu überrannt. Am 31.1.1945 erreichten erste Verbände die Oder, denen es gelang, Brückenköpfe auf dem westlichen Ufer zu bilden. Hier kam der sowjetische Sturmlauf nach einem Raumgewinn von rund 500 Kilometern Anfang Februar zunächst zum Stehen. Die Rote Armee hatte in nur drei Wochen die vom Deutschen Reich annektierten polnischen Gebiete und das Generalgouvernement sowie weite Teile Ostdeutschlands erobert. Stalins Truppen waren bis auf 60 Kilometer an Berlin herangerückt. Vgl. Zeidler, Kriegsende im Osten; Lakowski, Der Zusammenbruch der deutschen Verteidigung zwischen Ostsee und Karpaten.

*Abbildung 19: Münchner Behelfsbahn, ca. 1944*

Polarimeter, die Krankengeschichten, wird hergerichtet. Dazu kommt noch der Verbandswagen, dann können unten die Behandlungen weitergeführt werden. Die einen erhalten Injektionen, Infusionen und Blutabnahmen usw. Gegen 2 $^h$ war mein Dienst zu Ende; unmittelbare Arbeit an kranken Menschen, nicht verfaulte Aktenwelt.
**18. 1. 45.** Wieder durfte ich Krankenhausdienst machen. Im Büro gibt es nichts zu tun, man sitzt nur rum, friert und Arbeit wird doch keine getan. Wieder war der Vormittag arbeitsreich, doch flink ging es, denn wir waren viele Kräfte, die halfen. Wenn man öfters kommen kann, lernt man die Patienten besser kennen, man weiß dann genau, die braucht das und jene dies, man muß nicht lange fragen, kann viel selbstständig erledigen.
**20. 1. 45.** Heute habe ich den ganzen Tag Krankenhausdienst gemacht. Morgens um ½ 7 Uhr wartete ich auf den „Fliegenden Gauleiter," so wird die Hilfsbahn vom Odeonsplatz bis Hohenzollernstraße von den Münchnern genannt und doch sind wir froh über unseren Zug![526] Patientinnen wurden ins Bad gebracht, in die Röntgenabteilung, Betten wurden übergezogen, dazwischen die Verordnungen ausgeführt. Nachmittags nach dem Mittagessen Krankensicherung. Wir brachten die Kranken hinunter, machten dann oben die Betten, ich half der Oberschwester beim Kurveneintragen. Um 3 $^h$ war Entwarnung. Da wir nicht viel zu tun hatten, machten wir Großreinemachen im Stationsschrank. Es

---

[526] Als „Fliegender Gauleiter", „Rasender Gauleiter" oder „Bockerlbahn" wurden Behelfszüge mit Dampflokomotiven bezeichnet, die jeweils mehrere Kippwagen zogen. Zunächst vor allem zur Schuttbeseitigung eingesetzt, wurden später Kippwagen zur Personenbeförderung umgebaut. Vgl. Richardi, Bomber über München, S. 299–304.

wurden unserer Station zwei junge Schwestern aus dem Elsaß zugeteilt. Sie sind aus Kolmar und mußten ins Reich zurück. Sie gefallen mir sehr gut, sie sind der richtige Typ einer N.S. Schwester, außerdem sind sie sehr geschult, man hat auf sie geblickt. Sie vermissen [das] Elsaß, die Verkörperung des Reiches.[527] Es ist ein gutes arbeiten mit ihnen.

**28.1.45.** Die Woche ist wieder so schnell dahingegangen. Mutti war am Montagmorgen an Hexenschuss erkrankt und konnte sich nicht mehr bewegen, so blieb ich zu Hause und besorgte unseren kleinen Haushalt. Gott sei Dank hat sich ihr Zustand wieder soweit gebessert, daß sie aufstehen kann. – Hannas Hochzeitsgeschenk wird bald fertig sein, ich bin in Gedanken dauernd bei ihr. Nun wird sie wohl schon Frau sein. Ich wünsche ihr von Herzen auch alles Gute auf ihrem Lebensweg an der Seite ihres Mannes. „Heilig ist die Stunde, hoch wie ein Gebet; da aus unserer Runde hin zum neuen Bunde, eine still und hoffend geht."[528] G. Schumann schrieb dieses Lied zur Ehe. Hanna selbst ging in die Ehe ein mit dem germanischen Zuspruch: „Mit Wille dein Eigen."

**30.1.45** Wieder einmal war es soweit. Krankenhausdienst an einem Werktagsvormittag. Wir sind jetzt viele Lernschwestern, sodaß die Arbeit flink vorangehen kann. Da ich mich seit einiger Zeit garnicht wohlfühle, habe ich von Hilde ein Blutbild machen lassen. Dr. Feser untersuchte mich gründlich, fertigte eine Blutsenkung an und kontrollierte den Urin genau. Am Donnerstag werden wir ein endgültiges Ergebnis haben und sehr wahrscheinlich Röntgenaufnahmen vornehmen. Es wird schon nicht so schlimm sein, Unkraut verdirbt nicht. –

Heute vor 12 Jahren wurde das 3. Reich gegründet. Es brachte Jahre des Friedens und des Aufbaus und unser aller Bewährung in den 6 Jahren des Krieges. So wie damals stehen wir noch heute zusammen und setzen uns für die Gemeinschaft ein. Wir kämpfen für das Reich, das an jenem 30. Januar 1933 gegründet wurde.

**1.2.45** Krankenhausdienst. Heute hatte ich viel zu laufen, denn man merkte doch, daß Traudl wieder weg ist, sonst hieß es, das macht die Traudl schon, nun bleibt es den Lernschwestern und mir. – Die Blutsenkung war vollkommen normal, sodaß keine Röntgenaufnahmen gemacht werden müssen. Eine Nierenreizung liegt vor, ich muß mich halt warm halten und acht geben, daß es nicht schlimmer wird. Dr. Feser schrieb mir ein Rezept über Albucid auf.

**3.2.45** Manche Tage, die nicht so richtig ausgefüllt sind mit Arbeit, kommen einem so lange vor. Der heutige ist mir wieder im Nu vergangen. Jeder Vormittag verläuft eigentlich wie der andere und doch gibt es stets Abwechslung. Mir kann diese Arbeit nie langweilig werden und meine Gänge in die Apotheke, in die Bücherei, Direktion usw. lassen mich Einblicke in den Betrieb dieses großen Krankenhauses tun. Hier ist jeder ein Rad, das in das Werk eingreift, damit alles reibungslos verläuft. Traudl ist nicht gekommen, wir

---

[527] Seine wechselvolle Geschichte zwischen Deutschland und Frankreich machte das Elsass zu einem Brennpunkt für die nationalsozialistische Volkstumspolitik und verlieh ihm hohe Symbolkraft. Zunächst aus Rücksicht auf die Stabilität der Vichy-Regierung unter Pétain nicht offiziell annektiert, wurde eine deutsche Zivilverwaltung eingerichtet; langfristig sollte das Gebiet mit den benachbarten Reichsgebieten verschmolzen werden. Eine offensive Eindeutschungspolitik sollte französische Einflüsse zurückdrängen, französische Einwohner wurden umgesiedelt. Seit Mitte November 1944 drängten amerikanische Truppen die Wehrmacht aus dem Elsass zurück und eroberten am 23.11. Straßburg. Mit dem fortschreitenden Verlust der besetzten Gebiete strömte das Personal der dortigen Einrichtungen, Ämter und Parteidienststellen zurück ins Reich. Vgl. Kettenacker, Nationalsozialistische Volkstumspolitik im Elsaß; Keller, Volksgemeinschaft am Ende, S. 385.
[528] Vers aus dem Gedicht „Bund für's Leben" von Gerhard Schumann.

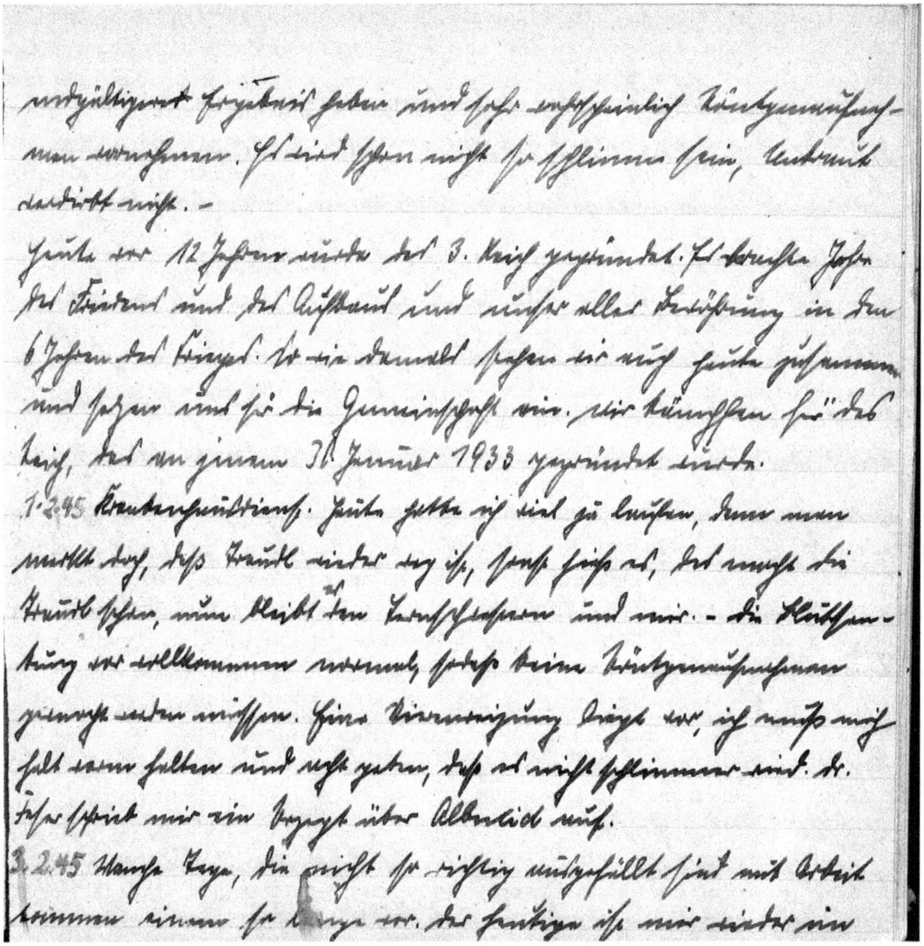

*Abbildung 20: Tagebucheinträge vom 30. Januar, 1. und 2. Februar 1945*

haben uns alle schon auf ihr Kommen gefreut. – Vor mir liegt die Vermählungsanzeige von Irma M.. Endlich geht ihr Wunsch in Erfüllung, ihr Verlobter ist zurückgekommen. Zur gleichen Zeit wie Hanna ist nun auch sie Frau geworden. Meine herzlichsten Wünsche begleiten sie auf ihrem Lebensweg, den sie an der Seite ihres Mannes, eines Arztes, weitergehen wird.

**8. 2. 45.** Endlich wieder Nachricht von Bärbel, die oben im Nordosten des Reiches auf einem Gut als Elevin arbeitet. Stunde um Stunde haben sie Alarm und doch schaffen sie immer wieder weiter. An Weihnachten hat sie sich verlobt mit einem Diplom-Landwirt, der in Göttingen studiert. Sie wird sich nach dem Krieg ihr Glück bauen und [mit] dem Land und seinen Menschen verbunden bleiben, die sie so liebt. Sie geht ihren Weg fest und voller Zuversicht und es ist eine Freude, ihren Brief zu lesen. Man müßte ihn den alten Münchner Wankerern zeigen, die es jetzt mit der Angst bekommen. Die Gefahr vom Osten ist groß, aber wir müssen sie bannen um den Bestand des Volkes zu sichern. Wir sind auf uns allein gestellt, aber wir werden es schaffen, koste es was es wolle.

**10. 2. 45** Heute vor einem Jahr. Da schlossen sich hinter uns die Pforten der Schule und mit Begeisterung ging es hinein ins Leben. Alle werden heute darandenken und in Gedanken überfliege ich die Sitzreihen und denke bei jeder an das was sie jetzt tut und schafft: Unser Meyerlein hat gerade geheiratet. Sie wird ihr Studium aufgeben. Z. zt. arbeitet sie bei Rodenstock in der wissenschaftlichen Abteilung. – Dieps ist in der KLV in Bad Tölz. Ich beneide sie nicht um diesen Posten. – Ursel ist im Sudetengau im RAD gewesen und ist zur Luftwaffe gekommen. Nun steht sie im Westen in einer Scheinwerferbatterie. – Lorle ist im Gesundheitsdienst des Studentenwerks und will auch eine andere Tätigkeit, die sie mehr befriedigt. – Erna H[.] und Gretlies D[.] waren im Sudetengau im RAD und arbeiten in Munitionsfabriken als KHD Maiden. – Inge ist in Oberammergau und leistet in einer dortigen Fabrik ihren stud. Kriegseinsatz ab. – Liese ist nach ihrer R.A.D.-Zeit zur Luftwaffe gekommen und gondelt von Stellung zu Stellung. Sie ist der liebe, alte Kerl geblieben. – Irmgard ist in Oberhofen in der Stadtapotheke als Praktikantin tätig. – Mopsels, ehemals stud. med. dent ist zur staatlich geprüften Telegraphistin empor gerückt und erfüllt ihren Dienst mit dem ihr eigenen Humor. – Cilly ist im Haushalt ihrer Tante beschäftigt. – Von Erna B[.] hat niemand mehr etwas gehört. Sie soll in Wien sein. – Das Rentschperl ist bei Siemens und arbeitet Kabel. Ihre Ausbildung zur Schauspielerin muß zurückstehen. Hilde, mein alter Kollege, arbeitet im Schwabinger Krankenhaus und ist Referentin für das Amt Ausgleichsdienst. – Stupsi ist im Protektorat im RAD und hat eine schwere Zeit durchgemacht. Nun hofft sie auf ihre baldige Entlassung. – Hanna, mein treuer Weggenosse im Beratungsdienst hat sich verheiratet und wird kaum mehr studieren. Sie wird in Berchtesgaden eine Beschäftigung suchen. Caren ist DRK Helferin geworden. Z. zt. macht sie in Reichenhall einen Lehrgang mit. – Die Fenchi war im Sudetengau Arbeitsmaid und ist jetzt in Illertissen auf der Lagerführerinnenschule. – Anneliese K[.] ist ebenfalls nach ihrer RAD Zeit zur Luftwaffe gekommen und schlägt sich tapfer durch alle Widerwärtigkeiten durch. – Ljuba kann ja nicht mehr weiterstudieren und wird sich wohl auf die faule Haut gelegt haben. – Marion ist halbtags beim Flughafen Schongau beschäftigt, die andere Zeit hilft sie ihrem Vater in der Praxis. – Ruth ist in Weilheim beim N.S.V. Kreisamt, Gabi im N.S.V. Kindergarten und Lotte ist in einer Apotheke beschäftigt. Das wären alle Weggenossen in acht langen Jahren. Jede versucht ihren Platz so auszufüllen wie man es von ihr verlangt. Wir durften noch einen verhältnismäßig geregelten Schulunterricht genießen und können unsere Fähigkeiten voll einsetzen. Wo wir auch alle stehen, es verbindet uns das Band der alten Kameradschaft und jede schreibt mir: Es war eine goldene Schulzeit gewesen. Noch schöner aber wird das Studium sein.

**24. 2. 45** Vor 25 Jahren wurde im Münchner Hofbräu die Partei gegründet. 25 Jahre hat die Partei gearbeitet, gekämpft, gesiegt. Jetzt macht sie ihre schwerste Belastungsprobe durch, mancher Parteigenosse will wankelmütig werden, weil das Glück zur Zeit nicht auf unserer Seite ist. Aber die treuen Parteigenossen müssen deshalb mehr denn je fest zusammen stehen und die anderen Volksgenossen mitreißen. Die Generalmitgliederversammlung der Ortsgruppe stand unter dem Zeichen dieser Forderung. Heute wird der Führer in München sein und zu seinen alten Kampfgefährten sprechen. Ich bin gespannt auf seine Worte, die uns allen wieder Kraft geben werden weiter gläubig unsre Pflicht zu tun.[529] – Beim gestrigen Rechenschaftsbericht stellte der Ortsgruppenleiter fest, daß von

---

[529] Hitlers letzte Verlautbarung enthielt eine Aneinanderreihung altbekannter Durchhalteparolen und Propagandaphrasen, die in der Bevölkerung nur noch wenig Resonanz fand. Vgl. Proklamation Hitlers anlässlich des Jahrestages der Parteigründung, verlesen von Hermann Esser in München,

den 420 Häusern unseres Ortsgruppenbereiches noch 180 stehen und die Einwohnerzahl von 20 000 auf 2500 zurückging.[530] Unsere Ortsgruppe hat schon gelitten, aber erfüllt ihre Pflichten weiter und die Lage haben wir stets gemeistert.

**25. 2. 45** Terrorangriff auf München.[531] Zum 2. Male in diesem Jahr war München das Ziel eines schweren Bombenangriffs. Wieder einmal ging das Konzert los. Da rum, rum, zwei Einschläge ganz in der Nähe, da noch einmal. Wo mag es gewesen sein, Adelgunden- oder Thierschstraße. Als es ziemlich ruhig war, ging Mutti hinauf. Thierschstr. 39, 41 und 43 waren getroffen, dazu Adelgundenstraße 1 total. 2 Bomben waren in die Isar gegangen, eine am Rondell detoniert, die Oberleitungsdrähte mit sich reißend. Auf Nummer 43 war ein Blindgänger niedergegangen, ebenso auf Hildegardstraße 38. Unseren Ortsgruppenbereich hat es also wieder erwischt. 200 Obdachlose werden im Café Neptun verpflegt.

**28. 2. 45** In der Verpflegungsstelle melden sich immer mehr Flüchtlinge aus dem Osten und Westen des Reiches. Tagelang sind diese Menschen unterwegs, nur wenig Hab und Gut konnten sie mitnehmen. Sie haben alle sehr viel Not und Entbehrung hinter sich, aber sind froh, daß sie sich ins Reich retten konnten vor dem Bolschewismus und den Amerikanern.[532] Und auf diese armen Heimatlosen richten sich vornehmlich die Terrorangriffe, so vor allem in Dresden und Berlin.[533]

**1. 3. 45** Endlich haben wir wieder einen Brief von Manü bekommen. Er datiert vom 10. 2. und zeigt seine helle Begeisterung: „Liebe Mutti! Du wirst im ersten Moment erschrocken sein, als du im Radio hörtest: der schwere Kreuzer Lützow![534] Kaum an Bord und schon im Einsatz. Jetzt bin ich schon wieder im Hafen, aber hoffentlich kommt bald wieder das Kommando: Seeklar und klar Schiff zum Gefecht! Es rumste ganz anständig als unsere 28 cm Türme schossen. Meine Station liegt ganz beim rechten Turm. Es ist wie ein Luftschutzkeller. Aber es ist herrlich. Die Verpflegung ist prima. Der Koch konkurriert mit dir. In der Frühe 40 g Butter und 40 g Schweinefett; mittags 100 g Büchsenfleisch, Kartoffelsalat und Soße, abends Frikkadellen, 100 g Spinat, Kartoffeln und Soße. Einwandfrei zubereitet. Ferner 40 g Butter. Wie Gott in Frankreich. Dafür ist der Dienst auf Fahrt auch schwer. Aber es werden wieder Zeiten kommen, wo wir russische Eier mit Mayonaise essen

---

24. 2. 1945, abgedruckt in: Domarus, Hitler. Reden und Proklamationen, S. 2202–2207; Kershaw, Der Hitler-Mythos, S. 271 f.; Kershaw, Hitler, S. 1009 f.

[530] Insgesamt kostete der alliierte Luftkrieg rund 6400 Münchnern das Leben, 16 000 wurden verletzt, etwa 300 000 wurden obdachlos. Die Bevölkerungszahl der Stadt sank von 885 000 im Jahr 1943 auf 480 447 Personen.

[531] Nach dem letzten Großangriff vom 7./8. 1. 1945 erfolgten bis zum Kriegsende noch zahlreiche kleinere Luftangriffe, die einerseits dazu dienten, kontinuierlich das öffentliche Leben zu stören, und andererseits bereits taktisch das Vorrücken der eigenen Bodentruppen vorzubereiten. Vgl. Richardi, Bomber über München, S. 445–456; Permooser, Der Luftkrieg über München, hier S. 327–343.

[532] Im Winter 1944/45 flüchteten zahllose Deutsche aus den östlichen Gebieten des Reiches vor der herannahenden Roten Armee. Die Flucht im tiefsten Winter, die in den Verantwortungsbereich der NSDAP fiel, verlief vielerorts ungeregelt, unvorbereitet und zu spät. Vgl. Echternkamp, Nach dem Krieg, S. 51–59; Beer, Flucht und Vertreibung der Deutschen, S. 67–74; Schwendemann, Der deutsche Zusammenbruch im Osten.

[533] Zu den Luftangriffen auf Dresden vgl. Bergander, Dresden im Luftkrieg; Müller/Schönherr/Widera, Die Zerstörung Dresdens.

[534] Der schwere Kreuzer „Lützow" diente seit Frühjahr 1944 als Schulschiff; seit Herbst 1944 war er in der Ostsee zur Unterstützung der Landverbände Kurland und Ostpreußen im Einsatz und beschoss dabei vor allem Landziele.

werden. Nur jetzt durchhalten und alles wird wieder werden. Der Schreck wird jetzt erst kommen: der Großangriff im Osten und Westen. Aber wir werden durchhalten. Ihr habt in der letzten Zeit wieder manchen Alarm gehabt. Euch sollten sie in Ruhe lassen, wir warten auf sie und werden ihnen die Zähne zeigen. In unserem Hafen laufen täglich Schiffe mit Flüchtlingen ein und wir werden eingesetzt, um ihnen zu helfen. Wir erlebten Szenen, die unsere Wut ins Maßlose steigerte, aber keine Silbe der Klage kam über die Lippen der tapferen Kameraden und Kameradinnen aus Ostpreußen. Alle haben die Hoffnung auf den Sieg. Ich will jetzt schließen und es grüßt dich und Lulu herzlichst, tausend Küsse von deinem Matrosen Manü, der sich schon im Geist das Wiedersehen ausmalt. Die Vorfreude ist die schönste Freude! Bleib tapfer!"

**8. 3. 45** Draußen ist es wieder Winter geworden, nachdem schon Föhntage den Frühling ankündigten. In dichten Flocken fällt der Schnee. Frau Holle schüttelt tüchtig ihre Betten. Baum und Strauch tragen ihre weiße Last. Die Ruinen und Trümmerhalden werden bedeckt. Ringsum hat alles einen dicken Pelz von Schnee und weiter fallen die Flocken, in tollem Wirbel die einen, lautlos und gleichmäßig die anderen. Es schneit …

**9. 3. 45** Heute endlich ist Lore B[.] zu Besuch gekommen. Am Abiturtag haben wir uns zum letzten Mal gesehen. Sie war inzwischen in Geisenhausen bei Landshut im RAD gewesen und versieht jetzt als KHD-Maid den Dienst auf der Straßenbahn. Sie trug die schmucke Uniform der Münchner Schaffnerinnen, die ihr sehr gut steht. In munterem Geplauder über die Vergangenheit, die uns 8 Jahre zusammenführte, über die Kameradinnen, die in alle Welt verstreut sind, vergingen uns die Stunden im Fluge. Die Lore ist die Gleiche geblieben. Sie hat auch manch einsame Stunde gehabt, denn die Mädels in ihrem Lager sind von dem Schlag, den wir ablehnen, die nur Männer und Tanzmelodien im Kopf haben und nicht tiefer denken. An Ostern ist ihr Dienst zu Ende. Es war für uns beide ein schönes Beisammensein.

**10. 3. 45** Nach 5 Wochen wieder der erste Krankenhausdienst. Manch alten Bekannten, d. h. manche alte Patientin, konnte ich begrüßen, die sich schon über mein langes Ausbleiben gewundert haben. 12 Stunden Dienst. Es ist eine lange Zeit und doch vergeht die Zeit sehr schnell. Wir haben einige schwere Pneumoniefälle, die erhöhte Aufmerksamkeit unserseits erfordern. Manche Patientinnen haben schweres Rheuma und können sich kaum rühren. Sie müssen gefüttert werden und die Verrichtungen, wie Waschen, Schüssel usw. werden ihnen zur Qual. Sie sind so dankbar, wenn man es behutsam macht, sich ein bißchen um sie kümmert. Und ich glaube, sie mögen mich ganz gern. So waren mir die 12 Stunden in der Pflege unserer Kranken im Nu vergangen. Ich bin zwar todmüde, aber befriedigt.

**11. 3. 45** Heldengedenktag.[535] Wir denken an diesem Tag an die, die für Deutschland ihr Leben ließen. Jede Familie denkt an ihre Toten und darüber hinaus denken wir alle an die Männer der Nation, die ihr Leben hingaben. In diesem Jahr fielen Dietl und Rommel, vom ganzen Volk betrauert. Wir gedenken diesmal auch der vielen Toten, die im Luftkrieg fielen. Gerhard Schumann schrieb das Lied der Toten: „Ewig ist das dunkle Heer der Toten auf dem Marsch zu euch. Aber immer sind wir nah. Ewig steht der Turm der Mahnung da. Ihr seid von den Toten aufgeboten, denn wir starben für euch. Tut ihr recht die Pflicht, hebt ihr uns ins Licht."[536]

---

[535] Wie schon 1944 fanden die Feierlichkeiten in stark reduzierter Form statt; Hitler ließ sich bei der Kranzniederlegung von Göring vertreten. Vgl. Kaiser, Von Helden und Opfern, S. 193.
[536] Verse aus „Lied der Toten" von Gerhard Schumann, 1938.

**17. 3. 45** Die Tage eilen dahin und eh ich mich versehe, ist der Samstag wieder da. Diesmal brachte der Dienst im Schwabinger wieder viel Freude für mich. Durfte ich doch alle Injektionen durchführen, die den Tag über anfielen. Ich habe meine Hemmung dazu nun vollkommen überwunden und nun geht es auch sehr gut. Auch sonst durfte ich wieder viel selbstständig erledigen, was mir stets am meisten Spaß macht. Traudl kam auch. Sie sieht nun wieder frisch und gesund aus. Inzwischen hat sie ihr Apothekervorexamen bestanden und hofft in Schwabing unterzukommen. – Hilde ist krank. Ihr Magen ist nicht in Ordnung. Und trotzdem ist sie wieder aufgestanden und macht ihren Dienst weiter. Ein unverbesserlicher Schlingel.

**19. 3. 45** Heute erhielt ich die Nachricht, daß D.R.K. Oberschwester Hermine Stolz bei einem Terrorangriff auf Heilbronn im Lazarett umgekommen ist. Es tut mir so leid. Wir haben uns im August 42 nur eine gute Stunde, von München nach Rosenheim gesehen und gesprochen. Aus dieser Begegnung entwickelte sich ein Briefwechsel, der uns beiden lieb wurde. An Weihnachten 1942 bastelte ich den Weihnachtsschmuck für ihr Lazarett in Freudenthal. 1943 verschaffte ich ihr Textbücher, damit sie in der Weihnachtszeit Theater spielen konnten. 1944 durfte sie nicht mehr erleben. Im Dezember gab sie ihr Leben hin für ihr Vaterland, das sie so sehr geliebt hat. Ich bewahre mir das Andenken einer Frau, die den Verwundeten eine wahre Mutter war und ihren Untergebenen ein Vorbild der Pflichterfüllung.

**24. 3. 45** Die ganze Woche über hatten wir täglich Alarme, oft dauerten sie 4–5 Stunden. In dem warmen Frühlingswetter war es eine Wohltat die Zeit in der Sonne zu verbringen. Beim Krankenhausdienst heute war Fliegeralarm. Glücklich waren alle Patienten unten im Keller als das wohlbekannte Konzert begann. Im Krankenhaus selbst ist nichts passiert, wir sind nur mit dem Schrecken davon gekommen. Auch zu Hause ist Gott sei Dank nichts geschehen. Der Wiener Flughafen ist getroffen worden.

**25. 3. 45** Vati hat heute Geburtstag. Meine Gedanken wandern zu ihm hinauf nach Sylt. Möge er das nächste Lebensjahr in Gesundheit und Mußigkeit [verbringen] und möge sein Wunsch, Deutschland siegen zu sehen, in Erfüllung gehen. So wie es jetzt steht, sieht es ja nicht so aus und es gehört viel Kraft dazu noch daran zu glauben. Der Feind steht im Westen vor Darmstadt, hat überall den Rhein überschritten.[537] Im Osten ist eine Kampfpause eingetreten, die Ruhe vor dem Sturm.[538] Man weiß nicht, was man denken soll. Die Rationen mußten scharf gekürzt werden. Der Bombenterror geht weiter. Ich versuche weiter zu glauben an unseren Sieg, denn wenn wir verlieren, geben wir den Sinn des Lebens auf.

**30. 3. 45** Heute ist Karfreitag. Ostern, das Fest des Frühlings steht vor der Türe. Trotz 6. Kriegsjahres habe ich kleine Vorbereitungen getroffen. Ich habe 5 Eier ausgepustet, die Schalen in Zwiebelschalenwasser gekocht, sodaß sie leuchtend gelb wurden und sie dann

---

[537] Nach der Ardennenoffensive begannen Amerikaner, Briten und Kanadier zwischen Maas und Mosel ihren Vormarsch auf den Rhein. Am 6. März fiel das linksrheinische Köln in die Hände der amerikanischen Truppen. Mitte März standen die alliierten Truppen entlang der gesamten Rheinlinie und überschritten den Strom am 23./24. 3. 1944. Vgl. Zimmermann, Die deutsche militärische Kriegführung im Westen 1944/45, S. 409–431; Henke, Die amerikanische Besetzung, S. 343–350.

[538] Schon in den ersten Februartagen hatte die Rote Armee Brückenköpfe auf dem westlichen Ufer der Oder gebildet. Insgesamt brachte die Rote Armee bis Mitte April nicht weniger als 162 Divisionen und 21 Panzerkorps an der Oder in Stellung, die über zweieinhalb Millionen Soldaten, rund 42 000 Geschütze und Granatwerfer und mehr als 6200 Panzerfahrzeuge verfügten. Vgl. Zeidler, Kriegsende im Osten, S. 95.

angemalen. Alle sind verschieden geworden. Dann zog ich Schnüre durch und hing die Ostereier in Forsythienzweige. Der Ostergruß ist fertig. Mit wenigen Mitteln konnte ich doch eine hübsche Wirkung erzielen.

**31. 3. 45** Krankenhausdienst. In allen Zimmern standen Blütenzweige, Osternester mit bunt gemalten Eiern. Neben der gewöhnlichen Stationsarbeit ordneten wir alles zurecht, damit an Ostern Ruhe wäre. Mittendrin der gewöhnliche Alarm, der einen schon gar nicht mehr aufregt. Linz ist bombardiert worden. Nachmittags nahm Dr. Feser eine Pleura-Punktion vor, bei der wir zusehen durften. Zwei Kranke mußten in den Operationsbunker gebracht werden zum Verbinden. Eine zum Hals-, Nasen-, Ohrenarzt. So verging der Tag im Fluge. Mit den herzlichsten Osterwünschen ging es heim.

**1. 4. 45** Ostern. Das Fest der Freude und des Frühlings. Fest der Kinder. Erinnerungen werden wach an die Kindheit mit ihrem Eiersuchen im Museumsgarten, an unseren eigenen kleinen Osterhasen. Unser Ostergruß schmückt das Zimmer, nachmittags gingen wir in ein Konzert im Prinzregententheater. Endlich wieder einmal Musikhören, festlich gekleidete Menschen sehen. Es war ein Erlebnis. Heute ist auch 1. April. Doch keiner ist zum Scherz aufgelegt. Die Russen in Wiener Neustadt eingedrungen.[539] Man sieht kein Halten und Bezwingen. Und das Herz sagt uns: durchhalten. Es ist schwer, gegen die Miesmacher anzukämpfen, die solche Gerüchte verbreiten und die Menschen unruhig machen. Die sorglosen Stunden im Konzert wirkten nach dieser Nachricht wie ein Traum. Ich vertraue auf den Führer, er wird uns weiter führen, er weiß was er will.

**7. 4. 45** 12 Stunden Krankenhausdienst liegen wieder hinter mir, natürlich wieder mit vier Stunden Kelleralarm. Aber wen erschüttert das noch. – Meine Unentschlossenheit ist durch den Dienst nicht behoben worden. Was ich machen soll, weiß ich gar nicht. Soll ich mich noch zum Facheinsatz[540] melden, der mir zustehen würde, soll ich zum D.R.K. gehen, oder soll ich halbtags im Krankenhaus, halbtags im Büro arbeiten. Oder soll ich warten wie sich die Lage entwickelt. Aber dieses Abwarten und Erwägen ist so zermürbend. Viel besser wäre eine Arbeit, die einem nicht zum Nachdenken Zeit läßt. Kommt Zeit, kommt Rat.

**9. 4. 45** Terrorangriff über München. Nachdem gestern abends Störflieger Bomben abgeworfen haben, erlebte München heute nachmittags einen schweren Terrorangriff, der vor allem die Randgebiete zerstörte. Zum 1. Male wurde das neue Alarmzeichen: „akute Luftgefahr", gegeben. Wir werden uns an die vielen Kleinalarme und Vollalarme gewöhnen müssen, da die Fronten immer näher rücken.[541]

---

[539] Am 29. 3. 1945 überschritten sowjetische Truppen die ungarisch-deutsche Grenze bei Klostermarienberg, am 3. 4. war Baden bei Wien erreicht; von hier aus umfasste die Rote Armee Wien in einer Zangenbewegung. Am 6. 4. drangen die Sowjets erstmals auf Wiener Stadtgebiet vor. Nach blutigem Häuserkampf war Wien am 13. 4. 1945 erobert. Vgl. Rauchensteiner, Der Krieg in Österreich 1945, S. 153–192.

[540] Die mittlerweile weit reichenden Arbeitseinsatzpflichten führten dazu, dass auch Studenten in den Semesterferien zur Dienstleistung verpflichtet waren. Ursprünglich konnten sich vor allem Medizinstudenten zum „Facheinsatz Ost" melden, also zum Einsatz in den neu eingegliederten Gebieten des Reiches, wo sie volksdeutsche Umsiedler betreuten. Dies war im April 1945 freilich obsolet. Vgl. Beushausen u. a., Die Medizinische Fakultät im Dritten Reich, S. 250; Grüttner, Studenten im Dritten Reich, S. 370–386.

[541] In den frontnahen Gebieten drohten durch die häufigen Fliegeralarme das öffentliche Leben und die Rüstungsproduktion praktisch zum Erliegen zu kommen. Deshalb wurde die Verpflichtung, bei Fliegeralarm die Luftschutzräume aufzusuchen, aufgehoben; ebenso wie bei Voralarm konnten – und sollten – die Menschen nun ihre Tätigkeit fortsetzen. Erst bei unmittelbarer Bedrohung wurde

**11.4.45** Ein erneuter Angriff suchte die Stadt heim. Planlos wurden die Bomben geworfen, jetzt auch in die weitere Umgebung von München. Tiefflieger greifen die Züge an; die Bauern auf den Feldern werden angeschossen. Die Feldbestellung ist dadurch sehr erschwert. Eine Reise wird zum Wagnis.[542] Und immer weiter rücken die Fronten tiefer nach Deutschland vor, die Russen in Wien, die Engländer im Westen. Ihnen begegnet überall der Widerstandswille einer Bevölkerung, die sich nicht unterkriegen läßt.[543] Die Seele des Freiheitskampfes ist der „Werwolf." Hitlerjunge und Volkssturmmann gehören ihm an. Ihr Ziel ist es den Nachschub des Feindes im Rücken der Fronten zu sprengen und ihm so schwere Verluste beizufügen.[544]

**13.4.45** Heute ist zwar der 13., aber trotzdem habe ich eine gute Nachricht erhalten, die mich überglücklich macht. Ich darf Facheinsatz machen. Stabsarzt Dr. Kittel, unser Gaustudentenführer sucht eine Schreibkraft, die auch Stationsdienst macht und somit komme ich dahin wohin ich wollte. Ich fühle mich befreit von allen grüblerischen Gedanken der letzten Zeit. Der Mensch muß nur ein Ziel haben, auf das er mit Lust und Liebe hinsteuern kann. –

Der Präsident der U.S.A. Roosevelt ist an einem Gehirnschlag verstorben. Was wird diese Wende im Kriegsgeschehen bringen?[545]

---

nun das neue Signal „akute Luftgefahr" gegeben; jetzt waren die Schutzräume sofort aufzusuchen – auch, weil die Vorwarnzeiten immer kürzer wurden, je näher die alliierten Fronten heranrückten. Vgl. Beer, Kriegsalltag an der Heimatfront, S. 104.

[542] Nachdem die alliierten Luftstreitkräfte die Lufthoheit über Deutschland errungen hatten, erhielten Teile des Bombergeleitschutzes auf dem Rückflug regelmäßig Befehl, sich selbständig Ziele am Boden zu suchen und im Tiefflug anzugreifen und damit zur Zerstörung der Verkehrsinfrastruktur beizutragen. Auch die Jagdbomber der taktischen Luftstreitkräfte flogen solche Einsätze. Vgl. Schnatz, Tiefflieger über Dresden, S. 70–72.

[543] Das NS-Regime und die NS-Propaganda hofften, einen „Volkskrieg" zu entfachen. Hitler hatte schon im Herbst 1944 befohlen: „Jeder Bunker, jeder Häuserblock in einer deutschen Stadt, jedes deutsche Dorf muß zu einer Festung werden, an der sich der Feind entweder verblutet oder die ihre Besatzung im Kampf Mann gegen Mann unter sich begräbt. Es gibt nur noch Halten der Stellung oder Vernichtung". Der nationalsozialistische Volkskrieg fand allerdings nur wenige fanatische Anhänger und blieb weitestgehend aus. Vgl. Keller, Volksgemeinschaft am Ende, S. 125–131, 365–380, Zitat S. 127.

[544] Der Werwolf war ursprünglich als Partisanenorganisation für den Kleinkrieg hinter den feindlichen Linien entstanden, der im Rücken der feindlichen Front Sabotageakte begehen und Kollaborateure bestrafen sollte. Als solche trat der Werwolf jedoch selten in Erscheinung. Seit Anfang April hatte sich Goebbels des Werwolf-Begriffs bemächtigt. Seine Werwolf-Propaganda bot ein Sammelmotiv für die radikalsten und fanatischsten Anhänger der NS-Bewegung und sollte deren Gegner abschrecken. In dieser Form konnte die Werwolfidee jedem zur Rechtfertigung dienen, der in den letzten Kriegstagen Gewalt gegen diejenigen übte, die ein Kriegsende herbeisehnten und zur Kapitulation vor den alliierten Truppen bereit waren. Vgl. Keller, Volksgemeinschaft am Ende, S. 168–189.

[545] Die inneren Widersprüche der Anti-Hitler-Koalition aus Briten, Amerikanern und Sowjets waren natürlich auch in Deutschland nicht unbemerkt geblieben. Immer wieder wurde deshalb das baldige Auseinanderbrechen des Bündnisses prognostiziert und dabei übersehen, dass die Niederringung Hitlers und NS-Deutschlands als Ziel stark genug war, um alle weltanschaulichen und politischen Differenzen bis dahin zu überlagern. Der Tod des amerikanischen Präsidenten am 12. April 1945 nährte letztmalig die Hoffnung, es könne noch in letzter Minute zu einer entscheidenden Veränderung der Mächtekonstellation kommen. Als historische Analogie diente das „Mirakel des Hauses Brandenburg" im Siebenjährigen Krieg, als der Tod Zarin Elisabeths das Ausscheiden Russlands und den Sieg Preußens zur Folge hatte. Vgl. Keller, Volksgemeinschaft am Ende, S. 196, 210; Henke, Die amerikanische Besetzung, S. 27, 800; Kroll, Utopie als Ideologie, S. 284f.

**14.4.1945** Man soll sich nicht zu früh freuen. Es kommt meist anders, als man sich vorgestellt hat. Nun läßt mich Frau Dr. Müggenburg nicht gehen. Ich hoffe aber, daß ich es doch durchsetzen kann; was hätte sie gemacht, wenn ich zu studieren angefangen hätte, wenn ich zur KLV gegangen wäre. Der Montag bringt die Entscheidung. – Heute war im Krankenhaus nicht allzu viel los. Ich konnte ja erst nachmittags kommen. Unsere alten Mütterchen vom Flüchtlingszug sind so genügsam und nett, sie machen nicht soviel Geschichten wie sonst alte Frauen.

**20.4.45**
Der Führer begeht heute seinen 56. Geburtstag. In einer Zeit höchster Spannung denken wir an diesem Tag an ihn, der uns unerschütterlich und standhaft, gläubig und treu die harten Kriegsjahre geführt hat und auch weiterhin führen wird. Möge er seine Kraft und Gesundheit behalten, um allen Anfechtungen trotzen zu können. Ich stimme mit ganzem Herzen den Worten von Dr. Goebbels bei, der in einer zur Herzen gehenden Rede des Führers gedachte: Möge er immer bleiben, was er uns ist und immer war: unser Hitler![546]

**21.4.45** Heute hat Mutti Geburtstag. Ich wünsche ihr von Herzen alles Gute, vor allem Gesundheit. Möge das nächste Lebensjahr ihr Besseres bringen, die Erfüllung ihres innigsten Wunsches unseren Sieg und damit die Wiederkehr von Manü, nach dem sie große Sehnsucht hat.

Heute war wieder ein ereignisreicher Tag. Auf Station gab es nicht allzu viel zu tun, denn gestern ist ein Transport nach Reichenhall abgegangen. So ging heute alles schnell ab und das war gut so. Um 11 $^h$ Fliegeralarm. Kaum waren die Kranken im Keller, ging es auch schon los. Den Arztwagen haben wir so hinuntergetragen, der Aufzug war schon gesperrt. Wir gingen dann noch mal rauf, umso schneller aber wieder runter. Das Haus erbebte, selbst im Keller war die Erschütterung noch zu spüren. Männerbau III war vernichtend getroffen worden. Vor unserem Arztzimmer ein Zeitzünder. Als der Alarm vorüber war, bestimmte Dr. Feser die Patientinnen, die entlassen wurden, wir mußten Platz schaffen um die Kranken von Männer 7 aufzunehmen. – Es war wieder ein schwerer Terrorangriff, der über unsere Stadt hinweg gefegt ist.

**22.4.45** Die Liese war eben da und wollte sich bei mir Rat holen. Sie ist von der Flak beurlaubt worden und weiß nun nicht was sie anfangen soll. Ich gab ihr ein Lateinbuch und das Biologiebuch mit. Sie muß halt für sich lernen und weiterarbeiten. In dem Jahr hat sie ja doch alles wieder verlernt. Ich freue mich immer, wenn ich jemandem helfen kann, denn „so in der Luft hängen" ist nicht schön, das erlebe ich jetzt selbst.

**28.4.45** Heute werde ich wohl für längere Zeit zum letzten Mal Krankenhausdienst gemacht haben. München wird mehr und mehr Frontstadt. Die Fronten rücken immer näher. Die Lebensmittel- und Kleidungslager werden aufgelöst und verteilt. Es gibt Sonderzuteilung über Sonderzuteilung. Heute war es wirklich ein aufregender Tag. Morgens um 7 $^h$ ertönte im Radio die Stimme eines Verräters, der gegen den Führer aufhetzte und einen bayrischen Sonderfrieden mit England-Amerika verkündete. Die ganze Sache war „blauweiß" aufgezogen und verlogen von A bis Z. Um ½ 12 $^h$ nahmen Giesler und Fiehler Stellung dazu und fordern Kampf und Widerstand bis zum letzten.[547] – Auf Station wurde alles in den

---

[546] Vgl. Rundfunkrede Goebbels' am Vorabend von Hitlers 56. Geburtstag, 19.4.1945, abgedruckt in: Heiber, Goebbels-Reden, S. 447–455, Zitat S. 455.

[547] Karl Fiehler (1895–1969), Oberbürgermeister Münchens. Die Freiheitsaktion Bayern war der einzige regionale Versuch, das NS-Regime in letzter Minute zu überwinden. Die Verschwörer wollten in einer handstreichartigen Aktion wichtige Schaltstellen der Macht in München besetzen, dadurch

Keller gebracht, oben liegen nur ein paar Gehfähige. Arzneien, Instrumente usw. wurden unten verstaut. – In der Stadt soll sonst alles ruhig sein, wenn auch die Stimmung nicht gerade gut ist. Jedes Gerücht wird geglaubt und weitergegeben. Man macht sich bloß irr und schafft Panikstimmung. Zu Hause haben wir alles Nötige in den Keller gebracht, vor allem Lebensmittelvorräte und sonstige Dinge. Wir warten ab, was die Zeit bringen wird.

**29. 4. 45** Während ich jetzt schreibe, erbebt die Erde unter dem Geschützdonner. Sie sollen schon in Ismaning sein. Eine Salve nach der anderen verläßt die Rohre. Dazwischen vernimmt man die Detonationen der Sprengungen. Es ist alles so eigenartig. Hier der Geschützdonner, der die Fensterscheiben erzittern läßt, dort die blühende Frühlingspracht. Die Kastanien erblühen in ihren weißen Kerzen, Flieder, Tulpen und Mandelbäume blühen, alles wäre so schön, wenn man es genießen könnte. Wieder ein Einschlag, man glaubt es kommt immer näher, die Straßenbahn fährt weiter, der Verkehr geht weiter, Frontstadt München. – Was mögen wohl Vati und Manü denken. Seit Wochen haben wir keine Nachricht mehr von ihnen. Umgekehrt ist es der gleiche Fall. – In Berlin wird weitergekämpft bis zum Entsatz. Ich möchte bloß wissen wie es um den Führer steht.[548] Soll denn alles aus sein, alles an was wir geglaubt haben, für das wir gelebt haben. Sollen alle Opfer umsonst gewesen sein. Ich kann es nicht glauben. Solange deutsche Menschen leben, werden sie sich wieder aufraffen und wieder von vorne beginnen? F[.] war vorgestern da. Er sucht seine Frau mit den Kindern, seine Mutter, Bruder und Schwester und deren Säugling. Sie sind am 17. 4. von Weißenburg weggefahren und noch nicht in München angekommen. Wir müssen annehmen, daß ihnen unterwegs etwas zugestoßen ist. Es wäre furchtbar 7 liebe Menschen. Gretl[549] mit den 4 Kleinen soll in der Nähe von Weißenburg sein, Theo kämpft in Schlesien. So ist die ganze Familie auseinandergerissen. Ob wir unsere 300-Jahrfeier 1948 je erleben werden.[550] – Das Artil-

---

den Krieg in Oberbayern beenden und eine Verteidigung Münchens verhindern. Am frühen Morgen des 28. 4. 1945 verkündete die Freiheitsaktion über den Rundfunk, sie habe in der Nacht die Regierung übernommen. Unter dem Stichwort „Fasanenjagd" rief sie dazu auf, die Funktionäre der NSDAP festzusetzen und zu entwaffnen. Daraufhin wandten sich in München und Bayern zahlreiche Bürger gegen verteidigungsbereite Truppen und Parteifunktionäre. Die Aufständischen konnten indes weder die Schaltstellen der Macht in der Gauhauptstadt München besetzen noch Gauleiter Paul Giesler ausschalten. Die Kommunikationswege der Wehrmacht blieben intakt, und es gelang nicht, den Oberbefehlshaber West, Kesselring, auf die eigene Seite zu ziehen. Kurz vor elf Uhr wandte sich Giesler in einer eigenen Radioansprache an die Bevölkerung – damit war klar, dass die Freiheitsaktion Bayern gescheitert war. Die Folgen waren blutig. Der regionale Aufstandsversuch mobilisierte noch einmal das gesamte, nach wie vor ungebrochene terroristische Potenzial des Regimes in der Heimat, das auf die offene Herausforderung mit einem letzten Rachefeldzug reagierte. Am 28. und 29. 4. 1945 starben in München, aber auch an vielen anderen Orten Bayerns, Dutzende Menschen unter den Händen von Durchhaltefanatikern. Vgl. Keller, Volksgemeinschaft am Ende, S. 389–397; Diem, Die Freiheitsaktion Bayern.

[548] Hitler hatte sich am 16. 1. 1945 in den Führerbunker unter der Reichskanzlei zurückgezogen, seit Februar hielt sich auch seine Geliebte Eva Braun (1912-1945) dort auf. Am 20. 4. 1945 versammelten sich dort anlässlich seines 56. Geburtstages neben der Generalität letztmalig seine engsten Vertrauten, darunter Goebbels, Himmler, Speer und Göring. Am 21. 4. drangen erstmals sowjetische Truppen auf das Gebiet der Reichshauptstadt vor, und seitdem war Hitlers effektives Herrschaftsgebiet auf wenige hundert Meter rund um die Reichskanzlei zusammengeschrumpft. Vgl. Kershaw, Hitler, S. 1027–1064; Trevor-Roper, Hitlers letzte Tage; Frank, Der Tod im Führerbunker; Kellerhoff, Mythos Führerbunker; Fest, Der Untergang.

[549] Margaret von König, familiär: Gretl (1911–1994), Ehefrau Theodor König von Paumbhausens.

[550] Die Adelung Mathias Königs erfolgte 1648. Theodor von König war bereits 1939 zur Waffen-SS eingezogen worden. Während seiner Zeit bei der SS-Polizei-Division beschwerte er sich im Januar

lerieduell wird immer stärker. Wir werden heute Nacht angezogen schlafen, damit wir bei „Feindalarm" gleich fertig sind. Im Inneren wünsche ich mir, es wäre schon vorüber und doch müssen wir kämpfen und Widerstand leisten, wollen wir uns vor den anderen Städten nicht der Schande preisgeben. „Erst die Sache, die man aufgibt, ist verloren."[551] Und doch sind diese Stunden des Wartens so zermürbend. Man wird von seinen Gefühlen und Empfindungen hin und hergerissen. Reichsmarschall Göring ist zurückgetreten.[552] Was soll der Schritt bedeuten, es wird Krankheit vorgetäuscht. Muß der Führer den Kelch bis zur Neige austrinken?[553] Wie wird die Besetzung sein. Fremde Truppen in München, in ganz Deutschland. Es ist kaum zu fassen und doch so unsagbar traurig. Wir, die wir bis zum Kaukasus, bis am Nordmeer und an den Pyrenäen, in Tripolis und am Balkan waren, wir haben den Feind im Lande, der uns ausrotten will. Und doch wird für

---

1940, dass seine Ausbildung bei der SS-Leibstandarte nicht anerkannt werde und er wie ein Rekrut exerzieren müsse; die Führer, die teils Wehrmachtshintergrund hatten, sähen auf die SS herab und es mangele an weltanschaulicher Linientreue. Zusammen mit weiteren Führern wurde er binnen Kurzem aus der Division herausgezogen und erhielt einen Sonderlehrgang. Während dieses Kurses erlitt er beim Sport eine Kopfverletzung und kehrte nach Berlin ins SS-Personalhauptamt zurück. Nachdem er im August 1943 mit seiner Familie ausgebombt worden war, bekleidete er bis Ende Januar 1945 das Amt des SS-Standortältesten in Müncheberg. Wenig später wurde er mit 10 Tagen Stubenarrest bestraft, weil er bei der Abreise aus Müncheberg – dem sich die Rote Armee zu diesem Zeitpunkt bereits näherte – einen Lastwagen zweckentfremdete; es kann vermutet werden, dass er damit das persönliche Hab und Gut seiner Familie in Sicherheit bringen ließ. Im weiteren Verlauf wurde er offenbar zu einer Kampfeinheit versetzt; er selbst gibt in seinem Entnazifizierungsverfahren und seinem Kriegsgefangenenentschädigungsantrag als Einheit die 31. Infanterie-Division bzw. Volks-Grenadier-Division, also eine Wehrmachtseinheit, an. Diese kämpfte allerdings in Westpreußen. In Schlesien kämpfte die 31. SS-Freiwilligen-Grenadier-Division, die bei Sadowa/Königgrätz in Böhmen zerschlagen wurde. Dazu passt auch von Königs Angabe, er sei in der Tschechoslowakei in sowjetische Kriegsgefangenschaft geraten. Vgl. Antrag auf Kriegsgefangenenentschädigung Theodor von König, o. D., Kopie in Anlage zu Schreiben der Deutschen Dienststelle (WASt) an Sven Keller, 14.7.2014; Handschriftlicher Lebenslauf, 15.2.1950, in: StA N, Spruchkammer Weißenburg, K-213.

[551] „Nur die Sache ist verloren, die man aufgibt". Ernst Freiherr von Feuchtersleben's sämtliche Werke, Bd. 3: Lebensblätter, Wien 1851, S. 223. Häufig auch Gotthold Ephraim Lessing zugeschrieben.

[552] Noch an Hitlers Geburtstag hatte Göring den Führerbunker am 20.4.1945 als erster aus dem engsten Führungskreis geradezu fluchtartig verlassen. Am 22.4. erlitt der Diktator in der täglichen Lagebesprechung mit seinen Generälen einen Nervenzusammenbruch, als er erfuhr, dass das III. SS-Panzerkorps Berlin nicht entsetzen würde; wie auch die 12. Armee („Armee Wenck") war es nur noch wenig mehr als ein Phantom auf der Lagekarte. Hitler tobte, nun habe ihn auch die SS verraten, er könne so nicht führen; schließlich sackte er zusammen und erklärte, der Krieg sei verloren. Er werde in Berlin bleiben und sich erschießen, um nicht lebend in die Hände der Sowjets zu fallen. Entgegen aller Proteste ließ er sich nicht umstimmen. Göring erfuhr auf dem Obersalzberg von den Ereignissen, wo Augenzeugen ihn davon überzeugt hatten, Hitler habe die Staatsführung aufgegeben, und deshalb sei nun er, Göring, der neue „Führer". Tatsächlich war 1941 ein Gesetz in Kraft getreten, das den Reichsmarschall zum Nachfolger bestimmte, sollte Hitler nicht mehr handlungsfähig sein. Daraufhin schrieb er ein vorsichtiges Telegramm nach Berlin, in dem er seine Bereitschaft kundtat, notfalls die Leitung des Reiches zu übernehmen. Der Diktator wertete dies unter dem Einfluss seiner Umgebung als Verrat. Göring folgte dem Ultimatum, binnen einer halben Stunde aus gesundheitlichen Gründen von allen Ämtern zurückzutreten. Vgl. Kershaw, Hitler, S. 1027–1040.

[553] Dies ist die letzte Erwähnung Hitlers in Wolfhilde von Königs Tagebuch. Noch am 1.5.1945 wird sie aus dem Radio erfahren haben, dass ihr „Führer" angeblich bei der Verteidigung der „Reichshauptstadt bis zum letzten Atemzug gegen den Bolschewismus kämpfend für Deutschland gefallen" sei – eine Erwähnung war ihr das nicht mehr wert. Tatsächlich hatte Hitler am 30.4.1945 mit seiner frisch vermählten Ehefrau Eva Hitler, geborene Braun, Selbstmord begangen. Pressemeldung zitiert nach: Ueberschär/Müller, Kriegsende 1945, S. 88; vgl. Kershaw, Hitler, S. 1054–1064.

viele Menschen die Besatzungszeit eine heilsame Lehre sein, sie werden sich vielleicht eher auf ihr Deutschtum besinnen und merken, daß der Amerikaner doch nicht so human ist, wie sie heute noch glauben. – Es ist jetzt 9 $^h$ abends. Das Geschützfeuer ist beinahe pausenlos. Ich schließe meine Zeilen und hoffe, daß wir aus diesem Inferno gesund herauskommen.

**30.4.45** Heute sind die alliierten Truppen in München einmarschiert, nachdem um 3 $^h$ vom Dom die weiße Fahne gehißt wurde. Dieser Einzug in die Stadt ist das Eigenartigste, was ich bis jetzt erlebte. „Ein Kriegspielen" vor den Augen der Einwohnerschaft. Kaum zeigten sich die ersten Amerikaner in unserer Straße, da wurden von einzelnen Wohnungen die weißen Fahnen gehißt. Manche Leute winkten mit den Tüchern. Etwas mehr Ehre hätte ich den Münchnern schon zugetraut.[554] Nach einiger Zeit fuhren die ersten Panzer auf. Infanterie folgte nach. „Nun sind sie da", „nun ist es aus". Diese Worte konnte man immer wieder hören. Von weitem vernahm man das Geschützfeuer, das den ganzen Tag angehalten hatte. Nun ist der Feind in München. – Im Hause ist schon Einquartierung. Auch bei uns waren sie, ließen uns aber unangefochten, als sie die kaputte Wohnung sahen.[555]

**1.5.45** 1. Mai. Gedanken an die Vergangenheit nehmen mich gefangen. 1. Mai, Nationalfeiertag des Deutschen Volkes. Diese Zeiten werden wohl nie mehr kommen. In der Stadt werden alle Geschäfte vom Pöbel geplündert. Die Polizei ist festgenommen, so kann dieses Volk machen was es will.[556] Dabei ist dieser 1. Mai so naßkalt und unfreundlich. Unaufhörlich rollen die feindlichen Panzer und Fahrzeuge durch die Stadt. Das Material ist schlecht, man kann es nicht fassen, daß wir vor diesen Waffen kapitulieren mußten.[557] Die Soldaten machen mürrische Gesichter und denken sich wohl, was sollen wir hier in

---

[554] Die amerikanischen Truppen stießen in München kaum auf Widerstand. Viele Münchner hatten bereits zwei Tage zuvor nach der Radiomeldung der Freiheitsaktion Bayern geglaubt, der Krieg sei vorbei. Nun wurden die wenigen deutschen Verbände, die sich überhaupt noch in der Stadt befanden, beschimpft und mit Steinen beworfen. Vgl. Brückner, Kriegsende in Bayern 1945, S. 177–210, insb. S. 204f.

[555] Trotz aller Schäden konnten sich die von Königs im Vergleich glücklich schätzen, überhaupt ein Dach über dem Kopf zu haben – und noch dazu das eigene. In den westlichen Besatzungszonen waren rund 2,25 Millionen Wohnungen vollständig zerstört, weitere 2,5 Millionen waren beschädigt. In München waren 82 000 Wohnungen vernichtet, in der Innenstadt wurden bis zu drei Viertel aller Gebäude zerstört. Die Wohnungsnot wurde durch die *Displaced Persons* und die zahlreichen Flüchtlinge und Vertriebenen aus den Ostgebieten des Reiches gesteigert: Rund 20 Millionen Deutsche verloren als Folge des Zweiten Weltkriegs ihre Heimat. Vgl. Echternkamp, Nach dem Krieg, S. 18–20, 41–59; Permooser, Der Luftkrieg über München, S. 367–376.

[556] Die Plünderung von öffentlichen Magazinen, Läden, Fabriklagern oder Versorgungszügen durch die Bevölkerung war in den Tagen unmittelbar vor und nach dem Einmarsch der alliierten Truppen ein weit verbreitetes Phänomen, wie überhaupt die Kriminalität in der frühen Nachkriegszeit stark anstieg. Rechtsbewusstsein und Moralvorstellungen mussten angesichts des Chaos des Zusammenbruchs und schierer Überlebensnotwendigkeiten zurückstehen. Vgl. Keller, Volksgemeinschaft am Ende, S. 274–276; Mörchen, Schwarzer Markt; Raim, Justiz zwischen Diktatur und Demokratie, S. 203–215; Kleßmann, Die doppelte Staatsgründung, S. 53; Jacobmeyer, Vom Zwangsarbeiter zum heimatlosen Ausländer, S. 48–50.

[557] Wolfhilde von König verfügte über keinen militärischen Sachverstand. Offensichtlich hatte sie aber die nationalsozialistische Propaganda von der technischen Überlegenheit der deutschen Waffen verinnerlicht, insbesondere der (technisch anfälligen) Panzer „Tiger" und „Tiger 2", die außerdem nur in relativ geringer Stückzahl gebaut wurden. Tatsächlich hatte die deutsche Rüstung ihren Qualitätsvorsprung spätestens 1941 eingebüßt. Vgl. Müller, Albert Speer und die Rüstungspolitik im totalen Krieg, S. 659–662, 684–743; Hochstetter, Motorisierung und „Volksgemeinschaft", S. 425–430.

diesem Land, in dieser Stadt? Sie wollen alle so rasch wie möglich nach Hause. Wird nun der Russe folgen? Dann Gnade uns Gott.[558]

**5.5.45** Trotz allem habe ich heute Krankenhausdienst gemacht. Es geht auch in Zivil und ohne Häubchen. In diesen Stunden vergißt man alles Widerwärtige draußen, denn die Menschen, die hier liegen brauchen unsere Hilfe und die Arbeit nimmt einen ganz gefangen. Hilde schläft jetzt im Krankenhaus, denn sie kann nicht jeden Tag den weiten Weg zurücklegen und das Radfahren ist verboten worden. Außerdem darf die Bevölkerung nur von 6–19 $^h$ auf der Straße sein. – Die Ausländer, Ukrainer, Polen und die russischen Gefangenen sind frei, arbeiten nichts mehr und plündern alle Läden, Fabriken usw. Sie sollen jetzt alle fortkommen, ein wahrer Segen.[559] Bürgermeister und Polizeipräsident sind bereits gewählt. Hoffentlich fahren bald wieder Trambahnen und Kleinbahnen. Man wartet immer auf das, was kommt, die Arbeit freut einen nicht, weil man sich frägt, ob sie noch einen Sinn hat. Man muß eine Arbeit wie im Schwabinger Krankenhaus haben, bei der man sich fest konzentrieren muß und bei der auch ein Erfolg zu sehen ist.

**12.5.45** Heute hätte ich wieder Krankenhausdienst gehabt, aber mein Heuschnupfen macht mir sehr zu schaffen und in diesem niesenden und tränenden Zustand bin ich kein erfreulicher Anblick und auch keine Hilfe. Unsere Wohnung haben wir vom Schmutz, Mörtel usw. gesäubert, die Koffer und Betten vom Parterre wieder nach oben gebracht. Ich habe meine Bücher wieder eingeordnet, meine Sachen richtig „ausgemistet".[560] Es könnte alles so schön sein, wenn der Gedanke an die Gegenwart und die Zukunft nicht so niederdrückend wäre. Zum Oberbürgermeister wurde der Scharnagl ernannt, der bis 33 dieses Amt innehatte. Dies beruhigt mich, denn er kennt seine Münchner und wird ihre Interessen zu vertreten wissen.[561] Seit 3 Tagen ist Frieden in Europa. Frieden, wie Hohn klingt es in unseren Ohren. In Amerika und England läuten die Siegesglocken zu einem Sieg, der

---

[558] Zahlreiche Quellen berichten davon, dass auch die Amerikaner von vielen Deutschen zunächst nicht unbedingt begeistert und als „Befreier" begrüßt wurden, doch aber mit einer gewissen Erleichterung. Gegenüber den Sowjets waren sie ganz ohne Zweifel das kleinere Übel, aber dennoch: Der Krieg war verloren, Deutschland besetzt, die Zukunft ungewiss. In die Erleichterung, das gewaltsame Finale der NS-Herrschaft und des Zweiten Weltkriegs überlebt zu haben, mischte sich Skepsis und vielfach ein Gefühl der Demütigung: Die „Herrenmenschen" von gestern mussten sich nun in die Besatzungsherrschaft fügen. Vgl. Keller, Volksgemeinschaft am Ende, S. 1f., 419; Rusinek, Ende des Zweiten Weltkriegs lokal, regional, international, S. 9; Woller, Gesellschaft und Politik in der amerikanischen Besatzungszone, S. 57f.

[559] Bei Kriegsende befanden sich zwischen acht und zehn Millionen sogenannter *Displaced Persons* in Deutschland, die die Nationalsozialisten ins Reich verschleppt hatten, um dort die Rüstungsindustrie und die Lebensmittelversorgung aufrechtzuerhalten. In den ersten Nachkriegswochen kam es zu Übergriffen und Racheakten befreiter Zwangsarbeiter und Konzentrationslagerhäftlinge gegen die deutsche Bevölkerung und deren Eigentum, die Angst und Schrecken verbreiteten. Vgl. Jacobmeyer, Vom Zwangsarbeiter zum heimatlosen Ausländer (zu Kriminalität durch Ausländer S. 46–50); Woller, Gesellschaft und Politik in der amerikanischen Besatzungszone, S. 60f.; Keller, Volksgemeinschaft am Ende, S. 291f.

[560] Mit „ausgemistet" dürfte die damals übliche Aussonderung und Beseitigung allzu offensichtlich nationalsozialistischer Literatur und sonstiger Gegenstände gemeint sein. So ist davon auszugehen, dass Wolfhilde von König das Hitlerbild, das sie 1939 zu Weihnachten geschenkt bekommen hatte, inzwischen beseitigt hatte.

[561] In dieser Erwartung der bis zuletzt dem Nationalsozialismus anhängenden Wolfhilde von König liegt nicht wenig Ironie: Karl Scharnagl (1881–1963) war im Frühjahr 1933 von den Nationalsozialisten aus dem Amt des Münchner Oberbürgermeisters vertrieben und noch im Herbst 1944 nach dem gescheiterten Anschlag auf Hitler (wie viele andere Politiker der Weimarer Republik) verhaftet und in das Konzentrationslager Dachau verschleppt worden. Vgl. Schönhoven, Der politische Katholizismus in Bayern, S. 554f.; Stephan, Karl Scharnagl.

nach Churchills eigenen Worten nur durch die pausenlosen Luftangriffe auf die Zivilbevölkerung errungen werden konnte. Das ist kein Sieg für mich. Militärisch wären wir nicht geschlagen worden.[562] Nun müssen wir in den sauren Apfel beißen und die Anordnungen der Militärregierung befolgen. – Nun darf man wieder mit dem Rad fahren. Radio und Zeitung soll es bald geben. Lebensmittel, Milch und Fleisch sollen herangebracht werden. Um Brot und Fleisch muß man sich stundenlang anstellen.[563] – Meine Gedanken gehen immer wieder nach draußen, was werden Vati und Manü machen? Der Kreuzer „Lützow" hat sich den Engländern ergeben. Wir wissen aber nicht, ob der Manü noch drauf war.[564] Diese Ungewissheit ist furchtbar. Was wird Gretl mit den 4 Kleinen machen! Theo wird wohl kaum zurückkehren.[565] Was ist mit der Familie von F[.]? Die langen Kriegsjahre über hat unsere Familie keinen Verlust gehabt und zum Ende liegt über allem die furchtbare Ungewißheit. Wir müssen uns zusammennehmen, damit wir denen kraftvoll beistehen können die von draußen hereinkommen werden, wund an Leib uns Seele.

**5. 6. 45**[566] Lang habe ich nichts mehr eingetragen. Das tägliche Leben ist so eintönig geworden. Morgens um ½ 6 $^h$ stellt man sich um Kartoffeln an, meist umsonst. Der andere stellt sich um Fleisch oder Brot an. Am Pfingstsamstag und am folgenden Samstag habe

---

[562] Die feinsinnige Unterscheidung zwischen den „militärischen" Mitteln eines regulären Krieges und den alliierten Luftangriffen als Terror gegen die Zivilbevölkerung folgte dem lange wirkmächtigen Mythos, die deutschen Landser seien nicht nur im Grunde die besseren Soldaten gewesen, sondern die Wehrmacht als Ganzes habe im Zweiten Weltkrieg ehrenhaft gekämpft und sei an Verbrechen nicht beteiligt gewesen. Es ist davon auszugehen, dass Wolfhilde von König als regelmäßige Hörerin des Wehrmachtberichts auch dessen letzte Ausgabe vom 9. 5. 1945 gehört hatte, in der Großadmiral Dönitz, von Hitler zu seinem Nachfolger als Staatsoberhaupt benannt, der Wehrmacht bescheinigte, sie sei nach „heldenhafte[m] Ringen […] einer gewaltigen Übermacht ehrenvoll unterlegen." Vgl. Wette, Die Wehrmacht, S. 201–205, Zitat S. 204; Pätzold, Ihr waret die besten Soldaten, S. 11–13; Bald/Klotz/Wette, Mythos Wehrmacht.

[563] Die Nahrungsmittelversorgung im Reich war auf Kosten der besetzten Gebiete bis ins Jahr 1944 stabil gehalten worden; als die alliierten Truppen das Land besetzten, waren vielerorts die Vorratslager und Depots noch gut gefüllt. Nun war das Land jedoch wieder weitgehend auf seine eigene Landwirtschaft verwiesen. Dort fehlten nach der Befreiung der Zwangsarbeiter angesichts gefallener oder noch in Kriegsgefangenschaft befindlicher Männer Arbeitskräfte. Hunger war in den ersten Jahren nach Kriegsende ein weit verbreitetes Phänomen in Deutschland, dem die Besatzungsmächte trotz entsprechender Bemühungen nur schwer beikamen. Dafür waren die Besatzungsbehörden sogar bereit, die nationalsozialistischen Strukturen beizubehalten. Vgl. Gries, Die Rationen-Gesellschaft; Rohrbach, Im Schatten des Hungers; Schmitz, Die Bewirtschaftung der Nahrungsmittel; Echternkamp, Nach dem Krieg, S. 21–29.

[564] Die „Lützow" lag am 16. 4. 1945 in der Kaiserfahrt, einem Kanal auf Usedom, vor Anker, als sie nachmittags bei einem britischen Luftangriff schwer beschädigt wurde und mit Schlagseite gegen das Ufer kippte. Die Schiffsartillerie blieb einsatzfähig und fügte in den folgenden Tagen den gegen Stettin anrückenden sowjetischen Panzern noch schwere Verluste zu. Am 4. 5. 1945 wurde das Schiff aufgegeben und beim Versuch, es zu sprengen, schwer beschädigt. Wolfhilde von Königs Eltern erfuhren im April 1945 von einem Bekannten, der verbotenerweise einen Schweizer Radiosender gehört hatte, dass die „Lützow" aus der Luft angegriffen worden und gesunken sei. Die Eltern verschwiegen dies offensichtlich ihrer Tochter ebenso wie ihre Befürchtung, der Sohn sei mit dem Schiff untergegangen. Emanuel von König hatte das Schiff jedoch wenige Stunden vor dem britischen Luftangriff verlassen, um sich in Swinemünde im Lazarett in medizinische Behandlung zu begeben. Nach der Zerstörung des Schiffs wurde er zum infanteristischen Einsatz abkommandiert und im Kampf um Berlin eingesetzt. Vgl. von König, Supplement to the Diary, S. 287f.

[565] Theodor von König wurde im Januar 1950 aus sowjetischer Kriegsgefangenschaft entlassen. Vgl. Antrag auf Kriegsgefangenenentschädigung Theodor von König, o. D., Kopie in Anlage zum Schreiben der Deutschen Dienststelle (WASt) an Sven Keller, 14. 7. 2014.

[566] Ab diesem Datum sind die Datierungen nicht mehr rot eingetragen, sondern nur noch mit Bleistift vorgezeichnet.

ich Krankenhausdienst gemacht. Nun ist Schwabing Ausländerkrankenhaus geworden und ich gehe nicht mehr hin. Jüdinnen und Ukrainerinnen zu pflegen, habe ich wirklich keine Lust.[567] Außerdem ist heuer mein Heuschnupfen wieder stärker als sonst, eine Folge des schönen Wetters. An Pfingsten habe ich meine Trachtensammlung in Ordnung gebracht. Dann habe ich mir einen Lampenschirm fabriziert, der noch fertig trocknen muß. Und nun arbeite ich Babywäsche für Frau Neigele, die im August ein Kind erwartet. Sie ist allein und hat alles verloren; bei Frau Umkehr konnte sie unterkommen. Man muß seine Tage mit solcher Arbeit ausfüllen, dann kommt man nicht viel ins Denken, da es so zermürbend und aufreibend ist. Und überall macht sich die kommende Hungersnot bemerkbar. Brotration ist auf 700 g herabgesetzt worden. Die meisten Leute haben keine Kartoffeln mehr. Auch die sonstigen Zuteilungen sind sehr knapp gehalten. Es wird aber noch ärger kommen und die Leute werden endlich einsehen, was es heißt, ein verlorenes Volk zu sein, dem man alle Schuld in die Schuhe schiebt.[568]

**30.6.45** Die Tage kommen und vergehen. Morgens lerne ich, d.h. ich wiederhole die Kenntnisse in den Naturwissenschaften und Latein. Im Herbst soll die Universität wieder aufmachen.[569] Das ist für uns Mediziner das 2. Semester, also muß man sich die Kenntnisse des 1. selbst erarbeiten, um dem Lehrplan folgen zu können. Der Nachmittag aber gehört meinen Liebhabereien. Ich arbeite an einem Bastel- und Handarbeitsbuch, das ich aus meinen Ausschnitten herstelle. Ich kann dies ja alles gut verwerten für die 7 Kleinen unserer Familie, von denen die Berliner Rangen Vater und Heim verloren haben. Eine Puppe ist schon fertig geworden. Immer wieder gilt es zu schaffen und zu arbeiten und das ist gut so. Von Manü und Vati noch keine Nachricht.[570] Die Kriegsmarine soll noch nicht entlassen werden, heißt es. Arbeiten und weiterarbeiten.

---

[567] Die amerikanische Militärregierung Münchens beschlagnahmte das Schwabinger Krankenhaus für die Versorgung ehemaliger Zwangsarbeiter und Häftlinge des Konzentrationslagers Dachau. Wenig später requirierte jedoch die 3. US-Armee die Klinik als Army General Hospital. Das Münchner Military Government solle die *Displaced Persons* stattdessen in der Heil- und Pflegeanstalt Eglfing unterbringen. Die in ganz Bayern bekannte Nervenklinik war nicht nur Gegenstand zahlloser Scherze, sondern auch Ort nationalsozialistischer Euthanasie-Morde gewesen. Trotz der offensichtlichen Taktlosigkeit blieb die 3. US-Armee bei ihrer Entscheidung. Vgl. Henke, Die amerikanische Besetzung, S. 211.

[568] Die westlichen Alliierten waren zwar entschlossen, die Deutschen mit den Verbrechen zu konfrontieren, die in ihrem Namen begangen worden waren – auch um der Behauptung vorzubeugen, hier werde den Deutschen etwas „in die Schuhe geschoben", das zumindest so gar nicht passiert sei. Kollektivstrafen gab es aber nicht – Verbrechen wurden in den Kriegsverbrecherprozessen individuell geahndet, ebenso individuelle Verantwortung in den Entnazifizierungsverfahren. In der Erwartung, das deutsche Volk werde in der Niederlage nun als Ganzes bestraft, wirkte vielmehr die Propaganda des NS-Regimes weiter, die just dieses auf möglichst drastische Weise prophezeit hatte, um den Durchhaltewillen der Bevölkerung zu befeuern. Dennoch erhoben sich schnell zahlreiche Stimmen gegen die angebliche „Kollektivschuld". Vgl. Frei, Von deutscher Erfindungskraft; Eberan, Luther? Friedrich „der Große"? Wagner? Nietzsche? …? …? Wer war an Hitler schuld?

[569] Die Münchner Ludwig-Maximilians-Universität, die größte Universität Bayerns, hatte rund 80% ihrer Gebäudesubstanz und ein Drittel der Bibliotheksbestände verloren. Die Amerikaner hatten zunächst einmal alle Lehranstalten geschlossen, um den Lehrkörper von belastetem Personal zu säubern. Volks-, Mittel- und Berufsschulen sollten schnellstmöglich wieder eröffnet werden. Dazu kam es letztlich nicht, weil Konzepte fehlten; ohnehin sollten medizinische und theologische Fakultäten angesichts des Bedarfs an physischer Heilung und geistiger Erneuerung ebenfalls so schnell wie möglich den Lehrbetrieb wieder aufnehmen. Vgl. Müller, Die Universitäten München, Erlangen und Würzburg nach 1945, S. 54f.; Paulus, Vorbild USA?, S. 97f.

[570] Der Familie von König erging es dabei nicht anders als den meisten Deutschen in der unmittelbaren Nachkriegszeit. Zahllose Soldaten befanden sich in Kriegsgefangenschaft, Kinder waren durch die Kinderlandverschickung fern ihrer ohnehin schwer bombengeschädigten Heimatstädte, im Wes-

**21. 7. 45** Nun ist es richtig Sommer geworden, strahlender blauer Himmel, die Sonne kommt heiß herunter. Sonst waren wir in der Sommerfrische, ein See lockte zum Baden. Man darf nicht rückwärts schauen, sondern vorwärts in die Zukunft, die so leer vor einem liegt. Das Studium kann wieder nicht begonnen werden, ich habe mich entschlossen, den Hebammenkurs zu machen; dann kann man weitersehen. – Unser kleines Wohnzimmer haben wir uns nett eingerichtet, ich schlafe nach vorne raus; unser Klavier wird raufgebracht und allmählich wird es wieder gemütlich werden. Wo werden Vati und Manü sein? Man ist dauernd in einer Erwartung und damit vergeht die Zeit so schnell.

**27. 7. 45** Endlich Nachricht von Vati! Eine Frau brachte uns einen kleinen Zettel mit einem Gruß vom Vati, der uns sein baldiges Kommen verkündigte. In längstens 4 Wochen wird er da sein. Ein Soldat aus Westerland hat die Nachricht mitgebracht. Nun kann man darauf warten, sich freuen und hoffen, daß er alle Strapazen gut übersteht. Er ist gesund und es ging ihm bis jetzt gut, sodaß er in einer besseren Verfassung die Reise antritt.

**29. 7. 45** Heute war wieder einmal nach langer Zeit der Kollege da. In Schwabing sind sie jetzt im Altersheim untergebracht. Dr. Feser ist noch da, ebenso die Hilde. Schw. Jugesia und Schw. Sigelana sind mitgezogen. Sonst ist alles anders geworden. Fremde Patienten, enge Verhältnisse, aber es geht doch.

**9. 8. 45** Irmingard H[.] hat sich verlobt. Ich wünsche ihr von Herzen alles Gute zu ihrer Verbindung mit einem Arzt. Nun ist der Beratungsdienst bis auf meine Wenigkeit „unter die Haube" gebracht worden. Ich bin gespannt was sie alles erzählt wenn sie kommt. Am Sonntag waren wir zum 1. Male wieder im Konzert. Es ist für mich ein Erlebnis gewesen. Die festlich gekleideten Menschen, die Musik, Dirigent, Solist, Sängerin, das Orchester, dies alles läßt einen für Stunden anderes vergessen. Die Ouvertüre zu Mozarts Figaro erklangen, Haydns Sinfonie in b-Dur; 3 Lieder: Caro mio bene, ein italienisches Volkslied und Mozarts Il re pastore; den Abschluß bildete die 6. Sinfonie „Pastorale" von Beethoven. Wir wollen jetzt jeden Monat einmal in ein Konzert gehen. – Ich arbeite z. zt. Puppen und Stofftiere für einen Kindergarten, die Amerikaner haben das ganze Spielzeug mitgenommen als „Erinnerung".[571] Ich bringe meine Zeit nutzbringend an und eine kleine Nebeneinnahme bedeutet es doch.

**[1]2. 8. 1945** Vati ist gekommen!! Nun hat alle Warterei ein Ende. Frühmorgens um ½ 7$^h$ ist er bei uns angekommen. Er sieht gut aus, hat es Gott sei Dank gut gehabt. 10 Tage war er unterwegs kreuz und quer durch das ganze deutsche Land, das zerstört daliegt. Des Erzählens findet kein Ende. Wo mag unser Manü sein? Unsere Gedanken gehen immer wieder zu ihm, der weiß Gott wo ist.

**[1]5. 8. 45** Nun habe ich zwei Tage lang Hausfrau und Mutter gespielt bei F[.], der mit E[.] zum Bohnenpflücken gefahren ist.[572] Wa[.] und Wo[.] sind zwei Rangen, die einen

---

ten waren weite Landstriche evakuiert worden, aus dem Osten waren Millionen vor der Roten Armee geflohen.

[571] Im Vergleich zur systematischen Ausplünderung und Aushungerung der von Deutschland besetzten Gebiete in den Jahren zuvor war dies freilich harmlos. Tatsächlich bedienten sich die amerikanischen Soldaten häufig am Eigentum der Besiegten. Besonders beliebt waren kleine Wertgegenstände, allen voran Uhren – so ging schon bald der Witz um, USA stehe für „Uhren stehlen's auch". Vgl. Woller, Gesellschaft und Politik in der amerikanischen Besatzungszone, S. 58f.

[572] E. von König, Ehefrau F. von Königs. Die schwierige Versorgungslage in den zerstörten Städten führte dazu, dass deren Bewohner auf das Land fuhren, um dort bei den Bauern Lebensmittel zu kaufen oder einzutauschen. Der Volksmund sprach von „Hamsterfahrten", die den städtischen Schwarzmarkt ergänzten. Vgl. Woller, Gesellschaft und Politik in der amerikanischen Besatzungszone, S. 290–292.

schon in Atem halten können. Das Aufräumen, einkaufen, kochen usw. hat mir riesigen Spaß gemacht, weil niemand da war, der mich kritisiert hat, ich konnte arbeiten wie ich wollte und es hat auch alles geklappt.

**27. 8. 45** Rosmarie war da. Sie ist nun von der Wehrmacht entlassen worden und wird nach ihrem Urlaub die Arbeit in einem Krankenhaus aufnehmen. Sie wußte manch Interessantes aus Garmisch und den dortigen Verhältnissen zu berichten.

**28. 8. 45** Heute nachmittags habe ich Frau Neigele besucht, die ihren ersehnten Jungen bekommen hat. Sie fühlt sich wohl und munter und jetzt ist alles vergessen an Schmerzen, der Junge, [...] ist da. Ihre ganze Liebe wird sie diesem Kinde widmen als Vermächtnis ihres Verlobten. Ich habe ihr ein kleines Häschen aus Wachstuch gemacht.

**2. 9. 45** Heute war ein herrlicher Herbsttag, so recht zum Wandern. Wir haben ihn auch tüchtig ausgenützt und sind von Grünwald aus nach Großdingharting gewandert, wo uns ein herrliches, friedensmäßiges Essen erwartete. Dann ging es zum Baden an den Deininger Weiher, einem Moorwasser, das aber angenehm zum Schwimmen war. Den Rückweg machten wir über Wöhltal nach Grünwald. Diese Wanderung zeigte uns wieder die Schönheit unserer engeren Heimat, man vermeint auf dem Lande zu sein und nicht 20 Kilometer von München. Ruhe und Frieden geht von der Natur aus und zieht die Menschen in ihren Bann. Es ist doch noch wert zu leben in all dem Chaos des Alltags.

**9. 9. 45** Und wieder ging es nach Großdingharting. Wunderschön der Weg durch den herbstlichen Wald. Nach dem Essen gingen Vati und ich zur Ludwigshöhe, einem Aussichtskapellchen nach Kleindingharting. Vor uns die Voralpenlandschaft, rechts das Isartal, links das Gleisental.[573] Ruhe und Friede ringsum, die Glocken der Deininger Dorfkirche läuteten den Mittag ein. Nach einer kurzen Ruhepause gingen Vati und ich zum Deininger Weiher und fanden am Weg viel Hollunder, den wir eifrig pflückten. Wie schnell war Vatis Taschentuch gefüllt. Auf dem Heimweg sammelten wir Eicheln, die wir zu Kaffee verarbeiten wollen.[574] Reich an Schätzen aus dem Wald kehrten wir nach Hause zurück. Es war ein wunderschöner Sonntag.

**25. 9. 45** Heute habe ich zum 1. Male ein Geschäft abgemacht. Am letzten Sonntag habe ich die aufgestellten Anzeigentafeln gelesen und einer Annonce folgend habe ich an die Kennummer geschrieben und heute Antwort bekommen. Ich sollte zu Herrn Schnepper kommen und Muster mitbringen. So nahm ich denn meine Tiere und Taschen und zog los. Tasche und Brieftasche hätte ich gleich losgebracht. Das Pferd hat er da behalten. Er will es in Kommission haben. Herr Schnepper gab mir einen anderen Auftrag, ich soll außerdem Gürtel nähen, aus früherem Militärstoff mit Militäredel und einem bunten Pasbol.[575] So dazwischen nehme ich es natürlich mit. Ich freue mich schon riesig auf meine Heimarbeit!

---

[573] Richtig: Gleißental.
[574] Schon während des Krieges war echter Kaffee als Importware zum Luxusprodukt geworden. Stattdessen behalfen sich die Deutschen mit Ersatzkaffee, dem „Muckefuck", der ebenfalls aus gebrannten Pflanzenbestandteilen hergestellt wurde, etwa aus Roggen und Gerste oder Malz, aber auch aus Eicheln oder Zichorien. Das Fehlen von Bohnenkaffee signalisierte, dass nach dem Krieg noch keine Normalität eingekehrt war. Die Katastrophenperiode war noch nicht überwunden. Vgl. Sigmund, Genuss als Politikum, S. 22–26; Broszat/Henke/Woller, Von Stalingrad zur Währungsreform.
[575] Richtig: Paspel.

**29. 9. 45** Heute habe ich zum zweiten Male meine Arbeit abgeliefert. Diesmal waren es 10 Gürtel Paspol, teils mit Zackenlitze. Für das nächste Mal muß ich Brief- und Markentaschen aus wunderschönem grünen Kunstleder machen, außerdem Buchhüllen aus Plüsch mit allerlei Verzierungen. Mir macht die Arbeit riesigen Spaß und es bringt etwas ein. Ich arbeite die schönen Dinge und andere Menschen haben ihre Freude daran. Ich bin ja gespannt, wann „unser" Geschäft aufmacht.

**27. 10. 45** Lange habe ich nichts mehr eingetragen, aber die Zeit eilt so rasch dahin, ein Tag vergeht nach dem anderen und bringt Arbeit über Arbeit. Aber mir macht die Arbeit Freude, ich schaffe zu Hause, kann mir die Zeit einteilen, habe es schön warm, kann Besuch empfangen und lasse mich dabei aber gar nicht stören. Die andern sind schon daran gewöhnt und bringen selbst etwas zu arbeiten mit. Einmal am Sonntag war ich beim Kollegen draußen, wo ich einen netten Nachmittag verbrachte. Überall die Frage nach Manü, von dem wir immer noch keine Nachricht haben. Helmut sucht sich eine Handwerkstätigkeit, die er später einmal verwerten kann. Überhaupt erreichen wir unser Ziel fast alle auf Umwegen. Inge ist im Hotel Excelsior beschäftigt, Mopsel ist bei einem Dentisten in der Lehre, Liese arbeitet in der Briefzensurstelle. Caren ist z. Zt. ohne Arbeit, nachdem ihr Vater verhaftet wurde. Erna H. ist in die Dolmetscherschule eingetreten, Gretlies arbeitet zu Hause und versucht zu studieren, Lorle ist Volksschullehrerin in Wolfratshausen. Stupsi und Lotte sind in Apotheken beschäftigt, das Rentschperl fingiert als Statistin. So hat sich jede einen Platz gesucht, der ihrer Neigung entspricht und jede versucht über die Krise hinweg zu kommen. Ich bin mit meinem Geschick zufrieden und hoffe, daß ich recht bald studieren kann.

**8. November 1945** Heute feiere ich meinen 20. Geburtstag. Und doch bin ich nicht recht in Stimmung. Wir haben die erste Nachricht von Manü bekommen. Datiert vom 8. 8. also vor 3 Monaten geschrieben. Damals lag er im Krankenhaus Eilenburg bei Leipzig. Er ist im russischen Gebiet, aber Gott sei Dank schon als Zivilist. Die Russen können keine Kranken brauchen. Hoffen wir, daß er recht bald kommt, dann wird er aufgepäppelt. Der ganze Kerl wiegt nur noch 120 lb, ein zweiter Ghandi. Hoffentlich glückt ihm der Grenzübertritt. Wenn er nur schon da wäre.[576]

Zum Geburtstag bekam ich das Buch von Zeiß: Behring[577], und von Zeller: Arztstimmen[578]. Von Bertl bekam ich einen Ziertopf. Vom Traudl ein Trachtenbild und bunte Flecken für meine Trachtenpuppen.

**18. 11. 45** Hanna hat einen Buben bekommen. Einen Prachtkerl von 8 lb 100 g, mit einer Länge von 54 cm, 34 cm Kopfweite. Er trinkt, daß es eine wahre Pracht ist. Sie ist überglücklich. Dabei ist die ganze Geschichte in 12 Stunden vorbei gewesen. Ich wünsche ihr

---

[576] Während seines Kampfeinsatzes in Berlin geriet Emanuel von König in sowjetische Kriegsgefangenschaft, wo er erkrankte und stark abmagerte. Er durchlief mehrere Gefangenenlager und befand sich zuletzt in einem Lager auf polnischem Gebiet. Dort traf er auf einen deutschen, ebenfalls kriegsgefangenen Arzt, der zuvor mit seinem Vater in einer Einheit gedient hatte. Dieser Arzt sorgte für seine krankheitsbedingte Entlassung. Auf dem Nachhauseweg strandete er in der Nähe von Eilenburg bei Leipzig an der Mulde, die zu diesem Zeitpunkt noch die Demarkationslinie zwischen amerikanischem und sowjetischem Besatzungsgebiet bildete. Ohne Passierschein konnte er den Fluss nicht überqueren (die Datierung in den Erinnerungen ist dort ungenau – die Mulde war bis 30. 6. Grenzfluss, von König erinnert aber, seine Entlassung aus der Kriegsgefangenschaft sei Anfang Juli erfolgt). Er kam in ein Flüchtlingslager, erkrankte an Brustfellentzündung und musste mehrfach operiert werden. Vgl. von König, Supplement to the Diary, S. 292f.
[577] Heinz Zeiss/Richard Bieling, Behring. Gestalt und Werk, Berlin 1940.
[578] Eberhard Zeller, Arztstimmen. Hundert Lesestücke, Stuttgart 1937.

von Herzen, daß sie noch viel Freude an ihrem Buben, Reinhard-Ernst, hat. – Tantenbesuch.

**[2]. 12. 45** Erster Advent. Unsere Gedanken gehen hinaus zu unseren Lieben, zu Manü. Wo mag er wohl sein, wir haben keine weitere Nachricht mehr. Heute habe ich die Pyramide wieder zusammen gebastelt und im neuen Glanz wird sie sich zum 4. Male heuer im Kerzenlichte drehen … Unser ganzes Denken ist auf Weihnachten, dem deutschen Fest gerichtet. Heuer werden keine Bomben dieses Lichtfest stören und mehr denn je sucht einer dem anderen eine kleine Freude zu machen. Ich muß mich eilen und fest arbeiten um allen Wünschen meiner „Kundschaft" gerecht zu werden. Jeder will etwas, ich müßte 10 Hände haben. Dabei hat sich Mutti in den Finger gehackt, sodaß ich den Haushalt führen muß. Aber wo ein Wille, ist auch ein Weg.

**5. 12. 45** Heute Abend war ich im „Fidelio"[579]. Vor 8 Tagen sah ich mit Mutti „La Boheme"[580]. Beide Opern in ihrer Eigenart schön und packend zugleich. Die Sänger gaben ihr Bestes, es waren zwei köstliche Erlebnisse.

**10. 12. 45** Ich erhielt heute die Nachricht von Irmis Vermählung, die im Oktober stattfand. Die 4. junge Frau im Kreise. Ich bin gespannt, wenn sie mal kommt und näher berichtet. Ich kann sie mir als Ehefrau eigentlich gar nicht vorstellen. Bei mir läuft die Arbeit hurtig weiter, ich arbeite den ganzen Tag, nebenbei den Haushalt, und bin jedesmal froh, wenn wieder ein Stück zur Zufriedenheit ausgefallen ist. In 14 Tagen ist Weihnachten … Heute haben wir die ersten Plätzchen gebacken. Man kommt dabei richtig in Stimmung.

**21. 12. 45** Weihnachten naht mit Riesenschritten. Ich bin Gott sei Dank mit allen Geschenken und „Kinderarbeiten" fertig. Eigentlich bin ich froh, endlich damit fertig zu sein, denn allmählich möchte ich mich wieder mit persönlichen Dingen beschäftigen, meine Sammlungen in Ordnung bringen und vor allem wieder zu lernen beginnen. Aber es war doch schön, daß ich diese Zeit nutzbringend anwenden konnte, mir zur Freude und Gewinn. Ich habe doch eine gewisse Fertigkeit erlangt.

**[24]. 12. 45** Heiliger Abend. Meine Gedanken gehen zu Manü, wo wird er sein, wo wird er Weihnachten feiern. Diese Ungewissheit ist das schlimmste. Aber ich hoffe zuversichtlich auf eine baldige Antwort. – Nach unserem traditionellen Weihnachtsessen zündete Vati die Kerzen an und die Bescherung konnte beginnen. Neben Büchern fand ich Vatis kopierten Spitzweg, der wirklich fein geworden ist. Von Fräulein Hahn bekam ich einen reizenden Scherenschnitt, ein Buch über Mode und weißes Papier zum Aufkleben meiner Sammlungen. Doch noch hatte ich Muttis geheimnisvolles Geschenk nicht enthüllt. Und was war es: die kleine Schrühmerin[581], die ich bei Herrn Schnepper so bewundert hatte. Mutti hatte sie heimlich noch einmal bestellt. – Vati bekam von Mutti einen Rasierspiegel, von mir eine Krawatte und Zigaretten. Frl. Hahn schenkte Vati einen wunderschönen Scherenschnitt „Der Maibaum". – Mutti erfreute sich an einer Handtasche, die ich ihr gemacht habe, an einer Tischdecke und einem großen Stück Kernseife von Frl. Hahn. – Wir sind alle zufrieden gewesen mit diesen Gaben. Wenn alle so reichlich beschert sind, dann wären Viele glücklich.

**31. 12. 45** Ich liege mit einer kleinen Nierenattacke zu Bett. Morgen werde ich aber schon wieder aufstehen. Heute endlich erhielten wir Nachricht von Manü. Er liegt immer noch

---

[579] Oper von Ludwig van Beethoven.
[580] Oper von Giacomo Puccini.
[581] Schrühware: Keramik nach dem ersten Brand.

im Krankenhaus Eilenburg und muß arges durchgemacht haben. Am 7. Juli wurde er dort mit 58 kg und kahlem Kopf eingeliefert. Am 1. Tag entnahm man 200 cm³, am 4. Tag 800 cm³ Exsudat aus dem Rippenfellraum. Die linke Lunge ist vollkommen verschwartet, d. h. sie arbeitet fast nicht. Leichte Arbeiten kann er machen und er hilft auf den verschiedenen Stationen, ist mit jedermann angefreundet, mit Süßwarenfabrikanten, Stationsmädchen vom Lande usw. Er rechnet mit seiner Entlassung im Februar oder März. Im November bekam er plötzlich Typhus; woher ist allen ein Rätsel. Nun hat er diesen glücklich überstanden. Hoffen wir von Herzen, daß er bald ganz gesund wird und zu uns kommen kann.[582]

---

[582] Vgl. von König, Supplement to the Diary, S. 293, wo von König die Typhusepidemie allerdings auf den Januar 1946 datiert.

## 1946

**8.1.46** 8 Tage sind im neuen Jahr schon dahin gegangen. Heute erreicht mich die Nachricht von Bärbels Vermählung. Der Hof braucht einen Mann und mit ihrem Verlobten hat sie die schwere Zeit der Flucht und des Wiederaufbaus mitgemacht und soll sie auf bessere Zeiten warten? Ich wünsche ihr alles Gute, sie ist für mich das Vorbild einer Frau und Mutter.

**22.1.46** Zur Zeit bin ich wieder himmelhochjauchzend. Von der Universität bekam ich endlich die Zulassung, nachdem ich abgelehnt worden war. Nun kann es losgehen mit der Medizin. Ich bin einfach glücklich.[583] Und heute kam eine Nachricht von Manü. Seinem Briefstil nach ist er kreuzfidel, es geht ihm gesundheitlich gut und auch verpflegsmäßig hat er es herrlich. Gott sei Dank hat er es so gut getroffen. Andere berichten furchtbare Dinge aus dem russischen Gebiet. Wir sind glücklich, daß es ihm gut geht und er seinen Humor wiedergefunden hat. Und heute früh kam Karin Sch[.] aus Murnau. Sie ist nach Reichenhall gefahren zu Oswalds Mutter. In einigen Tagen siedelt sie nach Hamburg über und beginnt dort ihre Schwesternausbildung. Karin ist der feine Kerl geblieben.

**18.2.46** Lange habe ich nichts mehr eingetragen. Aber die Tage gehen so schnell dahin. Jeder bringt etwas Neues. Die Einschreibung an der Uni hat begonnen, aber wir Mediziner haben noch keine Vorlesungen. Bei uns geht es erst nach Ostern an. Ich glaub bald nichts mehr. Jeder Bescheid ist anders. Aber es rührt sich etwas und das ist schon etwas, man wird bescheiden. So schaue ich jetzt nach Büchern und Kolleghefien aus. Am Vormittag lerne ich, manche Einkäufe usw. Abends gehen wir oft aus. Im Schauspielhaus haben wir alle Stücke gesehen, Mutti macht den Beethoven-Zyklus mit. Gestern war ich im Zirkus. Andere machen Fasching, doch daran habe ich keinen Spaß. – An Büchern ist noch nichts zu haben. Aber das Rumkramen ist auch schön, meist findet sich doch was Kleines, gute Feldpostausgaben usw. – Manchmal habe ich so viele Pläne, ein andermal sitze ich da und grüble, es ist ein Zustand der Erwartung, wenn es nur mal ernstlich anginge an der Uni.

**21.2.46** Endlich eingeschrieben.[584] Heute habe ich mir mein Studienbuch und den vorläufigen Ausweis geholt. Für uns Mediziner geht es erst im April oder Mai an. Ich arbeite halt weiter und bereite mich vor so gut es geht. Nachmittags war ich in einem Vortrag von Geh. Rat Voßler über „Forschung und Bildung an der Universität".[585] Diesmal konnten sie sich nicht über Hörermangel beklagen, wir mußten in die große Aula hinüber. Anschließend sprach Dr. Fendt, der Kulturminister.[586] – Bald werde ich richtiger akademischer Bürger sein. Wenn es nur richtig losginge. –

---

[583] Vor der Zulassung zum Studium stand eine politische Überprüfung, die Genehmigung von Immatrikulationsgesuchen behielt sich die Militärregierung vor. Außerdem sollten Frauen nur maximal 10 % der Studierenden ausmachen. Nachdem im Krieg der Anteil der studierenden Frauen stark gestiegen war, sollten nun die Kriegsheimkehrer und Kriegsversehrte bevorzugt Studienplätze erhalten. Nachdem so zunächst nur rund ein Viertel der Bewerberinnen angenommen werden sollten, wurden im Januar 1946 alle angenommen, die nicht aus politischen Gründen abgewiesen waren. Vgl. Greilinger, Das Studium der Medizin an der Ludwig-Maximilians-Universität München in den Jahren 1946 bis 1954, S. 55 f.; Müller, Die Universitäten München, Erlangen und Würzburg nach 1945, S. 70; Schumak, Neubeginn nach dem Dritten Reich, S. 21.

[584] Vgl. LMU-A, Immatrikulations-Karteikarte von König, Wolfhilde, 12.3.1946.

[585] Karl Vossler (1872–1949), Romanist, von März bis August 1946 Rektor der Ludwig-Maximilians-Universität München.

[586] Franz Fendt (1892–1982), Bayerischer Staatsminister für Unterricht und Kultus.

**23. 2. 46** Gestern waren wir im Kabarett „Bunter Würfel". Es war einfach großartig. „München lernt wieder lachen" war das Motto und es stimmt.[587] 2 Stunden mußte man herzlich über gute Witze und Einfälle lachen. – Heute sahen wir uns den Film „Paul Ehrlich" an. Gespielt war es ganz ordentlich, aber ich habe mich geärgert, daß man die Tatsachen so verdrehte, Dinge, die in Wirklichkeit ganz anders sind.[588] Wie freue ich mich auf unsere alten deutschen Filme.
**[?]. 2. 46** Heute nachmittag war ein Aussprachekurs über den Beruf des Arztes. Es war wirklich sehr interessant. Der Vortragende, der leitende Arzt der bayrischen Ärztekammer, Dr. Steidele, hat die richtigen Worte gefunden, den Beruf des Arztes richtig darzustellen.
**[?]. 3. 46** Und die Uni hat ihre Pforten noch nicht eröffnet. Man könnte aus der Haut fahren. Verschiedene Vorlesungen sind schon angeschlagen, aber bei der Medizin rührt sich nichts. Abwarten heißt es, ist aber sehr schwer, denn man möchte ja weiterkommen, endlich anfangen können.
**[?]. 3. 46** Bis zum 23. 3. muß man seine Fächer belegen. Angeschlagen steht einmal, daß der Anfang der Uni beschleunigt wird, ein anderes Plakat besagt heute, daß der Beginn sich verzögern wird, da die „Antragspapiere der Uni in der Militärregierung verloren gegangen sind". Wer dieses Manöver nicht durchschaut. Eine Schande ist es für München, daß diese Universität nicht beginnen [kann]. Prof. Dr. Rehm, der Rektor hat sein Amt niedergelegt.[589] Geh. Rat Dr. Voßler ist sein Nachfolger. Es wurde ein Staatskommissar aufgestellt, der die Verhältnisse an der Uni prüfen soll. Reden, aber keine Taten.[590]
**16. 3. 46**
Heute hat der Manü Geburtstag. 19 Jahre wird er alt. Langsam rüstet er sich zur Heimkehr. Wenn er nur schon da wäre, der Grenzübertritt ist eine kitzelige Angelegenheit. Hoffen wir, daß alles gut vorüber geht und er gesund bei uns ankommt. Was dann mit ihm ist, wird sich klären.
**29. 3. 46** Heute wurde an der Uni der Studienbeginn bekanntgegeben. Am Montag, den 1. 4., soll es beginnen. Wenn es bloß kein Aprilscherz ist. Endlich ist es soweit, der unterste Sproß der langen Leiter ist erreicht. Allerdings hat dieser plötzliche Beginn meine Pläne durchkreuzt. Ich wollte zu Hanna in die Ramsau fahren. So muß ich es halt auf die Ferien verschieben. – Manü ist vom Krankenhaus abgedampft in Richtung Hei-

---

[587] Kleinkunstbühne „Bunter Würfel" in München-Haidhausen. Geprägt war das Münchner Nachkriegskabarett weniger von politischer Satire, es nahm vielmehr in erster Linie den Alltag aufs Korn, die Versorgungsprobleme, aber auch die um sich greifende Amerikanisierung des Musikgeschmacks und des Lebensstils. Vgl. Krauss, „Hurra, wir leben noch", S. 205–209; Budzinski, Wer lacht denn da?, S. 12–24.
[588] Film „Lebensgeschichte Paul Ehrlichs" von William Dieterle, USA 1939. Der Film, gedreht von deutschen Emigranten, zeigt die Lebensgeschichte des jüdischen Arztes Paul Ehrlich (1854–1915), der 1908 den Nobelpreis für Medizin erhielt und dessen Leistungen im „Dritten Reich" aus rassischen Gründen totgeschwiegen wurden.
[589] Albert Rehm (1871–1949), Klassischer Philologe und Rektor der Ludwig-Maximilians-Universität von Mai 1945–Februar 1946.
[590] Zwischen Rehm, den amerikanischen Besatzungsbehörden und der ersten bayerischen Nachkriegsregierung um Ministerpräsident Wilhelm Hoegner (1887–1980) war es in Fragen der Entlassung NS-belasteter Professoren und Dozenten zum Zerwürfnis gekommen. Bis Ende 1945 waren an der Universität München rund 80% der Hochschullehrer entlassen worden. Vgl. Müller, Die Universitäten München, Erlangen und Würzburg nach 1945, S. 57–59; Schumak, Neubeginn nach dem Dritten Reich, S. 24–28.

mat.[591] Wenn bloß alles gut geht und der gute Kerl keinen Aufenthalt bekommt und gesund bei uns eintrifft.

[?].4.46 Endlich hat es begonnen. 4 Vorlesungen liegen hinter mir. Botanik liest Suessenguth, in Zoologie Beutler, in Chemie Wieland und in Physik Rüchardt.[592] Manche Vorlesungen überschneiden sich. Aber Clärle und ich teilen uns, d. h. wir wechseln ab und tauschen dann die Hefte aus. Aber es ist so schön zu lernen, man weiß es geht vorwärts. Einem Ziel entgegen, das erstrebenswert ist. Am 9. Juni ist dieses Semester zu Ende. Sicher geht nach Ostern das Medizinische an. Hoffentlich. Die Hörsäle sind allerdings überfüllt, aber lieber gehe ich eine (halbe) Stunde eher hin und kann dort arbeiten. Denn ein Stehplatz ist nicht schön, noch dazu kann man nicht ordentlich mitschreiben.

18.4.46 Kaum begonnen, schon wieder 8 Tage Osterferien: Bis jetzt haben wir schon eine Menge gelernt. Denn die Dozenten gehen sehr rasch vorwärts, in allen Fächern sind mehr Stunden als vorgeschrieben, es ist herrlich. Zu Hause schreibe ich dann das Gehörte ein. Was man einmal aufgeschrieben hat, kann man schon halbwegs. Ich will diese Methode so lang als möglich durchführen. – Heute habe ich mich zum Schutträumen in der Uni gemeldet, nicht freiwillig, aber sonst darf ich als „Nazi" nicht mehr weiter studieren.[593] 79 Pf. die Stunde und Schwerarbeiterzulage. Wir Studentinnen bekommen eine entsprechende Arbeit. Da ich mich sehr früh angemeldet habe, konnte ich mir den Einsatz auswählen und nahm den, der halb in die Ferien fällt, damit nicht soviel vom Semester verlorengeht. Dann habe ich meine Ruhe und kann ohne Unterbrechung studieren; hoffe ich wenigstens. – Heute kamen die Meldebogen zur „Entnazifizierung". Jeder Pg. bekommt eine Gerichtsverhandlung, seine Sühne in Geldstrafen oder persönlicher Haft wird ausgesprochen. Es ist alles eine Gemeinheit, die nur in Bayern ausgeklügelt wurde und dann spricht man von Bayerns „Musterländle".[594]

---

[591] Vgl. von König, Supplement to the Diary, S. 293. Auch hier sind von Königs Erinnerungen nicht zuverlässig, was die zeitliche Abfolge der Ereignisse angeht. Die verschiedenen brieflichen Nachrichten, die er bis zu diesem Zeitpunkt bereits nach München geschickt hatte, sind nicht mehr präsent; vielmehr erinnert er fälschlich, er habe erst im März 1946 erstmals von seinem Schicksal benachrichtigen können, vermittelt durch einen anderen Patienten, der nach München entlassen worden sei. Vgl. von König, Supplement to the Diary, S. 293.
[592] Karl Suessenguth (1893–1955). Ruth Beutler (1897–1959). Heinrich-Otto Wieland (1877–1957), Träger des Chemie-Nobelpreises. Eduard Rüchardt (1888–1962).
[593] Es ist zweifelhaft, ob das Trümmerräumen als „Strafarbeit" (Treber) tatsächlich nur von ehemaligen Parteigenossen und Parteigenossinnen geleistet werden musste. Es scheint vielmehr, als sei der Nachweis einer gewissen Anzahl an Stunden im Räumdienst eine Voraussetzng für die Aufnahme bzw. Fortsetzung des Studiums gewesen. Vgl. Treber, Mythos Trümmerfrauen, S. 83–92; Greilinger, Das Studium der Medizin an der Ludwig-Maximilians-Universität München in den Jahren 1946 bis 1954, S. 56f.
[594] Der Fragebogen mit insgesamt 131 Fragen wurde schnell zum Symbol der amerikanischen Entnazifizierungspolitik, die zu Beginn mit großer Entschlossenheit darauf abzielte, alle Protagonisten und Nutznießer des NS-Regimes zur Verantwortung zu ziehen. Detailliert musste Auskunft gegeben werden, vor allem über die Mitgliedschaft in nationalsozialistischen Organisationen. Auf dieser Grundlage erfolgte eine Eingruppierung in fünf Belastungskategorien: Hauptschuldige (dazu zählten auch die Kriegsverbrecher, denen der Prozess gemacht werden sollte), Belastete (Aktivisten, Militaristen und Nutznießer), Minderbelastete, Mitläufer und Entlastete. Je nach Grad der Belastung wurden die Betreffenden automatisch interniert, aus ihren Stellungen entfernt oder blieben weitgehend unbehelligt. Im Frühjahr 1946 wurden sogenannte Spruchkammern mit unbelasteten Laienrichtern gebildet, vor denen fortan die individuellen Entnazifizierungsverfahren stattfinden sollten. Wolfhilde von König hat ein solches Verfahren nicht durchlaufen. Sie fiel unter die Jugendamnestie, die alle vor dem 1.1.1919 Geborenen betraf. Vgl. Niethammer, Die Mitläuferfabrik; Vollnhals, Entnazifizierung.

*Abbildung 21: Studentinnen beim Schutträumen an den Gebäuden der Ludwig-Maximilians-Universität München, 1946*

**21.4.46** Ostern – Muttis Geburtstag. Wenn ich an letztes Jahr denke, so kommt einem alles als ein böser Spuk vor, das früher und das jetzt. Man will nicht darandenken und doch dreht sich jetzt jedes Gespräch darum. Wenn und aber werden durchgesprochen und man kommt nicht zum Ziel. Draußen prangt der Frühling in allen Farben. Die Bäume stehen im Schmuck ihrer grünen Blätter, manche blühen. Die kleinen Frühlingsblumen blühen, wir waren im Botanischen Garten, es war herrlich. Die Blumen, die Bäume in ihrer Verschiedenheit. Im Gewächshaus, die tropischen Gewächse, wie ist die Natur so reich. Ich kann Hermann M. nicht verstehen, daß er Botaniker werden kann. Ich erfreue mich am Anblick der Blumen, denke aber nicht an das mikroskopische Bild, an die Zahl der Staubblätter usw. Man muß schon eine große Freude dazu haben, sonst wird man ja närrisch.

Manü ist noch nicht da. Er bekam vom Arzt keine Reisegenehmigung. Seine Blutsenkung ist noch zu hoch (65/110). Es geht nur allmählich vorwärts. Aber besser so, als wenn er unterwegs zusammenklappen würde. Es geht ihm verpflegungsmäßig gut. Wenigstens hat er daran keinen Mangel zu leiden. Hoffentlich kommt er im Mai, Juni.

**23.4.46** Kinder, nichts als Kinder. Am 29.3. hat Bertl einem Mädchen, Christl, das Leben geschenkt, es ging ihr soweit gut, das Kind ist allerdings 4 Wochen zu früh gekommen. Aber es wird schon werden. – Und heute habe ich Irmi K[.] besucht im Mütterheim. Sie hat am 17.4. ein Mädchen – Brigitte – geboren. Es ging ihr nicht so besonders. Das Kind war Steißlage. Und doch ist es ohne Schaden für Mutter und Kind abgegangen. Wir durften auch die Kleine hinter einer Glaswand anschauen. – Das Meyerlein hat für Mai/Juni was Kleines angesagt. Hannas Sohn gedeiht prächtig, der Stolz der Familie.

**27. 4. 46 Hohingen.** Ich schreibe heute in Hohingen, einem kleinen Ort bei Weißenburg. Gretl wohnt hier mit ihren vier Kindern. Es ist zwar klein alles, aber sie könnte es nett herrichten. Sie ist keine Hausfrau und bemüht sich auch nicht eine zu sein. Alles ist schmutzig gehalten, die Kinder unordentlich und auch ungezogen. An sich sind es sehr nette Kinder. A. hilft überall mit, B. hat Theos Eigensinn, wäre sonst ein netter Bub. C. hatte schreckliche Angst vor uns, taute erst nach und nach auf und D. brauchte noch länger unsere Freundschaft zu schließen.[595] – Nun wartet sie auf ihren Mann und was wird dann sein? In manchem bin ich enttäuscht. Sie spricht heute noch begeistert von ihrem bisherigen Leben und denkt dabei nicht, daß es gerade dieses Leben ist, das diese Organisation so verhaßt machte.[596] Sie hängt zu sehr am Alten und kann für die rauhe Wirklichkeit nur jammern und klagen. Froh bin ich, wenn wir wieder in M. sind.

**[?]. 5. 46 [München]** Die Zeit eilt mit Riesenschritten voran. Vormittags lernen, nachmittags Vorlesungen, jeder Tag gleicht dem anderen, bringt neue Erkenntnisse und neues Wissen. Nun muß ich für 4 Wochen mein Studium unterbrechen [un]d Steineklopfen. Morgen melden wir uns 7 $^h$ morgens beim Baubüro – [bi]n gespannt, was wird.

**6. 6. 46** 3 Wochen des Einsatzes sind schon vorbei. Die Zeit ist rasch vergangen und doch ist es uns endlos vergangen. Nun haben wir noch 3 Tage, dann ist es überstanden. Die ersten 14 Tage war ich beim Schippen eingesetzt und zwar sind wir dem Bautrupp der Poliklinik zugeteilt. Wir haben die Gärten und Vorplätze vom Schutt befreit, haben am Bagger gearbeitet und geschaufelt. Es war abwechslungsreich und unsere Gruppe hat zusammengepasst. Meine Nase hat mir einen Strich durch die Rechnung gemacht, d. h. die Gartenanlage der Kliniken besteht aus Lindenbäumen, die jetzt blühen, deshalb mache ich jetzt die letzten Tage Küchendienst. Die Arbeit ist nicht so schwer, aber langweiliger. Aber auch hier passen wir gut zusammen.

[Al]s ich gestern heimkam, war der lang ersehnte Manü endlich gekommen. Nun beginnt ein langes Erzählen. Er sieht gut aus, hat sich prächtig erholt. Nun wird er wieder zur Schule gehen und sein Abitur machen. Ein Ziel, das ihn noch manchen Schweißtropfen kosten wird. Aber er ist da in der Heimat und das ist die Hauptsache.

**15. 7. 46** Heute hat das 2. Semester begonnen. Die Ferientage in der Ramsau liegen schon so weit zurück. Sie sind eine lichte, schöne Erinnerung. Das Wetter war wunderschön, Hannas Familie gab sich wie sie sind, der Kleine ein reizender, kleiner Spatz. Mit Hermann M. machte ich einen Ausflug rund um den Königssee. Mit Hanna und Herbert ging ich nach Hintersee. Diese Tage der Ausspannung in der herrlichen Gegend hat mir gut getan. Die letzten Tage hat es allerdings geschüttet, was vom Himmel runterkam. Eine Überschwemmung war die Folge. Vom Inn bis zur Stadt Rosenheim ein Riesensee, die

---

[595] A., B. und D., Kinder von Theodor und Margaret von König; Vornamen geändert und gekürzt.
[596] Mit „diese Organisation" meint Wolfhilde von König die SS, bei der Theodor von König tätig gewesen war. Dabei zeigt sich ein Prozess der Externalisierung, der die Verantwortung für die nationalsozialistischen Verbrechen bei wenigen Hauptschuldigen – Hitler, vor allem aber Himmler und dessen SS – ablud und so zur eigenen Entlastung beitrug. Von den Verbrechen habe man nichts gewusst, sie seien bewusst geheim gehalten worden, so das verbreitete Entlastungsnarrativ. Stattdessen sahen sich die Deutschen schnell selbst als Opfer: Opfer Hitlers, der sie in einen verlorenen Krieg geführt hatte, der alliierten Bombenkriegsführung und der Härten der unmittelbaren Nachkriegszeit. Vgl. Paul, Von Psychopathen, Technokraten des Terrors und „ganz gewöhnlichen" Deutschen; Reichel, Vergangenheitsbewältigung in Deutschland, S. 66–72; Longerich, „Davon haben wir nichts gewußt".

Leute kommen mit Booten zu ihren Häusern. Alles überschwemmt. Auch hier ist die Isar ziemlich hoch.

Und heute hat das neue Semester begonnen. Diesmal habe ich höchstens 12 Stunden und alle nachmittags. Am Vormittag möchte ich arbeiten. Bin gespannt, ob mein Plan gelingt. Zuerst gibt es wieder die [Ra]ufereien wegen Einschreiben usw. Aber es ist wieder ein Schritt vorwärts.

**17. 7. 46** Heute war feierliche Eröffnung der Universität, die nun mit [a]llen Fakultäten ihre Pforten geöffnet hat. Auch unsere medizinische hat begonnen. Endlich ist es so weit. Nun heißt es fleißig sein, 26 Wochenstunden, dazu um 7 $^h$ schon da sein. Aber das alles macht nichts, Hauptsache, es hat richtig begonnen, einen Schritt weiter auf dem langen Weg zum Ziel.

**20. 10. 46** Lange habe ich nichts mehr eingetragen, aber die Zeit eilt mit Riesenschritten weiter. Knapp 2 Monate dauerte das 1. medizinische Semester. Groß war der Stoff, der zu bewältigen ist, Anatomie I und II wurde gelesen, Histologie. Dazu noch die naturwissenschaftlichen Fächer. Ich hatte den ganzen Tag zu tun. Dazu noch Aufregungen wegen des Vorphysikums, das eine Auslese 50% zu 50% werden sollte. Sie wollten Platz schaffen und alle Kollegen, die nach dem 1. 7. 25 geboren sind hinauswerfen für ein Semester.[597] Das hätte mich auch betroffen. Zum ersten Male erlebte ich Demokratie an der Arbeit. Wir Studenten haben Protest erhoben und das Vorphysikum wird abgehalten wie es sonst auch geschah. Und nun sind 3 Wochen Ferien vorbei. Sie waren angefüllt mit Arbeit für den Winter, Kleider herrichten, Weihnachtsgeschenke und sonst viele persönliche Kleinigkeiten. Bald geht das nächste Semester an, bringt den Präparierkurs und den Mikroskopierkurs, Physiologie und physiologische Chemie. Dazu kommt die Vorbereitung zum Vorphysikum. Aber es ist eine Lust zu lernen. Schritt für Schritt geht es vorwärts. Am 6. 10. waren Hanna und Gatte bei uns. Auch Hermann war dabei. Sie hat sich wieder einmal in München umgesehen. Wir verbrachten angeregte Stunden. Es gibt ja immer soviel zu erzählen.

Am 16. 10. wurde der Nürnberger Urteilsspruch vollstreckt. Göring hat ihnen den Triumph nicht gegeben, er vergiftete sich am Abend vorher. Die anderen Verurteilten sind Ribbentrop, Rosenberg, Frick, Seiß-Inquart, Streicher, Sauckel, Keitel, Jodl, Frank, Kaltenbrunner. Dönitz erhielt 10 Jahre, Neurath 15. Speer und [Sc]hirach 20 Jahre. Raeder, Hess und Funk lebenslänglich.[598]

---

[597] Um die hohen Studierendenzahlen zu regulieren, wurden stattdessen die Neuaufnahmen für das folgende Wintersemester strenger gehandhabt. Vgl. Greilinger, Das Studium der Medizin an der Ludwig-Maximilians-Universität München in den Jahren 1946 bis 1954, S. 55.

[598] Julius Streicher (1885–1946, hingerichtet in Nürnberg), bis 1940 Gauleiter von Franken, Herausgeber des antisemitischen Hetzblattes „Der Stürmer". Fritz Sauckel (1894–1946, hingerichtet in Nürnberg), NSDAP-Gauleiter von Thüringen und Generalbevollmächtigter für den Arbeitseinsatz. Generaloberst Alfred Jodl (1890–1946, hingerichtet in Nürnberg), Chef des Wehrmachtführungsstabes im Oberkommando der Wehrmacht. Ernst Kaltenbrunner (1903–1946, hingerichtet in Nürnberg), als Nachfolger Reinhard Heydrichs Chef des Reichssicherheitshauptamtes und von Sicherheitspolizei und SD. Großadmiral Erich Raeder (1876–1960), bis 1943 Oberbefehlshaber der Kriegsmarine. Im Nürnberger Prozess gegen die Hauptkriegsverbrecher standen seit November 1945 hochrangige Parteiführer, Minister und Militärs vor einem Internationalen Militärgerichtshof, den die drei Siegermächte Großbritannien, USA und die Sowjetunion eingerichtet hatten. Es folgten eine Reihe von Nachfolgeprozessen in Nürnberg, die von den Amerikanern allein verantwortet wurden; außerdem führten die Amerikaner in Dachau eine Serie von Kriegsverbrecherprozessen durch. Für die dabei Verurteilten Kriegsverbrecher bürgerte sich schnell der Begriff der „Kriegsverurteilten" ein; für ihre Begnadigung setzten sich breite gesellschaftliche Gruppen ein, allen voran die christli-

*Abbildung 22: Wolfhilde von König als Ärztin, ca. 1951*

**[8].11.46** Heute werde ich großjährig. 21 Lenze bin ich nun hier auf Erden, Freud und Leid haben sie gebracht. Aber doch mehr Freude. Ich durfte eine glückliche Kindheit erleben, behütet von einer verständigen Mutter, der ich alles danke. Auch die „schwierige" Zeit verlief zwischen uns beiden in Harmonie. Aber wir beiden vermeiden eben jeden Streit, wozu auch. Das Leben bietet genügend Widerwärtigkeiten, warum es noch erschweren.

Und nun warte ich darauf, daß die Uni wieder beginnt. Die Anzeichen sprechen nicht dafür. von Lang und Schneider wurden fristlos entlassen, mit ihnen 31 Dozenten der Univers.[599] Nun stehen wir ohne Anatomie da. Wie das weitergehen soll, weiß kein Mensch. Nur die Zeit geht verloren. Der Kollege hat ihr Vorphysikum mit gut bestanden. Ich wollte, ich wäre ebensoweit.

---

chen Kirchen. Vgl. Priemel/Stiller, NMT; Steinbach, Der Nürnberger Prozeß gegen die Hauptkriegsverbrecher; Frei, Vergangenheitspolitik; Eiber/Sigel, Dachauer Prozesse.

[599] Die amerikanische Militärregierung war mit der Tätigkeit des zwischenzeitlich zur akademischen Selbstreinigung eingerichteten universitären „Reinigungsausschusses" unzufrieden und entschlossen, im Erziehungs- und Bildungsbereich durchzugreifen, ehe die Spruchkammern ihre Arbeit aufnahmen. Diese zweite Säuberungswelle, die auch wenig belastete Lehrende aus dem Amt enfernte, brachte den Lehrbetrieb beinahe zum Erliegen. Die meisten der Entlassenen wurden wenig später von den Spruchkammern rehabilitiert und wieder eingestellt. Vgl. Müller, Die Universitäten München, Erlangen und Würzburg nach 1945, S. 60f.

## Abkürzungen

BArch                Bundesarchiv
BayHStA-KA           Bayerisches Hauptstaatsarchiv – Kriegsarchiv
BDC                  Berlin Document Center
BDM                  Bund Deutscher Mädel
B.R.T.               Bruttoregistertonne

CSIR                 Corpo di spedizione italiano in Russia

DAF                  Deutsche Arbeitsfront
DDSt                 Deutsche Dienststelle
DRK                  Deutsches Rotes Kreuz
d. Res.              der Reserve

EK                   Eisernes Kreuz
EKLV                 Erweiterte Kinderlandverschickung
Ers.Batl.            Ersatz-Bataillon

FAvK                 Familienarchiv von König
F.v.D.               Führerin vom Dienst

GD                   Gesundheitsdienst
GIL                  Gioventù Italiana del Littorio

HJ                   Hitler-Jugend
HMS                  His Majesty's Ship

IfZ                  Institut für Zeitgeschichte München-Berlin
IfZ-A                Archiv des Instituts für Zeitgeschichte München-Berlin
IIL                  Indian Independence League
Inf.-Reg.            Infanterie-Regiment

JM                   Jungmädel

KdF                  Kraft durch Freude
KHD                  Kriegshilfsdienst
KLV                  Kinderlandverschickung
KM                   Kriegsmarine
KPD                  Kommunistische Partei Deutschlands
KPdSU                Kommunistische Partei der Sowjetunion
KWHW                 Kriegswinterhilfswerk
KZ                   Konzentrationslager

lb                   Pfund
LMU                  Ludwig-Maximilians-Universität München
LMU-A                Archiv der Ludwig-Maximilians-Universität München

| | |
|---|---|
| LWH | Luftwaffenhelfer |
| M | Mark |
| NDH | Nezavisna Država Hrvatska (Unabhängiger Staat Kroatien) |
| NKVD | Narodny Kommissariat Vnutrennych Del |
| NMT | Nürnberger Militärtribunale |
| NS | Nationalsozialismus, Nationalsozialist, Nationalsozialistisch |
| NSDAP | Nationalsozialistische Deutsche Arbeiterpartei |
| NSKK | Nationalsozialistisches Kraftfahrerkorps |
| NSLB | Nationalsozialistischer Deutscher Lehrerbund |
| NSV | Nationalsozialistische Volkswohlfahrt |
| OB | Oberbefehlshaber |
| o. D. | ohne Datum |
| OKH | Oberkommando des Heeres |
| OKW | Oberkommando der Wehrmacht |
| OP | Operationssaal |
| Pg. | Parteigenosse |
| RAD | Reichsarbeitsdienst |
| RADwJ | Reichsarbeitsdienst der weiblichen Jugend |
| RAK | Reichsapothekerkammer |
| RDB | Reichsbund Deutscher Beamter |
| Ref. | Referentin |
| RM | Reichsmark |
| ROB | Reserveoffizierbewerber |
| RSA | Repubblica Sociale Italiana |
| RSHA | Reichssicherheitshauptamt |
| RuSHA | Rasse- und Siedlungshauptamt der SS |
| SA/S.A. | Sturmabteilung |
| San. | Sanitäts- |
| San.-Kra. | Sanitätskraftwagen |
| SD | Sicherheitsdienst des Reichsführers SS |
| SS | Schutzstaffel |
| SSO | SS-Offiziersakte |
| StA M | Staatsarchiv München |
| StA N | Staatsarchiv Nürnberg |
| StadtA M | Stadtarchiv München |
| USA | United States of America |
| VDA | Volksbund für das Deutschtum im Ausland |
| WASt | Wehrmachtsauskunftsstelle |
| WEL | Wehrertüchtigungslager |
| WHW | Winterhilfswerk |
| z. S. | zur See |

# Abbildungen

Abbildung 1: Wolfhilde von König und ihr Bruder Emanuel in Jungmädel- bzw. Jungvolk-Uniform, 1938 .................................... VI
Abbildung 2: Die Tagebücher ............................... 3
Abbildung 3: Die ersten Tagebucheinträge aus dem August 1939. ............... 4
Abbildung 4: Weihnachten 1933: „Lulu" und „Manü" vor dem Christbaum ........ 6
Abbildung 5: Die Gliederung der Hitler-Jugend, 1940 ....................... 10
Abbildung 6: Ein Hitler-Zitat leitet das Kriegstagebuch ein .................... 29
Abbildung 7: Verteilung von Lebensmittelmarken durch den BDM .............. 47
Abbildung 8: Eine Schar BDM-Mädel beim Staatsbesuch Benito Mussolinis in München, 18.6.1940 .......................................... 56
Abbildung 9: Hitler und Mussolini werden auf dem Marienplatz von begeisterten Münchnern begrüßt, 18.6.1940. .................................. 57
Abbildung 10: Wolfhilde von König mit ihrer Mutter und ihrem Bruder im Gebirge, 1940 ............................................. 62
Abbildung 11: Hitler in Marburg a. d. Drau (Tagebuch-Fotoseite) ................ 82
Abbildung 12: Russische Kriegsgefangene (Tagebuch-Fotoseite) ................ 91
Abbildung 13: Eichenlaubträger (Tagebuch-Fotoseite) ....................... 92
Abbildung 14: Die Familie von König, ca. 1941. ............................ 99
Abbildung 15: GD-Mädel im Einsatz (Tagebuch-Fotoseite) .................... 116
Abbildung 16: BDM-Mädel im Einsatz (Tagebuch-Fotoseite). .................. 118
Abbildung 17: Tagebucheinträge vom 15. und 18. August 1943 ................ 149
Abbildung 18: Die Thierschstraße in München nach einem Bombenangriff, ca. 1943/44 ................................................. 156
Abbildung 19: Münchner Behelfsbahn, ca. 1944. ........................... 201
Abbildung 20: Tagebucheinträge vom 30. Januar, 1. und 2. Februar 1945 .......... 203
Abbildung 21: Studentinnen beim Schutträumen an den Gebäuden der Ludwig-Maximilians-Universität München, 1946 .................... 225
Abbildung 22: Wolfhilde von König als Ärztin, ca. 1951. ...................... 228

## Bildquellen

*FAvK:* Abb. 1, 2, 4, 10, 14, 22
*IfZ-A:* Abb. 3, 6, 11, 12, 13, 15, 16, 17, 20 (MS 2274)
*StadtA M, Fotosammlung:* Titelbild (NS-Pressefotografie, 01610), Abb. 7 (WK II – Stadtleben, 1667), 8 (NS-Pressefotografie, 01613), 9 (NS-Pressefotografie, 01612), 18 (WK II – Stadtbild, 0007), 19 (WK II – Stadtleben, 1510), 21 (Nachkrieg – Stadtleben, 0156)

# Quellen und Literatur

## Ungedruckte Quellen

*Archiv der Ludwig-Maximilians-Universität München (LMU-A)*
Immatrikulationskartei

*Archiv des Instituts für Zeitgeschichte München-Berlin (IfZ-A), München*
MS 2274

*Bayerisches Hauptstaatsarchiv – Kriegsarchiv (BayHStA-KA), München*
Kriegsstammrollen

*Bundesarchiv (BArch), Berlin*
NSDAP-Gaukartei
NSDAP-Zentralkartei
SSO I
SSO II

*Deutsche Dienststelle/Wehrmachtsauskunftstelle (DDSt/WASt), Berlin*

*Staatsarchiv München (StA M)*
NSDAP 102
Spruchkammer München I
Spruchkammer München IV

*Staatsarchiv Nürnberg (StA N)*
Spruchkammer Weißenburg

*Stadtarchiv München (StadtA M)*
Schulen, St.-Anna-Gymnasium
Fotosammlung

*Familienarchiv von König (FAvK)*


## Gedruckte Quellen und Literatur

Abrath, Gottfried, Subjekt und Milieu im NS-Staat. Die Tagebücher des Pfarrers Hermann Klugkist Hesse 1936–1939, Göttingen 1994.
Afflerbach, Holger, „Mit wehender Fahne untergehen". Kapitulationsverweigerungen in der deutschen Marine, in: Vierteljahrshefte für Zeitgeschichte 49 (2001), S. 595–612.
Akten zur deutschen auswärtigen Politik 1918–1945 (ADAP). Aus dem Archiv des Deutschen Auswärtigen Amts, Serie D (1937–1945), Bd. 5, Frankfurt am Main/Baden-Baden 1956.
Albert, Claudia (Hrsg.), Deutsche Klassiker im Nationalsozialismus. Schiller, Kleist, Hölderlin, Stuttgart 1994.
Albertz, Anuschka, Exemplarisches Heldentum. Die Rezeptionsgeschichte der Schlacht an den Thermopylen von der Antike bis zur Gegenwart, München 2006.
Altrichter, Helmut/Josef Becker (Hrsg.), Kriegsausbruch 1939. Beteiligte, Betroffene, Neutrale, München 1989.
Angrick, Andrej, Besatzungspolitik und Massenmord. Die Einsatzgruppe D in der südlichen Sowjetunion 1941–1943, Hamburg 2003.

Apel, Jürgen, Die Mädchenerziehung, in: Max Liedtke (Hrsg.), Handbuch der Geschichte des Bayerischen Bildungswesens, Bd. 4: Epochenübergreifende Spezialuntersuchungen, Bad Heilbrunn 1997, S. 13–70.

Arnold, Klaus Jochen, Die Wehrmacht und die Besatzungspolitik in den besetzten Gebieten der Sowjetunion. Kriegführung und Radikalisierung im „Unternehmen Barbarossa", Berlin 2005.

Auerbach, Hellmuth, Hitlers politische Lehrjahre und die Münchener Gesellschaft 1919-1923, in: Vierteljahrshefte für Zeitgeschichte 25 (1977), S. 1–45.

Aull-Fürstenberg, Margret, Lebenslüge Hitler-Jugend. Aus dem Tagebuch eines BDM-Mädchens, Wien 2001.

Bähr, Johannes (Hrsg.), Das Europa des „Dritten Reichs". Recht, Wirtschaft, Besatzung, Frankfurt am Main 2005.

Bajohr, Frank/Dieter Pohl, Der Holocaust als offenes Geheimnis. Die Deutschen, die NS-Führung und die Alliierten, München 2006.

Bajohr, Frank/Michael Wildt (Hrsg.), Volksgemeinschaft. Neue Forschungen zur Gesellschaft des Nationalsozialismus, Frankfurt am Main 2009.

Bald, Detlef/Johannes Klotz/Wolfram Wette (Hrsg.), Mythos Wehrmacht. Nachkriegsdebatten und Traditionspflege, Berlin 2001.

Bartels, Jan, Gerhard Schumann. Der „nationale Sozialist", in: Rolf Düsterberg (Hrsg.), Dichter für das „Dritte Reich". Biografische Studien zum Verhältnis von Literatur und Ideologie, Bielefeld, S. 259–294.

Bauer, Kurt, Hitler und der Juliputsch 1934 in Österreich. Eine Fallstudie zur nationalsozialistischen Außenpolitik in der Frühphase des Regimes, in: Vierteljahrshefte für Zeitgeschichte 59 (2011), S. 193–227.

Bauer, Richard (Hrsg.), Fliegeralarm. Luftangriffe auf München 1940-1945, München 1987.

Bauer, Richard u. a. (Hrsg.), München – Hauptstadt der Bewegung. Bayerns Metropole und der Nationalsozialismus, Wolfratshausen 2002.

Baumann, Angelika (Hrsg.), Der Nationalsozialismus in München, München 2006.

Bautz, Simone, Gerhard Schumann. Biographie, Werk, Wirkung eines prominenten nationalsozialistischen Autors, Univ.-Diss. Justus-Liebig-Universität Gießen, Gießen 2008.

Bavaj, Riccardo, Die Ambivalenz der Moderne im Nationalsozialismus. Eine Bilanz der Forschung, München 2003.

Becker, Heinrich (Hrsg.), Die Universität Göttingen unter dem Nationalsozialismus, München 1998.

Beddies, Thomas, „Du hast die Pflicht, gesund zu sein!". Der Gesundheitsdienst der Hitler-Jugend 1933-1945, Berlin 2010.

Beer, Mathias, Flucht und Vertreibung der Deutschen. Voraussetzungen, Verlauf, Folgen, München 2011.

Beer, Wilfried, Kriegsalltag an der Heimatfront. Alliierter Luftkrieg und deutsche Gegenmaßnahmen zur Abwehr und Schadensbegrenzung, dargestellt für den Raum Münster, Bremen 1990.

Beevor, Antony, Berlin 1945. Das Ende, München 2012.

Behrenbeck, Sabine, Der Kult um die toten Helden. Nationalsozialistische Mythen, Riten und Symbole. 1923 bis 1945, Vierow 1996.

Benz, Wolfgang (Hrsg.), Das Tagebuch der Hertha Nathorff. Berlin – New York. Aufzeichnungen 1933 bis 1945, München 1987.

Benz, Wolfgang (Hrsg.), Deutschland unter alliierter Besatzung 1945-1949/55, Berlin 1999.

Benz, Wolfgang, Wie wurde man Parteigenosse?, Frankfurt am Main 2009.

Benz, Wolfgang, Der deutsche Widerstand gegen Hitler, München 2014.

Bergander, Götz, Dresden im Luftkrieg. Vorgeschichte, Zerstörung, Folgen, Weimar u. a. 1994.

Bertschik, Julia, Mode und Moderne. Kleidung als Spiegel des Zeitgeistes in der deutschsprachigen Literatur (1770-1945), Köln 2005.

Beushausen, Ulrich u. a., Die Medizinische Fakultät im Dritten Reich, in: Heinrich Becker (Hrsg.), Die Universität Göttingen unter dem Nationalsozialismus, München 1998, S. 183–286.

Blank, Margot (Hrsg.), Beutestücke. Kriegsgefangene in der deutschen und sowjetischen Fotografie 1941-1945. Ausstellung im Deutsch-Russischen Museum Berlin-Karlshorst, 13. Juni–14. September 2003, Berlin 2003.

Blank, Ralf, Kriegsalltag und Luftkrieg an der „Heimatfront", in: Das Deutsche Reich und der Zweite Weltkrieg, Bd. 9/1: Die deutsche Kriegsgesellschaft. Erster Halbband: Politisierung, Vernichtung, Überleben, München 2004, S. 357–461.
Bloch, Michael, Ribbentrop, London u. a. 1992.
Boelcke, Willi A. (Hrsg.), Kriegspropaganda 1939–1941. Geheime Ministerkonferenzen im Reichspropagandaministerium, Stuttgart 1966.
Boelcke, Willi A. (Hrsg.), Wollt ihr den totalen Krieg? Die geheimen Goebbels-Konferenzen 1939–1943, Stuttgart 1967.
Boelcke, Willi A. (Hrsg.), Deutschlands Rüstung im Zweiten Weltkrieg. Hitlers Konferenzen mit Albert Speer 1942–1945, Frankfurt am Main 1969.
Böhler, Jochen, Auftakt zum Vernichtungskrieg. Die Wehrmacht in Polen 1939, Bonn 2006.
Böhler, Jochen, Der Überfall. Deutschlands Krieg gegen Polen, Frankfurt am Main 2009.
Bohn, Robert, Reichskommissariat Norwegen. „Nationalsozialistische Neuordnung" und Kriegswirtschaft, München 2000.
Boll, Bernd, Generalfeldmarschall Walter von Reichenau, in: Gerd R. Ueberschär (Hrsg.), Hitlers militärische Elite. 68 Lebensläufe, Darmstadt 2011, S. 195–202.
Boog, Horst, Die Anti-Hitler-Koalition, in: Das Deutsche Reich und der Zweite Weltkrieg, Bd. 6: Der globale Krieg. Die Ausweitung zum Weltkrieg und der Wechsel der Initiative 1941–1943, Stuttgart 1990, S. 3–94.
Boog, Horst, Strategischer Luftkrieg in Europa und Reichsluftverteidigung 1943–1944, in: Das Deutsche Reich und der Zweite Weltkrieg, Bd. 7: Das Deutsche Reich in der Defensive. Strategischer Luftkrieg in Europa, Krieg im Westen und in Ostasien 1943–1944/45, Stuttgart/München 2001, S. 3–415.
Borsdorf, Ulrich/Mathilde Jamin (Hrsg.), ÜberLeben im Krieg. Kriegserfahrungen in einer Industrieregion 1939–1945, Reinbek bei Hamburg 1989.
Bosse, Lars, Vom Baltikum in den Reichsgau Wartheland, in: Michael Garleff (Hrsg.), Deutschbalten, Weimarer Republik und Drittes Reich, Bd. 1, Köln 2008, S. 297–387.
Bosworth, Richard J. B., Mussolini, London/New York 2010.
Brandes, Detlef, Die Tschechen unter dem deutschen Protektorat. Teil II: Besatzungspolitik, Kollaboration und Widerstand im Protektorat Böhmen und Mähren von Heydrichs Tod bis zum Prager Aufstand (1942–1945), München 1975.
Brantl, Sabine, Haus der Kunst, München. Ein Ort und seine Geschichte im Nationalsozialismus, München 2007.
Brednich, Rolf Wilhelm/Hans Schmitt (Hrsg.), Symbole. Zur Bedeutung der Zeichen in der Kultur; 30. Deutscher Volkskundekongreß in Karlsruhe vom 25. bis 29. September 1995, Münster/München 1997.
Breloer, Heinrich (Hrsg.), Geheime Welten. Deutsche Tagebücher aus den Jahren 1939 bis 1947, Frankfurt am Main 1999.
Breuer, Judith/Rita Breuer (Hrsg.), Von wegen heilige Nacht! Das Weihnachtsfest in der politischen Propaganda, Mülheim an der Ruhr 2000.
Breyvogel, Wilfried von (Hrsg.), Piraten, Swings und Junge Garde. Jugendwiderstand im Nationalsozialismus, Bonn 1991.
Brockhaus, Gudrun, Schauder und Idylle. Faschismus als Erlebnisangebot, München 1997.
Broszat, Martin, Nationalsozialistische Polenpolitik. 1939–1945, Stuttgart 1961.
Broszat, Martin/Elke Fröhlich/Anton Grossmann (Hrsg.), Bayern in der NS-Zeit, Bd. 3: Herrschaft und Gesellschaft im Konflikt, Teil B, München/Wien 1981.
Broszat, Martin/Klaus-Dietmar Henke/Hans Woller (Hrsg.), Von Stalingrad zur Währungsreform. Zur Sozialgeschichte des Umbruchs in Deutschland, München 1989.
Broszat, Martin/Ladislaus Hory, Der kroatische Ustascha-Staat 1941–1945, München 1964.
Brückner, Joachim, Kriegsende in Bayern 1945. Der Wehrkreis VII und die Kämpfe zwischen Donau und Alpen, Freiburg i. Br. 1987.
Bucher, Willi (Hrsg.), Schock und Schöpfung. Jugendästhetik im 20. Jahrhundert, Darmstadt u. a. 1986.
Buchholz, Wolfhard, Die nationalsozialistische Gemeinschaft „Kraft durch Freude". Freizeitgestaltung und Arbeiterschaft im Dritten Reich, Univ.-Diss. Ludwig-Maximilians-Universität München, München 1976.

Buddrus, Michael, Totale Erziehung für den totalen Krieg. Hitlerjugend und nationalsozialistische Jugendpolitik, 2 Bde., München 2002.
Budzinski, Klaus, Wer lacht denn da? Kabarett von 1945 bis heute, Braunschweig 1989.
Buggeln, Marc/Michael Wildt (Hrsg.), Arbeit im Nationalsozialismus, München 2014.
Büsch, Otto (Hrsg.), Das Preußenbild in der Geschichte. Protokoll eines Symposions, Berlin/New York 1981.
Büttner, Ursula, „Gomorrha" und die Folgen. Der Bombenkrieg, in: Forschungsstelle für Zeitgeschichte (Hrsg.), Hamburg im „Dritten Reich", Göttingen 2005, S. 613–632.
Büttner, Ursula, „Gomorrha". Hamburg im Bombenkrieg. Die Wirkung der Luftangriffe auf Bevölkerung und Wirtschaft, Hamburg 1993.

Carl, Horst (Hrsg.), Kriegsniederlagen. Erfahrungen und Erinnerungen, Berlin 2004.
Casey, Steven, Cautious Crusade. Franklin D. Roosevelt, American Public Opinion, and the War against Nazi Germany, Oxford 2001.
Chamberlain, Brewster S., Todesmühlen. Ein früher Versuch zur Massen-„Umerziehung" im besetzten Deutschland, 1945–1946, in: Vierteljahrshefte für Zeitgeschichte 29 (1981), S. 420–436.
Christians, Annemone, Amtsgewalt und Volksgesundheit. Das öffentliche Gesundheitswesen im nationalsozialistischen München, Göttingen 2013.
Ciolina, Evamaria (Hrsg.), Reklamesammelbilder. Massenmedium der NS-Zeit. Materialien zur volkstumsideologischen Durchdringung des Alltags 1933–1945. Begleitheft zu einer Ausstellung anläßlich der Tagung „Volkskunde und Nationalsozialismus" im Institut für deutsche und vergleichende Volkskunde an der LMU München, 23.–25. Oktober 1986, München 1986.
Corvaja, Santi, Hitler and Mussolini. The Secret Meetings, New York 2001.
Courtade, Francis/Pierre Cadars, Geschichte des Films im Dritten Reich, München 1975.

Dahm, Volker/Albert A. Feiber/Hartmut Mehringer/Horst Möller (Hrsg.), Die tödliche Utopie. Bilder, Texte, Dokumente, Daten zum Dritten Reich, München $^6$2011.
Deletant, Dennis, Hitler's Forgotten Ally. Ion Antonescu and his Regime, Romania 1940–44, Basingstoke [u. a.] 2006.
Depkat, Volker, Autobiographie und die soziale Konstruktion von Wirklichkeit, in: Geschichte und Gesellschaft 29 (2003), S. 441–476.
Deutschbein, Christina/Nils Korsten (Hrsg.), Heilige Nacht? Das Weihnachtsfest im Dienste der NS-Propaganda. Begleitband zur Sonderausstellung in der Ausstellungshalle des Museumsdorfes Cloppenburg vom 18. November 2007 bis zum 24. Februar 2008, Cloppenburg 2007.
Das Deutsche Reich und der Zweite Weltkrieg, Bd. 4: Der Angriff auf die Sowjetunion, Stuttgart 1987.
Das Deutsche Reich und der Zweite Weltkrieg, Bd. 5: Organisation und Mobilisierung des deutschen Machtbereichs. Halbband 2: Kriegsverwaltung, Wirtschaft und personelle Ressourcen 1942–1944/45, Stuttgart 1999.
Das Deutsche Reich und der Zweite Weltkrieg, Bd. 6: Der globale Krieg. Die Ausweitung zum Weltkrieg und der Wechsel der Initiative 1941–1943, Stuttgart 1990.
Das Deutsche Reich und der Zweite Weltkrieg, Bd. 7: Das Deutsche Reich in der Defensive. Strategischer Luftkrieg in Europa, Krieg im Westen und in Ostasien 1943–1944/45, Stuttgart/München 2001.
Das Deutsche Reich und der Zweite Weltkrieg, Bd. 8: Die Ostfront 1943/44. Der Krieg im Osten und an den Nebenfronten, München 2007.
Das Deutsche Reich und der Zweite Weltkrieg, Bd. 9/1: Die deutsche Kriegsgesellschaft. Erster Halbband: Politisierung, Vernichtung, Überleben, München 2004.
Das Deutsche Reich und der Zweite Weltkrieg, Bd. 9/2: Die Deutsche Kriegsgesellschaft 1939 bis 1945. Zweiter Halbband: Ausbeutung, Deutungen, Ausgrenzung, München 2005.
Das Deutsche Reich und der Zweite Weltkrieg, Bd. 10/1: Der Zusammenbruch des Deutschen Reiches. Die militärische Niederwerfung der Wehrmacht, München 2008.
Diem, Veronika, Die Freiheitsaktion Bayern. Ein Aufstand in der Endphase des NS-Regimes, Kallmünz/Opf. 2013.
Döhnert, Albrecht, Die Jugendweihe, in: Etienne François/Hagen Schulze (Hrsg.), Deutsche Erinnerungsorte, Bd. 3, München 2002, S. 347–360.

Domarus, Max (Hrsg.), Hitler. Reden und Proklamationen 1932–1945. Kommentiert von einem Zeitgenossen, Würzburg 1962–1963.
Düsterberg, Rolf (Hrsg.), Dichter für das „Dritte Reich". Biografische Studien zum Verhältnis von Literatur und Ideologie, Bielefeld 2009.

Eberan, Barbro, Luther? Friedrich „der Große"? Wagner? Nietzsche? …? …? Wer war an Hitler schuld? Die Debatte um die Schuldfrage 1945–1949, München 1983.
Echternkamp, Jörg, Nach dem Krieg. Alltagsnot, Neuorientierung und die Last der Vergangenheit 1945–1949, Zürich 2003.
Echternkamp, Jörg, Im Kampf an der inneren und äußeren Front. Grundzüge der deutschen Gesellschaft im Zweiten Weltkrieg, in: Das Deutsche Reich und der Zweite Weltkrieg, Bd. 9/1: Die deutsche Kriegsgesellschaft. Erster Halbband: Polititisierung, Vernichtung, Überleben, München 2004, S. 1–92.
Eiber, Ludwig, Frauen in der Kriegsindustrie. Arbeitsbedingungen, Lebensumstände und Protestverhalten, in: Martin Broszat/Elke Fröhlich/Anton Grossmann (Hrsg.), Bayern in der NS-Zeit, Bd. 3: Herrschaft und Gesellschaft im Konflikt, Teil B, München/Wien 1981, S. 569–644.
Eiber, Ludwig/Robert Sigel (Hrsg.), Dachauer Prozesse. NS-Verbrechen vor amerikanischen Militärgerichten in Dachau 1945–48. Verfahren, Ergebnisse, Nachwirkungen, Göttingen 2007.
Eicke, Brigitte, Backfisch im Bombenkrieg. Notizen in Steno, Berlin 2013.
Eigner, Peter (Hrsg.), Briefe, Tagebücher, Autobiographien. Studien und Quellen für den Unterricht, Innsbruck [u. a.] 2006.
Eisterer, Klaus (Hrsg.), Die Option. Südtirol zwischen Faschismus und Nationalsozialismus, Innsbruck 1989.
Englert, Uwe, Magus und Rechenmeister. Henrik Ibsens Werk auf den Bühnen des Dritten Reiches, Tübingen 2001.

Feiber, Albert A., „Filiale von Berlin". Der Obersalzberg im Dritten Reich, in: Volker Dahm/Albert A. Feiber/Hartmut Mehringer/Horst Möller (Hrsg.), Die tödliche Utopie. Bilder, Texte, Dokumente, Daten zum Dritten Reich, München 2011, S. 54–111.
Fest, Joachim, Der Untergang. Hitler und das Ende des Dritten Reiches. Eine historische Skizze, Berlin 2002.
Fetscher, Iring, Joseph Goebbels im Berliner Sportpalast 1943: „Wollt ihr den totalen Krieg?", Hamburg 1998.
Finger, Jürgen, Das „nationalsozialistische Wollen" zur Volksgemeinschaft. Schule, Polykratie und der deutsche Südwesten 1933–1945, Univ. Diss., Universität Augsburg, Augsburg 2010.
Fings, Karola, Krieg, Gesellschaft und KZ: Himmlers SS-Baubrigaden, Paderborn, München 2005.
Fings, Karola/Frank Möller (Hrsg.), Zukunftsprojekt Westwall. Wege zu einem verantwortungsbewussten Umgang mit den Überresten der NS-Anlage, [Weilerswist] 2008.
Fischer, Torben/Matthias N. Lorenz (Hrsg.), Lexikon der „Vergangenheitsbewältigung" in Deutschland. Debatten- und Diskursgeschichte des Nationalsozialismus nach 1945, Bielefeld 2007.
Fleischhauer, Ingeborg, Der Pakt. Hitler, Stalin und die Initiative der deutschen Diplomatie 1938–1939, Berlin [u. a.] 1990.
Fleischhauer, Ingeborg, Der deutsch-sowjetische Grenz- und Freundschaftsvertrag vom 28. September 1939. Die deutschen Aufzeichnungen über die Verhandlungen zwischen Stalin, Molotov und Ribbentrop in Moskau, in: Vierteljahrshefte für Zeitgeschichte 39 (1991), S. 447–470.
Fleischhauer, Ingeborg, Die sowjetische Außenpolitik und die Genese des Hitler-Stalin-Paktes, in: Bernd Wegner (Hrsg.), Zwei Wege nach Moskau. Vom Hitler-Stalin-Pakt bis zum „Unternehmen Barbarossa", München u. a. 1991, S. 19–39.
Foerster, Roland G. (Hrsg.), „Unternehmen Barbarossa". Zum historischen Ort der deutsch-sowjetischen Beziehungen von 1933 bis Herbst 1941, München 1993.
Forschungsstelle für Zeitgeschichte (Hrsg.), Hamburg im „Dritten Reich", Göttingen 2005.
Förster, Jürgen, Das Unternehmen „Barbarossa" als Eroberungs- und Vernichtungskrieg, in: Das Deutsche Reich und der Zweite Weltkrieg, Bd. 4: Der Angriff auf die Sowjetunion, Stuttgart 1987, S. 413–447.
Förster, Jürgen, Der historische Ort des Unternehmens „Barbarossa", in: Wolfgang Michalka (Hrsg.), Der Zweite Weltkrieg. Analysen Grundzüge Forschungsbilanz, München 1990, S. 626–640.

Förster, Jürgen, Hitlers Wendung nach Osten. Die deutsche Kriegspolitik 1940–1941, in: Bernd Wegner (Hrsg.), Zwei Wege nach Moskau. Vom Hitler-Stalin-Pakt bis zum „Unternehmen Barbarossa", München u. a. 1991, S. 113–132.

Förster, Jürgen, Das andere Gesicht des Krieges: Das „Unternehmen Barbarossa" als Eroberungs- und Vernichtungskrieg, in: Roland G. Foerster (Hrsg.), „Unternehmen Barbarossa". Zum historischen Ort der deutsch-sowjetischen Beziehungen von 1933 bis Herbst 1941, München 1993, S. 151–162.

Förster, Jürgen (Hrsg.), Stalingrad. Ereignis – Wirkung – Symbol, München 1993.

Fox, John P., Der Fall Katyn und die Propaganda des NS-Regimes, in: Vierteljahrshefte für Zeitgeschichte 30 (1982), S. 462–499.

Frank, Mario, Der Tod im Führerbunker. Hitlers letzte Tage, München 2005.

Frei, Norbert, Vergangenheitspolitik. Die Anfänge der Bundesrepublik und die NS-Vergangenheit, München 1999.

Frei, Norbert, 1945 und wir. Das Dritte Reich im Bewußtsein der Deutschen, München 2005.

Frei, Norbert, Von deutscher Erfindungskraft. Oder: Die Kollektivschuldthese in der Nachkriegszeit, in: 1945 und wir. Das Dritte Reich im Bewußtsein der Deutschen, München 2005, S. 145–155.

Frei, Norbert/Johannes Schmitz, Journalismus im Dritten Reich, München 1989.

Frey, Richard/Helmut Kronschwitz (Hrsg.), Verzeichnis der Fachärzte für Anaesthesiologie in der Bundesrepublik Deutschland, Österreich und der Schweiz, Berlin/Heidelberg 1966 und 1976.

Freytag, Claudia, Kriegsbeute „Flintenweib". Rotarmistinnen in deutscher Gefangenschaft, in: Peter Jahn (Hrsg.), Mascha + Nina + Katjuscha. Frauen in der Roten Armee 1941–1945. Ausstellung im Deutsch-Russischen Museum Berlin-Karlshorst, 15. 11. 2002–23. 2. 2003, [Berlin] 2002, S. 32–36.

Friedländer, Saul, Das Dritte Reich und die Juden. Die Jahre der Verfolgung 1933–1939. Die Jahre der Vernichtung 1939–1945, München 2007.

Frieser, Karl-Heinz, Das Ausweichen der Heeresgruppe Nord von Leningrad ins Baltikum, in: Das Deutsche Reich und der Zweite Weltkrieg, Bd. 8: Die Ostfront 1943/44. Der Krieg im Osten und an den Nebenfronten, München 2007, S. 278–296.

Frieser, Karl-Heinz, Die Rückzugsoperationen der Heeresgruppe Süd in der Ukraine, in: Das Deutsche Reich und der Zweite Weltkrieg, Bd. 8: Die Ostfront 1943/44. Der Krieg im Osten und an den Nebenfronten, München 2007, S. 339–450.

Frieser, Karl-Heinz, Die Schlacht im Kursker Bogen, in: Das Deutsche Reich und der Zweite Weltkrieg, Bd. 8: Die Ostfront 1943/44. Der Krieg im Osten und an den Nebenfronten, München 2007, S. 83–209.

Frieser, Karl-Heinz, Der Zusammenbruch der Heeresgruppe Mitte im Sommer 1944, in: Das Deutsche Reich und der Zweite Weltkrieg, Bd. 8: Die Ostfront 1943/44. Der Krieg im Osten und an den Nebenfronten, München 2007, S. 526–603.

Funke, Manfred (Hrsg.), Hitler, Deutschland und die Mächte. Materialien zur Außenpolitik des Dritten Reiches, Düsseldorf 1976.

Gagliani, Dianella, Diktat oder Konsens? Die Republik von Salò und das Dritte Reich, in: Lutz Klinkhammer/Amedeo Osti Guerrazzi/Thomas Schlemmer (Hrsg.), Die „Achse" im Krieg. Politik, Ideologie und Kriegführung 1939–1945, Paderborn 2010, S. 456–471.

Gajek, Esther, „Hohe Nacht der klaren Sterne" und andere „Stille Nacht" der Nationalsozialisten, in: Richard Faber (Hrsg.), Säkularisierung und Resakralisierung. Zur Geschichte des Kirchenlieds und seiner Rezeption, Würzburg 2001, S. 145–164.

Ganzenmüller, Jörg, Das belagerte Leningrad 1941–1944. Die Stadt in den Strategien von Angreifern und Verteidigern, Paderborn u. a. 2005.

Garleff, Michael (Hrsg.), Deutschbalten, Weimarer Republik und Drittes Reich, Köln 2008.

Garscha, Winfried R., Nationalsozialisten in Österreich 1933–1938, in: Emmerich Tálos (Hrsg.), Austrofaschismus. Politik – Ökonomie – Kultur 1933–1938, Wien 2005, S. 100–120.

Gehmacher, Johanna, Jugend ohne Zukunft. Hitler-Jugend und Bund Deutscher Mädel in Österreich vor 1938, Wien 1994.

Gehmacher, Johanna, Biographie, Geschlecht und Organisation. Der „Bund Deutscher Mädel" in Österreich, in: Dagmar Reese (Hrsg.), Die BDM-Generation. Weibliche Jugendliche in Deutschland und Österreich im Nationalsozialismus, Berlin 2007, S. 159–213.

Geisler, Erika, Jugendarzt und Jugendführung, München 1942.

Gentile, Carlo, Wehrmacht und Waffen-SS im Partisanenkrieg. Italien 1943–1945, Paderborn 2012.

Gerlach, Christian, Kalkulierte Morde. Die deutsche Wirtschafts- und Vernichtungspolitik in Weißrußland 1941 bis 1944, Hamburg 1998.
Gerlach, Christian, Krieg, Ernährung, Völkermord. Forschungen zur deutschen Vernichtungspolitik im Zweiten Weltkrieg, Hamburg 1998.
Gerlach, Christian, Die Verantwortung der Wehrmachtführung. Vergleichende Betrachtungen am Beispiel der sowjetischen Kriegsgefangenen, in: Christian Hartmann/Johannes Hürter/Ulrike Jureit (Hrsg.), Verbrechen der Wehrmacht. Bilanz einer Debatte, München 2005, S. 40–49.
Gerndt, Helge (Hrsg.), Volkskunde und Nationalsozialismus. Referate und Diskussionen einer Tagung der Deutschen Gesellschaft für Volkskunde München, 23. bis 25. Oktober 1986, München 1987.
Gerwarth, Robert, Reinhard Heydrich. Biographie, München 2011.
Giesen, Rolf/Manfred Hobsch, Hitlerjunge Quex, Jud Süss und Kolberg. Die Propagandafilme des Dritten Reiches, Berlin 2005.
Girbig, Werner, ... im Anflug auf die Reichshauptstadt. Die Dokumentation der Bombenangriffe auf Berlin – stellvertretend für alle deutschen Städte, Stuttgart 1971.
Gold, Helmut/Annette Koch (Hrsg.), Fräulein vom Amt, München 1993.
Gotto, Bernhard, Nationalsozialistische Kommunalpolitik. Administrative Normalität und Systemstabilisierung durch die Augsburger Stadtverwaltung 1933–1945, München 2006.
Götz, Margarete, Die Grundschule in der Zeit des Nationalsozialismus. Eine Untersuchung der inneren Ausgestaltung der vier unteren Jahrgänge der Volksschule auf der Grundlage amtlicher Maßnahmen, Bad Heilbrunn/Obb. 1997.
Götz, Norbert/Jan Hecker-Stampehl/Stephan M. Schröder (Hrsg.), Vom alten Norden zum neuen Europa: politische Kultur im Ostseeraum. Festschrift für Bernd Henningsen, Berlin 2010.
Graml, Hermann, Europas Weg in den Krieg. Hitler und die Mächte 1939, München 1990.
Graml, Hermann, Hitler und England. Ein Essay zur nationalsozialistischen Außenpolitik 1920 bis 1940, München 2010.
Greilinger, Gesa, Das Studium der Medizin an der Ludwig-Maximilians-Universität München in den Jahren 1946 bis 1954, Univ.-Diss., Ludwig-Maximilians-Universität München, München 2006.
Gross, Jan T., Die Sowjetisierung Ostpolens, 1939–1941, in: Bernd Wegner (Hrsg.), Zwei Wege nach Moskau. Vom Hitler-Stalin-Pakt bis zum „Unternehmen Barbarossa", München u. a. 1991, S. 56–74.
Grossmann, Atina, Eine neue Frau im Deutschland der Weimarer Republik?, in: Helmut Gold/Annette Koch (Hrsg.), Fräulein vom Amt, München 1993, S. 131–161.
Gruchmann, Lothar, Völkerrecht und Moral. Ein Beitrag zur Problematik der amerikanischen Neutralitätspolitik 1939–1941, in: Vierteljahrshefte für Zeitgeschichte 8 (1960), S. 384–418.
Gruchmann, Lothar, Nationalsozialistische Großraumordnung. Die Konstruktion einer „deutschen Monroe-Doktrin", Stuttgart 1962.
Grüner, Stefan, Paul Reynaud (1878–1966). Biographische Studien zum Liberalismus in Frankreich, München 2001.
Grüttner, Michael, Studenten im Dritten Reich, Paderborn u. a. 1995.

Haarr, Geirr H., The Gathering Storm. The Naval War in Northern Europe, September 1939–April 1940, Annapolis, Maryland 2013.
Haasis, Hellmut G., Tod in Prag. Das Attentat auf Reinhard Heydrich, Reinbek bei Hamburg 2002.
Hagemann, Karen, „Jede Kraft wird gebraucht". Militäreinsatz von Frauen im Ersten und Zweiten Weltkrieg, in: Bruno Thoß/Hans-Erich Volkmann (Hrsg.), Erster Weltkrieg – Zweiter Weltkrieg. Ein Vergleich. Krieg, Kriegserlebnis, Kriegserfahrung in Deutschland, Paderborn u. a. 2002, S. 79–106.
Hajak, Stefanie/Jürgen Zarusky (Hrsg.), München und der Nationalsozialismus. Menschen, Orte, Strukturen, Berlin 2008.
Hall, Richard C., War in the Balkans. An Encyclopedic History from the Fall of the Ottoman Empire to the Breakup of Yugoslavia, Santa Barbara u. a. 2014.
Hämmerle, Christa, Ein Ort für Geheimnisse? Jugendtagebücher im 19. und 20. Jahrhundert, in: Peter Eigner (Hrsg.), Briefe, Tagebücher, Autobiographien. Studien und Quellen für den Unterricht, Innsbruck [u. a.] 2006, S. 28–45.
Hardey, Evelyn, ... damals war ich fünfzehn, Reutlingen 1979.
Harms, Ingo, Der plötzliche Tod des Oldenburger Gauleiters Carl Röver, in: Das Land Oldenburg 102 (1999), S. 1–8.

Hartmann, Christian (Hrsg.), Von Feldherren und Gefreiten. Zur biographischen Dimension des Zweiten Weltkriegs, München 2008.
Hartmann, Christian, Unternehmen Barbarossa. Der deutsche Krieg im Osten, München 2011.
Hartmann, Christian/Johannes Hürter/Ulrike Jureit (Hrsg.), Verbrechen der Wehrmacht. Bilanz einer Debatte, München 2005.
Harvey, Elizabeth, „Osteinsatz" des Bundes Deutscher Mädel im Krieg, in: Dagmar Reese (Hrsg.), Die BDM-Generation. Weibliche Jugendliche in Deutschland und Österreich im Nationalsozialismus, Berlin 2007, S. 289–319.
Harvey, Elizabeth, „Der Osten braucht Dich!". Frauen und nationalsozialistische Germanisierungspolitik, Hamburg 2010.
Heiber, Helmut (Hrsg.), Goebbels-Reden, Düsseldorf 1971–1972.
Heike, Otto, Die deutsche Minderheit in Polen bis 1939. Ihr Leben und Wirken kulturell, gesellschaftlich, politisch. Eine historisch-dokumentarische Analyse, Leverkusen 1985.
Heinemann, Isabel, „Rasse, Siedlung, deutsches Blut". Das Rasse- und Siedlungshauptamt der SS und die rassenpolitische Neuordnung Europas, Göttingen 2003.
Heinen, Armin, Die Legion „Erzengel Michael" in Rumänien. Soziale Bewegung und politische Organisation. Ein Beitrag zum Problem des internationalen Faschismus, München 1986.
Henke, Josef, England in Hitlers politischem Kalkül. 1935–1939, Boppard am Rhein 1973.
Henke, Klaus-Dietmar, Die amerikanische Besetzung Deutschlands, München 1995.
Hentilä, Seppo, Auf der Schattenseite der Waffenbrüderschaft. Zur neuen Fortsetzungskriegsdebatte in Finnland, in: Norbert Götz/Jan Hecker-Stampehl/Stephan M. Schröder (Hrsg.), Vom alten Norden zum neuen Europa: politische Kultur im Ostseeraum. Festschrift für Bernd Henningsen, Berlin 2010, S. 235–250.
Herbert, Ulrich, Fremdarbeiter. Politik und Praxis des „Ausländer-Einsatzes" in der Kriegswirtschaft des Dritten Reiches, Berlin/Bonn 1985.
Hering, Sabine/Kurt Schilde (Hrsg.), Das BDM-Werk „Glaube und Schönheit". Die Organisation junger Frauen im Nationalsozialismus, Berlin 2000.
Herz, Rudolf (Hrsg.), Hoffmann & Hitler. Fotografie als Medium des Führer-Mythos, München 1994.
Herzog, Dagmar, Die Politisierung der Lust. Sexualität in der deutschen Geschichte des zwanzigsten Jahrhunderts, München 2005.
Hettler, Friedrich Hermann (Hrsg.), Die Münchner Oberbürgermeister. 200 Jahre gelebte Stadtgeschichte, München 2008.
Heusler, Andreas, Ausländereinsatz. Zwangsarbeit für die Münchner Kriegswirtschaft 1939–1945, München 1996.
Hildebrand, Hans H./Albert Röhr/Hans-Otto Steinmetz, Die deutschen Kriegsschiffe. Biographien. Ein Spiegel der Marinegeschichte von 1815 bis zur Gegenwart, Essen [1990].
Hildebrand, Klaus, Das vergangene Reich. Deutsche Außenpolitik von Bismarck bis Hitler, 1871–1945, Stuttgart 1995.
Hiller von Gaertringen, Hans Georg/Katrin Blum (Hrsg.), Das Auge des Dritten Reiches. Hitlers Kameramann und Fotograf Walter Frentz, München [u. a.] 2006.
Hillesheim, Jürgen/Elisabeth Michael, Lexikon nationalsozialistischer Dichter. Biographien, Analysen, Bibliographien, Würzburg 1993.
Hillgruber, Andreas, Hitler, König Carol und Marschall Antonescu. Die deutsch-rumänischen Beziehungen 1938–1944, Wiesbaden 1954.
Hillgruber, Andreas, Hitlers Strategie. Politik und Kriegführung 1940–1941, Frankfurt am Main 1965.
Hillgruber, Andreas (Hrsg.), Staatsmänner und Diplomaten bei Hitler. Vertrauliche Aufzeichnungen über Unterredungen mit Vertretern des Auslandes, Frankfurt am Main 1967.
Hirschfeld, Gerhard/Gerd Krumeich/Irina Renz (Hrsg.), Enzyklopädie Erster Weltkrieg, Paderborn u. a. 2003.
Hirschfeld, Gerhard/Patrick Marsh (Hrsg.), Kollaboration in Frankreich. Politik, Wirtschaft und Kultur während der nationalsozialistischen Besatzung 1940–1944, Frankfurt am Main 1991.
Hochstetter, Dorothee, Motorisierung und „Volksgemeinschaft". Das Nationalsozialistische Kraftfahrkorps (NSKK) 1931–1945, München 2005.
Hockerts, Hans Günter, Mythos, Kult und Feste. München im nationalsozialistischen „Feierjahr", in: Richard Bauer/Hans Günter Hockerts/Brigitte Schütz/Wolfgang Till/Walter Ziegler (Hrsg.), München – Hauptstadt der Bewegung. Bayerns Metropole und der Nationalsozialismus, Wolfratshausen 2002, S. 331–341.

Hofer, Walther, Die Entfesselung des Zweiten Weltkrieges. Eine Studie über die internationalen Beziehungen im Sommer 1939. Mit Dokumenten, Frankfurt am Main 1964.
Hölsken, Heinz Dieter, Die V-Waffen. Entstehung – Propaganda – Kriegseinsatz, Stuttgart 1984.
Hoppe, Hans-Joachim, Bulgarien. Hitlers eigenwilliger Verbündeter. Eine Fallstudie zur nationalsozialistischen Südosteuropapolitik, Stuttgart 1979.
Hubatsch, Walther, Hitlers Weisungen für die Kriegführung 1939–1945. Dokumente des Oberkommandos der Wehrmacht, Frankfurt am Main 1962.
Hubert, Peter, Uniformierter Reichstag. Die Geschichte der Pseudo-Volksvertretung 1933–1945, Düsseldorf 1992.
Hueck, Walter von (Hrsg.), Adelslexikon, 10 Bde., Limburg a.d. Lahn 1972–1999.
Hümmelchen, Gerhard, Generaloberst Ernst Udet, in: Gerd R. Ueberschär (Hrsg.), Hitlers militärische Elite. 68 Lebensläufe, Darmstadt 2011, S. 258–264.
Hürter, Johannes, Hitlers Heerführer. Die deutschen Oberbefehlshaber im Krieg gegen die Sowjetunion 1941/42, München 2006.
Hürter, Johannes, Die Wehrmacht vor Leningrad. Krieg und Besatzungspolitik der 18. Armee im Herbst und Winter 1941/42, in: Vierteljahrshefte für Zeitgeschichte 49 (2001), S. 377–440.
Hüttenberger, Peter, Tagebücher, in: Bernd-A. Rusinek/Volker Ackermann/Jörg Engelbrecht (Hrsg.), Einführung in die Interpretation historischer Quellen. Schwerpunkt: Neuzeit, Paderborn [u. a.] 1992, S. 27–43.

Ivanov, Miroslav, Der Henker von Prag. Das Attentat auf Heydrich, Berlin 1993.

Jäckel, Eberhard, Frankreich in Hitlers Europa. Die deutsche Frankreichpolitik im Zweiten Weltkrieg, Stuttgart 1966.
Jacobmeyer, Wolfgang, Vom Zwangsarbeiter zum heimatlosen Ausländer. Die Displaced Persons in Westdeutschland 1945–1951, Göttingen 1985.
Jahnke, Karl Heinz (Hrsg.), Jugend unter der NS-Diktatur 1933–1945. Eine Dokumentation, Rostock 2003.
Jansen, Christian/Arno Weckbecker, Der „Volksdeutsche Selbstschutz" in Polen 1939/40, München 1992.
Jelich, Franz-Josef (Hrsg.), Geschichte als Last und Chance. Festschrift für Bernd Faulenbach, Essen 2003.
Jürgens, Birgit, Zur Geschichte des BDM (Bund Deutscher Mädel) von 1923 bis 1939, Frankfurt am Main u. a. 1994.

Kaiser, Alexandra, Von Helden und Opfern. Eine Geschichte des Volkstrauertags, Frankfurt [u. a.] 2010.
Kallis, Aristotle A., Der Niedergang der Deutungsmacht. Nationalsozialistische Propaganda im Kriegsverlauf, in: Das Deutsche Reich und der Zweite Weltkrieg, Bd. 9/2: Die Deutsche Kriegsgesellschaft 1939 bis 1945. Zweiter Halbband: Ausbeutung, Deutungen, Ausgrenzung, München 2005, S. 203–250.
Kallis, Aristotle A., Nazi Propaganda and the Second World War, Basingstoke 2005.
Kamenetsky, Christa, Children's Literature in Hitler's Germany. The Cultural Policy of National Socialism, Athens/Ohio 1984.
Kamenetsky, Ihor, The Tragedy of Vinnytsia. Materials on Stalin's Policy of Extermination in Ukraine during the Great Purge, 1936–1938, New York 1989.
Kardorff, Ursula von, Berliner Aufzeichnungen. Aus den Jahren 1942 bis 1945, Frankfurt am Main 1970.
Kater, Michael H., The Reich Vocational Contest and Students of Higher Learning in Nazi Germany, in: Central European History 7 (1974), S. 225–261.
Kater, Michael H., Die mißbrauchte Muse. Musiker im Dritten Reich, München [u. a.] 1998.
Kater, Michael H., Hitler-Jugend, Darmstadt 2005.
Kaufmann, Günter, Das kommende Deutschland. Die Erziehung der Jugend im Reich Adolf Hitlers, Berlin 1940.
Keller, Sven, Volksgemeinschaft am Ende. Gesellschaft und Gewalt 1944/45, München 2013.
Kellerhoff, Sven Felix, Mythos Führerbunker. Hitlers letzter Unterschlupf, Berlin 2012.
Kershaw, Ian, Der Hitler-Mythos. Führerkult und Volksmeinung, München 2002.

Kershaw, Ian, Hitler. 1936–1945, Stuttgart 2000.
Kettenacker, Lothar, Nationalsozialistische Volkstumspolitik im Elsaß, Stuttgart 1973.
Kinz, Gabriele, Der Bund Deutscher Mädel. Ein Beitrag zur außerschulischen Mädchenerziehung im Nationalsozialismus, Frankfurt am Main 1990.
Kiriakopoulos, G. C., The Nazi Occupation of Crete 1941–1945, Westport, Conn. 1995.
Kivelitz, Christoph, Die Propagandaausstellung in europäischen Diktaturen. Konfrontation und Vergleich: Nationalsozialismus in Deutschland, Faschismus in Italien und die UdSSR der Stalinzeit, Bochum 1999.
Klaus, Martin, Mädchen im 3. Reich. Der Bund Deutscher Mädel, Köln 1998.
Klee, Ernst, Das Kulturlexikon zum Dritten Reich. Wer war was vor und nach 1945, Frankfurt am Main 2007.
Klee, Ernst, Das Personenlexikon zum Dritten Reich. Wer war was vor und nach 1945, Koblenz 2008.
Klee, Katja, Im „Luftschutzkeller des Reiches". Evakuierte in Bayern 1939–1953. Politik, soziale Lage, Erfahrungen, München 1999.
Klein, Peter/Andrej Angrick (Hrsg.), Die Einsatzgruppen in der besetzten Sowjetunion, 1941/42. Die Tätigkeits- und Lageberichte des Chefs der Sicherheitspolizei und des SD, Berlin 1997.
Kleßmann, Christoph, Die doppelte Staatsgründung. Deutsche Geschichte 1945–1955, Bonn 1991.
Klietmann, Kurt-Gerhard, Auszeichnungen des Deutschen Reiches 1936–1945. Eine Dokumentation ziviler und militärischer Verdienst- und Ehrenzeichen, Stuttgart 1996.
Klink, Ernst, Der Krieg gegen die Sowjetunion bis zur Jahreswende 1941/42. Die Operationsführung. Heer und Kriegsmarine, in: Das Deutsche Reich und der Zweite Weltkrieg, Bd. 4: Der Angriff auf die Sowjetunion, Stuttgart 1987, S. 451–652.
Klinkhammer, Lutz, Die Abteilung „Kunstschutz" der deutschen Militärverwaltung in Italien 1943–1945, in: Quellen und Forschungen aus italienischen Archiven und Bibliotheken 72 (1992), S. 483–549.
Klinkhammer, Lutz, Zwischen Bündnis und Besatzung. Das nationalsozialistische Deutschland und die Republik von Salò 1943–1945, Tübingen 1993.
Klinksiek, Dorothee, Die Frau im NS-Staat, München 1982.
Klönne, Arno, Gegen den Strom. Bericht über den Jugendwiderstand im Dritten Reich, Hannover 1957.
Klönne, Arno, Jungendprotest und Jugendopposition. Von der HJ-Erziehung zum Cliquenwesen in der Kriegszeit, in: Martin Broszat/Elke Fröhlich/Anton Grossmann (Hrsg.), Bayern in der NS-Zeit, Bd. 4: Herrschaft und Gesellschaft im Konflikt, Teil C, München/Wien 1981, S. 527–560.
Klönne, Irmgard, Kontinuitäten und Brüche: Weibliche Jugendbewegung und Bund Deutscher Mädel, in: Dagmar Reese (Hrsg.), Die BDM-Generation. Weibliche Jugendliche in Deutschland und Österreich im Nationalsozialismus, Berlin 2007, S. 41–85.
Kluke, Paul, Nationalsozialistische Europaideologie, in: Vierteljahrshefte für Zeitgeschichte 3 (1955), S. 240–275.
Knab, Jakob, Generaloberst Dietl, in: Gerd R. Ueberschär (Hrsg.), Hitlers militärische Elite. 68 Lebensläufe, Darmstadt 2011, S. 28–36.
Knox, MacGregor, Mussolini Unleashed. 1939–1941. Politics and Strategy in Fascist Italy's Last War, Cambridge u. a. 1982.
Koch, Hans Jürgen/Hermann Glaser, Ganz Ohr. Eine Kulturgeschichte des Radios in Deutschland, Köln [u. a.] 2005.
Koch, Hans-Jörg, Das Wunschkonzert im NS-Rundfunk, Köln [u. a.] 2003.
Kock, Gerhard, „Der Führer sorgt für unsere Kinder…". Die Kinderlandverschickung im Zweiten Weltkrieg, Paderborn u. a. 1997.
Kock, Lisa, „Man war bestätigt und man konnte was!". Der Bund Deutscher Mädel im Spiegel der Erinnerungen ehemaliger Mädelführerinnen, Münster [u. a.] 1994.
Koenig, Douglas von/Jeffrey von Koenig/Edward von Koenig/Curtis von Koenig, Discovery of the Manuscript. In Search for a Translator. Translators, in: Wolfhilde's Hitler Youth Diary 1939–1946, Bloomington, IN 2013, S. 1–11.
Kompisch, Kathrin, Täterinnen. Frauen im Nationalsozialismus, Köln 2008.
König, Emanuel von, Prelude Years 1927–1938, in: Wolfhilde's Hitler Youth Diary 1939–1946, Bloomington, IN 2013, S. 25–39.
König, Emanuel von, Supplement to the Diary, in: Wolfhilde's Hitler Youth Diary 1939–1946, Bloomington, IN 2013, S. 283–296.

König, Wolfhilde von, Die Calcaneusfraktur. Nachuntersuchung von Fällen mit Calcaneusfrakturen der Jahre 1942–1949, Univ.-Diss. Ludwig-Maximilians-Universität München, München 1950.
König, Wolfhilde von, Ostereierverse, in: Bayerisches Jahrbuch für Volkskunde (1961), S. 81–89.
König, Wolfhilde von, Das Ei im Weihnachtsfestkreis, in: Bayerisches Jahrbuch für Volkskunde (1976/77), S. 134–145.
König, Wolfhilde von, Gelegenheitskarten, in: Pieske, Christa (Hrsg.), Das ABC des Luxuspapiers, Berlin 1983, S. 130 f.
König, Wolfhilde von, Mikado-Papier, in: Pieske, Christa (Hrsg.), Das ABC des Luxuspapiers, Berlin 1983, S. 299.
König, Wolfhilde von, Papp-Ostereier, in: Pieske, Christa (Hrsg.), Das ABC des Luxuspapiers, Berlin 1983, S. 210–212.
König, Wolfhilde von, Papp- und andere Ostereier, in: Sammler-Journal 13 (1984), S. 420–425.
König, Wolfhilde von, Wolfhilde's Hitler Youth Diary 1939–1946, Bloomington, IN 2013.
Koreen, Maegie, Claire Waldoff. Die Königin des Humors. Eine Biografie, Gelsenkirchen 2014.
Köstering, Susanne, „Pioniere der Rohstoffbeschaffung". Lumpensammler im Nationalsozialismus, 1934–1939, in: WerkstattGeschichte 17 (1997), S. 45–65.
Köstering, Susanne, „Millionen im Müll"? Altmaterialverwertung nach dem Vierjahresplan, in: Susanne Köstering (Hrsg.), Müll von gestern? Eine umweltgeschichtliche Erkundung in Berlin und Brandenburg, Münster u. a. 2003.
Kramer, Nicole, Volksgenossinnen an der Heimatfront. Mobilisierung, Verhalten, Erinnerung, Göttingen 2011.
Kramer, Nicole, Haushalt, Betrieb, Ehrenamt. Zu den verschiedenen Dimensionen der Frauenarbeit im Dritten Reich, in: Marc Buggeln/Michael Wildt (Hrsg.), Arbeit im Nationalsozialismus, München 2014, S. 33–51.
Kraus, Elisabeth (Hrsg.), Die Universität München im Dritten Reich. Aufsätze, München 2006.
Krause, Andreas, Scapa Flow. Die Selbstversenkung der Wilhelminischen Flotte, Berlin 1999.
Krause, Michael, Flucht vor dem Bombenkrieg. „Umquartierungen" im Zweiten Weltkrieg und die Wiedereingliederung der Evakuierten in Deutschland 1943–1963, Düsseldorf 1997.
Krauss, Marita, „Hurra, wir leben noch!". Vergnügen und Feiern zwischen den Ruinen, in: Friedrich Prinz/Marita Krauss (Hrsg.), Trümmerleben. Texte, Dokumente, Bilder aus den Münchner Nachkriegsjahren, München 1985, S. 193–215.
Krauss, Marita (Hrsg.), Rechte Karrieren in München. Von der Weimarer Zeit bis in die Nachkriegsjahre, München 2010.
Krecker, Lothar, Deutschland und die Türkei im Zweiten Weltkrieg, Frankfurt am Main 1964.
Kreiner, Josef (Hrsg.), Deutschland – Japan. Historische Kontakte, Bonn 1984.
Kreiner, Josef (Hrsg.), Deutschland – Japan in der Zwischenkriegszeit, Bonn 1990.
Kroener, Bernhard R., Der „erfrorene" Blitzkrieg. Strategische Planungen der deutschen Führung gegen die Sowjetunion und die Ursachen ihres Scheiterns, in: Bernd Wegner (Hrsg.), Zwei Wege nach Moskau. Vom Hitler-Stalin-Pakt bis zum „Unternehmen Barbarossa", München u. a. 1991.
Kroener, Bernhard R., „Nun Volk, steh auf...!". Stalingrad und der totale Krieg 1942–1943, in: Jürgen Förster (Hrsg.), Stalingrad. Ereignis – Wirkung – Symbol, München 1993, S. 151–170.
Kroll, Frank-Lothar, Utopie als Ideologie. Geschichtsdenken und politisches Handeln im Dritten Reich, Paderborn 1999.
Krzoska, Markus, Der „Bromberger Blutsonntag" 1939. Kontroversen und Forschungsergebnisse, in: Vierteljahrshefte für Zeitgeschichte 60 (2012), S. 237–248.
Kube, Alfred, Pour le mérite und Hakenkreuz – Hermann Göring im Dritten Reich, München 1986.
Kuby, Erich, Als Polen deutsch war. 1939–1945, Ismaning bei München 1986.
Kuhlmann, Jan, Subhas Chandra Bose und die Indienpolitik der Achsenmächte, Berlin 2003.
Kuhn, Axel, Das nationalsozialistische Deutschland und die Sowjetunion, in: Manfred Funke (Hrsg.), Hitler, Deutschland und die Mächte. Materialien zur Außenpolitik des Dritten Reiches, Düsseldorf 1976, S. 639–653.
Kühne, Thomas, Kameradschaft. Die Soldaten des nationalsozialistischen Krieges und das 20. Jahrhundert, Göttingen 2006.
Kundrus, Birthe, Kriegerfrauen. Familienpolitik und Geschlechterverhältnisse im Ersten und Zweiten Weltkrieg, Hamburg 1995.
Kunz, Andreas, Wehrmacht und Niederlage. Die bewaffnete Macht in der Endphase der nationalsozialistischen Herrschaft 1944 bis 1945, München 2005.

Küpper, René, Karl Hermann Frank (1898–1946). Politische Biographie eines sudetendeutschen Nationalsozialisten, München 2010.
Kuromiya, Hiroaki, The Voices of the Dead. Stalin's Great Terror in the 1930s, New Haven [u. a.] 2007.

Lakowski, Richard, Der Zusammenbruch der deutschen Verteidigung zwischen Ostsee und Karpaten, in: Das Deutsche Reich und der Zweite Weltkrieg, Bd. 10/1: Der Zusammenbruch des Deutschen Reiches. Die militärische Niederwerfung der Wehrmacht, München 2008, S. 491–679.
Landy, Marcia, Fascism in Film. The Italian Commercial Cinema, 1931–1943, Princeton, N.J. 1986.
Lanzinner, Maximilian (Hrsg.), Landesgeschichte und Zeitgeschichte. Forschungsperspektiven zur Geschichte Bayerns nach 1945, Augsburg 1997.
Lees, Lorraine M., Yugoslav-Americans and National Security during World War II, Urbana 2007.
Lehnstaedt, Stephan, Das Reichsinnenministerium unter Heinrich Himmler 1943–1945, in: Vierteljahrshefte für Zeitgeschichte 54 (2006), S. 639–672.
Leimgruber, Florian (Hrsg.), Luis Trenker, Regisseur und Schriftsteller. Die Personalakte Trenker im Berlin Document Center, Bozen 1994.
Leonhard, Jörn, Die Büchse der Pandora. Geschichte des Ersten Weltkriegs, München 2014.
Levsen, Sonja, „Heilig wird uns Euer Vermächtnis sein!". Tübinger und Cambridger Studenten gedenken ihrer Toten des Ersten Weltkrieges, in: Horst Carl (Hrsg.), Kriegsniederlagen. Erfahrungen und Erinnerungen, Berlin 2004, S. 145–162.
Levsen, Sonja, Elite, Männlichkeit und Krieg. Tübinger und Cambridger Studenten 1900–1929, Göttingen 2006.
Lieb, Peter, Erwin Rommel. Widerstandskämpfer oder Nationalsozialist?, in: Vierteljahrshefte für Zeitgeschichte 61 (2013), S. 303–343.
Lieb, Peter, Unternehmen Overlord. Die Landung in der Normandie und die Befreiung Westeuropas, Bonn 2014.
Liedtke, Max (Hrsg.), Handbuch der Geschichte des Bayerischen Bildungswesens, Bd. 3: Von 1918 bis 1990, Bad Heilbrunn 1997.
Liedtke, Max (Hrsg.), Handbuch der Geschichte des Bayerischen Bildungswesens, Bd. 4: Epochenübergreifende Spezialuntersuchungen, Bad Heilbrunn 1997.
Lill, Rudolf (Hrsg.), Die Option der Südtiroler 1939. Beiträge eines Neustifter Symposions, Bozen 1991.
Lilla, Joachim (Hrsg.), Statisten in Uniform. Die Mitglieder des Reichstages 1933–1945. Ein biographisches Handbuch. Unter Einbeziehung der völkischen und nationalsozialistischen Reichstagsabgeordneten ab Mai 1924, Düsseldorf 2004.
Lins, Marko Naoki, Persönliche Begegnungen zwischen Hitler und Mussolini zwischen 1934–1944. Inhalt, Funktion und historische Bedeutung, ungedr. Univ.-Magisterarbeit, Universität zu Köln, Köln 2000.
Loewy, Ernst (Hrsg.), Literatur unterm Hakenkreuz. Das Dritte Reich und seine Dichtung. Eine Dokumentation, Frankfurt am Main 1966.
Longerich, Peter, Joseph Goebbels und der Totale Krieg. Eine unbekannte Denkschrift des Propagandaministers vom 18. Juli 1944, in: Vierteljahrshefte für Zeitgeschichte 35 (1987), S. 289–314.
Longerich, Peter, Politik der Vernichtung. Eine Gesamtdarstellung der nationalsozialistischen Judenverfolgung, München 1998.
Longerich, Peter, „Davon haben wir nichts gewusst!". Die Deutschen und die Judenverfolgung 1933–1945, Bonn 2006.
Löw, Andrea, Juden im Getto Litzmannstadt. Lebensbedingungen, Selbstwahrnehmung, Verhalten, Göttingen 2006.
Lüdicke, Lars, Constantin von Neurath. Eine politische Biographie, Paderborn 2014.
Luftschutz in der Hitler-Jugend. Anweisung für HJ, DJ, BDM, JM, BDM-Werk „Glaube und Schönheit", hrsg. von der Reichsjugendführung, Berlin 1942.
Luther, Rudolf, Blau oder braun? Der Volksbund für das Deutschtum im Ausland (VDA) im NS-Staat 1933–1937, Neumünster 1999.

Madajczyk, Czeslaw, Die Okkupationspolitik Nazideutschlands in Polen 1939–1945, Köln 1988.
Maier, Klaus A., Guernica, 26. 4. 1937. Die deutsche Intervention in Spanien und der „Fall Guernica", Freiburg 1975.

Maier, Klaus A., Die Luftschlacht über England, in: Wolfgang Michalka (Hrsg.), Der Zweite Weltkrieg. Analysen Grundzüge Forschungsbilanz, München 1990, S. 513–522.

Manoschek, Walter, Kragujevac 1941, in: Gerd R. Ueberschär (Hrsg.), Orte des Grauens. Verbrechen im Zweiten Weltkrieg, Darmstadt 2003, S. 114–125.

Marszolek, Inge, „Ich möchte Dich zu gern mal in Uniform sehen". Geschlechterkonstruktionen in Feldpostbriefen, in: Ulrike Jureit (Hrsg.), Feldpostbriefe, Hamburg 1999, S. 41–59.

Martin, Bernd, Die deutsch-japanischen Beziehungen während des Dritten Reiches, in: Manfred Funke (Hrsg.), Hitler, Deutschland und die Mächte. Materialien zur Außenpolitik des Dritten Reiches, Düsseldorf 1976, S. 454–470.

Martin, Bernd, Das deutsch-japanische Bündnis im Zweiten Weltkrieg, in: Josef Kreiner (Hrsg.), Deutschland – Japan in der Zwischenkriegszeit, Bonn 1990, S. 199–221.

Maschmann, Melita, Fazit. Kein Rechtfertigungsversuch, Stuttgart 1963.

Maubach, Franka, Helferinnen im „totalen Krieg". Zur Erfahrungsgeschichte von Frauen im Kriegsdienst, in: Sybille Steinbacher (Hrsg.), Volksgenossinnen. Frauen in der NS-Volksgemeinschaft, Göttingen 2007, S. 93–111.

Maubach, Franka, Die Stellung halten. Kriegserfahrungen und Lebensgeschichten von Wehrmachthelferinnen, Göttingen 2009.

May, Otto, Inszenierung der Verführung. Die Ansichtskarte als Zeuge einer autoritären Erziehung im III. Reich, Hildesheim 2003.

Mazower, Mark, Hitlers Imperium. Europa unter der Herrschaft des Nationalsozialismus, München 2009.

Messerschmidt, Manfred, Außenpolitik und Kriegsvorbereitung, in: Das Deutsche Reich und der Zweite Weltkrieg, Bd. 1: Ursachen und Voraussetzungen der deutschen Kriegspolitik, Stuttgart 1979, S. 641–850.

Meyer, Hermann Frank, Blutiges Edelweiß. Die 1. Gebirgs-Division im Zweiten Weltkrieg, Berlin 2008.

Michalka, Wolfgang, Ribbentrop und die deutsche Weltpolitik 1933–1940. Außenpolitische Konzeptionen und Entscheidungsprozesse im Dritten Reich, München 1980.

Michalka, Wolfgang (Hrsg.), Der Zweite Weltkrieg. Analysen Grundzüge Forschungsbilanz, München 1990.

Middlebrook, Martin, The Berlin Raids. R.A.F. Bomber Command Winter 1943–44, New York, NY 1988.

Miller, Marshall L., Bulgaria during the second world war, Stanford, Calif. 1975.

Miller-Kipp, Gisela (Hrsg.), „Auch Du gehörst dem Führer". Die Geschichte des Bundes Deutscher Mädel (BDM) in Quellen und Dokumenten, Weinheim/München 2002.

Miller-Kipp, Gisela, „Der Führer braucht mich". Der Bund Deutscher Mädel (BDM). Lebenserinnerungen und Erinnerungsdiskurs, Weinheim/München 2007.

Mitcham, Samuel W./Gene Mueller, Generalfeldmarschall Walther von Brauchitsch, in: Gerd R. Ueberschär (Hrsg.), Hitlers militärische Elite. 68 Lebensläufe, Darmstadt 2011, S. 45–52.

Möding, Nori, Kriegsfolgen. Kriegserfahrungen von Frauen und ihre Verarbeitung, in: Ulrich Borsdorf/Mathilde Jamin (Hrsg.), ÜberLeben im Krieg. Kriegserfahrungen in einer Industrieregion 1939–1945, Reinbek bei Hamburg 1989, S. 50–61.

Möding, Nori/Alexander von Plato, Siegernadeln. Jugendkarrieren in BDM und HJ, in: Willi Bucher (Hrsg.), Schock und Schöpfung. Jugendästhetik im 20. Jahrhundert, Darmstadt u. a. 1986, S. 292–301.

Moll, Martin, Steuerungsinstrument im „Ämterchaos"? Die Tagungen der Reichs- und Gauleiter der NSDAP, in: Vierteljahrshefte für Zeitgeschichte 49 (2001), S. 215–273.

Möller, Albrecht, Wir werden das Volk. Wesen und Forderung der Hitlerjugend, Breslau 1935.

Moltmann, Günter, Goebbels' Rede zum totalen Krieg am 18. Februar 1943, in: Vierteljahrshefte für Zeitgeschichte 12 (1964), S. 13–45.

Mommsen, Hans, Die Rückkehr zu den Ursprüngen. Betrachtungen zur inneren Auflösung des Dritten Reiches nach der Niederlage von Stalingrad, in: Hans Mommsen (Hrsg.), Von Weimar nach Auschwitz. Zur Geschichte Deutschlands in der Weltkriegsepoche. Ausgewählte Aufsätze, Stuttgart 1999, S. 309–324.

Mommsen, Hans (Hrsg.), Von Weimar nach Auschwitz. Zur Geschichte Deutschlands in der Weltkriegsepoche. Ausgewählte Aufsätze, Stuttgart 1999.

Mörchen, Stefan, Schwarzer Markt. Kriminalität, Ordnung und Moral in Bremen 1939–1949, Frankfurt am Main 2011.

Morgan, Dagmar G., Weiblicher Arbeitsdienst in Deutschland, Darmstadt 1978.
Moseley, Ray, Zwischen Hitler und Mussolini. Das Doppelleben des Grafen Ciano, Berlin 1998.
Mueller, Gene, Generalfeldmarschall Erwin von Witzleben, in: Gerd R. Ueberschär (Hrsg.), Hitlers militärische Elite. 68 Lebensläufe, Darmstadt 2011, S. 265–271.
Müller, Jan-Dirk, Das Nibelungenlied, Berlin 2009.
Müller, Klaus-Jürgen, Der britisch-kanadische Landungsversuch bei Dieppe 1942, in: Wehrwissenschaftliche Rundschau 13 (1963), S. 108–111.
Müller, Rolf-Dieter, Von der Wirtschaftsallianz zum kolonialen Ausbeutungskrieg, in: Das Deutsche Reich und der Zweite Weltkrieg, Bd. 4: Der Angriff auf die Sowjetunion, Stuttgart 1987, S. 98–189.
Müller, Rolf-Dieter, Albert Speer und die Rüstungspolitik im totalen Krieg, in: Das Deutsche Reich und der Zweite Weltkrieg, Bd. 5: Organisation und Mobilisierung des deutschen Machtbereichs. Halbband 2: Kriegsverwaltung, Wirtschaft und personelle Ressourcen 1942–1944/45, Stuttgart 1999, S. 273–773.
Müller, Rolf-Dieter, Der Bombenkrieg 1939–1945, Berlin 2004.
Müller, Rolf-Dieter, Der Zweite Weltkrieg 1933–1945, Stuttgart 2004.
Müller, Rolf-Dieter, An der Seite der Wehrmacht. Hitlers ausländische Helfer beim „Kreuzzug gegen den Bolschewismus" 1941–1945, Berlin 2007.
Müller, Rolf-Dieter/Nicole Schönherr/Thomas Widera (Hrsg.), Die Zerstörung Dresdens, 13. bis 15. Februar 1945. Gutachten und Ergebnisse der Dresdner Historikerkommission zur Ermittlung der Opferzahlen, Göttingen 2010.
Müller, Sven Oliver, Richard Wagner und die Deutschen, München 2013.
Müller, Winfried, Die Universitäten München, Erlangen und Würzburg nach 1945. Zur Hochschulpolitik in der amerikanischen Besatzungszone, in: Maximilian Lanzinner (Hrsg.), Landesgeschichte und Zeitgeschichte. Forschungsperspektiven zur Geschichte Bayerns nach 1945, Augsburg 1997, S. 53–87.
Münkler, Herfried, Der Große Krieg. Die Welt 1914 bis 1918, Berlin 2013.
Musiał, Bogdan, Deutsche Zivilverwaltung und Judenverfolgung im Generalgouvernement. Eine Fallstudie zum Distrikt Lublin 1939–1944, Wiesbaden 1999.

Nationalsozialistisches Jahrbuch, hrsg. unter Mitwirkung der Reichsleitung der NSDAP, München 1939, 1941–1943.
Nebelin, Manfred, Deutsche Ungarnpolitik. 1939–1941, Opladen 1989.
Nerdinger, Winfried (Hrsg.), München und der Nationalsozialismus. Katalog des NS-Dokumentationszentrums München, München 2015.
Nicolaisen, Hans-Dietrich, Der Einsatz der Luftwaffen- und Marinehelfer im 2. Weltkrieg. Darstellung und Dokumentation, Büsum 1981.
Niedhart, Gottfried (Hrsg.), Lieder in Politik und Alltag des Nationalsozialismus, Frankfurt am Main 1999.
Niethammer, Lutz, Die Mitläuferfabrik. Die Entnazifizierung am Beispiel Bayerns, Berlin u. a. 1982.
Niethammer, Lutz, Fragen – Antworten – Fragen. Methodische Erfahrungen und Erwägungen der Oral History, in: Lutz Niethammer/Alexander v. Plato (Hrsg.), Wir kriegen jetzt andere Zeiten. Auf der Suche nach der Erfahrung des Volkes in nachfaschistischen Ländern, Berlin u. a. 1985, S. 392–445.
Niethammer, Lutz/Alexander v. Plato (Hrsg.), Wir kriegen jetzt andere Zeiten. Auf der Suche nach der Erfahrung des Volkes in nachfaschistischen Ländern, Berlin u. a. 1985.
Nitschke, Bernadetta, Vertreibung und Aussiedlung der deutschen Bevölkerung aus Polen 1945 bis 1949, München 2003.
Nolzen, Armin, „Sozialismus der Tat"? Die Nationalsozialistische Volkswohlfahrt (NSV) und der alliierte Luftkrieg gegen das Deutsche Reich, in: Dietmar Süß (Hrsg.), Deutschland im Luftkrieg. Geschichte und Erinnerung, München 2007, S. 57–69.
Nolzen, Armin, Inklusion und Exklusion im Dritten Reich: Das Beispiel der NSDAP, in: Frank Bajohr/Michael Wildt (Hrsg.), Volksgemeinschaft. Neue Forschungen zur Gesellschaft des Nationalsozialismus, Frankfurt am Main 2009, S. 60–77.

Oelrich, Harald, Sportgeltung – Weltgeltung. Sport im Spannungsfeld der deutsch-italienischen Außenpolitik, Berlin u. a. 2004.
Offermanns, Alexandra, Die wußten, was uns gefällt. Ästhetische Manipulation und Verführung im Nationalsozialismus, illustriert am BDM-Werk „Glaube und Schönheit", Münster 2004.

Olshausen, Klaus, Die deutsche Balkanpolitik 1940-1941, in: Manfred Funke (Hrsg.), Hitler, Deutschland und die Mächte. Materialien zur Außenpolitik des Dritten Reiches, Düsseldorf 1976, S. 707-727.
O'Sullivan, Donal, Stalins „Cordon sanitaire". Die sowjetische Osteuropapolitik und die Reaktionen des Westens 1939-1949, Paderborn u. a. 2003.
Otto, Hans-Uwe (Hrsg.), Soziale Arbeit und Faschismus, Frankfurt am Main 1989.
Otto, Hans-Uwe (Hrsg.), Politische Formierung und soziale Erziehung im Nationalsozialismus, Frankfurt am Main 1991.
Otto, Reinhard, Wehrmacht, Gestapo und sowjetische Kriegsgefangene im deutschen Reichsgebiet 1941/42, München 1998.
Overmans, Rüdiger, Deutsche militärische Verluste im Zweiten Weltkrieg, München 1999.
Overmans, Rüdiger, Die Kriegsgefangenenpolitik des Deutschen Reiches 1939-1945, in: Das Deutsche Reich und der Zweite Weltkrieg, Bd. 9/2: Die Deutsche Kriegsgesellschaft 1939 bis 1945. Zweiter Halbband: Ausbeutung, Deutungen, Ausgrenzung, München 2005, S. 729-867.
Overy, Richard J., Die Wurzeln des Sieges. Warum die Alliierten den Zweiten Weltkrieg gewannen, Reinbek bei Hamburg 2003.

Pantzer, Peter, Deutschland und Japan vom Ersten Weltkrieg bis zum Austritt aus dem Völkerbund (1914-1933), in: Josef Kreiner (Hrsg.), Deutschland – Japan. Historische Kontakte, Bonn 1984, S. 141-160.
Patel, Kiran Klaus, „Soldaten der Arbeit". Arbeitsdienste in Deutschland und den USA 1933-1945, Göttingen 2003.
Pätzold, Kurt, Ihr waret die besten Soldaten. Ursprung und Geschichte einer Legende, Leipzig 2000.
Paul, Gerhard (Hrsg.), Die Täter der Shoah. Fanatische Nationalsozialisten oder ganz normale Deutsche?, Göttingen 2002.
Paul, Gerhard, Von Psychopathen, Technokraten des Terrors und „ganz gewöhnlichen" Deutschen. Die Täter der Shoah im Spiegel der Forschung, in: Gerhard Paul (Hrsg.), Die Täter der Shoah. Fanatische Nationalsozialisten oder ganz normale Deutsche?, Göttingen 2002, S. 13-90.
Paulus, Stefan, Vorbild USA? Amerikanisierung von Universität und Wissenschaft in Westdeutschland 1945-1976, München 2010.
Permooser, Irmtraud, Der Luftkrieg über München. 1942-1945. Bomben auf die Hauptstadt der Bewegung, Oberhaching 1997.
Petersen, Jens, Deutschland, Italien und Südtirol 1938-1940, in: Klaus Eisterer (Hrsg.), Die Option. Südtirol zwischen Faschismus und Nationalsozialismus, Innsbruck 1989, S. 127-150.
Petersen, Jens, Die Stunde der Entscheidung. Das faschistische Italien zwischen Mittelmeerimperium und neutralistischem Niedergang, in: Helmut Altrichter/Josef Becker (Hrsg.), Kriegsausbruch 1939. Beteiligte, Betroffene, Neutrale, München 1989, S. 131-152.
Petzold, Joachim, Franz von Papen. Ein deutsches Verhängnis, München [u. a.] 1995.
Peukert, Detlev J. K. (Hrsg.), Die Edelweißpiraten. Protestbewegungen jugendlicher Arbeiter im Dritten Reich. Eine Dokumentation, Köln 1983.
Pieske, Christa (Hrsg.), Das ABC des Luxuspapiers, Berlin 1983.
Pietrow-Ennker, Bianka (Hrsg.), Präventivkrieg? Der deutsche Angriff auf die Sowjetunion, Frankfurt am Main 2011.
Pohl, Dieter, Nationalsozialistische Judenverfolgung in Ostgalizien 1941-1944. Organisation und Durchführung eines staatlichen Massenverbrechens, München 1996.
Pohl, Dieter, Die Einsatzgruppe C 1941/42, in: Peter Klein/Andrej Angrick (Hrsg.), Die Einsatzgruppen in der besetzten Sowjetunion, 1941/42. Die Tätigkeits- und Lageberichte des Chefs der Sicherheitspolizei und des SD, Berlin 1997, S. 71-87.
Preston, Paul, Franco and Hitler: The Myth of Hendaye 1940, in: Contemporary European History 1 (1992), S. 1-16.
Priemel, Kim Christian/Alexa Stiller (Hrsg.), NMT. Die Nürnberger Militärtribunale zwischen Geschichte, Gerechtigkeit und Rechtschöpfung, Hamburg 2013.
Prinz, Friedrich/Marita Krauss (Hrsg.), Trümmerleben. Texte, Dokumente, Bilder aus den Münchner Nachkriegsjahren, München 1985.
Der Prozeß gegen die Hauptkriegsverbrecher vor dem Internationalen Militärgerichtshof Nürnberg, 14. November 1945 bis 1. Oktober 1946 (Blaue Serie. Amtlicher Text in deutscher Sprache), Nürnberg 1947-1949.

Przyrembel, Alexandra/Jörg Schönert (Hrsg.), „Jud Süß". Hofjude, literarische Figur, antisemitisches Zerrbild, Frankfurt am Main 2006.

Rahn, Werner, Japan und der Krieg in Europa, in: Das Deutsche Reich und der Zweite Weltkrieg, Bd. 6: Der globale Krieg. Die Ausweitung zum Weltkrieg und der Wechsel der Initiative 1941–1943, Stuttgart 1990, S. 142–170.

Rahn, Werner, Der Krieg im Pazifik, in: Das Deutsche Reich und der Zweite Weltkrieg, Bd. 6: Der globale Krieg. Die Ausweitung zum Weltkrieg und der Wechsel der Initiative 1941–1943, Stuttgart 1990, S. 173–271.

Rahn, Werner, Der Seekrieg im Atlantik und im Nordmeer, in: Das Deutsche Reich und der Zweite Weltkrieg, Bd. 6: Der globale Krieg. Die Ausweitung zum Weltkrieg und der Wechsel der Initiative 1941–1943, Stuttgart 1990, S. 275–425.

Raim, Edith, Justiz zwischen Diktatur und Demokratie. Wiederaufbau und Ahndung von NS-Verbrechen in Westdeutschland 1945–1949, München 2013.

Raithel, Thomas, Die Strafanstalt Landsberg am Lech und der Spöttinger Friedhof (1944–1958). Eine Dokumentation im Auftrag des Instituts für Zeitgeschichte München – Berlin, München 2009.

Ratenhof, Gabriele, Das Deutsche Reich, Japan und die internationale Krise um die Mandschurei 1931–1933, in: Josef Kreiner (Hrsg.), Deutschland – Japan in der Zwischenkriegszeit, Bonn 1990, S. 105–127.

Rauchensteiner, Manfried, Der Krieg in Österreich 1945, Wien 1984.

Rebentisch, Dieter, Führerstaat und Verwaltung im Zweiten Weltkrieg. Verfassungsentwicklung und Verwaltungspolitik 1939–1945, Stuttgart 1989.

Reeder, Rosalyn, After Years 1953–2009, in: Wolfhilde's Hitler Youth Diary 1939–1946, Bloomington, IN 2013, S. 303–305.

Reeder, Rosalyn, Postlude Years 1947–1952, in: Wolfhilde's Hitler Youth Diary 1939–1946, Bloomington, IN 2013, S. 296–302.

Reese, Dagmar, Straff, aber nicht stramm – herb, aber nicht derb. Zur Vergesellschaftung von Mädchen durch den Bund Deutscher Mädel im sozialkulturellen Vergleich zweier Milieus, Weinheim u. a. 1989.

Reese, Dagmar, Emanzipation oder Vergesellschaftung: „Mädchen im Bund Deutscher Mädel", in: Hans-Uwe Otto (Hrsg.), Politische Formierung und soziale Erziehung im Nationalsozialismus, Frankfurt a. M. 1991, S. 203–225.

Reese, Dagmar (Hrsg.), Die BDM-Generation. Weibliche Jugendliche in Deutschland und Österreich im Nationalsozialismus, Berlin 2007.

Reese, Dagmar, Kamerad unter Kameraden. Weiblichkeitskonstruktionen im Bund Deutscher Mädel während des Krieges, in: Dagmar Reese (Hrsg.), Die BDM-Generation. Weibliche Jugendliche in Deutschland und Österreich im Nationalsozialismus, Berlin 2007, S. 215–253.

Reese, Dagmar, Warum Mädchen nicht nur gewandert sind. Der „Bund Deutscher Mädel", in: GWU 60 (2009), S. 268–281.

Reese, Dagmar, Zum Stellenwert der Freiwilligkeit. Hitler-Jugend und NSDAP-Mitgliedschaft, in: Mittelweg 36 19 (2010), S. 63–83.

Reese, Hartmut (Hrsg.), Jugendfilm im Nationalsozialismus. Dokumentation u. Kommentar, Münster 1984.

Reese-Nübel, Dagmar, Kontinuitäten und Brüche in den Weiblichkeitskonstruktionen im Übergang von der Weimarer Republik zum Nationalsozialismus, in: Hans-Uwe Otto (Hrsg.), Soziale Arbeit und Faschismus, Frankfurt am Main 1989, S. 109–129.

Reichel, Peter, Der schöne Schein des Dritten Reiches. Faszination und Gewalt des Faschismus, München u. a. 1991.

Reichel, Peter, Vergangenheitsbewältigung in Deutschland. Die Auseinandersetzung mit der NS-Diktatur von 1945 bis heute, München 2001.

Renz, Ulrich, Georg Elser. Ein Meister der Tat, Leinfelden-Echterdingen 2009.

Retterath, Hans-Werner, Von „deutscher Treue" bis zu „deutscher Weltgeltung". Zur Symbolik der auslanddeutschen Kulturarbeit in der Zwischenkriegszeit anhand der Institutsabzeichen, in: Rolf Wilhelm Brednich/Hans Schmitt (Hrsg.), Symbole. Zur Bedeutung der Zeichen in der Kultur. 30. Deutscher Volkskundekongreß in Karlsruhe vom 25. bis 29. September 1995, Münster/München 1997, S. 408–421.

Retzlaff, Birgit/Jörg-Johannes Lechner, Bund Deutscher Mädel in der Hitlerjugend. Fakultative Eintrittsgründe von Mädchen und jungen Frauen in den BDM, Hamburg 2008.

Reulecke, Jürgen, „Baldurs Kinderfest" oder: Die Gründung des Europäischen Jugendverbandes in Wien am 14. 9. 1942, in: Franz-Josef Jelich (Hrsg.), Geschichte als Last und Chance. Festschrift für Bernd Faulenbach, Essen 2003, S. 315–324.

Ribbentrop, Joachim von, Die alleinige Kriegsschuld Englands. Rede, gehalten in Danzig am 24. Oktober 1939, Berlin 1939.

Richardi, Hans-Günter, Bomber über München. Der Luftkrieg von 1939 bis 1945, dargestellt am Beispiel der „Hauptstadt der Bewegung", München 1992.

Rohde, Horst, Hitlers erster „Blitzkrieg" und seine Auswirkungen auf Nordosteuropa, in: Das Deutsche Reich und der Zweite Weltkrieg, Bd. 2: Die Errichtung der Hegemonie auf dem europäischen Kontinent, Stuttgart 1979, S. 79–156.

Rohrbach, Justus, Im Schatten des Hungers. Dokumentarisches zur Ernährungspolitik und Ernährungswissenschaft in den Jahren 1945–1949, Hamburg 1955.

Rohwer, Jürgen/Eberhard Jäckel (Hrsg.), Kriegswende Dezember 1941. Referate und Diskussionsbeiträge des Internationalen Historischen Symposiums in Stuttgart vom 17. bis 19. September 1981, Koblenz 1984.

Ronge, Tobias, Das Bild des Herrschers in Malerei und Grafik des Nationalsozialismus. Eine Untersuchung zur Ikonografie von Führer- und Funktionärsbildern im Dritten Reich, Berlin 2010.

Roschke, Carsten, Der umworbene „Urfeind". Polen in der nationalsozialistischen Propaganda 1934–1939, Marburg 2000.

Rosenbaum, Heidi, „Und trotzdem war's 'ne schöne Zeit". Kinderalltag im Nationalsozialismus, Frankfurt am Main [u. a.] 2014.

Rosenfeld, Günter, Das Zustandekommen und die Auswirkungen des Hitler-Stalin-Paktes, in: Roland G. Foerster (Hrsg.), „Unternehmen Barbarossa". Zum historischen Ort der deutsch-sowjetischen Beziehungen von 1933 bis Herbst 1941, München 1993, S. 35–53.

Rosenthal, Gabriele (Hrsg.), Die Hitlerjugend-Generation. Biographische Thematisierung als Vergangenheitsbewältigung, Essen 1986.

Rosenthal, Gabriele, „… wenn alles in Scherben fällt …". Von Leben und Sinnwelt der Kriegsgeneration. Typen biographischer Wandlungen, Opladen 1987.

Rössler, Beate, Der Wert des Privaten, Frankfurt am Main 2002.

Roth, Markus/Andrea Löw, Das Warschauer Getto. Alltag und Widerstand im Angesicht der Vernichtung, München 2013.

Ruchniewicz, Malgorzata/Krzysztof Ruchniewicz, Katyn 1940, in: Gerd R. Ueberschär (Hrsg.), Orte des Grauens. Verbrechen im Zweiten Weltkrieg, Darmstadt 2003, S. 71–82.

Ruck, Michael, Führerabsolutismus und polykratisches Herrschaftsgefüge. Verfassungsstrukturen des NS-Staates, in: Karl Dietrich Bracher/Manfred Funke/Hans-Adolf Jacobsen (Hrsg.), Nationalsozialistische Diktatur 1933–1945. Eine Bilanz, Bonn 1983, S. 32–56.

Rüdiger, Jutta (Hrsg.), Die Hitlerjugend und ihr Selbstverständnis im Spiegel ihrer Aufgabengebiete, Lindhorst 1983.

Rüdiger, Jutta, Der Bund Deutscher Mädel. Eine Richtigstellung, Lindhorst 1984.

Rüdiger, Jutta, Ein Leben für die Jugend. Mädelführerin im Dritten Reich. Das Wirken der Reichsreferentin des BDM (Bund Deutscher Mädel), Preußisch Oldendorf 1999.

Rudloff, Wilfried, Auf dem Weg zum „Hitler-Putsch". Gegenrevolutionäres Milieu und früher Nationalsozialismus in München, in: Richard Bauer/Hans Günter Hockerts/Brigitte Schütz/Wolfgang Till/Walter Ziegler (Hrsg.), München – Hauptstadt der Bewegung. Bayerns Metropole und der Nationalsozialismus, Wolfratshausen 2002, S. 97–104.

Rusinek, Bernd-A., Ende des Zweiten Weltkriegs lokal, regional, international. Forschungsstand und Perspektiven, in: Bernd-A. Rusinek (Hrsg.), Kriegsende 1945. Verbrechen, Katastrophen, Befreiungen in nationaler und internationaler Perspektive, Göttingen 2004, S. 7–23.

Rusinek, Bernd-A. (Hrsg.), Kriegsende 1945. Verbrechen, Katastrophen, Befreiungen in nationaler und internationaler Perspektive, Göttingen 2004.

Rüß, Hartmut, Kiev/Babij Jar, in: Gerd R. Ueberschär (Hrsg.), Orte des Grauens. Verbrechen im Zweiten Weltkrieg, Darmstadt 2003, S. 102–113.

Salewski, Michael, Die Deutschen und die See. Studien zur deutschen Marinegeschichte des 19. und 20. Jahrhunderts, Stuttgart 1998.

Salewski, Michael, Das Ende der deutschen Schlachtschiffe im Zweiten Weltkrieg, in: Die Deutschen und die See. Studien zur deutschen Marinegeschichte des 19. und 20. Jahrhunderts, Stuttgart 1998, S. 270–289.
Salewski, Michael, England, Hitler und die Marine, in: Die Deutschen und die See. Studien zur deutschen Marinegeschichte des 19. und 20. Jahrhunderts, Stuttgart 1998, S. 215–227.
Salewski, Michael, U-Boot-Krieg: Historisches, in: Die Deutschen und die See. Studien zur deutschen Marinegeschichte des 19. und 20. Jahrhunderts, Stuttgart 1998, S. 336–351.
Salewski, Michael, Deutschland und der Zweite Weltkrieg, Paderborn u. a. 2005.
Sarkowicz, Hans/Alf Mentzer, Literatur in Nazi-Deutschland. Ein biografisches Lexikon, Hamburg [u. a.] 2000.
Schärer, Martin R., Deutsche Annexionspolitik im Westen. Die Wiedereingliederung Eupen-Malmedys im zweiten Weltkrieg, Bern 1975.
Scherzer, Veit, Die Ritterkreuzträger. Die Inhaber des Ritterkreuzes des Eisernen Kreuzes 1939–1945, Jena 2005.
Schilling, René, Die „Helden der Wehrmacht" – Konstruktion und Rezeption, in: Rolf-Dieter Müller/Hans-Erich Volkmann (Hrsg.), Die Wehrmacht. Mythos und Realität, München 1999, S. 550–572.
Schlarp, Karl-Heinz, Ausbeutung der Kleinen: Serbien in der deutschen Kriegswirtschaft 1941–1944, in: Johannes Bähr (Hrsg.), Das Europa des „Dritten Reichs". Recht, Wirtschaft, Besatzung, Frankfurt am Main 2005, S. 187–215.
Schleich, Wolfgang, Foreword, in: Wolfhilde's Hitler Youth Diary 1939–1946, Bloomington, IN 2013, S. 15–18.
Schlemmer, Thomas (Hrsg.), Die Italiener an der Ostfront 1942/43. Dokumente zu Mussolinis Krieg gegen die Sowjetunion, München 2005.
Schlenke, Manfred, Das „preußische Beispiel" in Propaganda und Politik des Nationalsozialismus, in: Aus Politik und Zeitgeschichte (1968), B27, S. 15–23.
Schlenke, Manfred, Nationalsozialismus und Preußen/Preußentum. Bericht über ein Forschungsprojekt, in: Otto Büsch (Hrsg.), Das Preußenbild in der Geschichte. Protokoll eines Symposions, Berlin/New York 1981, S. 247–264.
Schmider, Klaus, Partisanenkrieg in Jugoslawien 1941–1944, Hamburg 2002.
Schmiechen-Ackermann, Detlef (Hrsg.), „Volksgemeinschaft": Mythos, wirkungsmächtige soziale Verheißung oder soziale Realität im „Dritten Reich"?. Zwischenbilanz einer kontroversen Debatte, Paderborn 2011.
Schmitt, Heinz, Theorie und Praxis der nationalsozialistischen Trachtenpflege, in: Helge Gerndt (Hrsg.), Volkskunde und Nationalsozialismus. Referate und Diskussionen einer Tagung der Deutschen Gesellschaft für Volkskunde München, 23. bis 25. Oktober 1986, München 1987, S. 205–213.
Schmitz, Hubert, Die Bewirtschaftung der Nahrungsmittel und Verbrauchsgüter 1939–1950. Dargestellt an dem Beispiel der Stadt Essen, Essen 1956.
Schnatz, Helmut, Tiefflieger über Dresden? Legenden und Wirklichkeit, Köln u. a. 2000.
Schneider, Barbara, Die Höhere Schule im Nationalsozialismus. Zur Ideologisierung von Bildung und Erziehung, Köln [u. a.] 2000.
Schönhoven, Klaus, Der politische Katholizismus in Bayern unter der NS-Herrschaft 1933–1945, in: Martin Broszat/Hartmut Mehringer (Hrsg.), Bayern in der NS-Zeit, Bd. 5: Die Parteien KPD, SPD, BVP in Verfolgung und Widerstand, München/Wien 1983, S. 541–646.
Scholtz, Harald, Erziehung und Unterricht unterm Hakenkreuz, Göttingen 1985.
Schörken, Rolf, Luftwaffenhelfer und Drittes Reich. Die Entstehung eines politischen Bewußtseins, Stuttgart 1985.
Schörken, Rolf, Jugend 1945. Politisches Denken und Lebensgeschichte, Frankfurt am Main 1994.
Schörken, Rolf, „Schülersoldaten" – Prägung einer Generation, in: Rolf-Dieter Müller/Hans-Erich Volkmann (Hrsg.), Die Wehrmacht. Mythos und Realität, München 1999, S. 456–473.
Schreckenberg, Heinz, Erziehung, Lebenswelt und Kriegseinsatz der deutschen Jugend unter Hitler. Anmerkungen zur Literatur, Münster [u. a.] 2001.
Schreckenberg, Heinz, Der Hitler-Barde Hans Baumann und sein Wirken vor 1945. Ein katholisches Janusgesicht, Berlin 2009.
Schreiber, Gerhard, Deutschland, Italien und Südosteuropa. Von der politischen und wirtschaftlichen Hegemonie zur militärischen Aggression, in: Das Deutsche Reich und der Zweite Weltkrieg, Bd. 3: Der Mittelmeerraum und Südosteuropa. Von der „non belligeranza" Italiens bis zum Kriegseintritt der Vereinigten Staaten, Stuttgart 1984, S. 278–416.

Schreiber, Gerhard, Die politische und militärische Entwicklung im Mittelmeerraum 1939/40, in: Das Deutsche Reich und der Zweite Weltkrieg, Bd. 3: Der Mittelmeerraum und Südosteuropa. Von der „non belligeranza" Italiens bis zum Kriegseintritt der Vereinigten Staaten, Stuttgart 1984, S. 4–277.
Schreiber, Gerhard, Kephalonia 1943, in: Gerd R. Ueberschär (Hrsg.), Orte des Grauens. Verbrechen im Zweiten Weltkrieg, Darmstadt 2003, S. 92–101.
Schreiber, Gerhard, Das Ende des nordafrikanischen Feldzuges und der Krieg in Italien 1943 bis 1945, in: Das Deutsche Reich und der Zweite Weltkrieg, Bd. 8: Die Ostfront 1943/44. Der Krieg im Osten und an den Nebenfronten, München 2007, S. 1100–1162.
Schröder, Jürgen, Der Kriegsbericht als propagandistisches Kampfmittel der deutschen Kriegführung im Zweiten Weltkrieg, Berlin 1965.
Schüler-Springorum, Stefanie, Krieg und Fliegen. Die Legion Condor im spanischen Bürgerkrieg, Paderborn u. a. 2010.
Schulze, Winfried (Hrsg.), Ego-Dokumente. Annäherung an den Menschen in der Geschichte, Berlin 1996.
Schulze, Winfried, Ego-Dokumente: Annäherungen an den Menschen in der Geschichte? Vorüberlegungen für die Tagung „EGO-DOKUMENTE", in: Winfried Schulze (Hrsg.), Ego-Dokumente. Annäherung an den Menschen in der Geschichte, Berlin 1996, S. 11–30.
Schumak, Richard (Hrsg.), Neubeginn nach dem Dritten Reich – Die Wiederaufnahme wissenschaftlichen Arbeitens an der Ludwig-Maximilians-Universität und der Bayerischen Akademie der Wissenschaften. Tagebuchaufzeichnungen des Altphilologen Albert Rehm 1945 bis 1946, Hamburg 2009.
Schwartz, Michael, Ethnische „Säuberungen" in der Moderne. Globale Wechselwirkungen nationalistischer und rassistischer Gewaltpolitik im 19. und 20. Jahrhundert, München 2013.
Schwarzmüller, Theo, Zwischen Kaiser und „Führer". Generalfeldmarschall August von Mackensen. Eine politische Biographie, Paderborn 1995.
Schwendemann, Heinrich, Der deutsche Zusammenbruch im Osten 1944/45, in: Bernd-A. Rusinek (Hrsg.), Kriegsende 1945. Verbrechen, Katastrophen, Befreiungen in nationaler und internationaler Perspektive, Göttingen 2004, S. 125–150.
Seemen, Gerhard von (Hrsg.), Die Ritterkreuzträger 1939–1945. Die Ritterkreuzträger sämtlicher Wehrmachtsteile, Friedberg 1976.
Seidel, Robert, Deutsche Besatzungspolitik in Polen. Der Distrikt Radom 1939–1945, Paderborn u. a. 2006.
Seidler, Franz W., Fritz Todt. Baumeister des Dritten Reiches, München u. a. 1986.
Shuk, Alexander, Das nationalsozialistische Weltbild in der Bildungsarbeit von Hitlerjugend und Bund Deutscher Mädel. Eine Lehr- und Schulbuchanalyse, Frankfurt am Main [u. a.] 2002.
Sigmund, Monika, Genuss als Politikum. Kaffeekonsum in beiden deutschen Staaten, Berlin 2015.
Sollbach, Gerhard E., Flucht vor Bomben. Kinderlandverschickung aus dem östlichen Ruhrgebiet im 2. Weltkrieg, Hagen 2002.
Speitkamp, Winfried, Jugend in der Neuzeit. Deutschland vom 16. bis zum 20. Jahrhundert, Göttingen 1998.
Spoerer, Mark, NS-Zwangsarbeiter im Deutschen Reich. Eine Statistik vom 30. September 1944 nach Arbeitsmarktbezirken, in: Vierteljahrshefte für Zeitgeschichte 49 (2001), S. 665–684.
Spoerer, Mark, Zwangsarbeit unter dem Hakenkreuz. Ausländische Zivilarbeiter, Kriegsgefangene und Häftlinge im Deutschen Reich und im besetzten Europa 1939–1945, Stuttgart 2001.
Stahr, Gerhard, Volksgemeinschaft vor der Leinwand? Der nationalsozialistische Film und sein Publikum, Berlin 2001.
Statistisches Jahrbuch für das Deutsche Reich 59 (1941/42), Berlin 1942.
Steber, Martina/Bernhard Gotto, Volksgemeinschaft im NS-Regime: Wandlungen, Wirkungen und Aneignungen eines Zukunftsversprechens, in: Vierteljahrshefte für Zeitgeschichte 62 (2014), S. 433–445.
Stegemann, Bernd, Die italienisch-deutsche Kriegführung im Mittelmeer und in Afrika, in: Das Deutsche Reich und der Zweite Weltkrieg, Bd. 3: Der Mittelmeerraum und Südosteuropa. Von der „non belligeranza" Italiens bis zum Kriegseintritt der Vereinigten Staaten, Stuttgart 1984, S. 589–682.
Steinbach, Peter, Der Nürnberger Prozeß gegen die Hauptkriegsverbrecher, in: Gerd R. Ueberschär (Hrsg.), Der Nationalsozialismus vor Gericht. Die alliierten Prozesse gegen Kriegsverbrecher und Soldaten, 1943–1952, Frankfurt am Main 2000, S. 32–44.
Steinbach, Peter/Johannes Tuchel, Georg Elser. Der Hitler-Attentäter, Berlin 2010.
Steinbacher, Sybille (Hrsg.), Volksgenossinnen. Frauen in der NS-Volksgemeinschaft, Göttingen 2007.

Steinert, Marlis, Stalingrad und die deutsche Gesellschaft, in: Jürgen Förster (Hrsg.), Stalingrad. Ereignis – Wirkung – Symbol, München 1993, S. 171–185.
Stephan, Michael, Karl Scharnagl 1926–1933 und 1945–1948, in: Friedrich Hermann Hettler (Hrsg.), Die Münchner Oberbürgermeister. 200 Jahre gelebte Stadtgeschichte, München 2008, S. 103–116.
Streit, Christian, Keine Kameraden. Die Wehrmacht und die sowjetischen Kriegsgefangenen 1941–1945, Bonn 1997.
Stumpf, Reinhard, Der Krieg im Mittelmeerraum 1942/43. Die Operationen in Nordafrika und im mittleren Mittelmeer, in: Das Deutsche Reich und der Zweite Weltkrieg, Bd. 6: Der globale Krieg. Die Ausweitung zum Weltkrieg und der Wechsel der Initiative 1941–1943, Stuttgart 1990, S. 569–757.
Süß, Dietmar, Steuerung durch Information? Joseph Goebbels als „Kommissar der Heimatfront" und die Reichsinspektion für den zivilen Luftschutz, in: Rüdiger Hachtmann (Hrsg.), Hitlers Kommissare. Sondergewalten in der nationalsozialistischen Diktatur, Göttingen 2006.
Süß, Dietmar (Hrsg.), Deutschland im Luftkrieg. Geschichte und Erinnerung, München 2007.
Süß, Dietmar, Nationalsozialistische Deutungen des Luftkriegs, in: Dietmar Süß (Hrsg.), Deutschland im Luftkrieg. Geschichte und Erinnerung, München 2007, S. 99–110.
Süß, Dietmar, Tod aus der Luft. Kriegsgesellschaft und Luftkrieg in Deutschland und England, München 2011.
Süß, Dietmar/Winfried Süß (Hrsg.), Das Dritte Reich. Eine Einführung, München 2008.
Süß, Dietmar/Winfried Süß, „Volksgemeinschaft" und Vernichtungskrieg. Gesellschaft im nationalsozialistischen Deutschland, in: Dietmar Süß/Winfried Süß (Hrsg.), Das Dritte Reich. Eine Einführung, München 2008, S. 79–100.
Syring, Enrico, Hitlers Kriegserklärung an Amerika vom 11. Dezember 1941, in: Wolfgang Michalka (Hrsg.), Der Zweite Weltkrieg. Analysen Grundzüge Forschungsbilanz, München 1990, S. 683–696.
Sywottek, Jutta, Mobilmachung für den totalen Krieg. Die propagandistische Vorbereitung der deutschen Bevölkerung auf den Zweiten Weltkrieg, Opladen 1976.

Die Tagebücher von Joseph Goebbels, hrsg. von Elke Fröhlich. Sämtliche Fragmente. Teil 2: Diktate 1941–1945, München u. a. 1993–1996.
Tálos, Emmerich (Hrsg.), Austrofaschismus. Politik – Ökonomie – Kultur 1933–1938, Wien 2005.
Tauber, Joachim, Deutschland, Litauen und das Memelgebiet 1938/39, in: Jürgen Zarusky/Martin Zückert (Hrsg.), Das Münchener Abkommen von 1938 in europäischer Perspektive, München 2013, S. 429–439.
Tewes, Ludger, Jugend im Krieg. Von Luftwaffenhelfern und Soldaten 1939–1945, Essen 1989.
Thoß, Bruno/Hans-Erich Volkmann (Hrsg.), Erster Weltkrieg – Zweiter Weltkrieg. Ein Vergleich. Krieg, Kriegserlebnis, Kriegserfahrung in Deutschland, Paderborn u. a. 2002.
Tönsmeyer, Tatjana, Das Dritte Reich und die Slowakei 1939–1945. Politischer Alltag zwischen Kooperation und Eigensinn, Paderborn u. a. 2003.
Töppel, Roman, Kursk – Mythen und Wirklichkeit einer Schlacht, in: Vierteljahrshefte für Zeitgeschichte 57 (2009), S. 339–384.
Treber, Leonie, Mythos Trümmerfrauen. Von der Trümmerbeseitigung in der Kriegs- und Nachkriegszeit und der Entstehung eines deutschen Erinnerungsortes, Essen 2014.
Treue, Wolfgang/Jürgen Schmädeke (Hrsg.), Deutschland 1933. Machtzerfall der Demokratie und Nationalsozialistische Machtergreifung, Berlin 1984.
Trevor-Roper, Hugh, Hitlers letzte Tage, Zürich 1948.

Ueberschär, Gerd R., Hitlers Entschluß zum Lebensraumkrieg im Osten. Programmatisches Ziel oder militärstrategisches Kalkül?, in: Gerd R. Ueberschär/Wolfram Wette (Hrsg.), „Unternehmen Barbarossa". Der deutsche Überfall auf die Sowjetunion 1941, Paderborn 1984, S. 83–110.
Ueberschär, Gerd R., Die Einbeziehung Skandinaviens in die Planung „Barbarossa", in: Das Deutsche Reich und der Zweite Weltkrieg, Bd. 4: Der Angriff auf die Sowjetunion, Stuttgart 1987, S. 365–412.
Ueberschär, Gerd R., Stalingrad – Eine Schlacht des Zweiten Weltkrieges, in: Wolfram Wette/Gerd R. Ueberschär (Hrsg.), Stalingrad. Mythos und Wirklichkeit einer Schlacht, Frankfurt am Main 1993, S. 18–42.
Ueberschär, Gerd R. (Hrsg.), Der Nationalsozialismus vor Gericht. Die alliierten Prozesse gegen Kriegsverbrecher und Soldaten, 1943–1952, Frankfurt am Main 2000.
Ueberschär, Gerd R., Stauffenberg. Der 20. Juli 1944, Frankfurt am Main 2004.
Ueberschär, Gerd R. (Hrsg.), Hitlers militärische Elite. 68 Lebensläufe, Darmstadt 2011.

Ueberschär, Gerd R./Rolf-Dieter Müller, Kriegsende 1945. Die Zerstörung des deutschen Reiches, Frankfurt am Main 1994.
Ueberschär, Gerd R./Wolfram Wette (Hrsg.), „Unternehmen Barbarossa". Der deutsche Überfall auf die Sowjetunion 1941, Paderborn 1984.

Verhandlungen des Reichstags. Stenographische Berichte, Bd. 460, 4. Wahlperiode 1939–1942, Berlin o.J.
Vistrits, Robert, Wer war wer im Dritten Reich. Ein biographisches Lexikon. Anhänger, Mitläufer, Gegner aus Politik, Wirtschaft, Militär, Kunst und Wissenschaft, Frankfurt am Main 1993.
Vogel, Detlef, Das Eingreifen Deutschlands auf dem Balkan, in: Das Deutsche Reich und der Zweite Weltkrieg, Bd. 3: Der Mittelmeerraum und Südosteuropa. Von der „non belligeranza" Italiens bis zum Kriegseintritt der Vereinigten Staaten, Stuttgart 1984, S. 417–515.
Vogel, Detlef, Deutschland und Südosteuropa. Von politisch-wirtschaftlicher Einflußnahme zur offenen Gewaltanwendung und Unterdrückung, in: Wolfgang Michalka (Hrsg.), Der Zweite Weltkrieg. Analysen Grundzüge Forschungsbilanz, München 1990, S. 532–550.
Vogel, Detlef, Operation „Strafgericht". Die rücksichtslose Bombardierung Belgrads durch die deutsche Luftwaffe am 6. April 1941, in: Wolfram Wette/Gerd R. Ueberschär (Hrsg.), Kriegsverbrechen im 20. Jahrhundert, Darmstadt 2001, S. 303–308.
Voigt-Firon, Diana, Das Mädchenbuch im Dritten Reich. Weibliche Rollenangebote zwischen bürgerlichem Frauenbild, faschistischer Neuprägung und Staatsinteresse, Köln 1989.
Vollnhals, Clemens, Entnazifizierung. Politische Säuberung und Rehabilitierung in den vier Besatzungszonen 1945–1949, München 1991.
Vorländer, Herwart, NS-Volkswohlfahrt und Winterhilfswerk des deutschen Volkes, in: Vierteljahrshefte für Zeitgeschichte 34 (1986), S. 341–380.
Vorländer, Herwart (Hrsg.), Die NSV. Darstellung und Dokumentation einer nationalsozialistischen Organisation, Boppard am Rhein 1988.

Wagner, Thomas, „Zum Sterben für Deutschland geboren". Die Hitlerjugend in Südbayern und ihre Hochlandlager, München 2013.
Walsdorf, Hanna, Bewegte Propaganda. Politische Instrumentalisierung von Volkstanz in den deutschen Diktaturen, Würzburg 2010.
Wanninger, Susanne, München im 20. Jahrhundert, München 2012.
Watzke-Otte, Susanne, „Ich war ein einsatzbereites Glied in der Gemeinschaft …". Vorgehensweise und Wirkungsmechanismen nationalsozialistischer Erziehung am Beispiel des weiblichen Arbeitsdienstes, Frankfurt am Main [u.a.] 1999.
Weber, Thomas, Hitlers erster Krieg. Der Gefreite Hitler im Weltkrieg – Mythos und Wahrheit, Bonn 2012.
Wegmann, Günter (Hrsg.), „Das Oberkommando der Wehrmacht gibt bekannt…". Der deutsche Wehrmachtsbericht. Vollständige Ausgabe der 1939–1945 durch Presse und Rundfunk veröffentlichten Texte, 3 Bde., Osnabrück 1982.
Wegner, Bernd, Der Krieg gegen die Sowjetunion 1942/43, in: Das Deutsche Reich und der Zweite Weltkrieg, Bd. 6: Der globale Krieg. Die Ausweitung zum Weltkrieg und der Wechsel der Initiative 1941–1943, Stuttgart 1990, S. 761–1102.
Wegner, Bernd, Hitlers Strategie zwischen Pearl Harbor und Stalingrad, in: Das Deutsche Reich und der Zweite Weltkrieg, Bd. 6: Der globale Krieg. Die Ausweitung zum Weltkrieg und der Wechsel der Initiative 1941–1943, Stuttgart 1990, S. 97–126.
Wegner, Bernd (Hrsg.), Zwei Wege nach Moskau. Vom Hitler-Stalin-Pakt bis zum „Unternehmen Barbarossa", München u.a. 1991.
Wegner, Bernd, Hitler, der Zweite Weltkrieg und die Choreographie des Unterganges, in: GuG 26 (2000), S. 493–518.
Die Wehrmachtberichte 1939–1945. Unveränderter photomechanischer Nachdruck, Köln 1985.
Weinberg, Gerhard L., Germany and the Soviet Union. 1939–1941, Leiden 1972.
Weinberg, Gerhard L., Die deutsche Politik gegenüber den Vereinigten Staaten im Jahr 1941, in: Jürgen Rohwer/Eberhard Jäckel (Hrsg.), Kriegswende Dezember 1941. Referate und Diskussionsbeiträge des Internationalen Historischen Symposiums in Stuttgart vom 17. bis 19. September 1981, Koblenz 1984, S. 73–80.
Weinberg, Gerhard L., Friedenspropaganda und Kriegsvorbereitung, in: Wolfgang Treue/Jürgen Schmädeke (Hrsg.), Deutschland 1933. Machtzerfall der Demokratie und Nationalsozialistische Machtergreifung, Berlin 1984, S. 119–135.

Weinberg, Gerhard L., Eine Welt in Waffen. Die globale Geschichte des Zweiten Weltkriegs, Darmstadt 1995.
Weiß, Hermann, Ideologie der Freizeit im Dritten Reich. Die NS-Gemeinschaft (Kraft durch Freude), in: Archiv für Sozialgeschichte 33 (1993), S. 289–303.
Weiß, Hermann (Hrsg.), Personenlexikon 1933–1945, Wien 2003.
Welch, David, Propaganda and the German Cinema 1933–1945, London 2001.
Wette, Wolfram, Die propagandistische Begleitmusik, in: Gerd R. Ueberschär/Wolfram Wette (Hrsg.), „Unternehmen Barbarossa". Der deutsche Überfall auf die Sowjetunion 1941, Paderborn 1984, S. 111–129.
Wette, Wolfram, Das Massensterben als „Heldenepos". Stalingrad in der NS-Propaganda, in: Wolfram Wette/Gerd R. Ueberschär (Hrsg.), Stalingrad. Mythos und Wirklichkeit einer Schlacht, Frankfurt am Main 1993, S. 43–60.
Wette, Wolfram, Die Wehrmacht. Feindbilder, Vernichtungskrieg, Legenden, Frankfurt am Main 2002.
Wette, Wolfram/Gerd R. Ueberschär (Hrsg.), Kriegsverbrechen im 20. Jahrhundert, Darmstadt 2001.
Weyrather, Irmgard, Muttertag und Mutterkreuz. Der Kult um die „deutsche Mutter" im Nationalsozialismus, Frankfurt am Main 1993.
Wiborg, Susanne/Peter Wiborg, Glaube, Führer, Hoffnung. Der Untergang der Clara S., München 2015.
Wiecki, Stefan, The Denazification of Munich University, 1945–1948, in: Elisabeth Kraus (Hrsg.), Die Universität München im Dritten Reich. Aufsätze, München 2006, S. 519–570.
Wilcke, Gudrun, Die Kinder- und Jugendliteratur des Nationalsozialismus als Instrument ideologischer Beeinflussung. Liedertexte, Erzählungen und Romane, Schulbücher, Zeitschriften, Bühnenwerke, Frankfurt am Main [u. a.] 2005.
Wildt, Michael, Der Traum vom Sattwerden. Hunger und Protest, Schwarzmarkt und Selbsthilfe, Hamburg 1986.
Williamson, Gordon/Ramiro Bujeiro, Ritterkreuzträger 1944–1945, Königswinter 2009.
Willmot, Louise, Zur Geschichte des Bundes Deutscher Mädel, in: Dagmar Reese (Hrsg.), Die BDM-Generation. Weibliche Jugendliche in Deutschland und Österreich im Nationalsozialismus, Berlin 2007, S. 89–157.
Wirsching, Andreas, Privatheit, in: Winfried Nerdinger (Hrsg.), München und der Nationalsozialismus. Katalog des NS-Dokumentationszentrums München, München 2015, S. 443–449.
Wolgast, Eike, Die Wahrnehmung des Dritten Reiches in der unmittelbaren Nachkriegszeit (1945/46), Heidelberg 2001.
Woller, Hans, Gesellschaft und Politik in der amerikanischen Besatzungszone. Die Region Ansbach und Fürth, München 1986.
Woller, Hans, Geschichte Italiens im 20. Jahrhundert, München 2010.

Zarusky, Jürgen/Martin Zückert (Hrsg.), Das Münchener Abkommen von 1938 in europäischer Perspektive, München 2013.
Zeidler, Manfred, Kriegsende im Osten. Die Rote Armee und die Besetzung Deutschlands östlich von Oder und Neiße 1944/45, München 1996.
Zellhuber, Andreas, „Unsere Verwaltung treibt einer Katastrophe zu …". Das Reichsministerium für die besetzten Ostgebiete und die deutsche Besatzungsherrschaft in der Sowjetunion 1941–1945, München 2006.
Zentner, Christian (Hrsg.), Der Zweite Weltkrieg. Ein Lexikon, Wien 2005.
Zimmermann, John, Die deutsche militärische Kriegführung im Westen 1944/45, in: Das Deutsche Reich und der Zweite Weltkrieg, Bd. 10/1: Der Zusammenbruch des Deutschen Reiches. Die militärische Niederwerfung der Wehrmacht, München 2008, S. 277–489.
Zitelmann, Rainer, Zur Begründung des „Lebensraum"-Motivs in Hitlers Weltanschauung, in: Wolfgang Michalka (Hrsg.), Der Zweite Weltkrieg. Analysen Grundzüge Forschungsbilanz, München 1990, S. 551–567.
Zur Nieden, Susanne, Alltag im Ausnahmezustand. Frauentagebücher im zerstörten Deutschland 1943 bis 1945, Berlin 1993.
Zur Nieden, Susanne, Chronistinnen des Krieges: Frauentagebücher im Zweiten Weltkrieg, in: Hans-Erich Volkmann (Hrsg.), Ende des Dritten Reiches – Ende des Zweiten Weltkriegs. Eine perspektivische Rückschau, München 1995, S. 834–860.

# Personenregister

Wo Nachnamen nicht bekannt sind oder aus datenschutzrechtlichen Gründen gekürzt wurden, erfolgen die Einträge nach Vornamen. Kursivsetzungen markieren Kose- bzw. Spitznamen. Ein Stern hinter dem Namen (*) verweist auf einen Führer- bzw. Führerinnenrang oder eine Funktion in HJ und BDM.

Aimone, Prinz von Savoyen-Aosta  81
Albine  176, 187
Amann, Max  80f.
Anneliese (*Liese*) K.  196, 204, 210, 219
Anneliese M.*  108
Antonescu, Ion  64, 69, 85, 87, 89
Antonescu, Mihai  129
Arndt, Ernst Moritz  137
Axmann, Artur  104f., 158

Bach, Johann Sebastian  136
Badoglio, Pietro  154, 165f.
Balbo, Italo  58
Bärbel L.  71, 75, 77, 100, 138, 203, 222
Bárdossy, László  76, 78, 96
Basserman, Prof.  90
Baudin, Ernst  134
Bauer, Ludwig  148
Baumann, Hans  93, 109, 124, 160, 179, 187
Baumbach, Werner  55
Beethoven, Ludwig van  145, 217, 220, 222
Behring, Emil von  157, 219
*Bertl* W. (weiblich)  77, 158, 173, 219, 225
Beutler, Ruth  224
Bigalk, Gerhard  98
Blaskowitz, Johannes  35
Bley, Wulf  42
Bock, Fedor von  60, 98
Böhme, Herbert  180
Bonte, Friedrich  52f.
Boris III., Zar von Bulgarien  69, 74, 95, 166
Bormann, Martin  185
Bose, Subhas Chandra  164
Bracht, Fritz  73
Brand, Karl  109
Brauchitsch, Walther von  27, 60, 71, 97f.
Braun, Eva  211f.
Breker, Arno  120
Brinkforth, Hubert  78
Bruckmann, Hugo  94
Brugger, Gretl*  185f.
Brunner, Dr.  98, 105
Burgdorf, Gisela*  118, 141
Burgdorf, Wilhelm  191
Burggraf, Waldfried  146
Burzig, Herr  123

Busch, Wilhelm  47

Caren  204, 219
Carol II., König von Rumänien  64
Cavallero, Ugo  137
Christa St.*  67, 76
Churchill, Winston  81, 181, 215
Ciano, Galeazzo  34, 51, 59, 63f., 68f., 73, 137
Cilly  204
Cincar-Marković, Alexander  73f.
Cläre B. (*Clärle*)*  176, 178f., 186f., 224
Codreanu, Zelea Corneliu  64
Csáky, István  59, 62f., 69
Cvetković, Dragiša  73f., 77

Daladier, Édouard  30, 52
Daluege, Kurt  166
Damholz, Erika  108
Davis, Gustav  106
Defoe, Daniel  146
*Dieps*  204
Dietl, Eduard  53, 55, 60, 75f., 91, 135, 182, 206
Dönitz, Karl  174, 215, 227
Donizetti, Gaetano  142
Droste, Marga  114
Düll, Herr und Frau  115, 119f.
Ďurčanský, Ferdinand  61
Dvořák, Antonín  134
Dziwes, Hilde*  85

Eckart, Dietrich  144, 194
Ehrlich, Paul  223
Elfriede H.*  36f., 49f., 67, 76
Elli*  159
Elly W.*  48f.
Elser, Georg  14, 40f.
Elze, Walter  157
Endrass, Engelbert  90, 104f.
Epp, Franz Ritter von  106, 155
Erika B.*  76
Erika M.  90
Erna B.  204
Erna H.  204, 219
Esser, Hermann  162
Evi*  160, 187

## Personenregister

Fanny 160
*Fenchi* 204
Fendt, Franz 222
Feser, Alfred* 12, 17, 114, 120, 124, 126, 131f., 135, 141, 159, 173f., 176, 181f., 187, 190, 195, 202, 208, 210, 217
Fiehler, Karl 210
Filow, Bogdan 61f., 168
Fordan, Dr. 115, 117, 119
Forster, Friedrich *siehe* Burggraf, Waldfried
Franco, Francisco 44, 64–67, 73, 126
Frank, Hans 34, 227
Frank, Karl Hermann 166
*Fränzi*\* 187
Franziska F. 123f.
Frick, Wilhelm 78, 166, 227
Fromm, Werner 103f.
Funk, Walther 46, 108, 227

Gabi 204
Galland, Adolf 65, 85, 87, 102
Garbe, Heinrich 137
Garbe, Ulrike 137
Genina, Augusto 48
Geralda 115, 117
*Gerd* (weiblich)\* 131
Gerhild R.\* 91, 92, 107, 110
Giesler, Paul 112, 144, 146f., 153, 155, 179, 194, 210f.
Gigurtu, Ion 61f.
Goebbels, Joseph 41, 43, 70f., 75, 79, 107, 111, 129f., 137f., 141, 160–163, 168–170, 183, 185f., 209–211
Goedecke, Heinz 70
Goethe, Johann Wolfgang von 142, 146, 158
Göring, Carin 78
Göring, Hermann 46, 50, 53, 60, 63, 66, 78, 89, 94–96, 103, 128, 130, 140, 183, 206, 211f., 227
*Gretl*\* 188
Gretlies D. 204, 219
Guggenberger, Friedrich 111
Gulbranssen, Trygve 137
Gunhild H. 114, 117, 119
Gürtner, Franz 73

Hagwind (Parteigenosse) 179, 180
Hahne, Franz 109
Hahn, Frl. 220
Hanke, Karl 73
Hanna 187, 193f., 197, 199, 202–204, 219, 223, 225–227
Hannelore Sch.\* 67, 70, 106, 125
Hardegen, Reinhard 111
Hartmann, Werner 51
Hauptmann, Gerhart 141
Haydn, Joseph 217
Heidi H.\* 125

Heindl, Josef 170
Heinkel, Ernst 108
Heisler, August 193
Helga\* 131
Helmbrechts, Toni 190
Helmut 219
Hentschel, Herr 122f.
Hermann M. 225–227
Heß, Rudolf 34, 35, 38f., 41, 67, 227
Heydrich, Reinhard 110, 166, 227
Hilde B.\* 104, 110
Hilde M.\* 159
Hilde Sch.\* 115, 117
Hilde W.\* 22, 114f., 117, 137, 142, 148, 150f., 153, 158, 160f., 172, 182, 189, 193, 202, 204, 207, 214, 217, 219, 228
Hilsendegen, Hilde\* 189f.
Himmler, Heinrich 40, 98f., 110, 164, 166f., 169, 185, 194, 211
Hitler, Adolf 8, 13–18, 27, 29–47, 49–81, 83–88, 91, 93–98, 101–113, 120, 123f., 126, 129, 132f., 135, 137, 140f., 143, 145–147, 153–155, 158, 161–172, 174, 177, 179, 181f., 184–186, 191–194, 198, 200, 204, 206, 208–212, 214f.
Hoegner, Wilhelm 223
Hoerner-Heintze, Suse von 137
Hoffmann, Heinrich 42, 132, 137
Holbein 198
Hönig, Dr. 172
Horthy, Miklós von 59, 78, 95
Horthy, Stefan von 122
Hoser, Familie 151
Hühnlein, Adolf 15, 111
Huntziger, Charles 58

Ihlefeld, Herbert 90
Ilse\* 125
Inge R.\* 67, 90, 94, 111, 157, 160, 188, 204, 219
Ingeria, Oberschwester 192, 195, 201
Ingrid\* 125
Irma M. 203
Irmingard H. 217, 220
Isolde 77

Jannings, Emil 93
Jodl, Alfred 227
Jünger, Ernst 54

Kabasta, Oswald 145
Kaitel, Dr. 189
Kaltenbrunner, Ernst 227
Karin Sch. 222
Karla M.\* 110
Keitel, Wilhelm 31, 60, 65, 227
Kersten, Anne 142
Kesselring, Albert 60, 167, 211
Kittel, Dr. 209

Kleber, Frl.   136, 139
Klein, Emil*   148, 180
Kleist, Heinrich von   106
Kluge, Günther von   35, 60
Koff, Irmi   225
Kolbenheyer, Erwin Guido   137
Kollege *siehe* Hilde W.*
König, Mathias   4
König, von
  A.   226
  B.   226
  C.   158, 226
  D.   226
  E.   217f.
  Elisabeth   7
  Elise (*Mutti*)   5, 17, 19f., 24f., 42f., 58, 60f., 64, 71, 75, 99f., 115, 123–125, 128, 130–132, 136–138, 149, 153f., 158, 160, 175f., 182f., 189–191, 197f., 202, 205, 210, 215, 220, 222, 225, 228
  Emanuel (*Manü*)   5–8, 14, 18–20, 25f., 42f., 60, 71, 99f., 125, 128, 130, 133, 137f., 142, 149, 153, 155, 157, 159f., 175f., 178, 182, 184, 188–193, 195, 197f., 205f., 210f., 215–217, 219–223, 225f.
  F.   188, 211, 215, 217f.
  Felix (Großvater)   5, 7
  Ludwig (*Vati*)   2, 5f., 12–14, 18–20, 25, 31, 33, 39, 42f., 46, 52, 67, 71, 74, 99, 111, 122, 125, 130, 137f., 145, 158–161, 170, 172, 176, 181f., 184, 188–191, 193, 197f., 207, 211, 215–220
  Margaret (*Gretl*)   211, 215, 226
  Maximilian   7
  Theodor (*Theo*)   7, 18, 145, 166, 211f., 215, 226
  Wolfhilde (Großmutter)   5, 7
Kreschinski, Lieselotte   75, 83
Kretschmer, Otto   66, 76, 80, 101
Kriebel, Hermann   74
Kruger, Paul   93
Kruswyk, Anni von   142
Kube, Wilhelm   167
Kyrill, Prinz von Bulgarien   168

Langsdorff, Hans   43
Laval, Pierre   56, 66f., 133, 137
Leander, Zarah   70
Lechner, Hildegard (*Garri*)   112f., 133, 172
Lederer, Karl   108, 144–146
Leeb, Wilhelm Ritter von   60, 98
Lehnstaedt, Luise   133
Leonardo da Vinci   138
Leopoldine von Österreich-Tirol, römisch-deutsche Kaiserin   4
Lessing, Gotthold Ephraim   144, 212
Ley, Robert   80, 147

Liebe, Heinrich   90
Liesel B.*   67
Lieselotte St.*   176
Liesel Sch.*   32, 37
List, Wilhelm   60, 95
Ljuba   204
Löns, Hermann   47
Lore B.   77, 90, 137, 160, 206
*Lorle*   204, 219
Lotte   204, 219
Ludwig, Edith*   105, 141
Lutze, Viktor   163, 165

Mach, Alexander (Šaňo Mach)   61
Maginot, André   53
Maisel, Ernst   191
Mannerheim, Carl Gustav   109f.
Manoilesucu, Mihail   61–63
Margit   187
Marianne U.*   126
Marion   204
Marseille, Hans-Joachim   129f.
Maschmann, Melita   1
Matsuoka, Yōsuke   76–78, 80
Meister (Gauredner)   146
Melzer, Reinhard   103f.
Messerschmitt, Willy   80f.
Meta M.*   140
Meunier, Frau   195
*Meyerlein*   204, 225
Middendorf, Martha*   49, 81, 104f.
Miegel, Agnes   198
Mihai I., König von Rumänien   64
Milch, Erhard   60
Miller, Oberbannführer   179
Mölders, Annemarie   134
Mölders, Viktor   134
Mölders, Werner   64–66, 88f., 95f., 101f., 186
Molotow, Wjatscheslaw M.   29, 45, 68
*Mopsel*   204, 219
Mozart, Wolfgang Amadeus   135, 217
Müller, Heinz   153
Mussolini, Benito   15, 33f., 37, 48, 51f., 55–57, 64–67, 69, 73f., 76f., 84, 88f., 97, 103, 107f., 135, 137, 154f., 165–167

Neigele, Frau   159, 216, 218
Neurath, Konstantin von   166, 227
Nielebock, Hermann   47
Niel, Herms *siehe* Nielebock, Hermann

Obermeier, Frl.   159
Oesau, Walter   73
Ohnesorge, Wilhelm   80f.
Oswald   174, 176, 222

Papen, Franz von   104

## 258 Personenregister

Paracelsus 117
Paul, Prinz von Jugoslawien 73, 77
Paulus, Friedrich 140f., 161
Pavelić, Ante 79, 81, 84
Pétain, Philippe 56, 58, 66f., 133, 135, 202
Peter II., König von Jugoslawien 77–80
*Peter* (weiblich) 67, 71, 77, 90, 94, 132, 160, 196
Pierson, Henry Hugo 148
Piroß, Inge* 172
Popow, Iwan 61f., 69
Porsche, Ferdinand 108
Prien, Günther 36, 40, 65f., 76, 81, 83, 101
Puccini, Giacomo 220

Raeder, Erich 227
Rainer, Friedrich 96
Reeder, Rosalyn 25f.
Rehm, Albert 223
Reichenau, Walter von 35, 60, 102f.
Reitsch, Hanna 80, 114
Rentschperl 204, 219
Reuter, Ludwig von 36
Reynaud, Paul 52
Ribbentrop, Joachim von 29, 34, 37, 45, 47, 51, 59, 64f., 68f., 77, 85, 227
Richthofen, Manfred von 66, 70, 95, 96
Rohrer, Margarete 198
Rökk, Marika 70
Rommel, Erwin 27, 76, 103, 107, 111, 134, 154, 191f., 206
Roosevelt, Franklin D. 72, 78, 87, 96f., 181, 209
Roos, Karl 48
Rosenbaum, Helmut 122
Rosenberg, Alfred 94, 227
Rosmarie 218
Rössler, Helmuth 157
Röver, Carl 109
Rüchardt, Eduard 224
Rüdiger, Jutta* 1, 9, 104f.
Rummel, Gustav Freiherr von 146
Rundstedt, Gerd von 34, 55, 60, 98
Ruth 204

Sauckel, Fritz 227
Scharnagl, Karl 214
Scheel, Gustav Adolf 96
Schenzinger, Aloys 43
Schepmann, Wilhelm 165
Scheppke, Joachim 80, 101
Schirach, Baldur von* 49, 68, 93, 106, 158, 227
Schleich, Wolfgang 26
Schmidt, Dr. 121
Schmitt, Inge 146
Schnepper, Herr 218
Schuh, Dr. 190
Schuhmacher, Carl-Alfred 42

Schulze, Herbert 51, 90
Schumann, Gerhard 160, 202, 206
Schürholz, Karin 222
Schütz, Dr. 187
Schwabach, Theo 103f.
Schwarz, Hans 134
Schweikart, Hans 185
Seidl, Florian 172
Semmelweis, Ignaz 117
Serrano, Rosita 70
Seyß-Inquart, Arthur 54, 227
Siebert, Ludwig 106, 132
Simeon II., Zar von Bulgarien 166
Simmet, Hauptmann 180
Simović, Dušan 77
Skorzeny, Otto 155
Sophie Sch.* 122
Speer, Albert 103, 163, 169, 185, 211, 227
Sperrle, Hugo 60
Stalin, Josef W. 29, 33f., 45, 52, 77, 89, 96, 124, 141, 163f., 181, 200
Stauffenberg, Claus Schenk von 184
Steidele, Dr. 223
Steinert, Anneliese* 49, 84
Steinhoff, Hans 43, 93
Stöckl, Martha* *siehe* Middendorf, Martha*
Stöckl, Thomas* 81, 105
Stolz, Hermine 135, 138f., 158, 199, 207
Strasser, Otto 40f.
Strauß, Richard 145
Streicher, Julius 227
Stuckart, Wilhelm 30
*Stupsi* 143, 204, 219
Suessenguth, Karl 224
Suñer, Serrano 64, 68
Sürth, Anneliese* 141, 145–147, 175–177, 195
Süß Oppenheimer, Josef 68

Taubmann, Horst 173
Teleki, Pál 59, 63, 69, 78, 80
Thiel, Rudolf 157
Thierack, Otto 124, 128
Thoma, Ludwig 42
Thorak, Josef 120
Tiso, Jozef 61
Todt, Fritz 103f.
Tomislav II. *siehe* Aimone, Prinz von Savoyen-Aosta
*Toni* H. (weiblich)* 187, 190
*Toni* O. (weiblich)* 81, 84, 92
Tourjansky, Viktor 103
Trapp, Dr. 133
Traudl K.* 67, 172
Traudl N. 196, 199, 202, 207, 219
Trenker, Louis 198
Tresckow, Henning von 184
Tuka, Vojtech 61f., 69

Udet, Ernst   94–96, 101
Umkehr, Frau   216
*Ursel*   204
*Ursel* W.*   142

Valtiner, Helmut   90
Viktor Emanuel III., König von Italien   81, 103, 154, 165
Vizkelety, Wela de   20, 127f., 130–132, 138, 144
Vogel, Dr.   173
Vossler, Karl   222f.

Wagner, Adolf   40, 81, 91f., 104f., 112
Wagner, Richard   95, 145
Walch, Johann Heinrich   148
Waldau, Gustav *siehe* Rummel, Gustav Freiherr von
Wannrich, Adolf   134
Weinheber, Josef   180
Weiß, Ferdl   119

Wessel, Horst   46
Weygand, Maxime   55
Wick, Helmut   65f., 70
Wieland, Heinrich Otto   224
Willms, Dr.   20, 23, 150, 153, 171, 174–176, 187–189
Witting, Rolf Johan   95
Witt, Wastl   106
Witzleben, Erwin von   27, 60, 98
Wnuk, Elfriede   114
Wroßen, Hilde*   177
Wünsche, Inge*   180
Württemberg, Karl Alexander Herzog von   68

Zapp, Robert Richard   111
Zeiss, Heinz   219
Zeller, Eberhard   219
Ziehnert, Walter   48
Zweckstätter, Joseph   90, 133, 148

www.ingramcontent.com/pod-product-compliance
Lightning Source LLC
Chambersburg PA
CBHW081329230426
43667CB00018B/2876